Office 职场完美应用

Excel

日常会计与财务管理
高效办公必备

| 吴祖珍 | 郝朝阳 | 陈 媛 | 张发凌 | 姜 楠 | 张晓花 |
| 徐 涛 | 韦余靖 | 尹 君 | 彭志霞 | 彭 丽 | 周倩倩 |
| 王正波 | 沈 燕 | 张铁军 | 杨进晋 | 邹县芳 | 许 艳 | 编著
徐全峰	陈 伟	张万红	曹正松	汪洋慧	张茂文
郑发建	章 红	徐晓倩	赵为亮	余曼曼	朱梦婷
余 杭	李 勇				

U0369156

机 械 工 业 出 版 社

本书给出了大量模拟真实工作应用的示例，读者可灵活套用，并将其拓展到实际工作中去。在讲解操作方法和技巧时，本书采用了详细的步骤图解演示，以确保读者能按图索骥，一步一步地做出效果，增强信心，体会要领。

全书共分17章，内容包括公司常用财务票据、公司会计凭证管理、公司日记账管理、公司往来账款管理、公司工资管理、公司日常费用管理、公司产品成本管理、公司销售收入管理、公司销售利润管理、公司产品库存管理、公司固定资产管理与分析、公司资产负债管理与分析、公司利润管理与分析、公司现金流量管理与分析、公司财务预算表、企业筹资决策管理与分析、企业投资决策管理与分析。

如果你是Excel的初学者，想循序渐进地学习Excel表格处理的应用经验；如果你是急于提高Excel应用水平的用户，想寻求表格的合理化解决方案，并达到能解决各种疑难问题的程度；如果你是公司财务人员或是管理财务的领导者，想快速掌握Excel在日常会计与财务管理中的应用，那么本书就是你的良师益友。

图书在版编目（CIP）数据

Excel日常会计与财务管理高效办公必备 / 吴祖珍等编著.
—北京：机械工业出版社，2018.10
（Office职场完美应用）
ISBN 978-7-111-59673-8

Ⅰ.①E… Ⅱ.①吴… Ⅲ.①表处理软件—应用—会计 ②表处理软件—应用—财务管理 Ⅳ.①F232②F275-39

中国版本图书馆CIP数据核字（2018）第073189号

机械工业出版社（北京市百万庄大街22号　邮政编码100037）
策划编辑：吕金明　申永刚　责任编辑：吕金明　申永刚
责任校对：张　薇　　　　　封面设计：鞠　杨
责任印制：张　博
三河市国英印务有限公司印刷
2018年7月第1版第1次印刷
184mm×260mm·22.75印张·512千字
0001—4000册
标准书号：ISBN 978-7-111-59673-8
定价：59.00元

凡购本书，如有缺页、倒页、脱页，由本社发行部调换
电话服务　　　　　　　　　　网络服务
服务咨询热线：010-88361066　机工官网：www.cmpbook.com
读者购书热线：010-68326294　机工官博：weibo.com/cmp1952
　　　　　　　010-88379203　金书网：www.golden-book.com
封面无防伪标均为盗版　　　教育服务网：www.cmpedu.com

❝ 前言 ❞

目前市面上已有很多介绍Excel在财务办公中应用的图书，很多读者买了这类图书后，总是不能坚持看完。

为什么会出现这样的情况呢？

❝ 为什么会出现这样的情况呢？在我们看来，图书的编写形式是一个重要因素。通常，这类图书都是采用以介绍软件的功能为主线，辅以讲解财务相关知识的编写形式。这种编写形式枯燥乏味，容易使读者产生学习疲劳感。另外，这类图书在介绍软件功能与财务相关知识点时，往往所举的例子也不具有代表性与实操性，导致读者很难学以致用。 ❞

快速掌握Excel在日常会计与财务工作中的应用，是广大读者的迫切需求！针对读者的需求，我们精心策划了本书。本书以Excel在日常会计与财务工作中的真实应用为出发点，通过情景对话的方式引导读者进行情景式学习。书中通过对具有代表性的会计与财务应用案例的讲解，可使读者了解Excel在财务工作中的应用要点与技巧。全书图文并茂，讲解详尽到位，具有极佳的可读性。

本书特色

突出细节
精选技巧

本书对操作过程的介绍并没有局限于对操作步骤的简单介绍，而是专注于问题处理的关键细节。编者旨在通过一个个细小问题的解决，来帮助读者掌握Excel在日常财务工作中的操作技巧。

实用的
行业案例

本书紧密结合行业中的实际应用问题，有针对性地讲解了Excel在日常会计与财务工作中的实操案例，如公司常用财务票据制作与管理、公司会计凭证管理、公司日记账管理、公司往来账款管理、公司工资管理、公司日常费用管理、公司产品成本管理、公司销售收入管理、公司销售利润管理、公司产品库存管理、公司固定资产管理与分析、公司资产负债管理与分析、公司利润管理与分析、公司现金流量管理与分析、公司财务预算表等。读者通过阅读这些案例的讲解，有助于对所讲的知识与技能进行消化吸收，达到学以致用的目的。

突出讲解

对学习中的难点知识，书中会以"专家提示""公式解析"和"技巧点拨"等形式进行突出讲解，从而让读者不但知其然，还能知其所以然。

结构合理
强调实践

本书面向广大Excel用户，以使读者快速掌握Excel在会计与财务工作中的日常应用并具有解决实际问题的能力为最终目标。全书在编写内容的选择上以实用为指导原则，在内容的编排上强调循序渐进。

为了增强实用性，书中所提供技能方案均为编者经过反复推敲后得出的、针对实际问题最有效的解决方案。本书在讲解技能方案的过程中还辅以了对关联知识点的详尽讲解，让读者能够以点带面，全面掌握相关知识与技能。

图文并茂
描述直观

为了使读者能够快速、轻松地学习本书内容，书中以准确而平实的语言对操作进行了描述。本书全部采用以图为主，文字为辅的讲解方式，并以较为直观而实用的方式将操作过程一一呈现给读者，使操作步骤一目了然，以便读者快速掌握操作的精髓。

张发凌、陈媛、韦余靖、郝朝阳、尹君、姜楠、汪洋慧、彭志霞、彭丽、周倩倩、王正波、沈燕、张铁军、许艳、邹县芳、陈伟、张万红、曹正松、徐全峰、章红、郑发建、徐晓倩、赵为亮、张晓花、徐涛、吴祖珍、朱梦婷、余杭、余曼曼、李勇、杨进晋、张茂文参与本书的编写与文稿校对工作。

尽管编者在编写本书时力求精益求精，但疏漏之处仍然在所难免，恳请读者批评指正。如果读者朋友在学习的过程中遇到疑难问题，需要本书的配套素材，或者对我们有好的建议，都可以扫描下面的二维码加入交流学习QQ群，以便在线交流与学习。

编著者

QQ交流与学习群

目录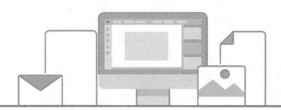

第 9 章
公司销售利润管理　　　163

第 10 章
公司产品库存管理　　　187

第 11 章
公司固定资产管理与分析　207

第 12 章
公司资产负债管理与分析　231

第 **1** 章　公司常用财务票据

领导经常让我做各种财务票据表格。这些工作看似容易做起来难，每次制作出来的表格都很难让老板满意，好头痛啊！

没错！很多职场菜鸟都遇到过这种问题。究其原因，一方面是因为办公技能的欠缺，另一方面是因为没有好的工作习惯，工作没有流程化、标准化，所以经常会在一些小细节上出问题。魔鬼隐藏于细节之中哦！不过没关系，下面就跟着我学习一些常用财务票据表格的标准制作流程，把自己的工作标准化，流程化。

如此一来，按流程办事，是不是简易多了呢？

1.1　制作流程

　　为了更好地开展财务工作，规范财务制度，企业需要根据自身生产经营的特性，设计出适合本企业财务工作的财务票据。在Excel 2013中我们能够创建出各式各样的财务票据。本章我们将着重讲解常见财务票据的制作，具体包括差旅费报销单、支出证明单、银行借款登记卡、支票使用登记表和提现登记表，如图1-1所示。

　　虽然因为这些表格的用途不同，他们规划的内容和格式也不尽相同，但这些表格的制作都要经过创建表格、输入文本、调整框架，再到美化表格的完整过程。

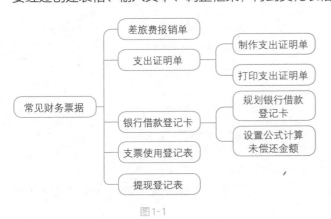

图1-1

为了让我们制作的表格既规范又美观，我们需要对字体、边框和行高、列宽等要素进行精心设置，以期达到如图1-2中所示的理想效果。

差旅费报销单

支出证明单

银行借款登记卡

支票使用登记表

图1-2

1.2　新手基础

在Excel 2013中创建常用财务票据需要用到的知识点包括：重命名工作表、设置数据格式、复式公式、调整行高列宽及打印表格等。不要小看这些简单的知识点，扎实掌握这些知识点会让你的工作大有不同哦！

1.2.1　快速重命名工作表

作为财务工作者，每天都要制作大量的各种表格。表格多了往往就会产生混乱，而混乱是发生很多低级错误的直接原因。给自己做的每一份表格取一个恰当的名字不但能够帮助你快速找到自己需要的表格，更能够帮助你理清工作流程与框架，所以千万不要小看重新命名工作表这项小技能哦！请记住，"会做"和"做到"，这往往是菜鸟和老鸟的根本区别。

❶ 双击需要重命名的工作表标签，进入重命名状态，如图1-3所示。

❷ 直接输入名称，按〈Enter〉键即可完成重命名操作，如图1-4所示。

14	10	8	¥	22,000.00	¥
15	10	8	¥	22,000.00	¥
16	10	8	¥	22,000.00	¥
17	10	10	¥	-	¥
18	10		¥	22,000.00	¥
19	10	12	¥	22,000.00	¥

Sheet1

就绪

图1-3

14	10	8	¥	22,000.00	¥
15	10	8	¥	22,000.00	¥
16	10	8	¥	22,000.00	¥
17	10	10	¥	-	¥
18	10	12	¥	22,000.00	¥
19	10	12	¥	22,000.00	¥

银行日记账汇总

就绪

图1-4

1.2.2　在表格中输入长数据

　　明明数据输入正确，可是怎么总是显示一堆乱七八糟的数字（图1-5）呢？查阅起来好费力啊！Excel 2013怎么这么笨，显示数字都不会！

　　其实，你误会Excel 2013了！为了让超大数字的显示更加简明，Excel 2013默认对超过12位的超大数字采用更为简明的科学计数格式来显示数字。但是当遇到身份证号等数字编码时，科学计数法确实会带来很大困扰。不过没有关系，Excel 2013非常贴心的设置了数字格式设置功能，通过对数字格式进行设置，这些问题都能够轻松搞定。

图1-5

图1-6

❶ 选中需要输入身份证号码的单元格区域，在"开始"选项卡的"数字"组中单击"常规"右侧的下拉按钮。

❷ 在弹出的下拉菜单中单击"文本"命令，如图1-6所示。

员工编号	姓名	身份证号码
YG120001	王	1356201981021205
YG120002	易建平	1638951987110238
YG120003	田密	5360211983120317
YG120004	周凯文	1443211987120812
YG120005	胡丽丽	1436211987121302
YG120006	白一方	1630211983122501

图1-7

❸ 执行上述操作后，刚才输入的身份证号即可正确显示，效果如图1-7所示。

1.2.3　复制公式快速计算数据

　　我们在日常工作中经常需要对工作表中的公式进行批量复制。Excel 2013为我们提供了多种复制公式的方法。通常小范围的公式复制，我们会采用拖动填充柄的方法来进行操作。除此之外，我们还可以使用组合键来快速复制公式，这种操作方法更加适合大范围的公式复制操作。

　　使用组合键进行公式复制的具体操作方法：选中需要填充的目标区域，然后按〈Ctrl+D〉组合键即可执行向下填充命令，如图1-8所示。如果要执行向右填充，则按〈Ctrl+R〉组合键。

图1-8

1.2.4 调整行高和列宽

　　行与列是表格的骨架，恰当的行高和列宽是表格规范美观的前提与基础，所以我们在创建表格的时候，学会快速调整行高和列宽是很有必要的。

　　下面介绍的这种使用鼠标拖动调整行高和列宽的方法操作简单且效果直观，比使用命令打开对话框来调整更加方便快捷。

❶ 将光标定位到要调整行高的某行下边线上，直到光标变为双向对拉箭头，拖动时鼠标指针右上角会显示具体尺寸，如图1-9所示。

❷ 按住鼠标向下拖动，即可增大行高（向上拖动即可减小行高），如图1-10所示。

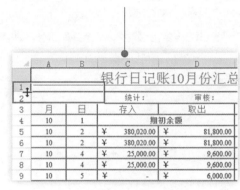

图1-9

图1-10

1.2.5 快速设置数据为货币样式

　　作为会计人员，我们在进行会计表格制作时会涉及大量金额类数据，若要逐个的为每个单元格数据添加货币符号，则既费时又费力。那么有没有什么方法可以快速设置数据为货币样式呢？我们可以通过"单元格样式"设置来一次性将需要输入金额的单元格的样式设置为货币样式。

❶ 选中要输入金额的单元格区域，在"开始"选项卡的"样式"组中单击"单元格样式"下拉按钮，在下拉菜单中选择"货币"选项，如图1-11所示。

❷ 将选中的样式应用到单元格中，效果如图1-12所示。

图1-11

图1-12

专家提示

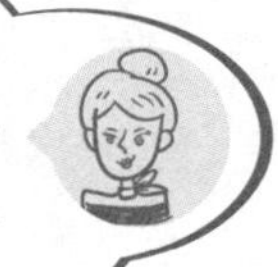

在“开始”选项卡的“数字”组中单击“数字格式”下拉按钮，在下拉菜单中也可选择设置为货币样式的选项。

1.2.6　快速套用表格样式

我们日常在创建表格时，应用的都是Excel 2013默认的样式。如果要想给表格添加漂亮的样式，使表格看起来与众不同，则可以通过快速套用表格样式来实现。

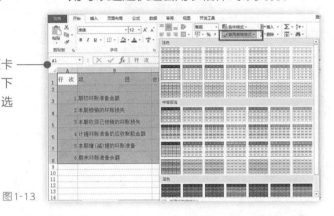

❶ 选择表格的数据区域，在“开始”选项卡的“样式”组中单击“套用表格格式”下拉按钮，弹出下拉列表，在下拉列表中选取需要的表格样式，如图1-13所示。

图1-13

❷ 选择一种表格样式，单击后弹出“套用表格式”对话框，此时选中的数据区域已经自动添加到“表数据的来源”文本框中，取消勾选“表包含标题”复选框，如图1-14所示。单击“确定”按钮，完成表格样式的设置。

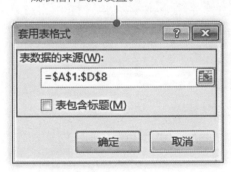

图1-14

列1	列2	列3	列4
行　次	项　　目	会计金额	税收金额
1	期初坏账准备金额	12580	4500
2	本期核销的坏账损失	8000	2950
3	本期收回已核销的坏账损失	4860	1250
4	计提坏账准备的应收账款金额	105900	17590
5	本期增(减)提的坏账准备	-9197	-2737.5
6	期末坏账准备余额	16243	5962.5

图1-15

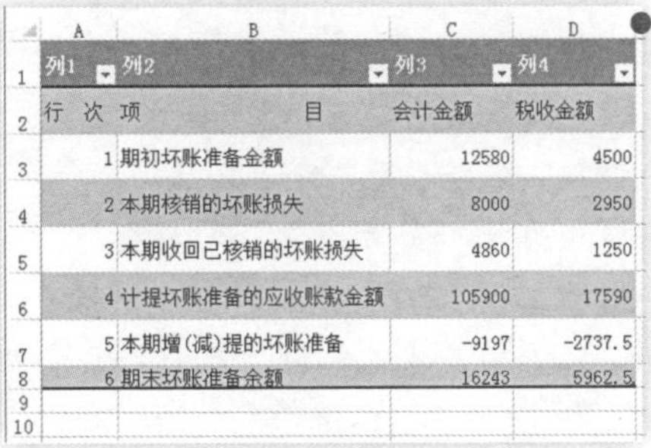

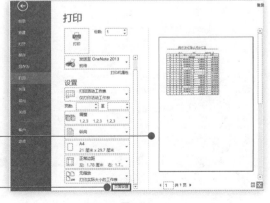

❸ 格式应用到表格中的效果如图1-15所示。

1.2.7　让表格在纸张正中间打印

我们在打印表格的时候，常遇到表格内容不能占满一页纸的情况，在默认设置下打印出来的表格就会显示在纸张的左上角，这使表格显得非常不规范。为了使表格的打印效果规范美观，我们可以通过设置将表格居中打印。

❶ 单击工作簿左上角的“文件”→“打印”命令，进入打印预览状态，如图1-16所示（默认表格为左上角对齐）。

❷ 在打印预览状态下，单击“页面设置”按钮，如图1-16所示。

图1-16

❸ 打开"页面设置"对话框，切换到"页边距"选项卡，选中"居中方式"栏中的"水平"和"垂直"复选框，单击"确定"按钮完成设置，如图1-17所示。

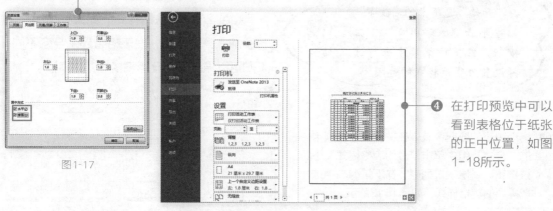

图1-17

图1-18

❹ 在打印预览中可以看到表格位于纸张的正中位置，如图1-18所示。

知识扩展

在打印时不打印单元格中的颜色和底纹效果。

我们有时为了让表格在电脑上显示得更为美观，会对单元格设置颜色和底纹效果，而这些设置了颜色和底纹的表格在打印时不但打印速度慢而且非常耗费打印耗材，为解决这个问题我们可以通过设置让系统在进行打印时不打印出单元格的颜色和底纹效果。具体操作如下：

在"页面布局"选项卡"页面设置"组中单击右下角的"对话框启动器"按钮，打开"页面设置"对话框。

单击"工作表"选项卡，勾选"打印"栏中的"单色打印"复选框，如图1-19所示。单击"确定"按钮，执行打印操作，即可不打印单元格中的颜色和底纹效果。

图1-19

1.3 表格创建

在工作中要使用的财务票据有很多，要不要提前创建相关表格呢？如果在使用的时候再来创建，则相当耗费时间，有时候还不一定能达到满意的效果。

在工作中，差旅费报销单、支出证明单和银行借款登记卡这些常用表格，我们需要提前制备，这样才可以有备无患。制作这些表格还可以帮助我们理顺业务流程，提升自己的业务水平。

1.3.1　差旅费报销单

差旅费报销单是出差人员完成出差任务回来以后进行费用报销的一种专门的制式单据，作为员工出差任务的派出证明，差旅费报销单需要记录员工出差的路线、时间、发生的费用等内容，如图1-20所示。

图1-20

❶ 新建Excel 2013工作表，重命名工作表为"差旅费报销单"，在该工作表中输入差旅费报销单表格的项目内容，如图1-21所示。

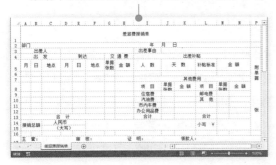

图1-21

Excel 2013默认显示的网格线只是用于辅助单元格编辑，这些线条是不会被打印出来的。所以在表格的初步创建完毕后，需要我们对表格边框进行设置，来提升表格的可读性和美观性。

❷ 为表格标题和单元格区域设置字体格式，效果如图1-22所示。

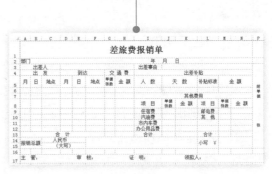

图1-22

> 我第一次制作表格的时候，没有设置边框就给打印出来了，结果打印出来的是没有边框的表格，一点都不美观，所以设置边框还是很有必要的。

专家提示

❶ 选中A3:N15单元格区域，单击"开始"选项卡，在"字体"选项组单击"边框"下拉按钮，打开下拉菜单，鼠标指针指向"线条颜色"命令，在其子菜单中选择一种合适的线条颜色，如图1-23所示。

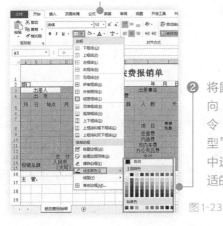

❷ 将鼠标指针指向"线型"命令，在"线型"下拉列表中选择一种合适的线型。

图1-23

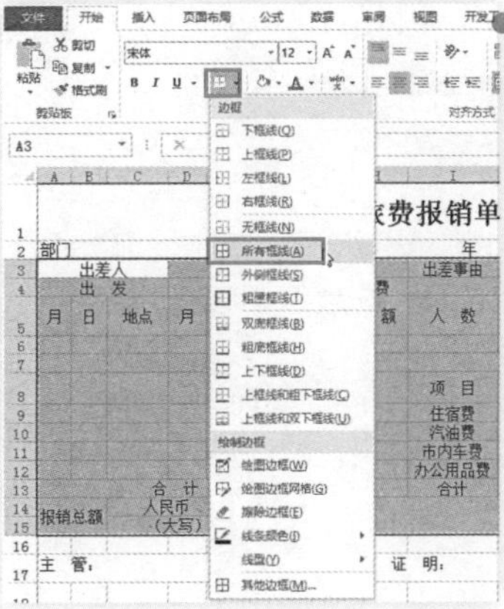

❸ 再次单击"边框"下拉按钮，在其下拉列表中选择"所有框线"，如图1-24所示。

图1-24

❹ Excel 2013会为选定的单元格区域设置黑色的所有框线样式的边框，效果如图1-25所示。

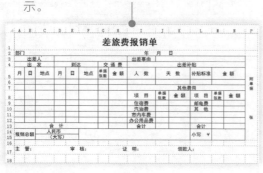

图1-25

> 知识扩展
>
> 一般情况下，公司员工因出差而发生的差旅费用公司应给予报销。员工在出差前会从财务部门预支一定数额的资金。出差结束后出差人员需要完整地填写差旅费报销单，财务部门会根据员工上交的原始凭证上的实用金额，依据多退少补的原则对相应费用进行报销。

1.3.2 支出证明单

在公司里各个部门或其工作人员有时需要从财务部门支取一定金额的现金以备开展工作时使用，这时就需要使用支出证明单了，在这里需要提供资金所用的项目、事由、金额等详细信息。

支出证明单是指企业工作人员有费用支出且费用需要报销时，由报销人员据实填写的财务单据。支出证明单填写完成后，先要交由证明人签字，然后给领导人签字，再经会计审核后由出纳进行支付。由于在日常办公中，各项费用支出是比较频繁的，因此可以在Excel 2013中建立如图1-26所示的支付证明单。

1. 制作支出证明单

支出证明单一般包括部门、项目名称、预算科目、摘要及用途、金额、领导批未等项目。在建立表单之前首先要根据实际情况构造出表格的基本框架，然后再进行表格的美化操作。制作支出证明单的步骤如下：

图1-26

❶ 新建Excel 2013工作表，重命名工作表为"支出证明单"，在工作表中输入支出证明单的内容，并合并需要合并的单元格，如图1-27所示。

图1-27

❷ 选中A3：G11单元格区域，单击"开始"选项卡，在"字体"选项组中设置字体为"黑体""12号""加粗"，如图1-28所示。

❸ 选中标题行，单击"开始"选项卡，在"字体"选项组单击按钮，打开"设置单元格格式"对话框。

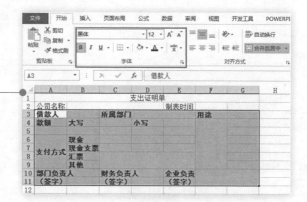

图1-28

图 1-29

④ 在"设置单元格格式"对话框中，选取字体选项卡，设置字体为"黑体""加粗""22号"字，在"下划线"下拉列表中选择"双下划线"，接着在"颜色"下拉列表中设置颜色为"红色"，如图1-29所示。

图 1-30

完成字体设置后效果如图1-30所示。

图 1-31

⑤ 选中A3:G11单元格区域，打开"设置单元格格式"对话框，设置表格的边框样式，如图1-31所示，单击"确定"按钮。

图 1-32

⑥ 通过上述一系列操作完成支出证明单的制作，效果如图1-32所示。

2. 打印支出证明单

在打印支付证明单之前，一般需要进行打印预览来查看最终的打印效果，如果效果令人满意，即可立即执行打印。如果查看的打印效果不满意，则需要对页面设置进行相应的调整。

> 支出证明单已经设计完成了，接下来就该打印了。

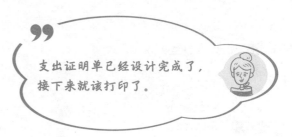

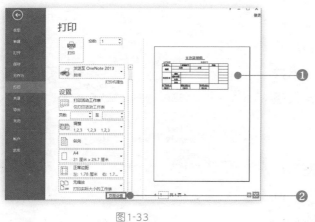

图 1-33

① 按〈Ctrl+P〉组合键弹出打印内容对话框，单击"预览"按钮进入打印预览状态，如图1-33所示（默认表格以左上角对齐）。

② 在打印预览状态下，单击"页面设置"按钮，如图1-33所示。

❸ 打开"页面设置"对话框，切换到"页边距"标签，选中"居中方式"栏中的"水平"、"垂直"复选框，如图1-34所示。单击"确定"按钮，完成页边距设置。

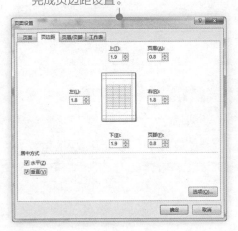

图1-34

❹ 完成页边距设置后我们可以看到表格位于纸张的正中位置，如图1-35所示。

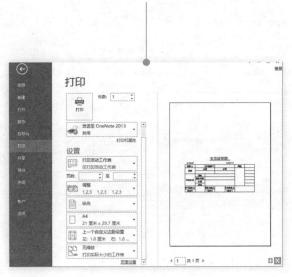

图1-35

知识扩展

在进行打印预览后，再返回到工作表中时，会发现表格中出现了横竖两条虚线，这两条虚线与表格边框组成的矩形就是打印的页面大小，如果需要将内容打印在一页内，就要注意不要让表格内容超出这两条虚线。

1.3.3 银行借款登记卡

上个月忘记了公司向银行的一笔借款，因此挨了领导的批评！

所以在平时工作中，我们应该及时做好银行借款的登记工作。

银行借款登记卡应包括银行名称、银行账号、每一笔借款（或还款）发生的日期、借款原由、抵押品、借款金额、还款金额和未偿还金额等内容，如图1-36所示。

1. 创建银行借款登记卡工作表

在创建表格之前，我们首先需要整理好银行借款的相关数据，然后将其录入到工作表中，再进行相关单元格格式的设置以完成表格的创建。

银行借款登记卡						
银行名称	中国工商银行——合肥翡翠路支行					
银行账号	6.2483E+15					
日期	借款原由	抵押品	借款金额	还款金额	未偿还金额	
年 月 日						
2015 1 1	购买机器	仓库	350000			
2015 4 1	归还借款			280000		
2015 5 15	修建宿舍	办公楼	500000			
2015 7 10	归还借款			300000		
2015 8 5	归还借款			200000		

图1-36

❶ 新建Excel 2013工作表，重命名工作表为“银行借款登记卡”，在工作表中输入银行借款登记卡项目，然后设置表格的字体、边框等格式，设置完成后的效果如图1-37所示。

知识说明

此时会发现D3单元格中以科学计算法显示银行账号，这是因为Excel 2013默认对超过12位的超大数字采用更为简明的科学计数格式来显示数字。

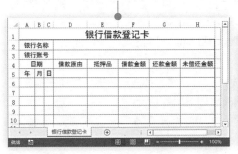

图1-37

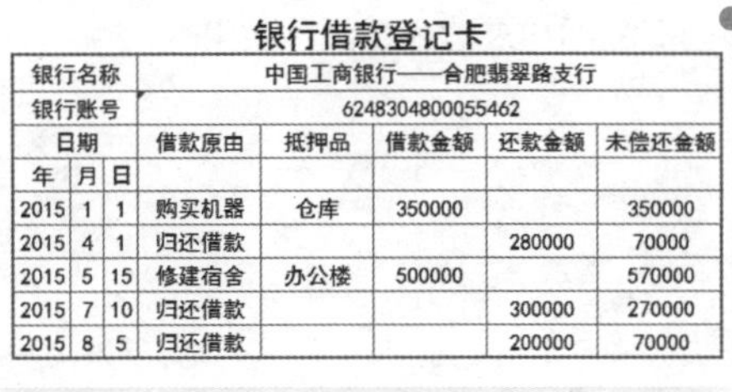

银行借款登记卡

银行名称			中国工商银行——合肥翡翠路支行				
银行账号			6248304800055462				
日期			借款原由	抵押品	借款金额	还款金额	未偿还金额
年	月	日					
2015	1	1	购买机器	仓库	350000		350000
2015	4	1	归还借款			280000	70000
2015	5	15	修建宿舍	办公楼	500000		570000
2015	7	10	归还借款			300000	270000
2015	8	5	归还借款			200000	70000

图1-38

❷ 在表格中输入银行的信息以及企业向银行借款和还款的金额，如图1-38所示。

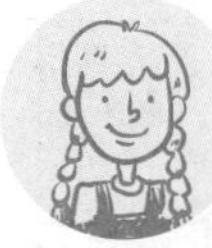

那么该如何操作才能使D3单元格中的数据正确显示呢？

为了正确地显示“银行账号”这样的长数据，我们需要将其输入成文本型数值。

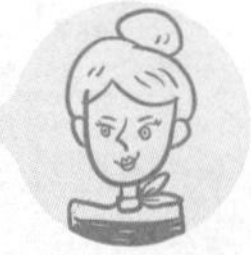

❸ 在D3单元格中输入英文状态下的单引号（’），然后再输入银行账号，按〈Enter〉键完成输入，此时单元格中将准确地显示所有的数字，但该单元格的左侧会显示一个绿色的小三角，如图1-39所示。

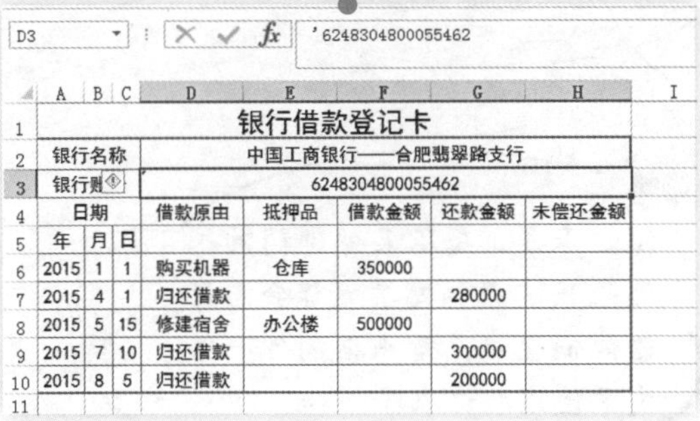

银行借款登记卡

银行名称			中国工商银行——合肥翡翠路支行				
银行账号			6248304800055462				
日期			借款原由	抵押品	借款金额	还款金额	未偿还金额
年	月	日					
2015	1	1	购买机器	仓库	350000		
2015	4	1	归还借款			280000	
2015	5	15	修建宿舍	办公楼	500000		
2015	7	10	归还借款			300000	
2015	8	5	归还借款			200000	

图1-39

❹ 选中D3单元格，此时该单元格左侧显示“错误选项”按钮，单击该按钮，在弹出的下拉菜单中单击“忽略错误”命令，如图1-40所示。

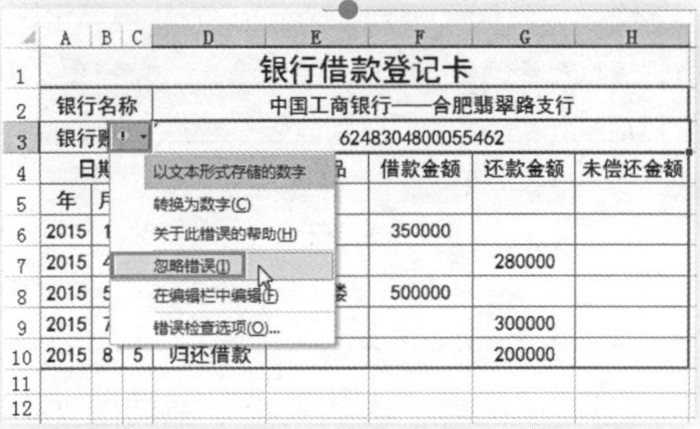

图1-40

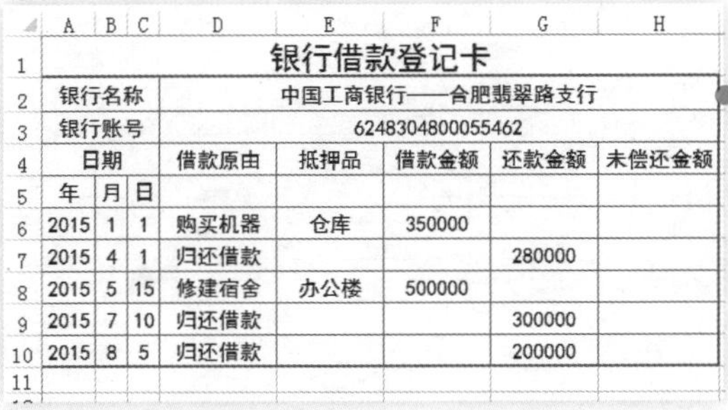

银行借款登记卡

银行名称			中国工商银行——合肥翡翠路支行				
银行账号			6248304800055462				
日期			借款原由	抵押品	借款金额	还款金额	未偿还金额
年	月	日					
2015	1	1	购买机器	仓库	350000		
2015	4	1	归还借款			280000	
2015	5	15	修建宿舍	办公楼	500000		
2015	7	10	归还借款			300000	
2015	8	5	归还借款			200000	

❺ 执行“忽略错误”命令即可隐藏绿色的小三角符号，效果如图1-41所示。

图1-41

2. 设置公式计算未偿还金额

银行借款登记卡工作表创建完成后，我们需要在相应的单元格中设置计算公式，以使表格可以根据录入的实际数据自动计算出未偿还金额，具体操作如下：

❶ 选中H6单元格，在公式编辑栏输入公式："=F6-G6"，按〈Enter〉键，即可计算出2015年1月1日公司的期初未偿还金额，效果如图1-42所示。

❷ 选中H7单元格，在公式编辑栏输入公式："=H6+F7-G7"，按〈Enter〉键，计算出截至2015年4月1日累计未偿还金额，如图1-43所示。

❸ 选中H7单元格，并拖动右下角的填充柄向下填充，如图1-43所示。

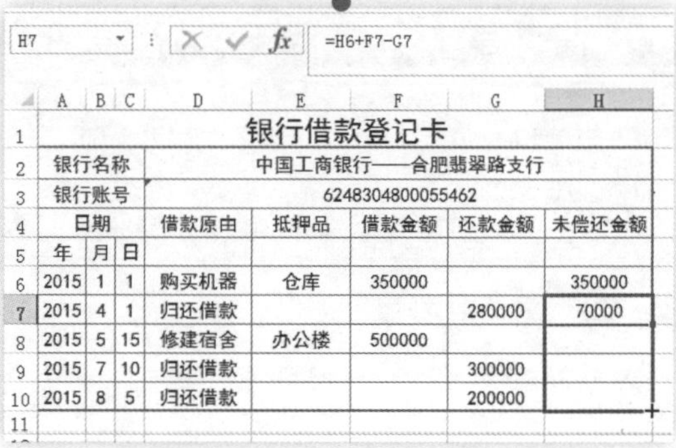

图1-42

图1-43

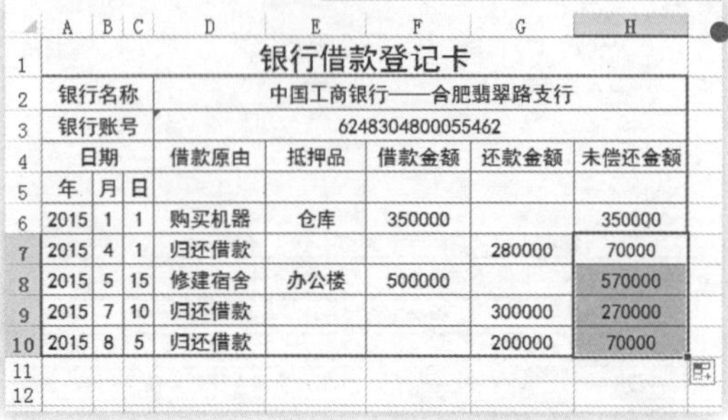

图1-44

❹ 释放鼠标得公式填充结果，填充效果如图1-44所示。

填充公式得到的计算结果

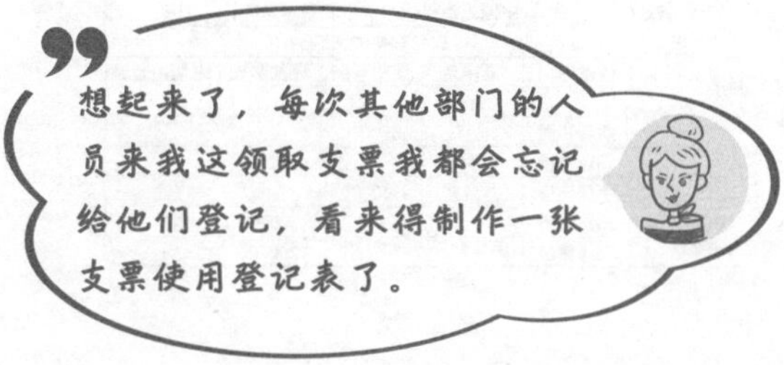

1.3.4 支票使用登记表

支票使用登记表通常由支票领用部门填写。财务部门对使用的支票按号登记，定期核对，及时注销。支票使用登记表通常应包括领用日期、支票号码、领用人、用途、收款单位、金额等内容，如图1-45所示。其具体制作步骤如下：

想起来了，每次其他部门的人员来我这领取支票我都会忘记给他们登记，看来得制作一张支票使用登记表了。

支票使用登记表								
年 月 日	支票号码	银行名称	支票金额	用途	到期日	开具人	使用人	备注

图1-45

❶ 新建Excel 2013工作表，重命名工作表为"支票使用登记表"，在该工作表中输入支票使用登记表格的项目内容，如图1-46所示。

❷ 设置表格的字体、边框等格式，效果如图1-46所示。

图1-46

❸ 选中标题，单击"开始"选项卡，在"字体"选项组单击"下划线"下拉按钮，在其下拉列表中单击"双下划线"，如图1-47所示。

❹ 为表格标题添加双下划线的效果如图1-48所示。

图1-47　　　　　图1-48

❺ 选中A2：J3单元格区域，单击"开始"选项卡，在"字体"选项组单击"颜色填充"下拉按钮，在其下拉列表中选择适合的填充的颜色，如图1-49所示。

❻ 制作完成的支票使用登记表如图1-50所示。

图1-50

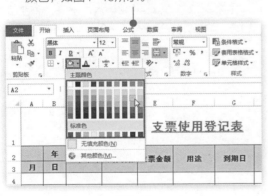

图1-49

> 为了反映每一次提现的资金去向，可以使用提现登记表。

1.3.5　提现登记表

　　为了更好地记录企业或个人银行存款的资金流向，在每发生一笔提现时，可以将日期、用途、提取金额、经办人等关键信息进行登记，以反映每一次提现的资金去向。提现登记表通常包括：日期、银行名称、账号、用途、

提现登记表

日期	银行名称	账号	用途	提取金额	号办人	备注
2015/9/1	建设银行	6227 0852 2582 3225 78	转账	￥ 20,000.00	王蓉	
2015/9/2	交通银行	6222 0244 1785 2582 32	采购	￥ 8,000.00	何莉莉	
2015/9/10	交通银行	6222 0244 1785 2582 32	发工资	￥ 65,000.00	周庆瑞	
2015/10/17	工商银行	0125 0852 2582 3225 78	房屋租金	￥ 15,000.00	钱丽丽	
2015/10/18	工商银行	0125 0852 2582 3225 78	水电费	￥ 2,680.00	童瑶瑶	
2015/10/19	工商银行	0125 0852 2582 3225 78	押金	￥ 5,000.00	吴晨	

图1-51

提现金额、经办人、备注等内容，如图1-51所示。具体制作步骤如下：

❶ 新建Excel 2013工作表，重命名工作表为"提现登记表"，在工作表中输入表格内容，并设置字体格式，效果如图1-52所示。

❷ 选中标题所在单元格，单击"开始"选项卡，在"样式"选项组中单击"单元格样式"下拉按钮，在下拉菜单中单击"标题"按钮，如图1-53所示。

图1-52

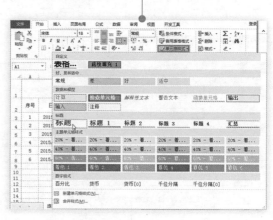

图1-53

❸ 选中表格数据所在单元格区域，单击"开始"选项卡，在"样式"选项组中单击"套用单元格格式"下拉按钮，在其下拉列表中选择一种表格格式，如图1-54所示。

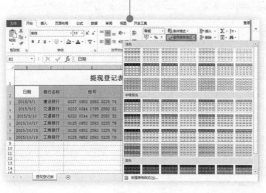

图1-54

图1-55

❹ 在"套用表格式"对话框中会自动显示选定的单元格区域的地址引用，选中"包含标题"复选框，单击"确定"按钮完成设置如图1-55所示。

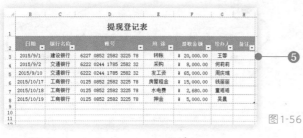

图1-56

❺ 套用表格格式后标题行中会自动添加筛选下拉按钮，效果如图1-56所示。

第 **2** 章　公司会计凭证管理

传统日常账务的处理都是通过手写账簿完成的，这种方法的弊端我已经很清楚了，比如工作量大、查账烦琐等。既然我们工作中都使用 Excel 2013，那么该如何运用 Excel 2013 将会计凭证管理得井井有条呢？

会计凭证管理是整个会计核算过程中非常重要的一环。Excel2013 凭借强大的表格构建功能和数据计算分析功能，可以有效地帮助我们完成会计凭证的管理工作。

2.1　制作流程

会计凭证是一种可以证明经济业务事件的发生，明确经济责任，并且可以登记在账簿上，具有法律效力的书面证明。为了节省人力，提高工作效率，我们可以使用Excel 2013来进行公司的会计凭证管理，帮助财务人员减轻工作负担。

管理会计凭证需要创建包括会计科目表、记账凭证表、会计凭证汇总表等多个表格，当然我们还需要对相应的数据进行运算。本章主要介绍的内容框架如图2-1所示。

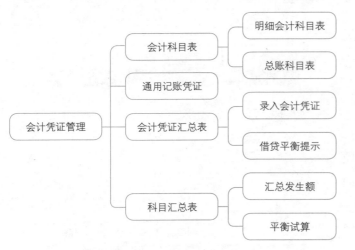

图2-1

管理会计凭证需要使用多个表格，我们先看一下各个表格的效果（图2-2），以便在大家的脑海中形成初步的印象。

科目编码	科目名称
1001	库存现金
1002	银行存款
1012	其他货币基金
1121	应收票据
1122	应收账款
1221	其他应收款
1231	坏账准备
1401	材料采购
1405	库存商品
1471	存货跌价准备
1601	固定资产
1602	累计折旧
1901	待处理财产损益

总账科目

记账凭证

年　月　日　　　　　　　　字　号

摘要	一级科目	明细科目	借方金额 亿千百十万千百十元角分	贷方金额 亿千百十万千百十元角分	记账

合　计

会计主管　　审核　　记账　　出纳　　制证

通用记账凭证

会计凭证汇总表

年份：2015年　　　　　月份：10月　　　　　填制：王青

2015年 月 日	凭证种类、号数	摘要	借方 科目名称 金额	贷方 科目名称 金额
10 1	银收 1	A公司借款	银行存款 ¥280,000	短期借款 ¥280,000
10	银收 2	短期借款	银行存款 ¥11,000	短期借款 ¥11,000
10 2	转 1	购买甲材料	原材料 ¥80,000	应付账款 ¥80,000
10	转 2	购买乙材料	原材料 ¥52,000	应付账款 ¥52,000
10 3	转 3	购买丙材料	原材料 ¥13,500	应付账款 ¥13,500
10	转 4	接收A公司投入设备一台	固定资产 ¥38,000	实收资本 ¥38,000
10 7	转 5	仓库发出材料	生产成本 ¥70,000	原材料 ¥70,000
10	转 6	结算工人工资	生产成本 ¥17,600	应付职工薪酬 ¥17,600
10 10	银付 1	购买办公用品	管理费用 ¥4,200	库存现金 ¥4,200
10	银付 2	提现	库存现金 ¥42,000	银行存款 ¥42,000
10 12	现付 1	以现金支付工资	应付职工薪酬 ¥42,000	库存现金 ¥42,000
10	银付 3	用银行存款支付欠款	应付账款 ¥135,135	银行存款 ¥135,135
10 15	转 7	销售A产品	应收账款 ¥80,900	主营业务收入 ¥80,900
10	银收 3	预收客户购买B产品货款	银行存款 ¥40,000	预付账款 ¥40,000
10 17	银付 4	使用银行存款支付广告费	销售费用 ¥3,400	银行存款 ¥3,400
10	银收 4	取得罚款收入	银行存款 ¥300	营业外收入 ¥300
10 20	转 8	预收卖B产品货款	预付账款 ¥40,000	主营业务收入 ¥40,000
10 23	转 9	预提本月借款利息	财务费用 ¥4,440	应付利息 ¥4,440
10 25	转 10	计提本月固定资产折旧	制造费用 ¥7,800	累计折旧 ¥7,800
10	转 11	结转本月工产品的实际生产成本	库存商品 ¥87,700	生产成本 ¥87,700
10 27	转 12	结转本月销售产品	主营业务成本 ¥44,800	库存商品 ¥44,800

借贷平衡

会计凭证汇总表

科目汇总表

2015年 10月 1日至 31日　　记账凭证：字第　号至　号止　　汇字第　号

会计科目	记账 √	借方	贷方	核对
银行存款		¥331,300	¥184,735	
库存现金		¥42,000	¥42,000	
固定资产		¥38,000	¥0	
生产成本		¥87,600	¥87,700	
原材料		¥145,500	¥70,000	
管理费用		¥4,200	¥0	
应付职工薪酬		¥42,000	¥17,600	
应付账款		¥135,135	¥145,500	
应收账款		¥80,900	¥0	
销售费用		¥3,400	¥0	
财务费用		¥4,440	¥0	
主营业务成本		¥44,800	¥0	
库存商品		¥87,700	¥44,800	
预付账款		¥40,000	¥40,000	
实收资本		¥0	¥38,000	

科目汇总表

图2-2

2.2　新手基础

在Excel 2013中进行会计凭证管理需要用到的知识点包括插入工作表、设置数据格式、填充数据、定义名称等。不要小看这些简单的知识点，扎实地掌握这些知识点会让你的工作大有不同！

2.2.1　插入工作表

在日常会计凭证管理工作中是不可能只用到一张工作表的，我们经常需要多张工作表来进行凭证管理。快速插入新的工作表，是我们必备的工作技能。

❶ 单击"会计科目表"工作表标签右侧的（ ⊕ ）按钮，如图2-3所示。

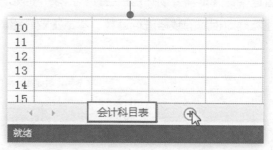

图2-3

❷ 插入新工作表后的效果如图2-4所示。

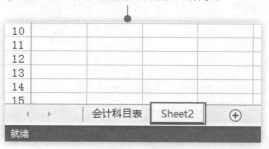

图2-4

2.2.2 设置金额为货币格式

在输入固定资产估值等金额类型数据的时候，我们需要为金额数据添加货币符号。如果在输入数据时一一为其添加，则会非常烦琐。其实，我们可以先输入数据，然后一次性地将需要添加货币符号的数据的数据设置为货币格式，这样操作既简单又不会出错。具体操作如下：

❶ 选中想显示为货币格式的数据区域，切换到"开始"选项卡，在"数字"组中单击（ ）按钮，如图2-5所示。打开"设置单元格格式"对话框。

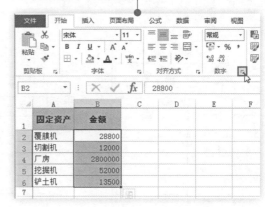

图2-5

❷ 单击"设置单元格格式"对话框中数字选项卡，在"分类"列表中单击"货币"，并设置小数位数、选择货币符号的样式，如图2-6所示。单击"确定"按钮完成设置。

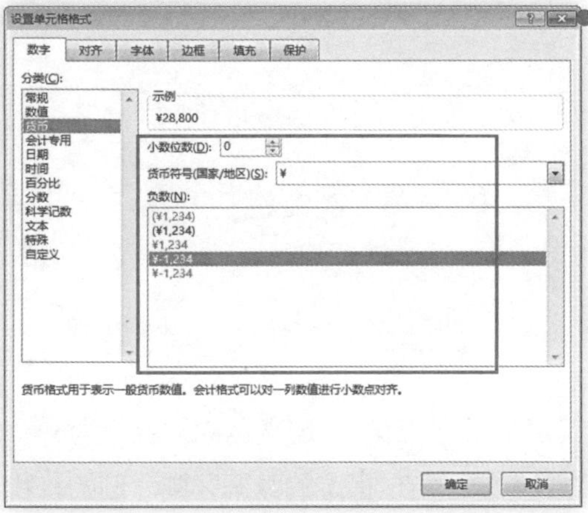

❸ 选中的单元格区域中数据格式更改为货币格式，效果如图2-7所示。

图2-6

图2-7

货币格式是不是就是会计专用格式呢？

两者还是有细微区别的。主要是币种符号位置不同，货币格式的货币符号与数据是连在一起靠右显示的，而会计专用格式的货种符号是靠左显示，数字靠右显示。而且会计专用格式不能特殊设置负数的显示样式。

2.2.3 在连续单元格填充相同数据

在创建表格时，有时会遇到很多连续单元格的内容都相同的情况，一个一个单元格慢慢地输入内容需要花费很多时间，这就使我们的工作效率变低了。其实，Excel中有更简单的办法，我们可以利用填充柄来填充相同数据，具体操作如下：

❶ 在单元格中输入第一个数据（如此处在B2单元格中输入"工商银行"），将光标定位在单元格右下角的填充柄上，如图2-8所示。

❷ 按住鼠标左键不放，向下拖动至填充结束的位置，如图2-9所示。

❸ 释放鼠标后，可以看到拖动过的单元格上都填充了与B2单元格中相同的数据"工商银行"，如图2-10所示。

图2-8

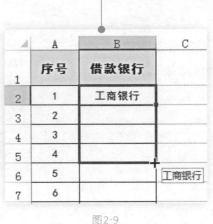

图2-9

图2-10

知识扩展

对于在连续的单元格中输入相同的数据，还可以利用命令操作的方法来实现。首先选中需要进行填充的单元格区域（注意，要包含已经输入的数据的单元格，即要有填充源）；然后在"开始"选项卡下"编辑"组中单击填充·按钮，从打开的下拉菜单中选择填充方向即可。

2.2.4 直接定义名称

"定义名称"是Excel 2013中非常好用的一项工具。顾名思义，"定义名称"就是为一个区域、常量值，或者数组定义一个名称，它可以帮助我们快速定位指定的数据区域。例如，我们在编写公式时可以很方便地用所定义的名称引用指定数据区域，进而方便快捷地编写公式。下面介绍一个可以快速地将单元格区域定义为名称简单方法。

编码 ▼	: × ✓ fx	WG001
	A	B	C
1	销售日期	编码	数量
2	2015/10/1	WG001	80
3	2015/10/1	RZJ001	12
4	2015/10/1	LWG002	20
5	2015/10/1	LWG005	110
6	2015/10/1	RZJ007	100
7	2015/10/1	LWG005	123
8	2015/10/1	LWG003	45
9			

选中需要定义名称的单元格区域"B2:B8"，在名称框中输入需要定义的名称，如"编码"，按下〈Enter〉即可定义名称，如图2-11所示。

图2-11

在为单元格、数值、公式等定义名称时，定义的名称不能是任意的字符，需要遵循以下命名规则：

1）名称的第一个字符必须是字母、汉字或下划线，其他字符可以是字母、数字、句号和下划线。

2）名称不能与单元格名称相同。

3）名称之间不能有空格符，可以使用"."。

4）名称长度不能超过 255 个字符，字母不区分大小写。

5）同一工作簿中定义的名称不能相同。

如果定义名称时不遵守上述规则，就会弹出"Microsoft Excel 2013"对话框。

2.2.5　通过设置使系统只允许输入某类型的数据

Excel 2013中提供了"数据验证"功能，通过该功能我们可以设定输入规则。如果输入的数据不符合规则，则系统将拒绝用户所输入的数据。对一些特定的字段设置数据验证，如只允许输入整数、日期或时间等类型的数据，不仅可以大大提高数据录入的效率，还可以减少输入的错误概率。使指定单元格区域只接受输入大于某指定日期类型数据的操作如下：

图2-12

❶ 选择日期列，在"数据"选项卡的"数据工具"组中，单击"数据验证"按钮，打开"数据验证"对话框，如图2-12所示。

图2-14

❷ 单击"设置"选项卡，在"允许"下拉列表中单击"日期"；在"数据"下拉列表中单击"大于或等于"；在"开始日期"设置框中输入最小的日期值，如图2-13所示。

图2-13

❸ 切换至"出错警告"标签，在"标题"和"错误信息"文本框中输入相应的内容，如图2-14所示。

❹ 单击"确定"按钮完成设置。当在"日期"
　列输入小于指定日期的值时，系统将会弹出
　提示对话框，如图2-15所示。

图2-15

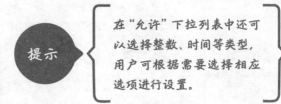

在"允许"下拉列表中还可
以选择整数、时间等类型，
用户可根据需要选择相应
选项进行设置。

2.2.6　清除数据验证设置

如果需要重新更改单元格区域的数据验
证，或者需要清除其设置，就可以通过以下
方法进行设置。

选中需要取消输入现在的单元格或单元格区域，
打开"数据有效性"对话框。在"设置"选项卡
中，单击"全部清除"按钮，即可清除设置的数
据验证，如图2-16所示。

图2-16

2.2.7　IF 函数（根据条件判断而返回指定的值）

【函数功能】IF函数是根据指定的条件来判断其"真"（TRUE）、"假"（FALSE），从而
　　　　　　返回其相对应内容的函数。

【函数语法】IF(logical_test,value_if_true,value_if_false)

◆ Ogical_test：逻辑判决表达式。

◆ Value_if_true：当判断条件为逻辑"真"（TRUE）时，显示该处给定的内容。如果
　忽略，返回"TRUE"。

◆ Value_if_false：当判断条件为逻辑"假"（FALSE）时，显示该处给定的内容。如
　果忽略，返回"FALSE"。

运用IF函数可以帮助我们完成以下常见的工作任务：

1）判断数值在某区间时返回对应的比率。本例中想要依据员工的销售业绩计算出提成金
额。具体要求：销售金额≤1000元的，提成率为5%；销售金额为>1000～5000元的，提成
率为8%；销售金额为>5000～10000元的，提成率为10%；销售金额>10000的，提成率
为14%。具体操作如下：

❶ 在C2单元格中输入公式："=B2*IF(B2>10000,14%,IF(B2>5000,10%,IF(B2>1000,8%,5%)))"，按〈Enter〉键，根据第一位员工的业绩得出提成金额，如图2-17所示。

C2　=B2*IF(B2>10000,14%,IF(B2>5000,10%,IF(B2>1000,8%,5%)))

	A	B	C	D	E
1	姓名	业绩	提成金额		
2	胡莉	14000	1960		
3	王青	2100			
4	何以玫	17890			
5	王飞扬	7800			
6	童瑶瑶	19860			
7	王小利	37800			
8	吴晨	2880			
9					

图2-17

❷ 向下填充C2单元格的公式至C8单元格，如图2-18所示。

	A	B	C
1	姓名	业绩	提成金额
2	胡莉	14000	1960
3	王青	2100	168
4	何以玫	17890	2504.6
5	王飞扬	7800	780
6	童瑶瑶	19860	2780.4
7	王小利	37800	5292
8	吴晨	2880	230.4
9			
10			

图2-18

公式解析

使用 IF 函数判断销售业绩是否大于 10000 元，若大于 10000 元，则返回 14%；若不大于 10000 元，再用 IF 函数判断业绩是否大于 5000 元，若大于 5000 元，则返回 10%；若不大于 5000 元，再使用 IF 函数判断业绩是否大于 1000 元，若大于 1000 元，则返回 8%，否则返回 5%。

2）对比两列数据中值是否相等。图2-19所示为产品销售价格统计表。表中产品条目非常多，如果想比较销售1部与销售2部对每种产品销售的价格是否一致，可以按如下操作来设置公式。

	A	B	C
1	产品名称	销售1部	销售2部
2	产品A	288	288
3	产品B	158	155
4	产品C	160	160
5	产品D	120	120
6	产品E	300	300
7	产品F	350	358
8	产品G	168	168

图2-19

选中D2:D8单元格区域，在编辑栏中输入公式：=IF(NOT(B2:B8=C2:C8),"请核对","")，同时按〈Ctrl+Shift+Enter〉组合键，即可判断出哪些价格统计不一致，如图2-20所示。

D2　{=IF(NOT(B2:B8=C2:C8),"请核对","")}

	A	B	C	D	E	F
1	产品名称	销售1部	销售2部	判断结果		
2	产品A	288	288			
3	产品B	158	155	请核对		
4	产品C	160	160			
5	产品D	120	120			
6	产品E	300	300			
7	产品F	350	358	请核对		
8	产品G	168	168			
9						
10						
11						

图2-20

公式解析

先使用 NOT 函数求反值，判断各产品的统计价格是否相同；再使用 IF 函数根据 NOT 函数返回的各判断结果决定显示内容，如果不相等则显示为"请核对"，如果相等就显示为空单元格。

3）根据双条件判断完成时间是否合格。本例统计了不同项目中"总工"和"职员"的完成时间，要求根据职位和时间来判断最终的完成时间是否达到合格要求。具体要求：当职位为"总工"时，用时小于8h返回结果为"合格"，否则返回结果为"不合格"；当职位为"职员"时，用时小于10h返回结果为"合格"，否则返回结果为"不合格"。也就是说，要通过表格中的B列与C列的数据得到D列的结果，如图2-21所示。具体操作如下：

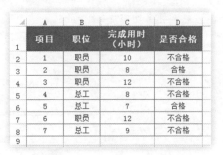

图2-21

❶ 在D2单元格中输入公式："=IF(OR(AND(B2="总工",C2<8), AND(B2="职员",C2<10)),"合格","不合格")"，按〈Enter〉键，判断第1条记录中项目的完成时间是否合格如图2-22所示。

❷ 向下填充D2单元格的公式至D8单元格，如图2-23所示。

图2-22

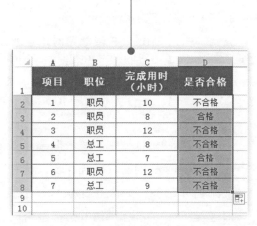

图2-23

公式解析

使用 OR 函数设定了两个条件：第一个表达式为使用 AND 函数判断 B2 单元格职位是否为"总工"，并且 C2 单元格中的时间是否小于10；第二个表达式为判断 B2 单元格职位是否为"职员"，并且 C2 单元格中的时间是否小于15。使用 IF 函数判断两个 AND 函数返回结果中是否有一个为真，如果有一个为真，返回"合格"，否则返回"不合格"。

2.2.8 SUM 函数（求单元格区域中所有数字之和）

【函数功能】SUM函数用来返回某一单元格区域所有数字的和。

【函数语法】SUM（number1,numer2...）

◆ Number1,number2...：参加计算的1~30个参数，包括逻辑值、文本表达式、区域和区域引用。

运用ＳＵＭ函数可以帮助我们完成以下常见的工作任务：

1）对多行多列的大块区域一次性求和。图2-24所示的表格统计了各个商品在两个仓库的库存量，如果要统计出总库存量，可以使用SUM函数来设置公式。具体操作如下：

在B8单元格中输入公式："=SUM(B2:B6,C2:C6)"，按〈Enter〉键，即可计算出所有商品在两个仓库中的库存量，如图2-25所示。

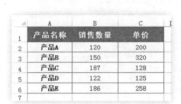

图2-24　　　　　　　　　　　图2-25

2）计算总销售额。图2-26所示的表格统计了各种产品的销售数量和单价，下面运用SUM函数计算总销售额。

在B8单元格中输入公式："=SUM(B2:B6*C2:C6)"，按〈Ctrl+Shift+Enter〉组合键（数组公式必须按此组合键才能得到正确结果），即可通过销售数量和销售单价计算出总销售额，如图2-27所示。

图2-26　　　　　　　　　　　图2-27

提示

> 该公式进行的是一项数组运算，是逐一将 B2:B6 单元格区域的值与 C2:C6 单元格区域的值相乘，得到的一个数组，然后再对数组内值求和。数组公式，需要按〈Ctrl+Shift+Enter〉组合键得出计算结果。

2.2.9　SUMIF 函数（按照指定条件求和）

【函数功能】SUMIF函数用于按照指定条件对若干单元格、区域或引用求和。

【函数语法】SUMIF(range,criteria,sum_range)

◆ Range：用于条件判断的单元格区域。

◆ Criteria：由数字、逻辑表达式等组成的判定条件。

◆ Sum_range：需要求和的单元格、区域或引用。

运用SUMIF函数，可以帮助我们完成以下工作任务：

1）按部门统计销售业绩之和。图2-28所示的表格统计了销售业绩，下面运用SUMIF函数分别统计各个部门的销售业绩之和，需要统计销售1部业绩总和、销售2部业绩总和及销售3部业绩总和。

姓名	部门	业绩
胡莉	销售2部	159000
王青	销售1部	99700
何以玫	销售2部	97049
王飞扬	销售3部	93000
童瑶瑶	销售1部	77900
王小利	销售1部	163000
吴晨	销售3部	72000

图2-28

提示 由于在进行公式复制时，$B$2:$B$8和$C$2:$C$8这两部分单元格区域始终是不能改变的，所以必须使用绝对引用方式。

❶ 在表格的空白处建立查找标识“销售1部”、“销售2部”、销售3部，如图2-29所示。

姓名	部门	业绩
胡莉	销售2部	159000
王青	销售1部	99700
何以玫	销售2部	97049
王飞扬	销售3部	93000
童瑶瑶	销售1部	77900
王小利	销售1部	163000
吴晨	销售3部	72000
销售1部		
销售2部		
销售3部		

图2-29

❷ 在B10单元格中输入公式：“=SUMIF($B$2:$B$8,A10,$C$2:$C$8)”，按〈Enter〉键，即可根据销售数据表统计得到销售1部的业绩总和，如图2-30所示。

B10 =SUMIF($B$2:$B$8,A10,$C$2:$C$8)

姓名	部门	业绩
胡莉	销售2部	159000
王青	销售1部	99700
何以玫	销售2部	97049
王飞扬	销售3部	93000
童瑶瑶	销售1部	77900
王小利	销售1部	163000
吴晨	销售3部	72000
销售1部	340600	
销售2部		
销售3部		

图2-30

❸ 选中B10单元格，向下填充公式到B12单元格中，分别得到销售2部与销售3部的业绩总和，如图2-31所示。

姓名	部门	业绩
胡莉	销售2部	159000
王青	销售1部	99700
何以玫	销售2部	97049
王飞扬	销售3部	93000
童瑶瑶	销售1部	77900
王小利	销售1部	163000
吴晨	销售3部	72000
销售1部	340600	
销售2部	256049	
销售3部	165000	

图2-31

2）统计某个时段的总出库量。图2-32所示的表格中按销售日期统计了产品的销售出库量，下面运用SUMIF函数统计出前半月与后半月的总销售量。

日期	品牌	销售量
2015/10/1	初音	130
2015/10/3	亲昵	115
2015/10/7	靓影	114
2015/10/8	韩水伊人	192
2015/10/9	不语	138
2015/10/14	韩美	235
2015/10/15	蓝衣	310
2015/10/17	布娃娃	200
2015/10/24	布面	220
2015/10/25	花开了	110

图2-32

❷ 在F2单元格中输入公式：“=SUMIF(A2:A11,">15-10-15",C2:C11)”，按〈Enter〉键，即可统计出后半月销售总量，如图2-34所示。

❶ 在E2单元格中输入公式：“=SUMIF(A2:A11,"<=15-10-15",C2:C11)”，按〈Enter〉键，即可统计出前半月销售总量，如图2-33所示。

E2 =SUMIF(A2:A11,"<=15-10-15",C2:C11)

日期	品牌	销售量		前半月销售量	后半月销售量
2015/10/1	初音	130		1234	
2015/10/3	亲昵	115			
2015/10/7	靓影	114			
2015/10/8	韩水伊人	192			
2015/10/9	不语	138			
2015/10/14	韩美	235			
2015/10/15	蓝衣	310			
2015/10/17	布娃娃	200			
2015/10/24	布面	220			
2015/10/25	花开了	110			

图2-33

F2 =SUMIF(A2:A11,">15-10-15",C2:C11)

日期	品牌	销售量		前半月销售量	后半月销售量
2015/10/1	初音	130		1234	1764
2015/10/3	亲昵	115			
2015/10/7	靓影	114			
2015/10/8	韩水伊人	192			
2015/10/9	不语	138			
2015/10/14	韩美	235			
2015/10/15	蓝衣	310			
2015/10/17	布娃娃	200			
2015/10/24	布面	220			
2015/10/25	花开了	110			

图2-34

2.3　表格创建

传统的日常账务的处理都是采用购买账簿然后手工记账的方式来完成的，工作量非常大，而且还容易出错。

现在我们完全可以利用 Excel 2013 来完成账务处理的工作，不仅能够减轻我们的工作负担，还能节省人力，提高工作效率。

2.3.1　会计科目表

会计科目是指对会计对象的具体内容进行分类核算的标志或项目，它是处理账务所必须遵守的规则和依据，是正确组织会计核算的一个基本条件。通过设置会计科目，可以分类反映不同的经济业务。

1．制作明细会计科目表

在日常会计核算中，会计科目一般情况下分为一级科目、二级科目、三级科目乃至四级科目，其中一级科目是国家财政部统一规定的，企业可以根据国家颁发的会计科目指定自身所需要的科目。在账务处理过程中，为了便于后期处理账目时随时对科目的引用，我们可以在 Excel 2013 中建立表格来保存企业的会计科目代码与会计科目名称。具体操作如下：

❶ 新建 Excel 2013 工作表，保存工作簿为"公司会计凭证管理"，将 Sheet1 工作表重命名为"会计科目表"，在工作表中输入列标识，如图 2-35 所示。

❷ 分别输入科目编码与科目名称，设置表格的边框底纹效果，效果如图 2-36 所示。

图 2-35

图 2-36

2．制作总账科目表

上面建立的会计科目表包含二级科目，而后面建立分类账时需要使用总账科目，为此在完成"会计科目表"的建立后，我们可以复制一张工作表，将二级科目删除，从而形成"总账科目表"。具体操作如下：

会计科目名称是与会计科目代码相对应的，应按照会计制度的规定设置，不应随意简化。

❶ 在"会计科目表"工作表标签上单击选中，同时按住鼠标左键与〈Ctrl〉键（此时光标变成纸形状），如图2-37所示。

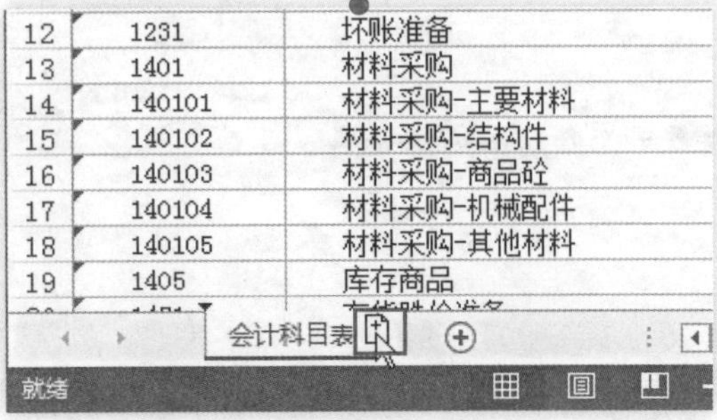

❷ 拖动鼠标到"会计科目表"标签后（有黑色箭头显示），释放鼠标即可复制工作表，如图2-38所示。

图2-37

图2-38

❸ 将工作表重命名为"总账科目"，将所有的二级科目全部删除，只保留一级科目，即可得到总账科目，如图2-39所示。

2.3.2 通用记账凭证

记账凭证是会计人员依据审核无误的原始凭证，应用一定的记账方法和会计科目，将经济业务内容加以归类整理编制的，可直接作为记账依据的分录凭证。

记账凭证按其反映的经济业务是否与货币有关，可分为收款凭证、付款凭证和转账凭证等几种。但是某些企业为了方便，会采用通用的记账凭证，即不分经济业务性质的记账凭证。通用记账凭证的制作如下：

图2-39

❶ 插入工作表，双击工作表标签，将其重命名"通用记账凭证"，在工作表中输入支出记账凭证的内容，并设置字体格式，如图2-40所示。

❷ 选中A3:Z13单元格区域，打开"设置单元格格式"对话框，为其设置边框，如图2-41所示，单击"确定"按钮。

图2-40

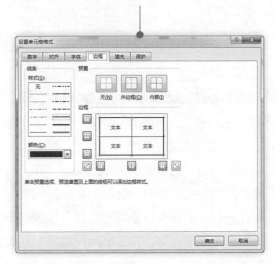

图2-41

❸ 完成上述操作后返回到工作表中系统已根据记账凭证要求设置特定的边框线，效果如图2-42所示。

图2-42

图2-44

❹ 选中D5:Y12单元格区域，切换到"数据"选项卡，在"数据工具"选项组单击"数据验证"按钮（图2-43），打开数据验证对话框。

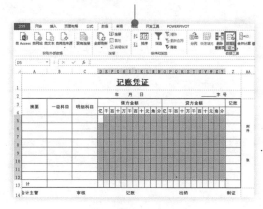

图2-43

❺ 选取"设置"选项卡设置"允许"文本框为"整数"，设置"数据"文本框为"介于"，设置"最小值"为"0"，设置"最大值"为"9"，单击"确定"按钮，完成设置如图2-44所示。

❻ 设置完成后，如果在设置了数据验证的单元格中输入小于0或大于9的数字，就会弹出如图2-45所示的提示信息。

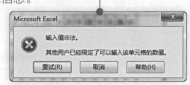

图2-45

2.3.3　会计凭证汇总表

记账凭证审核无误就可以登记有关账簿了。在登记账簿之前，我们可以先将所有的审核无误的记账凭证汇总到一个表格中，这样便于会计人员进行相关账簿的登记。

1．录入会计凭证

记账凭证一般按会计期间（如月末、季末、年末等）进行汇总，本例中按照不同的月份来对一个月的凭证进行汇总。在录入会计凭证时，会涉及填写凭证的种类以及会计科目的名称。如果逐个输入费时费力，可以采用数据验证的方法通过下拉列表进行选择式输入，具体操作如下：

图2-46

❶ 插入工作表，双击工作表标签，将其重命名"会计凭证汇总表"，在工作表中输入凭证的内容，并设置字体格式，如图2-46所示。

❷ 选中D5：D25单元格区域，单击"数据"选项卡，在"数据工具"组中单击"数据验证"按钮，如图2-47所示。

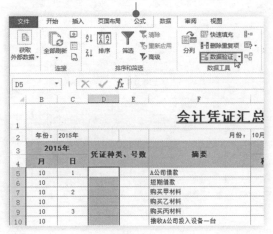

图2-47

❸ 打开"数据验证"对话框，单击"设置"选项卡，在"允许"栏下选择"序列"。

❹ 在"来源"设置框中输入"银付，银收，现付，现收，转"凭证类型，如图2-48所示，设置完毕后单击"确定"按钮返回工作表。

图2-48

❺ 设置完成后选中设置了数据验证的任意单元格，单元格右侧都会出现一个下拉按钮，从中可以选择凭证类型，如图2-49所示。

图2-49

> 通过这种方法来输入凭证种类是不是很方便呢？接着可以采用相同的方法，从下拉列表中选择其他凭证的种类。

❻ 在E5单元格中输入公式"=COUNTIF($D$5:D5,D5)"，按〈Enter〉返回计算的结果，如图2-50所示。

❼ 拖动E5单元格右下角填充柄向下复制公式，得到其他凭证出现的次数，如图2-51所示。

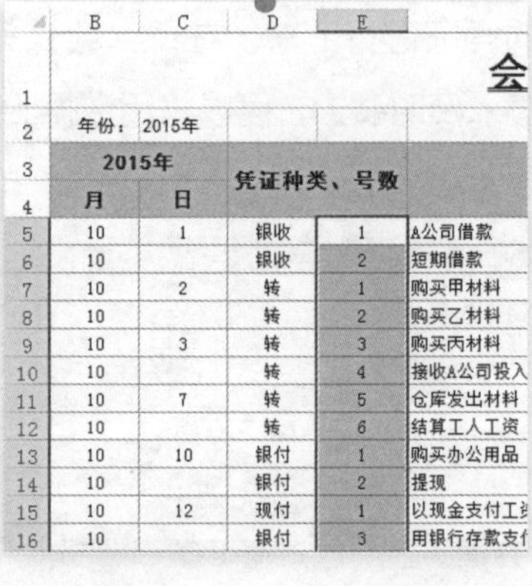

图2-50

图2-51

❽ 切换到"总账科目"工作表，选中"科目名称"列单元格区域，在名称框中设置名称为"科目名称"，按〈Enter〉键即可定义名称，如图2-52所示。

图2-52

❾ 选中J5:J25、I5:i25单元格区域，打开"数据验证"对话框。在"允许"栏下选择"序列"，在"来源"设置框中输入"=科目名称"，如图2-53所示，单击"确定"按钮。

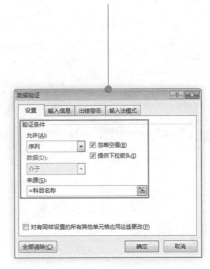

图2-53

❿ 返回工作表，单击G5单元格右侧的下三角按钮，在下拉列表中科院选择借方对应的科目名称，如图2-54所示。

图2-54

⓫ 从下拉列表中选择2015年10月份所有发生额所对应的借、贷方科目名称，完成会计凭证录入，如图2-55所示。

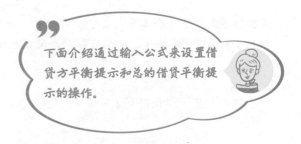

图2-55

2. 设置借贷平衡提示

会计凭证表中记录了一个月中所有凭证的信息，但由于数量过多，很容易导致输入错误。我们可以通过试算平衡，检查会计记录的正确性，及时修正财务信息，为会计报表的编制提供准确的资料。

> 下面介绍通过输入公式来设置借贷方平衡提示和总的借贷平衡提示的操作。

❶ 在图2-56所示表格的K5单元格中输入公式"=IF(H5=J5,"","借贷不平！")"，按〈Enter〉键返回空白，说明这笔业务的借贷方是平衡的，若借贷不平单元格中会显示"借贷不平"。

❷ 在图2-57所示表格的H26单元格中输入公式"=IF(SUM(H5:H25)=SUM(J5:J25),"借贷平衡","借贷不平")"，按〈Enter〉键返回提示信息。

K5		× ✓ fx	=IF(H5=J5,"","借贷不平！")		
	G	H	I	J	K
	总表				
1	10月		填制：	王青	
2	借方		贷方		
3	科目名称	金额	科目名称	金额	
4					
5	银行存款	¥280,000	短期借款	¥280,000	
6	银行存款	¥11,000	短期借款	¥11,000	
7	原材料	¥80,000	应付账款	¥80,000	
8	原材料	¥52,000	应付账款	¥52,000	
9	原材料	¥13,500	应付账款	¥13,500	
10	固定资产	¥38,000	实收资本	¥38,000	
11	生产成本	¥70,000	原材料	¥70,000	

图2-56

H26		× ✓ fx	=IF(SUM(H5:H25)=SUM(J5:J25),"借贷平衡","借贷不平"		
	F		H	I	
14	提现	库存现金	¥42,000	银行存款	¥42,000
15	以现金支付工资	应付职工薪酬	¥42,000	库存现金	¥42,000
16	用银行存款支付欠款	应付账款	¥135,135	银行存款	¥135,135
17	销售A产品	应收账款	¥80,900	主营业务收入	¥80,900
18	预收客户购买B产品货款	银行存款	¥40,000	预付账款	¥40,000
19	使用银行存款支付广告费	销售费用	¥3,400	银行存款	¥3,400
20	取得罚款收入	银行存款	¥300	营业外收入	¥300
21	预收卖B产品货款	预付账款	¥40,000	主营业务收入	¥40,000
22	预提本月借款利息	财务费用	¥4,440	应付利息	¥4,440
23	计提本月固定资产折旧	制造费用	¥7,800	累计折旧	¥7,800
24	结转本月完工产品的实际生产成本	库存商品	¥87,700	生产成本	¥87,700
25	结转本月销售产品	主营业务成本	¥44,800	库存商品	¥44,800
26			借贷平衡		
27					
28					

图2-57

2.4 数据分析

会计凭证汇总就是将记账凭证按照指定的范围和条件汇总其一级科目的借贷方发生额。

除了按不同条件对会计凭证进行汇总外，我们还要对汇总的结果进行分析，得到各种所需的会计信息。

对一段时间内各科目的借方发生额和贷方发生额进行汇总，其实就是科目汇总，下面按照一月来汇总前面的会计凭证汇总表各科目的借贷方发生额。

2.4.1 汇总发生额

汇总发生额太简单了！只要筛选出会计凭证汇总表中各科目，然后对其发生额进行求和就好了！

这样的方式只能适合当月科目较少的情况，如果当月科目过多，逐一筛选再相加，就太过于麻烦了。我们可以利用函数来解决这个问题。

这里我们使用SUMIF函数来对科目汇总表中的各科目进行汇总计算，操作如下：

❶ 插入工作表，将其重命名"科目汇总表"，在工作表中输入表格的内容，并设置字体格式，如图2-58所示。

图2-58

❷ 在D6单元格中输入公式"=SUMIF(会计凭证汇总表!$G$5:$G$26,B5,会计凭证汇总表!$H$5:$H$26)"，按〈Enter〉键即可返回"银行存款"所有借方发生金额，如图2-59所示。

图2-59

❸ 向下填充公式得到其他科目的借方发生额，如图2-60所示。

图2-60

❹ 在K5单元格中输入公式"=SUMIF(会计凭证汇总表!$I$5:$I$26，科目汇总表!B5，会计凭证汇总表!$J$5:$J$26)"，按〈Enter〉键即可返回"银行存款"所有贷方发生金额，如图2-61所示。

图2-61

❺ 向下填充公式得到其他科目的借方发生额，如图2-62所示。

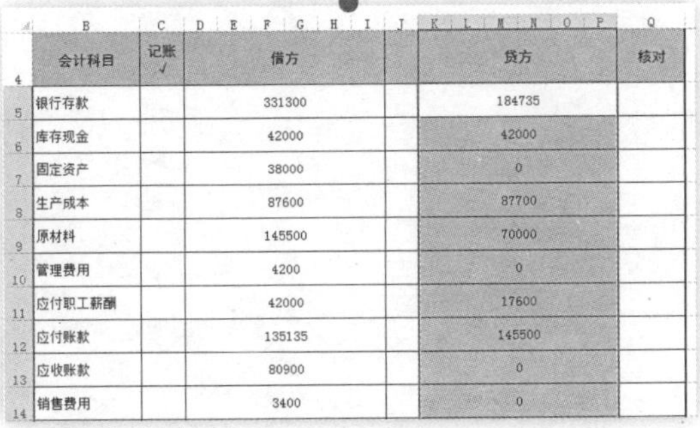

图2-62

❻ 将借贷方发生额设置为货币类型，并保留0位小数位，效果如图2-63所示。

图2-63

2.4.2 对借贷款进行平衡试算

为了检验借贷总额是否平衡，可先计算出借方和贷方的发生总额，然后使用IF函数对其进行平衡试算。具体操作如下：

❶ 在D27单元格中输入公式"=SUM(D5:I26)"，按〈Enter〉键即可返回借方发生总额，如图2-64所示。

图2-64

❷ 在K27单元格中输入公式"=SUM(K5:P26)"，按〈Enter〉键即可返回贷方发生总额，如图2-65所示。

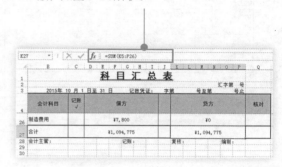

图2-65

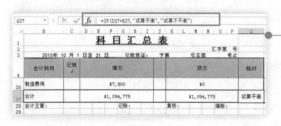

图2-66

❸ 在Q27单元格中输入公式"=IF(D27=K27,"试算平衡","试算不平衡")"，按〈Enter〉键返回"试算平衡"，如图2-66所示，说明本月借贷方总额是平衡的。

第 **3** 章　公司日记账管理

作为出纳人员，我们每天都要对日记账进行管理。手工记录日记账不仅工作量大，稍不注意就会出现错误。

账搞错了可真不是小事！花大量时间去重新核对的事情时常发生！不仅要加班，还要挨领导批！

日记账一定要用手工记吗？手工记，不光记录起来费劲，而且还没办法快速查询和快速统计计算。我们可以用 Excel 2013 表格来做嘛。不仅能够提高财务的工作效率，而且制作的表格还能无限期地存档。运用函数进行财务数据计算更是准确快捷。

3.1　制作流程

　　企业日记账就是按照经济业务发生或完成时间的先后顺利逐笔进行登记的账簿。要进行公司日记账的管理，我们需要创建现金收支记录表、现金日报表、现金日记账、现金银行存款收支日报表等相关表格，如图3-1所示。

　　我们不但可以使用Excel 2013表格对日常现金的收支做记录，还可以对现金日记账进行分析计算。本章将介绍与公司日记账管理相关的知识与技巧。

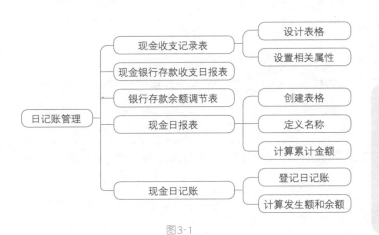

在进行日记账管理时，由于用途不同，需要用到多个不同的表格，既包括原始记录表，也包括数据分析计算表。我们可以先来看一下相关表格的效果，如图3-2所示。

图3-1

现金收支记录表

2015年 月	日	摘 要	费用类别	借(收入)方	贷(支出)方	结 存
10	1	上年结转				¥ 380,000.00
10	1	某公司支付货款	销售收入	¥ 11,200.00		¥ 391,200.00
10	1	何莉莉报销差旅费	费用报销		¥ 200.00	¥ 391,000.00
10	1	采购办公用品	采购支出		¥ 11,000.00	¥ 380,000.00
10	2	货款收回	货款收回	¥ 123,000.00		¥ 503,000.00
10	2	存款	存款		¥ 100,000.00	¥ 403,000.00
10	2	销售部胡莉莉报销旅差费	费用报销		¥ 1,000.00	¥ 402,000.00
10	4	购买办公用品	费用报销		¥ 22,000.00	¥ 380,000.00
10	4	销售部陶宇交回余款	其他收入	¥ 800.00		¥ 380,800.00
10	4	销售部韩建平报销餐饮费	费用报销		¥ 800.00	¥ 380,000.00
10	4	A公司支付广告费	销售收入	¥ 52,000.00		¥ 432,000.00
10	4	购材料	采购支出		¥ 23,175.00	¥ 408,825.00
10	4	购材料	采购支出		¥ 28,700.00	¥ 380,125.00
10	4	快递费	采购支出		¥ 125.00	¥ 380,000.00
10	4	提现金	提现金	¥ 1,000.00		¥ 381,000.00
10	4	出售废品	其他收入	¥ 850.00		¥ 381,850.00
10	5	王楠报销差旅费	费用报销		¥ 500.00	¥ 381,350.00
10	5	购材料	采购支出		¥ 1,350.00	¥ 380,000.00
10	5	收回销售余款	提现金	¥ 150,000.00		¥ 530,000.00
10	5	王青报销旅差费	费用报销		¥ 855.00	¥ 529,145.00
10	6	A4纸等办公用品	费用报销		¥ 170.00	¥ 528,975.00

现金收支记录表

现 金 日 报 表

请输入查询日期　2015/10/5

类别		金额	
		本日现金	本月累计
现金收入	销售收入	0	63200
	提现金	150000	151000
	货款收回	0	123000
	内部阵入	0	0
	其他收入	0	1650
	收入合计	150000	338850
现金支出	采购支出	1350	65735
	费用报销	1355	26115
	工资性支出	0	40000
	税金支出	0	7000
	内部转出	0	0
	存款	0	200000
	其他支出	0	0
	支出合计	2705	338850

现金日报表

现 金 日 记 账

第　页

2015年 月	日	记账凭证 字	号	摘要	借方	贷方	借或贷	余额
10	1			期初余额				¥280,000
	7	现付	1	以现金支付工资		¥120,000		¥160,000
		现付	2	支付公司采购款		¥12,000		¥148,000
	12	现付	3	以现金支付工资		¥41,000		¥107,000
	23	现收	1	收到董丽丽还欠款	¥5,000			¥112,000
	25	现付	3	何莉莉借差旅费		¥41,000		¥71,000
	3	银付	1	提现	¥42,000			¥113,000
	10	银付	4	提现	¥42,000			¥155,000
				合计	¥89,000	¥214,000		¥155,000

会计主管:　记账:　复核:　编制:

现金日记账

现金银行存款收支日报表

2015年　10 月　1 日

收入				支出			
传票	摘要	银行存款	现 金	传票	摘 要	银行存款	现 金
01258	销售商品		¥800,000.00	07851	支付房租		¥22,000.00
01259	应收账款	¥12,000.00		07852	支付订金	¥122,000.00	
01260	销售商品		¥6,500.00	07853	支付本月社保	¥48,000.00	
01261	应收账款	¥64,200.00		07854	支付差旅费		¥2,400.00
01262	技术服务费		¥7,200.00	07855	支付小额杂费		¥2,500.00
				07856	支付水电费		¥1,200.00
合 计		¥76,200.00	¥813,700.00	合 计		¥170,000.00	¥28,100.00

现金银行存款收支日报表

图3-2

3.2 新手基础

在Excel 2013中进行日记账的管理,需要用到的知识点除了包括前面介绍过的外,还包括设置竖排文字、会计双下划线、拆分窗格、从下拉列表中选择数据、粘贴公式、筛选等。学会这些知识点,你在进行日记账管理时会更加得心应手!下面就让我们一起逐条学习这些知识点吧。

3.2.1 设置竖排数据

有的时候我们可能手工输入了大量的数据,但是却发现输入的数据格式不是自己想要的。比如我们在输入数据后,希望数据可以竖向排列,该怎么办呢?这都是需要我们在后期编辑表格时去调整的。

一般情况下,我们在单元格中输入的数据都是横向排列的,如果希望数据竖向排列,则可以通过下面的操作步骤进行设置。

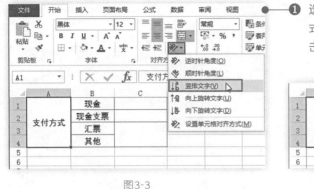

图3-3

❶ 选中A1单元格，在"开始"选项卡"对齐方式"组中单击"方向"按钮，在下拉菜单中单击"竖排文字"，如图3-3所示。

图3-4

❷ 执行命令后，即可使单元格中的数据竖向排列，效果如图3-4所示。

3.2.2 为标题添加会计用下划线

下划线通常用于对会计类表格的标题进行美化设置。在Excel 2013中有丰富的下划线样式供我们选择，如单下划线、双下划线、会计用单下划线和会计用双下划线等。创建财务表格后，如果想为其标题添加会计用下划线，我们可以通过以下操作实现。

❶ 选中要添加下划线的标题，如A1单元格，在"开始"选项卡的"字体"组中单击"对话框启动器"按钮，打开"设置单元格格式"对话框，如图3-5所示。

❷ 选取字体选项卡，单击"下划线"设置框右侧的下拉按钮，在下拉菜单中单击"会计用双下划线"后单击"确定"按钮，如图3-6所示。

图3-5

图3-6

❸ 完成上述操作后即可为标题添加会计用下划线，效果如图3-7所示。

图3-7

3.2.3 拆分窗格以方便数据比较查看

在查看较大的数据表时，我经常会遇到表格中无法在一屏内完整显示的情况，这时查阅数据的时候会变得很不方便！该怎么办呢？

如果一张表格中的数据内容特别多，我们需要使用滚动条来查看表格的全部内容。但在默认设置下，当我们使用滚动条的时候表格的标题行也会随着首屏数据一起移出屏幕，这时会造成只能看到内容，而看不到标题、项目名的情况。这让我们查看和比较数据变得十分不便。此时我们可以采用下面介绍的拆分窗口的方法来解决这个问题。

❶ 打开工作表，将光标定位到表格中要拆分的位置，单击"视图"选项卡，在"窗口"组中单击"拆分"按钮，如图3-8所示。

❷ 单击后即可在表格中添加十字形拆分窗格，按住鼠标滚轮进行上下滚动，就可以将窗口分成四个部分进行查看了，如图3-8所示。

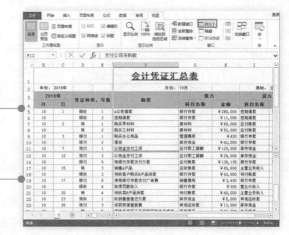

图3-8

3.2.4 建立可选择输入的序列

对于表格中经常需要输入的文本内容，比如性别、部门等，我们可以通过设置数据验证的方法，让这些数据通过下拉选项的方式进行选择性输入。这样设置后，既可以提升输入效率，还可以有效降低数据输入中的差错率。具体操作如下：

❶ 选择需要显示提示信息的单元格区域，在"数据"选项卡下"数据工具"组中单击"数据验证"按钮（图3-9），打开"数据验证"对话框。

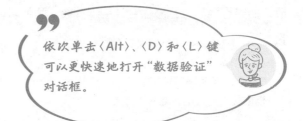

依次单击〈Alt〉、〈D〉和〈L〉键可以更快速地打开"数据验证"对话框。

❷ 在"数据验证"对话框中的"设置"选项卡下的"验证条件"栏下的"允许"下拉列表中选择"序列"，在"来源"设置框中输入"行政部,财务部,设计部,市场部,销售部"，如图3-10所示，单击"确定"按钮完成设置。

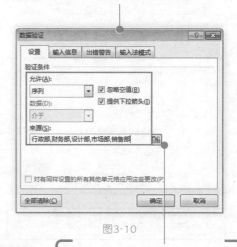

图3-10

图3-9

若需要手动输入数据来源区域，不同区域间需要使用英文状态下的逗号进行分隔。

知识说明

❸ 返回到工作表后，选中设置了数据序列的单元格，其右边都会出现一个下箭头，单击该箭头即可打开下拉菜单（图3-11），从中选择所需要数据即可。

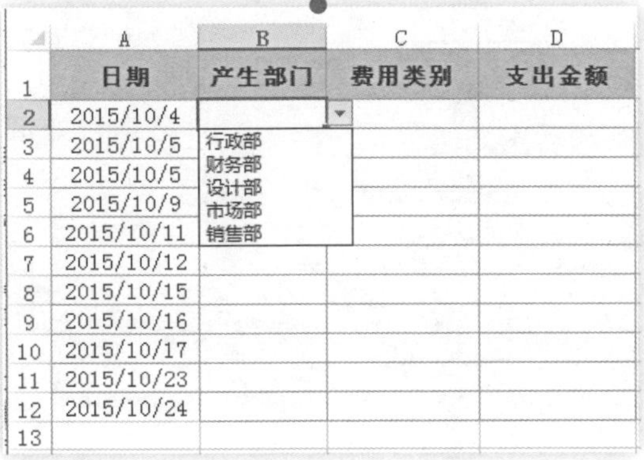

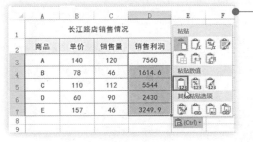

图3-11

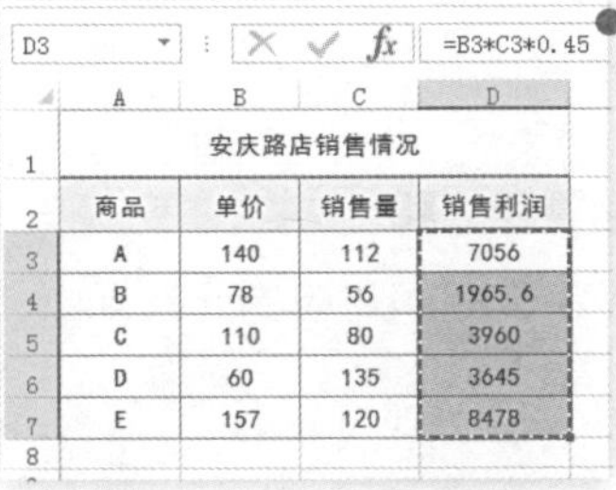

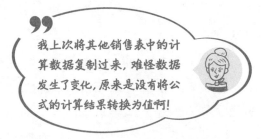

图3-12

❶ 当前表格中D列是公式计算返回的结果，选中D列中的单元格区域，按〈Ctrl+C〉组合键复制，如图3-12所示。

3.2.5　只粘贴公式的计算结果

当我们需要将一些通过公式计算得到的数据粘贴到其他位置使用时，经常会遇到粘贴后数据发生了变化，甚至是数据变成错误值提示的情况。这是因为在我们进行复制粘贴由公式运算所得的数据时，系统实际上复制的是公式而不是公式运算得到的数据结果，而当我们将公式粘贴到新的位置上后，公式会根据新的参数重新计算数据结果。为了解决这个问题我们需要使用选择性粘贴功能。这个操作太常用了，让我们通过下面示例来学习它。

> 我上次将其他销售表中的计算数据复制过来，难怪数据发生了变化，原来是没有将公式的计算结果转换为值啊！

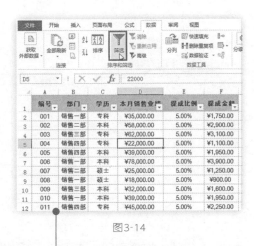

图3-13

3.2.6　筛选出大于指定数值的记录

数据的筛选查看功能很常用，它可以帮我们瞬间找到想查看的数据，而将不满足条件的数据隐藏起来，让数据查看极具针对性。而手工账簿中是不可能做到这一点的。

先来看一个简单的实例，图所示的表格统计了各个部门的销售提成情况，现在需要筛选出提成金额在3000元以上的记录。具体操作如下：

❷ 按〈Ctrl+V〉组合键粘贴，单击粘贴内容处的右下角的"粘贴选项"按钮，在下拉菜单中单击"值"命令，即可将公式结果转换为数值，如图3-13所示。

图3-14

❶ 单击"数据"选项卡的"排序和筛选"组中的"筛选"按钮，为表格添加自动筛选，如图3-14所示。

❷ 单击“提成金额”右下侧的下拉按钮，在下拉菜单中单击“数字筛选”子菜单中的“大于”命令，打开“自定义自动筛选方式”对话框，如图3-15所示。

图3-15

❸ 单击第一个下拉按钮，选择“大于”选项，然后在后面的框中输入3000，单击“确定”按钮，如图3-16所示。

图3-16

❹ 完成上述操作即可筛选出提成金额大于3000的记录，如图3-17所示。

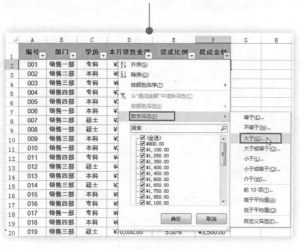

编号	部门	学历	本月销售业绩	提成比例	提成金额
003	销售三部	专科	¥62,000.00	5.00%	¥3,100.00
006	销售一部	本科	¥78,000.00	5.00%	¥3,900.00
017	销售一部	专科	¥61,000.00	5.00%	¥3,050.00
018	销售四部	本科	¥68,000.00	5.00%	¥3,400.00
019	销售三部	硕士	¥70,000.00	5.00%	¥3,500.00
024	销售一部	硕士	¥64,000.00	5.00%	¥3,200.00

图3-17

3.2.7 SUMPRODUCT 函数（将数组间对应的元素相乘，并返回乘积之和）

【函数功能】SUMPRODUCT函数用于在指定的几组数组中，将数组间对应的元素相乘，并返回乘积之和。

【函数语法】SUMPRODUCT(array1,array2,array3,...)

◆ Array1,array2,array3,...：要进行计算的2～30个数组。

灵活使用SUMPRODUCT函数可以帮助我们解决以下常见问题：

1）计算多产品数量与金额的乘积，并乘积结果进行汇总计算。图3-18所示的表格统计了各类产品的销售数量和单价，现在需要统计出总销售额，可以直接使用SUMPRODUCT函数进行统计。

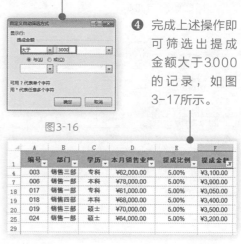

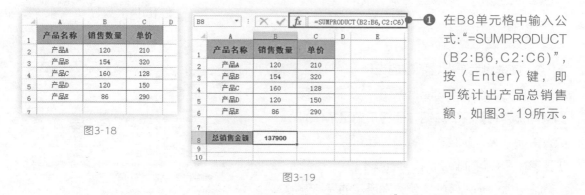

产品名称	销售数量	单价
产品A	120	210
产品B	154	320
产品C	160	128
产品D	120	150
产品E	86	290

图3-18

❶ 在B8单元格中输入公式：“=SUMPRODUCT(B2:B6,C2:C6)”，按〈Enter〉键，即可统计出产品总销售额，如图3-19所示。

图3-19

2）统计出指定部门中大于指定分值的人数。图3-20所示表格统计了各个部门中各员工的考核分数。现在要统计出各个部门中考核分数大于80分的人数，具体操作如下：

❶ 在F2单元格中输入公式："=SUMPRODUCT((A\$2:A\$11 =E2)*(C\$2:C\$11>80))"，按〈Enter〉键即可统计出"1"班分数大于80分的人数，如图3-21所示。

❷ 向下填充F2单元格的公式，即可统计出其他部门分数大于80分的人数，如图3-22所示。

图3-20   图3-21   图3-22

3）统计非工作日销售金额。图3-23所示的表中按日期显示了销售金额（包括周六、周日），现在要计算出周六、周日的总销售金额，具体操作如下：

公式解析 先使用MOD函数求两个数值相除后的余数，其结果的正负号与除数相同，得出哪些日期是双休日。再用SUMPRODUCT函数统计出双休日的总金额。

❶ 在F1单元格中输入公式："=SUMPRODUCT ((MOD(A2:A13,7)<2)*C2:C13)"，按〈Enter〉键即可统计出非工作日（即周六、周日）销售金额之和，如图3-24所示。

	A	B	C	D
1	日期	星期	金额	
2	2015/11/1	星期日	22360	
3	2015/11/2	星期一	11500	
4	2015/11/3	星期二	21000	
5	2015/11/4	星期三	21000	
6	2015/11/5	星期四	13000	
7	2015/11/6	星期五	21000	
8	2015/11/7	星期六	22000	
9	2015/11/8	星期日	20000	
10	2015/11/9	星期一	22000	
11	2015/11/10	星期二	11000	
12	2015/11/11	星期三	8000	
13	2015/11/12	星期四	30000	
14				

图3-23

F1				=SUMPRODUCT((MOD(A2:A13,7)<2)*C2:C13)		
	A	B	C	D	E	F	G
1	日期	星期	金额		双休日总额	64360	
2	2015/11/1	星期日	22360				
3	2015/11/2	星期一	11500				
4	2015/11/3	星期二	21000				
5	2015/11/4	星期三	21000				
6	2015/11/5	星期四	13000				
7	2015/11/6	星期五	21000				
8	2015/11/7	星期六	22000				
9	2015/11/8	星期日	20000				
10	2015/11/9	星期一	22000				
11	2015/11/10	星期二	11000				
12	2015/11/11	星期三	8000				
13	2015/11/12	星期四	30000				
14							
15							

图3-24

3.2.8 MONTH 函数（返回某日期中的月份）

【函数功能】MONTH函数表示返回以序列号表示的日期中的月份。月份是介于1（1月）到12（12月）之间的整数。

【函数语法】MONTH(serial_number)

◆ Serial_number：要查找的那一月的日期。应使用DATE函数输入日期，或者将日期作为其他公式或函数的结果输入。

MONTH函数可帮助我们解决以下常见问题：

1）自动填写报表中的月份。图3-25所示的报表需要每月建立，并且结构是相似的，对于表头信息需要每月更改月份值，为了省去重新输入的步骤，通过建立公式可以根据月份变化自动更新，具体如下：

❶ 在B1单元格中输入公式："=MONTH(TODAY())"，按〈Enter〉键，即可返回当前的月份，如图3-26所示。

	A	B	C	D
1			月份销售情况	
2	品名	销售量	单价	销售金额
3	产品A	120	3555	426600
4	产品B	260	4155	1080300
5	产品C	158	5800	916400
6	产品D	350	5700	1995000
7	产品E	150	3500	525000
8	产品F	540	4100	2214000
9	产品G	152	5200	790400
10	产品H	350	5500	1925000
11				

图3-25

B1　▼　：　✕　✓　fx　=MONTH(TODAY())

	A	B	C	D
1		9	月份销售情况	
2	品名	销售量	单价	销售金额
3	产品A	120	3555	426600
4	产品B	260	4155	1080300
5	产品C	158	5800	916400
6	产品D	350	5700	1995000
7	产品E	150	3500	525000
8	产品F	540	4100	2214000
9	产品G	152	5200	790400
10	产品H	350	5500	1925000
11				

图3-26

2）计算出本月账款的合计。图3-27所示的表格中统计了账款金额与借款日期，现在需要统计出本月账款合计值，具体操作如下：

❶ 在D2单元格中输入公式："=SUM(IF(MONTH(B2:B10)=MONTH(TODAY()),A2:A10))"，按〈Ctrl+Shift+Enter〉组合键，即可统计出本月账款合计值，如图3-28所示。

D2　▼　：　✕　✓　fx　{=SUM(IF(MONTH(B2:B10)=MONTH(TODAY()),A2:A10))}

	A	B	C	D	E	F	G
1	账款金额	借款日期		本月账款金额			
2	426600	2015/5/1		2305000			
3	1080300	2015/6/20					
4	916400	2015/7/3					
5	1995000	2015/7/4					
6	525000	2015/8/15					
7	2214000	2015/8/6					
8	790400	2015/8/12					
9	1925000	2015/9/8					
10	380000	2015/9/14					
11							
12							
13							

图3-28

	A	B	C
1	账款金额	借款日期	
2	426600	2015/5/1	
3	1080300	2015/6/20	
4	916400	2015/7/3	
5	1995000	2015/7/4	
6	525000	2015/8/15	
7	2214000	2015/8/6	
8	790400	2015/8/12	
9	1925000	2015/9/8	
10	380000	2015/9/14	
11			

图3-27

公式解析

1）"MONTH(B2:B10)"使用MONTH函数提取B列中日期的月份。

2）"MONTH(TODAY())"使用MONTH函数提取当前日期的月份。

3）使用IF函数对1）和2）步提取的数值进行比较，如果两者相等，则返回A列中对应单元格中的金额。

4）再使用SUM函数对返回的数组求和。

3.2.9　DAY 函数（返回某日期中的天数）

【函数功能】DAY函数返回以序列号表示的某日期的天数，用整数1~31表示。

【函数语法】DAY(serial_number)

◆ Serial_number：要查找的那一天的日期。

DAY函数可以帮助我们解决如下常见问题：

1）判断出某个月的最大天数。DATE函数原则上返回的是某个日期中的天数，如"2015-9-25"，如果使用DAY函数返回的值就是25。根据这个特征可以求任意月份的最大天数，例如求2015年9月份的最大天数，可以求"2015-10-0"这个日期的最大值，虽然0日不存在，但DATE函数也可以接受此值，并把它作为10月0日的前一天的日数，即9月份的最后一在的日数。

在A2单元格中输入公式："=DAY(DATE(2015,10,0))"，按〈Enter〉键，即可判断出9月的最大天数，如图3-29所示。

图3-29

2）计算本月上旬的出库数量。图3-30所示的表格中统计了每天的出库数量，现在需要计算出本月上旬的出库数量总计值，具体操作如下：

图3-30

在E2单元格中输入公式："=SUM(IF(DAY(A2:A10)<10,C2:C10))"，按〈Ctrl+Shift+Enter〉组合键即可计算出本月上旬的出库数量总计值，如图3-31所示。

图3-31

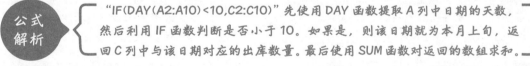

公式解析

"IF(DAY(A2:A10)<10,C2:C10)"先使用DAY函数提取A列中日期的天数，然后利用IF函数判断是否小于10。如果是，则该日期就为本月上旬，返回C列中与该日期对应的出库数量。最后使用SUM函数对返回的数组求和。

3.3　表格创建

公司每天的收入、支出不断，一不小心就忘记入账了。

切记支出时一定要入账，当日发生当日入账，否则就不能称为日记账了，因此我们先要来创建出录入现金收支记录表，后期就可以按部就班地填写入账了。

3.3.1 现金收支记录表

为了全面、连续、序时、逐笔地反映和监督现金的收入、支出和结存情况，防止现金收支差错及舞弊行为的发生，企业应创建现金收支记录表进行序时核算。

> 现金在企业中有着重要的作用，任何一个企业都应该重视和加强对现金的管理，避免给企业带来不必要的损失。

1. 设计现金收支记录表

在建立现金收支记录表之前首先要根据实际情况构造出表格的基本框架，然后再动手操作。

● 新建工作簿，并将其命名为"日记账管理"，将Sheet1工作表标签重命名为"现金收支记录表"，在工作表中建立现金收支记录的列标识，并对表格进行文字格式、边框、对齐方式等设置，如图3-32所示。

图3-32

2. 设置相关属性

日常现金的收入与支出都需要妥善地管理，下面在Excel 2013中进行现金日记账记录表的相关属性设置，完成属性设置后即可以按照日期将每一项现金收支记录到工作表中了。属性设置的具体步骤如下：

● 选中"摘要"列单元格区域，单击"数据"选项卡，在"数据工具"组中单击"数据验证"按钮（图3-33），打开"数据验证"对话框。

② 单击"输入信息"选项卡，在"输入信息"栏中输入提示信息，效果如图3-34所示，单击"确定"按钮。

图3-33

图3-34

❸ 完成上述操作后回到工作表中，选中"摘要"列任意单元格，则会出现所设置的提示信息，如图3-35所示。

图3-35

❹ 选中"费用类别"列单元格区域，单击"数据"选项卡，在"数据工具"组中单击"数据验证"按钮（图3-36），打开"数据验证"对话框。

图3-36

❺ 选取"设置"选项卡，在"允许"下拉菜单中选择"序列"，设置来源为"I4:I15"单元格区域，如图3-37所示，单击"确定"按钮完成设置。

图3-37

❻ 完成上述操作后回到工作表中，选中"费用类别"列任意单元格，右侧都会出现下拉按钮，单击可从下拉菜单中选择费用类别，效果如图3-38所示。

图3-38

❼ 根据现金的收入与支出情况在"现金收支记录表"工作表中进行记录，如图3-39所示。

图3-39

❽ 在G5单元格中输入公式："=G4+E5-F5"，按〈Enter〉键得到第一次现金收入或支出后的余额，向下填充公式即可快速得到每次现金收入或支出后的余额，如图3-40所示。

图3-40

⑨ 选中显示金额的单元格区域，在"开始"的选项卡"数字"组中单击"会计数字格式"按钮（图3-41），在下拉菜单中选中一种会计格式。

图3-41

⑩ 将"会计数字格式"设置为"￥中文（中国）"，效果如图3-42所示。

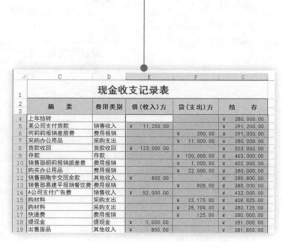

图3-42

3.3.2 现金银行存款收支日报表

为了全面、连续、序时、逐笔地反映和监督现金的收入、支出和结存情况，防止现金收支差错及舞弊行为的发生，企业应创建现金收支记录表进行序时核算，具体如下：

❶ 新建工作表，并将其命名为"现金银行存款收支日报表"，输入表格内容，并设置格式，如图3-43所示。

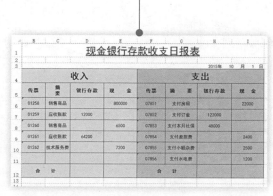

图3-43

❷ 分别为A4:E12、F4:I12两个单元格区域设置填充颜色，效果如图3-44所示。

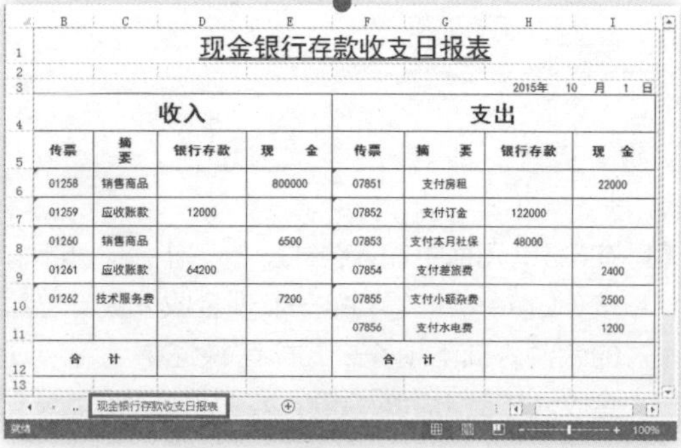

图3-44

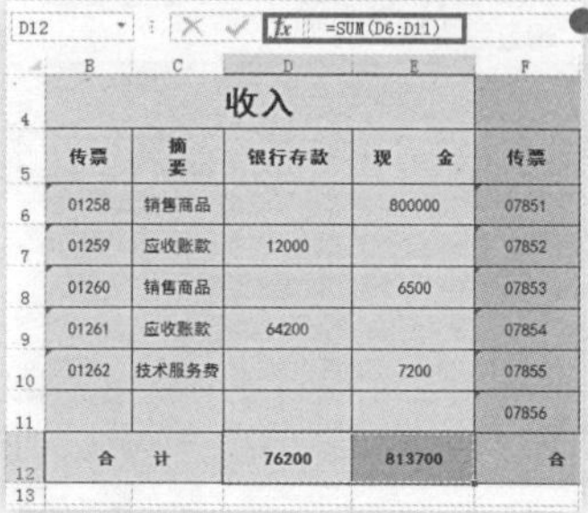

❸ 在D12单元格中输入公式："=SUM(D6:D11)"，按〈Enter〉键返回合计值，向右复制到E12单元格，如图3-45所示。

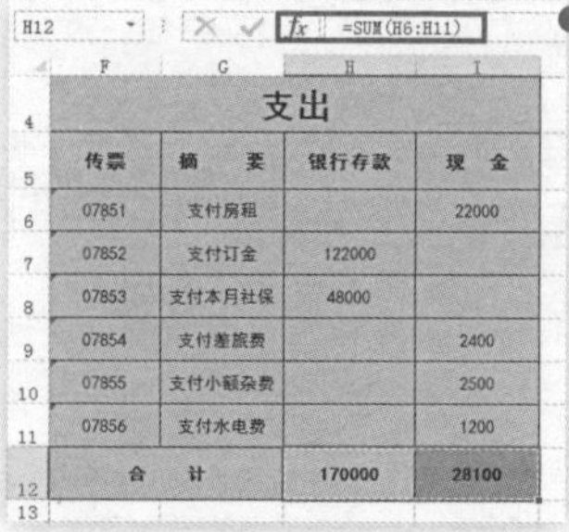

图3-45

❹ 在H12单元格中输入公式："=SUM(H6:H11)"，按〈Enter〉键返回合计值，向右复制到I12单元格，如图3-46所示。

图3-46

❺ 接着按〈Ctrl〉键不放，选中D6:E12、H6:I12单元格区域，打开"设置单元格格式"对话框，要设置的货币格式，效果如图3-47所示。

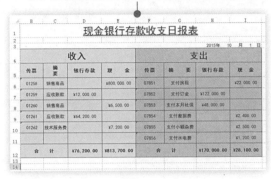

图3-47

3.3.3　银行存款余额调节表

银行存款余额调节表的主要用途在于核对企业账目与银行账目的差异，也用于检查企业与银行账目的差错。银行存款余额调节表的编制方法一般是在双方账面余额的基础上，分别补记对方已记而本方未记账的账项金额，然后验证调节后的双方账目是否相符，具体操作如下：

❶ 新建工作表，并将其命名为"银行存款余额调节表"，输入表格内容并设置格式，如图3-48所示。

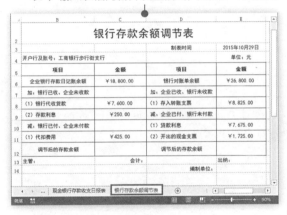

图3-48

❷ 选中B5:E5单元格区域，设置填充颜色为"灰色"，如图3-49所示。

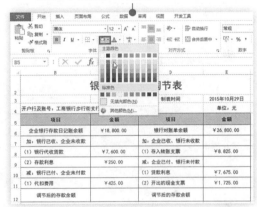

图3-49

❸ 依次选中不需要输入内容的单元格C7、C10、E7、E9，打开"设置单元格格式"对话框中，为其设置对角线边框，单击"确定"按钮，如图3-50所示。

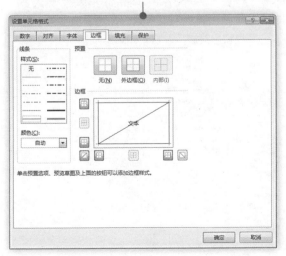

图3-50

❹ 返回工作表中即可看到为指定单元格设置对角线边框的效果，如图3-51所示。

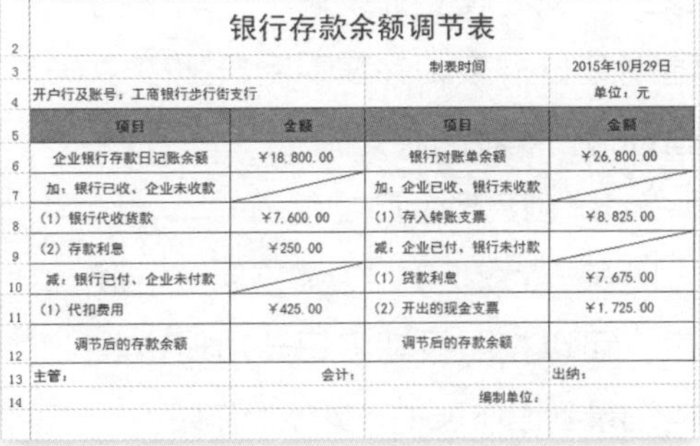

图3-51

❺ 在C12单元格中输入公式："=C6+C8+C9-C11"，按〈Enter〉键，即可计算出银行存款账面余额，结果为"26225"，如图3-52所示。

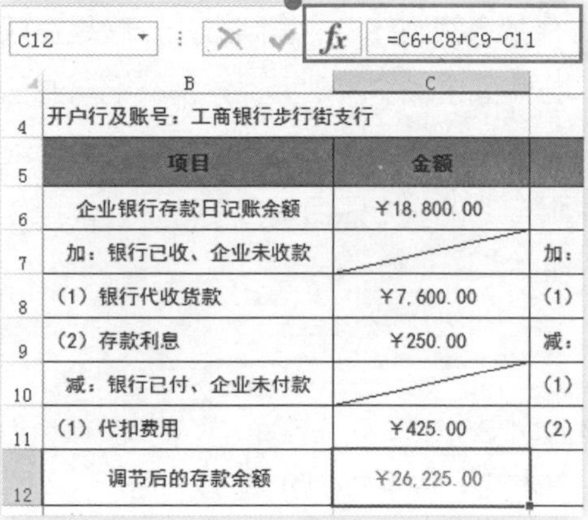

❻ 在E11单元格中输入公式："=E6+E8-E10-E11"，按〈Enter〉键，即可计算出银行对账单存款余额，计算结果也是"26225"，如图3-53所示。

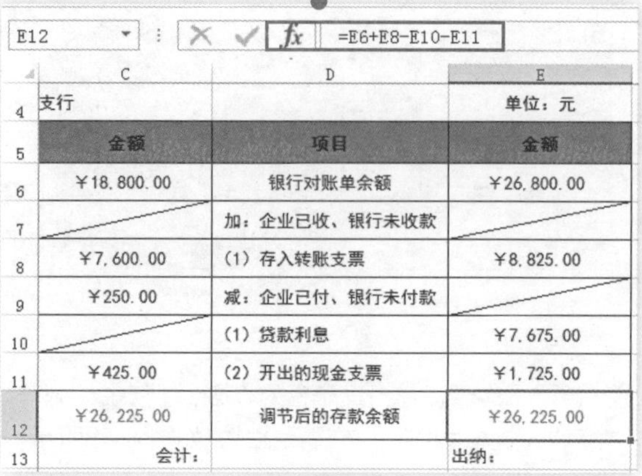

C12		fx	=C6+C8+C9-C11	
	B		C	
4	开户行及账号：工商银行步行街支行			
5	项目		金额	
6	企业银行存款日记账余额		¥18,800.00	
7	加：银行已收、企业未收款			加：
8	(1) 银行代收货款		¥7,600.00	(1)
9	(2) 存款利息		¥250.00	减：
10	减：银行已付、企业未付款			(1)
11	(1) 代扣费用		¥425.00	(2)
12	调节后的存款余额		¥26,225.00	

图3-52

E12		fx	=E6+E8-E10-E11	
	C		D	E
4	支行			单位：元
5	金额		项目	金额
6	¥18,800.00		银行对账单余额	¥26,800.00
7			加：企业已收、银行未收款	
8	¥7,600.00		(1) 存入转账支票	¥8,825.00
9	¥250.00		减：企业已付、银行未付款	
10			(1) 贷款利息	¥7,675.00
11	¥425.00		(2) 开出的现金支票	¥1,725.00
12	¥26,225.00		调节后的存款余额	¥26,225.00
13	会计：			出纳：

图3-53

3.4 数据分析

在实际工作中，我们需要经常对现金收支记录表中的数据进行查询和计算，当收支记录数据量较大时，工作就会变得异常烦琐。

这时就充分体现了利用 Excel 2013 管理数据的好处了，只要建好了原始数据表，就不难得到想要的数据。用好 Excel 2013 中的一些数据统计功能和公式函数，很多问题都迎刃而解了。

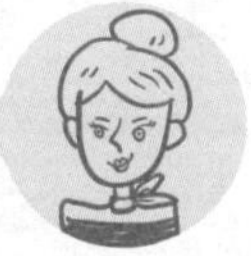

3.4.1 现金日报表

现金日报表可以用于查询每日现金的收支数据，汇总各期的现金收支数据。本节我们以3.3.1节中创建的"现金收支记录表"为基础创建现金日报表，并在现金日报表中查询每日现金的收支情况。

1. 创建现金日报表

在Excel 2013中建立现金日报表，可以按照日期将每一项现金收支记录到工作表中，具体操作如下：

❶ 插入新工作表，将其重命名"现金日报表"，输入表格标题、各项费用、类别及其标识，对表格字体、对齐方式、底纹和边框进行设置，如图3-54所示。

图3-54

❷ 选中A6:A19单元格区域，在"开始"选项卡"对齐方式"组中单击"方向"按钮，在下拉菜单中单击"竖排文字"，如图3-55所示。

图3-55

❸ 执行命令后，效果如图3-56所示。再对表格进行相关格式设置，并在C2单元格中首先输入一个查询日期。

图3-56

图3-57

❹ 在C11单元格中输入公式："=SUM(C6:C10)"，按〈Enter〉键即可计算出本日现金收入合计，如图3-57所示。

❺ 向右填充公式到D11单元格，计算本月累计现金收入合计，如图3-57所示。

图3-58

❻ 选中C19单元格，设置其公式为："=SUM(C12:C18)"，按〈Enter〉键即可计算出本日现金支出合计，如图3-58所示。

❼ 向右填充公式到D19单元格中，计算本月累计现金支出合计，如图3-58所示。

2. 定义需要引用的单元格区域名称

下面在"现金收入记录表"中将要引用的单元格区域命名，这样在计算指定日期的本日现金与本月累计金额时就可以简化公式的输入了。具体操作如下：

❶ 切换到"现金收入记录表"中，选中A1：
A100，在名称框中输入"月份"，按下
〈Enter〉键即可定义名称，如图3-59所示。

❷ 选中B1：B100，在名称框中输入"日期"，
按下〈Enter〉键即可定义名称，如图3-60
所示。

图3-59

图3-60

图3-61

❸ 按相同的方法定义名称"费用类别""收入现
金""支出现金"，打开"名称管理器"可以
查看到所有定义的名称，如图3-61所示。

3. 设置公式计算本日与本月累计金额

下面需要使用"现金收入记录表"中定
义的名称来设置公式，以求解指定日期的本
日现金与本月累计金额。具体操作如下：

❶ 在C6单元格中输入公式："=SUMPR
ODUCT((月份=MONTH($C$2))*(日期
=DAY($C$2))*(费用类别=$B6)*收入现
金)"，按〈Enter〉键即可统计出"销售
收入"本日现金，如图3-62所示。

❷ 在D6单元格中输入公式："=SUMPR
ODUCT((月份=MONTH($C$2))*(费用类别
=$B6)*收入现金)"，按〈Enter〉键即可统计
出"销售收入"本月累计，如图3-63所示。

图3-62

图3-63

❸ 选中C6:D6单元格区域，向下填充至C10:D10单元格区域中，即可一次性地返回"现金收入"中各个类别现金的本日现金与本月累计，如图3-64所示。

图3-64

❹ 在C12单元格中输入公式："=SUMPRODUCT((月份=MONTH($C$2))*(日期=DAY($C$2))*(费用类别=$B12)*支出现金)"，按〈Enter〉键即可统计出"采购支出"本日现金，如图3-65所示。

	B	C	D	E
C12	fx	=SUMPRODUCT((月份=MONTH($C$2))*(日期=DAY($C$2))*(费用类别=$B12)*支出现金)		
4	类别	金额		
5		本日现金	本月累计	
6	销售收入	52000	63200	
7	提现金	1000	151000	
8	货款收回	0	123000	
9	内部转入	0	0	
10	其他收入	1650	1650	
11	收入合计	54650	338850	
12	采购支出	51875		
13	费用报销			
14	工资性支出			

图3-65

❺ 在D12单元格中输入公式："=SUMPRODUCT((月份=MONTH($C$2))*(费用类别=$B12)*支出现金)"，按〈Enter〉键即可统计出采购支出本月累计，如图3-66所示。

	B	C	D	E	F
D12	fx	=SUMPRODUCT((月份=MONTH($C$2))*(费用类别=$B12)*支出现金)			
4	类别	金额			
5		本日现金	本月累计		
6	销售收入	52000	63200		
7	提现金	1000	151000		
8	货款收回	0	123000		
9	内部转入	0	0		
10	其他收入	1650	1650		
11	收入合计	54650	338850		
12	采购支出	51875	65735		
13	费用报销				
14	工资性支出				

图3-66

❻ 选中C12:D12单元格区域，向下填充至C18:D18单元格区域中，即可一次性返回"现金支出"中各个类别现金的本日现金与本月累计，如图3-67所示。

	B	C	D	E
4	类别	金额		
5		本日现金	本月累计	
6	销售收入	52000	63200	
7	提现金	1000	151000	
8	货款收回	0	123000	
9	内部转入	0	0	
10	其他收入	1650	1650	
11	收入合计	54650	338850	
12	采购支出	51875	65735	
13	费用报销	22925	26115	
14	工资性支出	0	40000	
15	税金支出	0	7000	
16	内部转出	0	0	
17	存款	0	200000	
18	其他支出	0	0	
19	支入合计	74800	338850	
20				

图3-67

图3-68

❼ 在C2单元格中输入要查询的日期，按〈Enter〉键即可得到本日的现金日报表，显示了"2015-10-4"的现金收支金额，如图3-68所示。

3.4.2　现金日记账

现金日记账是用来核算和监督库存现金每天的收入、支出和结存情况。它是由单位出纳人员根据审核无误的现金收、付凭证和从银行提现的银付凭证逐笔进行登记的。

> 现金日记账应当根据办理完毕的收、付款凭证，随时按顺序逐笔登记，最少每天登记一次。

1．登记现金日记账

在第2章我们已经创建了记账凭证，这里我们将其复制过来，并根据需要对凭证种类进行筛选，然后将其复制并粘贴到现金日记账中。

❶ 插入新工作表，将其重命名为"现金日记账"，输入表格内容，并设置格式，如图3-69所示。

图3-69

❷ 切换到"会计凭证汇总表"，选择行字段，在"数据"选项卡下"排序和筛选"组中单击"筛选"按钮，如图3-70所示。

图3-70

❸ 单击"凭证种类、号数"右下侧的下拉按钮，在下拉菜单中单击"文本筛选"子菜单"自定义筛选"命令（图3-71），打开"自定义自动筛选方式"对话框。

图3-71

❹ 在"等于"设置框中输入"现*"，如图3-72所示，单击"确定"按钮。

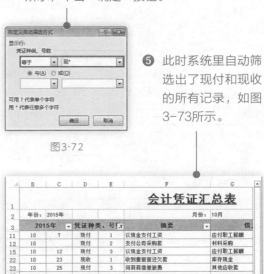

图3-72

❺ 此时系统里自动筛选出了现付和现收的所有记录，如图3-73所示。

图3-73

❻ 复制筛选结果区域中的C、DE、F列的内容，切换到"现金日记账"工作表中，选中C6单元格，将复制的内容进行粘贴，效果如图3-74所示。

图3-74

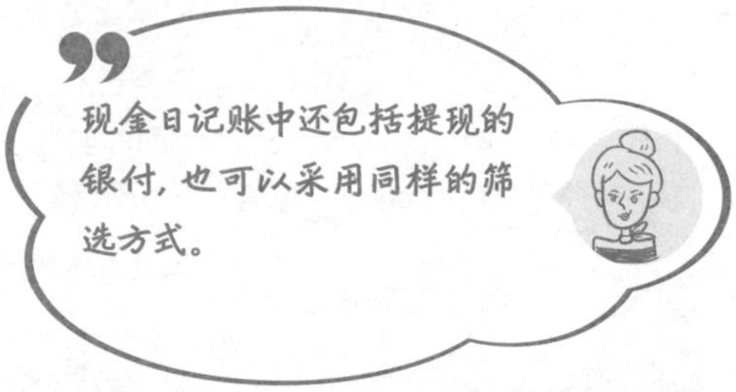

> 现金日记账中还包括提现的银付，也可以采用同样的筛选方式。

❼ 将"银付"中的"提现"复制到现金日记账中，效果如图3-75所示。

图3-75

2. 计算期末发生额和期末余额

下面利用Excel 2013中的函数来设置公式自动登记本期的日记账，具体操作如下：

图3-76

❶ 在G6单元格中输入公式"=IF(D6="现付","",SUMPRODUCT((D6=会计凭证汇总表!\$D\$5:\$D\$25)*(E6=会计凭证汇总表!\$E\$5:\$E\$25)*会计凭证汇总表!\$H\$5:\$H\$25))"，按〈Enter〉键，若G6单元格中的值为"现付"，则在借方中显示为空白；若D6单元格中不为"现付"，则返回其对应的借方发生额，如图3-76所示。

❷ 向下复制公式至G12单元格，得到其他凭证种类对应的借方发生额，如图3-76所示。

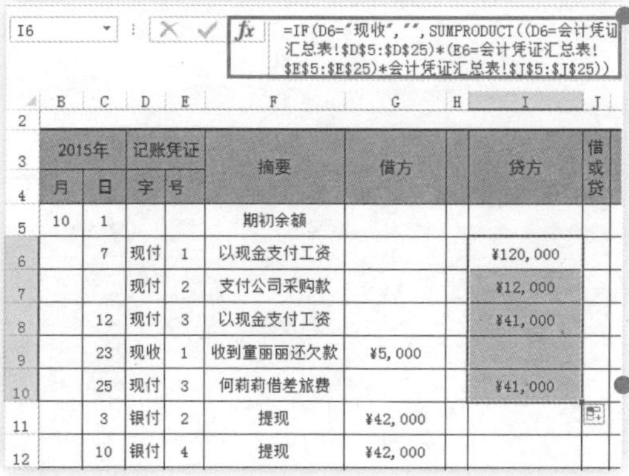

❸ 在I6单元格中输入公式"=IF(D6="现收","",SUMPRODUCT((D6=会计凭证汇总表!\$D\$5:\$D\$25)*(E6=会计凭证汇总表!\$E\$5:\$E\$25)*会计凭证汇总表!\$J\$5:\$J\$25))"，按〈Enter〉键，计算贷方发生额。

❹ 向下复制公式至I10单元格，得到其他凭证种类对应的贷方发生额，如图3-77所示。

图3-77

❺ 在G15单元格中输入公式"=SUM(G9:G14)",计算借方发生额合计值。在I15单元格中输入公式"=SUM(I6:I14)",计算贷方发生额合计值,如图3-78所示。

❻ 利用期初余额-贷方发生额+借方发生额的计算原理计算出每笔金额发生后所对应的余额,计算结果如图3-79所示。

图3-78

2015年		记账凭证		摘要	借方	贷方	借或贷	余额
月	日	字	号					
10	1			期初余额				¥280,000
	7	现付	1	以现金支付工资		¥120,000		
		现付	2	支付公司采购款		¥12,000		
	12	现付	3	以现金支付工资		¥41,000		
	23	现收	1	收到童丽丽还欠款	¥5,000			
	25	现付	3	何莉莉借差旅费		¥41,000		
	3	银付	2	提现	¥42,000			
	10	银付	4	提现	¥42,000			
		合计			¥89,000	¥214,000		
会计主管:		记账:				复核:		编制:

图3-79

2015年		记账凭证		摘要	借方	贷方	借或贷	余额
月	日	字	号					
10	1			期初余额				¥280,000
	7	现付	1	以现金支付工资		¥120,000		¥160,000
		现付	2	支付公司采购款		¥12,000		¥148,000
	12	现付	3	以现金支付工资		¥41,000		¥107,000
	23	现收	1	收到童丽丽还欠款	¥5,000			¥112,000
	25	现付	3	何莉莉借差旅费		¥41,000		¥71,000
	3	银付	2	提现	¥42,000			¥113,000
	10	银付	4	提现	¥42,000			¥155,000
		合计			¥89,000	¥214,000		¥155,000
会计主管:		记账:				复核:		编制:

第 **4** 章　公司往来账款管理

领导让我根据往来账款表中的数据做一份账龄数据分析，这么多往来账，每个客户的付款期、到款期都不一样，我这样每一项的去算，要算到什么时候啊，真是让人头痛……

会用 Excel 2013 去创建表格，却不懂的好好利用它的计算分析功能，哎，可惜了这么好的工具啊！利用函数来进行计算啊，分分钟就能得到我们想要的结果了。

4.1　制作流程

随着市场经济的发展，社会竞争的加剧，企业为了扩大市场占有率，会越来越多地运用商业信用进行促销，这就要求公司财务部门有较强的往来账管理能力。

本章我们将从制作应收账款记录表、应付账款记录表、客户信用等级分析表和应收账款账龄分析、应付账款汇总分析五个任务入手向你介绍与往来账款相关的知识与技巧，如图4-1所示。

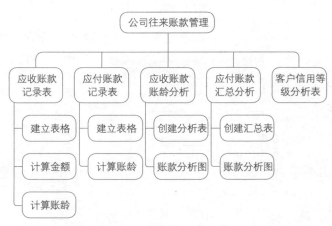

图4-1

在进行公司往来账款管理的过程中，我们需要创建应收、应付账款记录表，然后根据表格来对账款进行分析汇总，下面先来看看需要用到的相关表格的效果图，如图4-2所示。

应收账款记录表

应付账款记录表

应收账款账龄分析表

应付账款汇总表

图4-2

4.2 新手基础

在Excel 2013中进行公司往来账款管理需要用到的知识点包括：自动填充连续序号、将数字转换为文本、对特定的区域进行排序、调整图表大小等。这些知识点在我们创建应收付账款记录表和对其分析起到很大的作用哦！

4.2.1 自动填充连续序号

如果要在表格中填充连续的序号，而你还在逐条输入编号，那就太对不起Excel 2013的功能了，因为自动编号功能能够帮你快速地完成连续序号填充，具体操作步骤如下：

❶ 在A2单元格中输入"001"。选中A2单元格，将光标移至该单元格区域的右下角，至光标变成十字形状＋，如图4-3所示。

图4-3

❷ 按住鼠标左键不放，向下拖动至填充结束的位置，如图4-4所示。

❸ 释放鼠标，拖动过的位置上即会按特定的规则完成序号的输入，如图4-5所示。

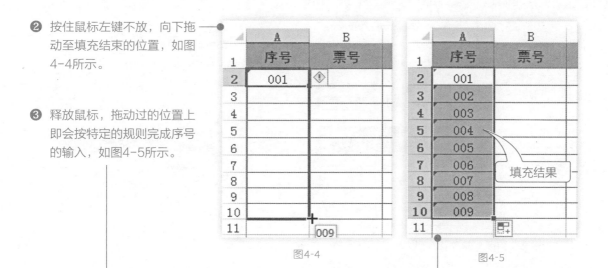

图4-4

图4-5

自动填充完成后，都会出现"自动填充选项"按钮（图4-6），在此按钮的下拉菜单中，我们可以为填充选择不同的方式，例如"仅填充格式"、"不带格式填充"等，如图4-7所示。

图4-6

图4-7

提示

在填充序列时有一点值得注意，当输入的数据是日期或是具有增序或减序特征的文本数据（如001、AP1、WF_F001等）时，系统会自动进行序列填充；如果输入的数据是数值（如1、10、111等）则不会。此时若我们需要进行序列填充，我们可以在填充的同时按住〈Ctrl〉键，或者在填充后，从"自动填充选项"按钮的下拉按钮的下拉菜单中选择"填充序列"单选框，从而完成序列填充。

4.2.2 通过单引号将数字转换为文本

在日常工作中我们经常需要将一些数据从数字格式转换到文本格式。除了我们常用的通过设置单元格格式等方法外，我们还有更为简便的方法帮助我们完成将数据从数字到文本的格式转化操作。具体操作如下：

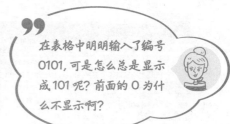

在表格中明明输入了编号0101，可是怎么总是显示成101呢? 前面的0为什么不显示啊?

❶ 选中A2单元格，在输入的数字前面添加一个单引号，如图4-8所示。

❷ 按〈Enter〉键，即可将输入的数字直接转换成文本，如图4-9所示。

图4-8

图4-9

提示

如果输入文字、字母等内容，系统默认将其作为文本来处理，无须特意设置单元格的格式为"文本"。但当我们输入例如以0开头的编号、一串数字表示的产品编码、身份证号码这些数据时，我们必须将单元格的格式设置为"文本"格式，否则数据将无法正确显示。

4.2.3 让日期显示为想要的格式

在我们的日常工作中我们经常会遇到日期类数据的输入操作，而日期数据有多种格式，在不同的情况下我们往往需要使用不同的日期格式。下面向你介绍如何为日期数据设置指定的日期格式的具体操作如下：

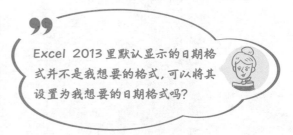

Excel 2013里默认显示的日期格式并不是我想要的格式，可以将其设置为我想要的日期格式吗？

❶ 选中要重新设置日期格式的单元格区域，在"开始"选项卡的"数字"组中单击"对话框启动器"按钮，打开"设置单元格格式"对话框，如图4-10所示。

❷ 选取数字选项卡在"分类"列表中单击"日期"，在"类型"列表框中选中"2012年3月14日"，如图4-11所示，单击"确定"按钮。

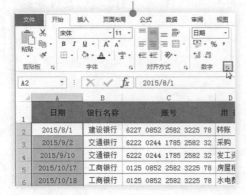

图4-10

图4-11

❸ 完成上述操作返回工作表，即可看到想要设置的日期格式效果，如图4-12所示。

图4-12

提示 除了在"类型"列表中设置不同的日期类型外，我们还可以单击"区域设置（国家／地区）(L)"设置框下拉按钮，在下拉菜单中选择某个国家的时间样式。

4.2.4 只对特定区域排序

对数据进行升序或者降序排列是一项非常常用的技能，它能够帮助我们高效的理顺数据条例，便于观察数据规律，下面我们以升序排列为例，向你介绍数据排序的具体操作步骤如下：

❶ 选中需要排序列的任意单元格，然后在"数据"选项卡的"排序和筛选"组中选择需排序的方式，这里我们选择"升序"排序如图4-13所示。

❷ 完成上述操作我们即可按照"价格"的升序排列数据条目，如图4-14所示。

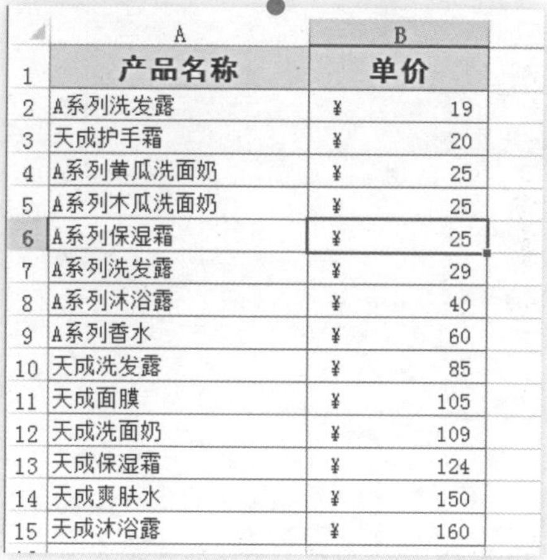

图4-13

图4-14

难点解析 数据的排序操作，通常都是应用于当表格数据非常多时，数据排序可以帮助我们快速地从庞大的数据表中快速查看相关信息。

4.2.5 按自定义的规则排序

在实际工作中简单的升序和降序排列很难满足我们的工作需求。例如下例中我们需要对学历依照"博士-硕士-本科-大专"的序列进行排序，此时我们可以通过Excel 2013中的自定义规则排序功能来实现，具体操作如下：

❶ 选择编辑区域的任意单元格，在“数据”选项卡的“排序和筛选”组中单击“排序”按钮（图4-15），打开“排序”对话框。

	A	B	C	D
1	员工编号	姓名	性别	学历
2	AC-001	胡莉	女	本科
3	AC-002	王青	女	本科
4	AC-003	何以玫	男	大专
5	AC-004	王飞扬	女	大专
6	AC-005	董瑶瑶	女	硕士
7	AC-006	王小利	女	硕士
8	AC-007	吴晨	男	硕士
9	AC-008	吴昕	女	博士
10	AC-009	钱毅力	男	博士
11	AC-010	张飞	男	本科
12	AC-011	管一非	女	本科
13	AC-012	王蓉	女	大专

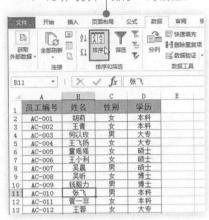

图4-15

❷ 选择“主要关键字”为“学历”，从“次序”下拉列表中单击“自定义序列”（图4-16），弹出“自定义序列”对话框。

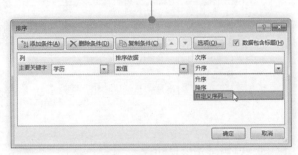

图4-16

❸ 在“输入序列”列表框中输入自定义序列，并单击“添加”按钮，如图4-17所示，依次单击“确定”按钮，完成排序设置。

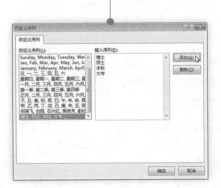

图4-17

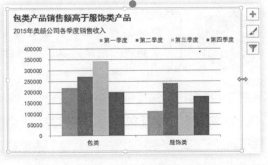

❹ 完成上述排序后，即可看到排序后效果，如图4-18所示。

	A	B	C	D
1	员工编号	姓名	性别	学历
2	AC-008	吴昕	女	博士
3	AC-009	钱毅力	男	博士
4	AC-013	石兴红	男	博士
5	AC-017	王涛	男	博士
6	AC-021	王桃芳	男	博士
7	AC-025	简单	女	博士
8	AC-005	董瑶瑶	女	硕士
9	AC-006	王小利	女	硕士
10	AC-007	吴晨	男	硕士
11	AC-014	朱红梅	男	硕士
12	AC-018	彭红	男	硕士
13	AC-022	刘云英	男	硕士
14	AC-026	刘颖	女	硕士
15	AC-001	胡莉	女	本科
16	AC-002	王青	女	本科
17	AC-010	张飞	男	本科
18	AC-011	管一非	女	本科
19	AC-015	夏守梅	男	本科
20	AC-019	王晶	男	本科
21	AC-023	李光明	男	本科
22	AC-027	胡梦婷	女	本科
23	AC-003	何以玫	男	大专

图4-18

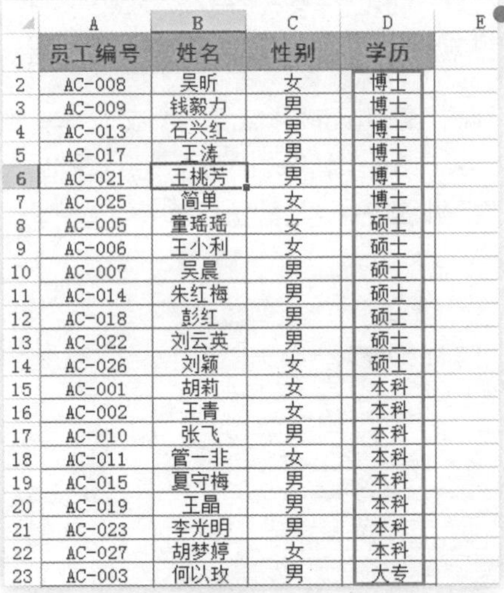

提示

为工作表自定义了序列后，如果想要删除自定义的序列，我们可以打开“自定义序列”对话框，在“自定义序列”列表中选中指定的定义序列，单击“删除”按钮，即可将指定的定义序列删除。

4.2.6 调整图表大小

图表创建以后为了使版面更加简洁美观我们经常要根据需要更改图表的大小，具体我们可以通过下面介绍的步骤来实现。

❶ 选中图表，将光标定位到上、下、左、右控点上，当鼠标变成双向箭头时，按住鼠标左键进行拖动即可调整图表宽度或高度，如图4-19所示。

图4-19

❷ 将光标定位到拐角控点上，当鼠标变成双向箭头时，按住鼠标左键进行拖动即可按比例调整图表大小，如图4-20所示。

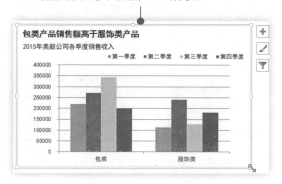

图4-20

4.2.7　切换行列改变图表表达重点

在许多图表中，如果对图表进行行列切换，可以改变图表的表达重点，得到不同的效果。例如下例中图表原先的表达重点是比较每个季度哪类产品的销售收入最高（图4-21），如果我们需要通过切换行列以使图表重点表达每类产品在哪个季度的销售收入最高（图4-22）。则我们可以按照以下步骤进行操作：

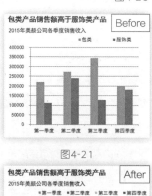

图4-21

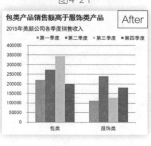

图4-22

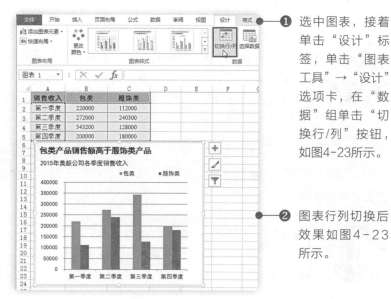

图4-23

❶ 选中图表，接着单击"设计"标签，单击"图表工具"→"设计"选项卡，在"数据"组单击"切换行/列"按钮，如图4-23所示。

❷ 图表行列切换后效果如图4-23所示。

4.2.8　TODAY 函数（返回当前的日期和时间）

【函数功能】TODAY返回当前日期的序列号。

【函数语法】TODAY()

◆ TODAY函数没有参数。

合理使用TODAY函数可以帮助我们完成以下常见财务工作：

1）统计账龄。在账务管理中经常需要对应收账款的账龄进行分析，以及时催收账龄过长的账款。在实际工作中我们经常需要制作如图4-24所示的账期汇总表。下面就向你介绍如何利用TODAY函数制作出一份合格的账期汇总表。

	A	B	C	D
1	单位名称	应收金额	已收金额	到期日期
2	惠丰科技	55000	10000	2015/8/2
3	万全商贸	5900	0	2015/6/11
4	利达百货	10000	5000	2015/12/22
5	全力科技	55000	0	2015/5/20
6	美誉商贸	18000	5000	2015/5/25
7				
8				

图4-24

❶ 在E2单元格中输入公式："=IF(TODAY ()-D2>90,B2-C2,"未到期")"，按 〈Enter〉键即可判断第一个款项是否到 期，若到期会显示到期多长时间，若未到 期则显示"未到期"，如图4-25所示。

❷ 向下填充E2单元格的公式，即可判断其他 款项是否到期，如图4-26所示。

图4-25

图4-26

公式
解析
> 先使用IF函数判断D2单元格借阅状态是否等于"已还"，如果是返回空白。
> 再使用TODAY函数返回当前的日期，再使用IF函数判断C2单元格日期
> 是否大于当前的日期，若是则返回"未到期"，若不是则返回"到期"。

2）实时更新员工在职天数。利用TODAY函数我们可以根据如 图4-27所示的表格中员工的入职日期来计算员工在职天数。具体操 作方法如下例所示：

	A	B
1	姓名	入职日期
2	胡莉	2011/5/18
3	王青	2012/1/10
4	何以玫	2014/3/12
5	王飞扬	2013/3/15
6	童瑶瑶	2009/3/20
7	王小利	2012/3/18
8	吴晨	2014/5/12
9	夏婷婷	2013/10/28
10	王阳	2014/1/18

公式
解析
> 先使用TODAY函数返回当前日期，用当前日期
> 与B2单元格的入职日期相减，得到的就是在职
> 天数。

图4-27

❶ 在C2单元格中输入公式： "=TODAY()-B2"，按 〈Enter〉键即可返回第一 位员工的在职天数，如图 4-28所示。

❷ 向下填充C2单元格的公式 至C10单元格，如图4-29 所示。

❸ 此时"在职天数"列函数返 回的是日期值，我们应重新 设置其单元格格式为"常规" 以显示在职天数，如图4-30 所示。

图4-28

图4-29

图4-30

4.2.9　AND 函数（判断多个条件是否同时成立）

【函数功能】AND函数用于当所有的条件均为“真”（TRUE）时，返回的运算结果为“真”（TRUE）；反之，返回的运算结果为“假”（FALSE）。所以它一般用来检验一组数据是否都满足条件。

【函数语法】AND(logical1,logical2,logical3...)

◆ logical1,logical2,logical3...：测试条件值或表达式，不过最多有30个条件值或表达式。

合理使用AND函数可以帮助我们判断是否为员工发放奖金。

如图4-31所示表格中统计的是销售部门员工的业绩和工龄，公司要求对于工龄达到2年，业绩达到20000以上才能发放奖金。我们可以通过以下方法利用AND函数实现自动判定是否需要发放奖金。

❶ 在D2单元格中输入公式：“=AND(B2>=2,C2>=20000)”，按〈Enter〉键即可得出第一个员工是否符合发放奖金的要求，如图4-32所示。

❷ 向下填充D2单元格的公式，即可判断其他员工是否符合发放奖金的要求，如图4-33所示。

	A	B	C	D
1	员工姓名	工龄	销售业绩	是否发放奖金
2	胡莉	4	11800	FALSE
3	王青	3	35000	TRUE
4	何以玫	2	23000	TRUE
5	王飞扬	1	21000	FALSE
6	童瑶瑶	2	16000	FALSE
7	王小利	4	28900	TRUE
8	吴晨	4	32700	TRUE
9	夏婷婷	3	19400	FALSE
10				
11				

图4-31

D2　fx　=AND(B2>=2,C2>=20000)

	A	B	C	D
1	员工姓名	工龄	销售业绩	是否发放奖金
2	胡莉	4	11800	FALSE
3	王青	3	35000	
4	何以玫	2	23000	
5	王飞扬	1	21000	
6	童瑶瑶	2	16000	
7	王小利	4	28900	
8	吴晨	4	32700	
9	夏婷婷	3	19400	
10				
11				

图4-32

	A	B	C	D
1	员工姓名	工龄	销售业绩	是否发放奖金
2	胡莉	4	11800	FALSE
3	王青	3	35000	TRUE
4	何以玫	2	23000	TRUE
5	王飞扬	1	21000	FALSE
6	童瑶瑶	2	16000	FALSE
7	王小利	4	28900	TRUE
8	吴晨	4	32700	TRUE
9	夏婷婷	3	19400	FALSE
10				
11				

图4-33

4.3　表格创建

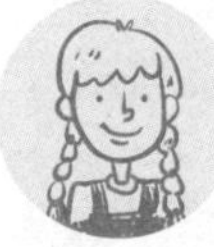

每天都要记录核算很多客户的往来账款是比较头疼的事。每个客户建一个工作表，汇总时很费力，记录起来也不方便……

其实并不需要建立那么多工作表的，我们可以将应收和应付分开记录，这样也方便我们后期对应收应付账款的统计分析。

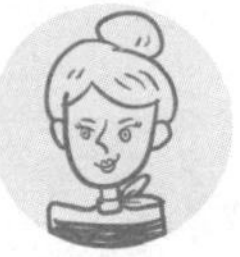

4.3.1　应收账款记录表

企业日常运作中产生的每笔应收账款都需要记录，在Excel 2013中我们可以建立应收账款记录表以管理应收账款，方便数据的计算，同时也便于后期对应收账款账龄进行分析。

1. 建立应收账款记录表

加强对应收账款的管理已经成为企业财务管理的一个重要工作，在进行应收账款管理之前，需要建立应收账款记录表。具体制作步骤如下：

图4-34

❶ 新建工作簿，并将其命名为"公司往来账款管理"。将工作表标签重命名为"应收账款记录表"。输入表格标题表头信息、列标识，并设置相关格式，如图4-34所示。

> 为了在后面计算应收账款是否到期或计算账龄等，都需要使用到当前日期，所以下面首先需要利用公式来求当前日期。

❷ 在C2单元格中输入公式："=TODAY()"，按〈Enter〉键，返回当前日期，如图4-35所示。

图4-35

❸ 选中"序号"列单元格区域，在"开始"选项卡下"数字"组中单击"▼"（数字格式）按钮，在下拉菜单中单击"文本"，如图4-36所示。

图4-36

❹ 输入前两个序号，然后利用填充的方法完成序号的一次性输入，如图4-37所示。

图4-37

❺ 选中"开票日期"列单元格区域，打开"设置单元格格式"对话框，单击"数字"选项卡，在"分类"列表中单击"日期"，在右侧"类型"列表中选择一种日期格式，如图4-38所示。

图4-38

❻ 为日期指定日期格式后效果如图4-39所示。

图4-39

❼ 按日期顺序将应收账款基础数据输入到表格中，这些数据都是要根据实际情况手工输入的。输入后表格效果如图4-40所示。

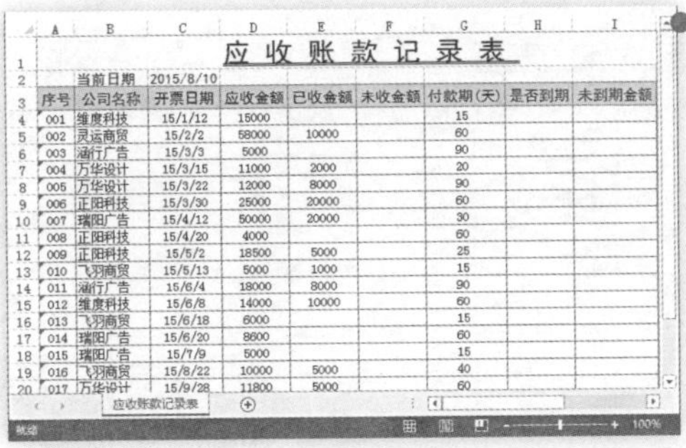

图4-40

2. 设置公式计算金额

规划好应收账款记录表的框架后，我们可以设置公式计算未收金额、是否到期、未到期金额。具体操作如下：

❶ 在F4单元格中输入公式："=D4-E4"，按〈Enter〉键，计算出第一条记录的未收金额。向下复制公式，快速计算出各条应收账款的未收金额，如图4-41所示。

❷ 在H4单元格中输入公式："=IF((C4+G4)<$C$2,"是","否")"，按〈Enter〉键，判断出第一条应收账款记录的是否到期。向下复制公式，快速判断出各条应收账款是否到到期，如图4-42所示。

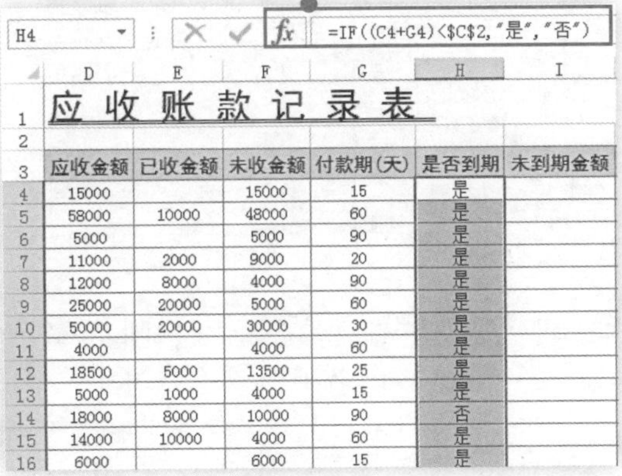

图4-41

图4-42

❸ 在I4单元格中输入公式："=IF($C$2-(C4+G4)<0,D4-E4,0)"，按〈Enter〉键，计算出第一条应收账款记录的未到期金额。向下复制公式，快速计算出各条应收账款的未到期金额，如图4-43所示。

图4-43

3. 计算各条应收账款的账龄

如果应收账款的天数过长，那么企业的经营周期就拉长，经营效率就下降了。

为了及时采取措施对账龄较长或金额较大的账款进行催收，下面对各笔应收账款的账龄进行分析。

序号	公司名称	开票日期	应收金额	已收金额	未收金额	付款期(天)	是否到期	未到期金额	负责人	0-30	30-60	60-90	90天以上
							应收账款记录表				**账龄计算**		
	当前日期	2015/8/10											
001	维度科技	15/1/12	15000		15000	15	是	0	葛丽				
002	灵运商贸	15/2/2	58000	10000	48000	60	是	0	孙雍				
003	涌行广告	15/3/3	5000		5000	90	是	0	王磊				
004	万华设计	15/3/15	11000	2000	9000	20	是	0	高龙宝				
005	万华设计	15/3/22	12000	8000	4000	90	是	0	夏慧				
006	正阳科技	15/3/30	25000	20000	5000	60	是	0	周国菊				
007	瑞阳广告	15/4/12	20000	20000	30000	30	是	0	吴磊				
008	正阳科技	15/4/20	4000		4000	60	是	0	王涛				
009	瑞阳广告	15/5/2	18500	5000	13500	25	是	0	汪洋慧				
010	飞羽商贸	15/5/13	5000	1000	4000	15	是	0	陶丽				
011	涌行广告	15/6/4	18000	8000	10000	90	是	10000	周阳				
012	维度科技	15/6/8	14000	10000	4000	60	是	0	周彤				
013	飞羽商贸	15/6/18	6000		6000	15	是	0	韩飞龙				
014	瑞阳广告	15/6/20	8600		8600	60	否	8600	吴克				
015	万华设计	15/7/9	5000		5000	15	否	0	蒋广龙				
016	飞羽商贸	15/8/22	10000	5000	5000	40	否	5000	石兴红				
017	万华设计	15/9/28	11800	5000	6800	60	否	6800	王飞扬				
018	涌行广告	15/9/30	8700		8700	20	否	8700	李彤彤				
019													
020													

图4-44

❶ 在"应收账款记录表"表中建立账龄分段标识，如图4-44所示。

❷ 在K4单元格中输入公式："=IF(AND($C$2-(C4+G4)>0,$C$2-(C4+G4)<=30),D4-E4,0)"，按〈Enter〉键，判断第一条应收账款记录是否到期，如果到期是否在"0-30"区间，如果是返回应收金额，否则返回0值，如图4-45所示。

图4-45

❸ 在L4单元格中输入公式："=IF(AND($C$2-(C4+G4)>30,$C$2-(C4+G4)<=60),D4-E4,0)"，按〈Enter〉键，判断第一条应收账款记录是否到期，如果到期是否在"30-60"区间，如果是返回应收金额，否则返回0值，如图4-46所示。

图4-46

❹ 在M4单元格中输入公式："=IF(AND($C$2-(C4+G4)>60,$C$2-(C4+G4)<=90),D4-E4,0)"，按〈Enter〉键，判断第一条应收账款记录是否到期，如果到期是否在"60-90"区间，如果是返回应收金额，否则返回0值，如图4-47所示。

图4-47

❺ 在N4单元格中输入公式："=IF($C$2-(C4+G4)>90,D4-E4,0)"，按〈Enter〉键，判断第一条应收账款记录是否到期，如果到期是否在"90以上"区间，如果是返回应收金额，否则返回0值，如图4-48所示。

图4-48

图4-49

❻ 选中K4:N4单元格区域，向下复制公式，即可快速返回各条应收账款所在的账龄区间，如图4-49所示。

4.3.2 应付账款记录表

应付账款是指企业因购买原材料、商品或者接受劳务等而应当支付的款项，这是买卖双方在购销活动中由于取得物资与支付贷款在时间上不一致而产生的负债。

1．建立应付账款记录表

在Excel 2013中建立应付账款记录表，将便于后期我们对应付账款进行统计与分析。在开展各项分析前，我们首先在表格中手工填入各项应付账款的产生日期、金额、已付款、结账期等基本信息。

2．设置公式分析各项应付账款

插入新工作表，将其签重命名为"应付账款记录表"。输入用于显示基本信息的标识与用于统计计算的标识，并设置相关格式，如图4-50所示。

图4-50

下面我们将在基础数据的基础上通过设置公式计算出到期日期、逾期天数、逾期余额等财务数据。

❶ 在G4单元格中输入公式："=IF(E4="","",E4-F4)"，按〈Enter〉键即可根据发票金额与已付金额计算出应付余额，向下复制公式，可以得到每条应付账款的应付余额，如图4-51所示。

图4-51

❷ 在I4单元格中输入公式："=IF(C4="","",C4+H4)"，按〈Enter〉键即可根据发票日期与结账期计算出到期日期，如图4-52所示。

图4-52

❸ 在J4单元格中输入公式："=IF(F4=E4,"已冲销√",IF($C$2>I4,"已逾期","未到结账期"))"，按〈Enter〉键即可根据发票日期与到期日期返回其当前状态，如图4-53所示。

| J4 | | | fx | =IF(F4=E4,"已冲销√",IF($C$2>I4,"已逾期","未到结账期")) |

	G	H	I	J	K	M
1	**记录表**					
2						
3	余额	结账期	到期日期	状态	逾期天数	已逾期余额
4	48500	30	15/2/23	已逾期		
5	3990	15				
6	10000	60				
7	5700	30				
8	0	20				
9	11000	30				
10	3400	60				
11	25000	60				
12	5600	20				

图4-53

❹ 在K4单元格中输入公式："=IF(J4="已逾期",$C$2-I4,"")"，按〈Enter〉键即可首先判断该项应付账款是否逾期，如果逾期，则根据当前日期与到期日期计算出其逾期天数，如图4-54所示。

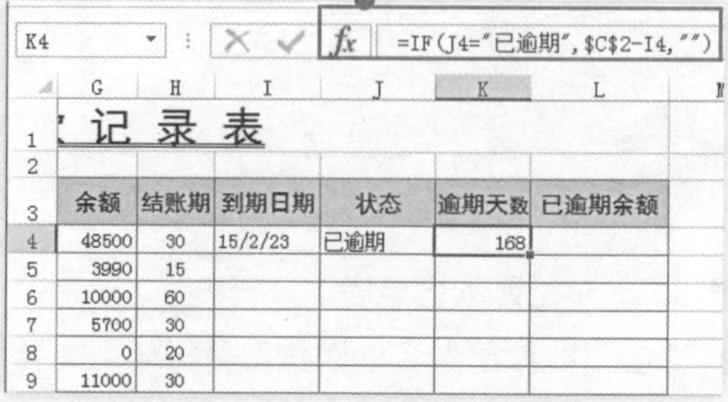

| K4 | | | fx | =IF(J4="已逾期",$C$2-I4,"") |

	G	H	I	J	K	L
1	**记录表**					
2						
3	余额	结账期	到期日期	状态	逾期天数	已逾期余额
4	48500	30	15/2/23	已逾期	168	
5	3990	15				
6	10000	60				
7	5700	30				
8	0	20				
9	11000	30				

图4-54

❺ 在L4单元格，在公式编辑栏中输入公式："=IF(E4="","",IF(J4="未到结账期",0,E4-F4))"，按〈Enter〉键即可判断J列显示的是否为"未到结账期"如果是，则返回0值；如果不是则根据发票金额与已付金额计算出应付余额，如图4-55所示。

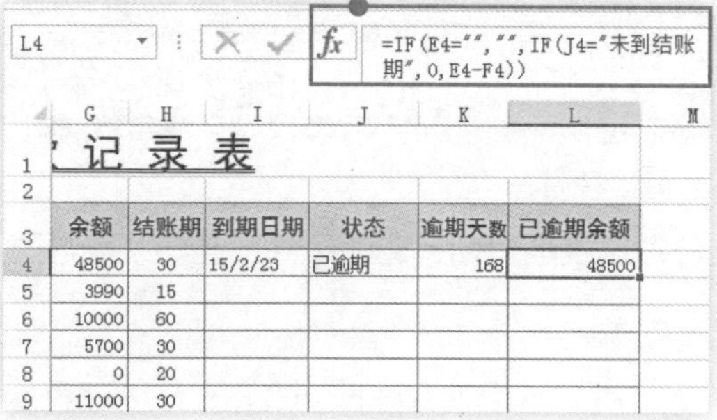

| L4 | | | fx | =IF(E4="","",IF(J4="未到结账期",0,E4-F4)) |

	G	H	I	J	K	L	M
1	**记录表**						
2							
3	余额	结账期	到期日期	状态	逾期天数	已逾期余额	
4	48500	30	15/2/23	已逾期	168	48500	
5	3990	15					
6	10000	60					
7	5700	30					
8	0	20					
9	11000	30					

图4-55

❻ 选中I4:L4单元格区域，向下复制公式，即可快速计算出各条应付账款的到期日期、状态、逾期天数、已逾期余额，如图4-56所示。

	F	G	H	I	J	K	L	M
2								
3	已付金额	余额	结账期	到期日期	状态	逾期天数	已逾期余额	
4	10000	48500	30	15/2/23	已逾期	168	48500	
5	4320	3990	15	15/3/10	已逾期	153	3990	
6		10000	60	15/4/26	已逾期	106	10000	
7	1000	5700	30	15/3/30	已逾期	133	5700	
8	6900		20	15/4/23	已冲销√		0	
9		11000		15/5/10	已逾期	92	11000	
10	8000	3400	60	15/6/12	已逾期	59	3400	
11	20000	25000	60	15/6/19	已逾期	52	25000	
12		5600	20	15/6/19	已逾期	60	5600	
13		9600	20	15/6/19	已逾期	52	9600	
14		5650	60	15/7/2	已逾期	39	5650	
15	43000		60	15/8/2	已冲销√		0	
16		15000	30	15/7/12	已逾期	29	15000	
17	5000	28400	60	15/8/9	已逾期	1	28400	
18	2000	34700	90	15/10/19	未到结账期		0	
19	10000	0	30	15/8/22	已冲销√		0	
20		8800	60	15/9/23	未到结账期		0	
21	15000	0	30	15/8/22	已冲销√		0	
22								

图4-56

4.4 数据分析

领导要我在应收应付记录表中统计某一阶段每个公司账款所占的比例，这么大的数据量要计算到什么时候啊？

你又忘了 Excel 2013 的数据统计分析功能啊，可以利用公式函数将各个客户的账款统计出来，然后再利用图表对其所占比例分析啊，想想有那么难吗？

4.4.1 应收账款的账龄分析

为了真实地反映出企业实际的资金流动情况，并对金额较大或者逾期较长的款项进行重点催款，财务部门需要及时进行账龄分析。

1. 创建应收账款账龄分析表

如果应收账款不能及时收回，企业资金就无法继续周转，这样会阻碍企业的正常营运，所以要对企业的应收账款进行分析，以便能够采取有效措施及时收回应收账款。下面创建应收账款账龄分析表，可以让财务人清楚地了解哪些客户是企业的重点债务对象。

❶ 插入新工作表，将工作表标签重命名为"应收账款账龄分析表"。输入表格名称及各项列标识并对表格进行格式设置，在表格中输入公司名称，如图4-57所示。

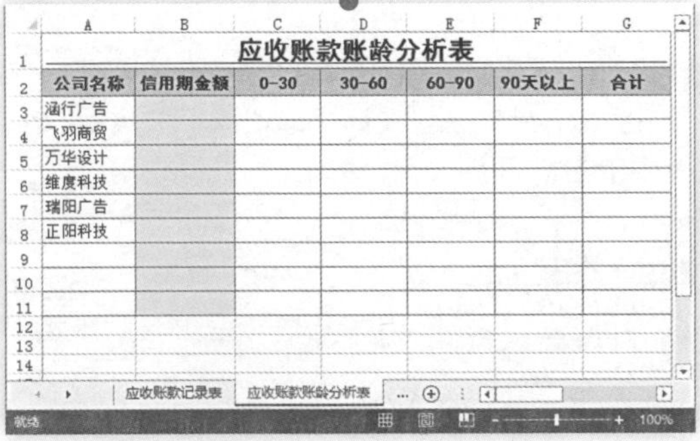

❷ 在B3单元格中输入公式："=SUMIF(应收账款记录表!$B$4:$B$25，$A3，应收账款记录表!I$4:I$25)"，按〈Enter〉键，计算出"涵行广告"在信用期的金额，如图4-58所示。

图4-57

图4-58

公式解析

在"应收账款记录表"$B$4:$B$25单元格区域中寻找与A3单元格中相同的值，将所有找到值对应在"应收账款记录表"K$4:K$25单元格区域中的值相加。

❸ 在C3单元格中输入公式："=SUMIF(应收账款记录表!$B$4:$B$25,$A3，应收账款记录表!K$4:K$25)"，按〈Enter〉键，计算出"涵行广告"在"0-30"天账龄内金额，如图4-59所示。

❹ 选中C3单元格，向右复制公式至F3单元格，释放鼠标即可快速计算出各账龄区间内的金额，如图4-60所示。

图4-59

图4-60

❺ 在G3单元格中输入公式："=SUM(C3:F3)"，按〈Enter〉键，计算出"涵行广告"应收账款合计金额，如图4-61所示。

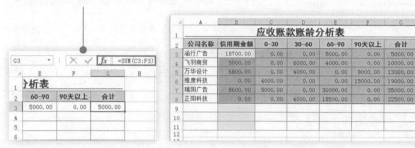

图4-61　　　　　　　　图4-62

❻ 选中B3:G3单元格区域，向下复制公式，即可快速计算出各客户信用期内及各个账龄区间的金额，如图4-62所示。

2. 应收账款分析图

创建应收账款账龄分析表后，为了使表中的数据更加直观，我们可以建立图表来显示出各个账龄区间的金额，具体步骤如下：

❶ 选中A2:A8、C2:F8单元格区域。单击"插入"选项卡，在"图表"组中单击"柱形图"按钮，在下拉菜单中选择一种图表，这里单击"堆积柱形图"，如图4-63所示。

❷ 执行上述操作，即可创建图表，选中图表，在"图表工具"→"设计"选项卡下"数据"组中单击"切换行/列"按钮，如图4-64所示。

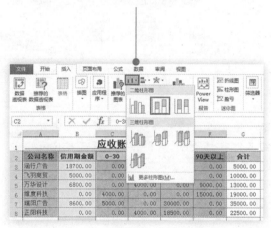

图4-63

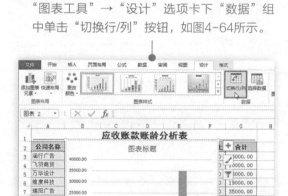

图4-64

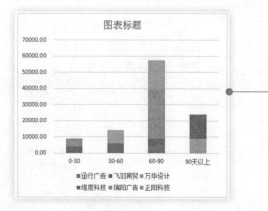

图4-65

❸ 即可得到一张清晰表达各账期期间应收账款规模的图表效果，如图4-65所示。

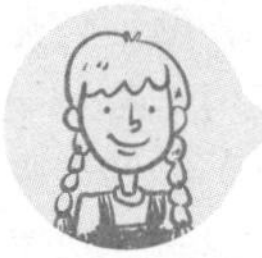

Excel 2013 默认的图表构图方式都是横向的，为什么这里你的图表却是竖向的呢？

因为竖向的构图方式可以让阅读者阅读起来自然而舒适啊。所以我所做的图表大部分都是选择竖向的，不过也不是所有的图表都要采用竖向的构图方式，采用哪种构图还是要根据实际情况来决定的。

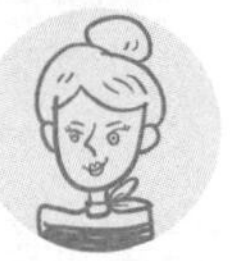

❹ 选中图表，单击“图表工具”→“设计”选项卡，在“图表样式”组中单击“其他”下拉按钮，打开下拉菜单，选择某种样式后，单击一次鼠标即可应用到图表上，如图4-66所示。

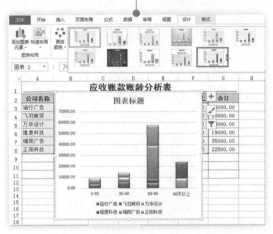

图4-66

❺ 选中图表，单击“图表元素”按钮，打开下拉菜单，单击“图例”复选框，在下拉菜单中显示默认的图例位置，我们此处单击“右”按钮，如图4-67所示。

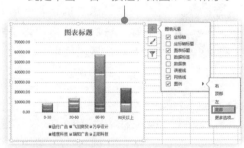

图4-67

❻ 完成上述操作效果如图4-68所示。从图表可以清楚地看出60-90天账龄的应收款金额最高。

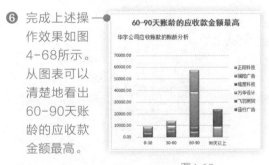

图4-68

4.4.2　应付账款汇总分析

为了避免财务危机，维护企业信誉，企业应该加强对应付账款的管理。

1. 创建应付账款汇总表

在建立完成的应付账款记录表的基础上我们应进一步制作应付账款汇总表，并利用公式统计出对各单位的应付账款金额。具体操作步骤如下：

应付账款汇总表

往来单位	应付金额	已付金额	已逾期应付金额
信和科技			
茂发实业			
丰汇广告			
东进物流			
晶安设计			

图4-69

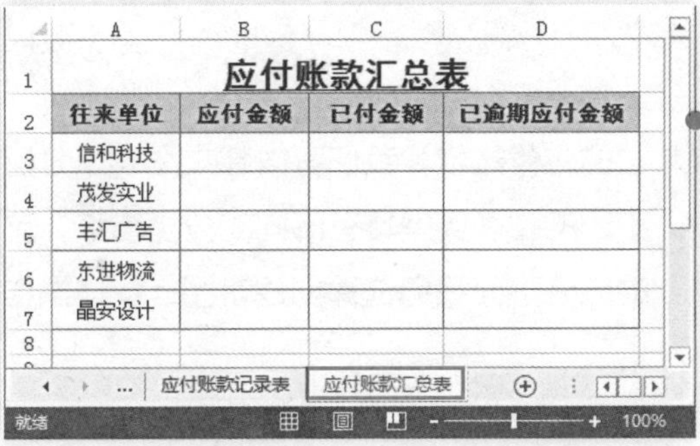

❶ 插入新工作表，将其重命名为“应付账款汇总表”。输入各供应商名称，建立“应付金额”、“已付金额”、“已逾期应付金额”列，设置表格格式，如图4-69所示。

❷ 在B3单元格中输入公式："=SUMIF(应付账款记录表!\$B\$4:\$B\$50,A3，应付账款记录表!\$E\$4:\$E\$21)"，按〈Enter〉键即可从"应付账款记录表"中统计出对A3单元格单位的应付账款总计金额，如图4-70所示。

图4-70

❸ 在C3单元格中输入公式："=SUMIF(应付账款记录表!\$B\$4:\$B\$50,A3，应付账款记录表!\$F\$4:\$F\$21)"，按〈Enter〉键即可从"应付账款记录表"中统计出对A3单元格单位的已付账款总计金额，如图4-71所示。

图4-71

公式解析 在应付账款记录表中的 B4:B50 单元格区域中寻找与 A3 单元格相同的名称，将所有找到的记录对应在应付账款记录表中的 E4：E21 单元格区域上的数据进行求和。

❹ 在D3单元格中输入公式："=SUMIF(应付账款记录表!\$B\$4:\$B\$50,A3，应付账款记录表!\$L\$4:\$L\$21)"，按〈Enter〉键即可从"应付账款记录表"中统计出对"信和科技"的已逾期应付账款的总计金额，如图4-72所示。

图4-72

❺ 选中B3:D3单元格区域，向下复制公式，即可得出每个往来客户的应付账款总额、已付账款总额、已逾期应付金额，如图4-73所示。

图4-73

2. 应付账款分析图

创建应付账款汇总表后，根据统计出向各往来单位的应付账款，我们可以建立图表来分析对每个往来单位的应付账款额占总应付账款的比例。不同的图表类型具有不同的分析重点，这里为了分析每个往来单位的应付账款额占总应付账款的比，下面我们选择创建饼图。具体操作步骤如下：

❶ 选中A2:A7与D2:D7单元格区域，切换到"插入"选项卡，在"图表"组中单击"饼图"按钮，在下拉菜单中单击"三维饼图"，如图4-74所示。

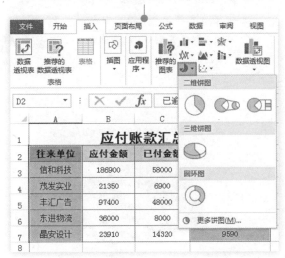

图4-74

❷ 执行上述操作，即可创建图表。选中图表，单击"图表元素"按钮，打开下拉菜单，单击"数据标签"右侧按钮，在子菜单中单击"更多选项"，如图4-75所示。

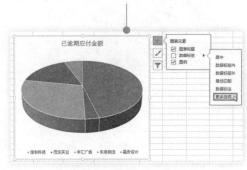

图4-75

图4-76

❸ 打开"设置数据标签格式"窗格，在"标签包括"栏下选中要显示标签前的复选框，这里选中"类别名称"、"百分比"，如图4-76所示。

❹ 执行上述操作，效果如图4-77所示。

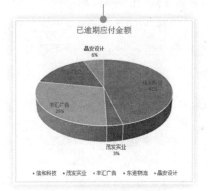

图4-77

❺ 选中图表，单击"图表样式"按钮，打开下拉列表，在"样式"栏下选择一种图表样式（单击即可应用），效果如图4-78所示。

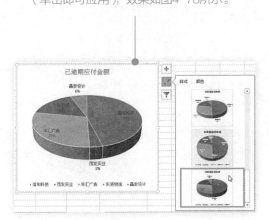

图4-78

❻ 选中图表，在"图表工具"→"设计"选项卡下"图表样式"组中单击"更改颜色"按钮，在下拉菜单中选择一种图表样式（单击即可应用），效果如图4-79所示。

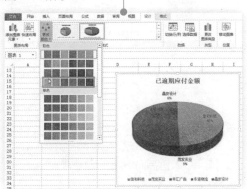

图4-79

❼ 选中图表，单击“图表元素”按钮，打开下拉菜单，取消“图例”复选框的勾选，如图4-80所示。

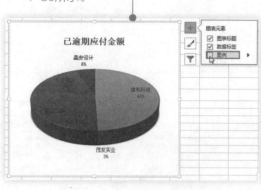

图4-80

当为图表添加了类别名称标签后，图例已不具备存在的意义，我们可以将其删除，让图表更加简洁。

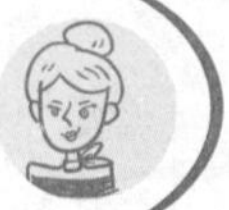

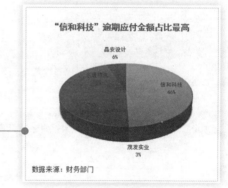

❽ 进一步完善图表，效果如图4-81所示。从图表中可以看到“信和科技”的已逾期应付金额最高。

图4-81

4.4.3 客户信用等级分析

对客户信用进行等级评定是客户关系管理与财务风险控制中非常重要的一项手段。企业应根据具体情况制定客户信用等级，定期根据各客户应收账款的实际情况对客户信用等级进行更新。下面我们就一起来学习如何制作客户信用等级分析表。

❶ 插入新工作表，将工作表标签重命名为“客户信用等级分析表”。输入表格名称及各项列标识并对表格进行格式设置，如图4-82所示。

客户信用等级分析表

客户名称	开票日期	发票号码	应收账款	经办人	欠款到期日	账龄	信用等级
信和科技	2014/7/23	20403	512	夏守梅	2015/3/10		
茂发实业	2014/8/15	20404	1,614	夏守梅	2015/5/11		
丰汇广告	2014/8/15	20405	3,700	夏守梅	2015/5/12		
东进物流	2014/8/15	20406	2,060	夏守梅	2015/5/20		
晶安设计	2014/8/5	12213	268,276	石兴红	2015/8/10		
通行广告	2014/8/15	12212	941,165	石兴红	2015/8/10		
飞羽商贸	2014/8/15	12214	118,193	石兴红	2015/8/15		
万华设计	2014/7/10	12104	1,005,057	石兴红	2015/8/3		
雄度科技	2014/8/5	12210	9,791,332	石兴红	2015/8/4		
瑞阳广告	2014/8/5	12211	4,338,484	石兴红	2015/8/5		
正阳科技	2014/7/10	20402	2,665,972	刘丽	2015/8/28		
天同集团	2014/7/10	20401	4,685,584	刘丽	2015/7/29		
飞鸿公司	2014/7/20	12102	765,519	刘丽	2015/8/1		
凌志公司	2014/7/23	12101	468,004	刘丽	2015/8/1		
永丰公司	2014/8/5	12103	25,026	刘丽	2015/8/2		
凯达公司	2014/7/20	12100	4,900	刘丽	2015/3/31		
宝城集团	2014/7/10	12031	42,579	彭红	2015/3/16		
斯龙公司	2014/7/23	12032	4,121,015	彭红	2015/3/17		
山股公司	2014/7/20	12033	48,426	彭红	2015/3/18		

应付账款记录表 应付账款汇总表 客户信用等级分析表

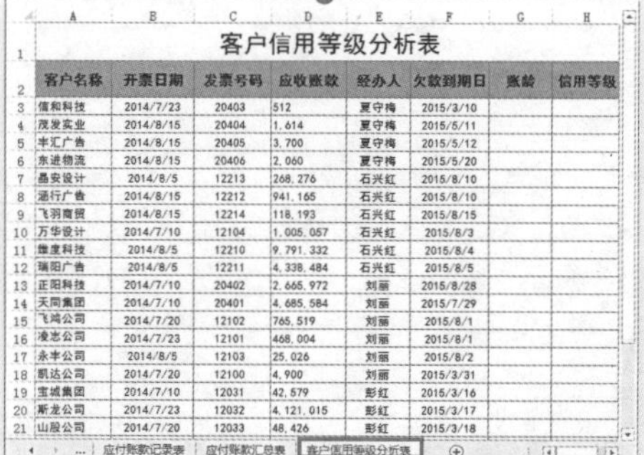

图4-82

❷ 在G3单元格中输入公式：“=TODAY()-F3”，按〈Enter〉键后向下填充至G29单元格，计算应收账的账龄，如图4-83所示。

账龄 =TODAY()-F3

客户信用等级分析表

发票号码	应收账款	经办人	欠款到期日	账龄	信用等级
20403	512	夏守梅	2015/3/10	188	
20404	1,614	夏守梅	2015/5/11	126	
20405	3,700	夏守梅	2015/5/12	125	
20406	2,060	夏守梅	2015/5/20	117	
12213	268,276	石兴红	2015/8/10	35	
12212	941,165	石兴红	2015/8/10	35	
12214	118,193	石兴红	2015/8/15	30	
12104	1,005,057	石兴红	2015/8/3	42	
12210	9,791,332	石兴红	2015/8/4	41	
12211	4,338,484	石兴红	2015/8/5	40	
20402	2,665,972	刘丽	2015/8/28	17	
20401	4,685,584	刘丽	2015/7/29	47	
12102	765,519	刘丽	2015/8/1	44	
12101	468,004	刘丽	2015/8/1	44	
12103	25,026	刘丽	2015/8/2	43	

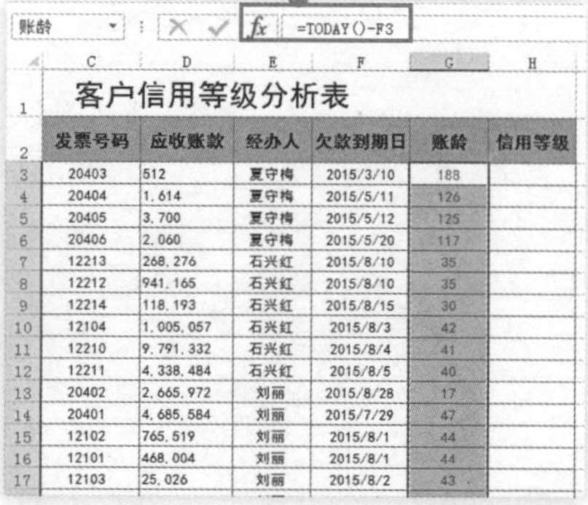

图4-83

❸ 在H3单元格中输入公式：“=IF(G3<=30,"CR1",IF(G3<=60,"CR2",IF(G3<=90,"CR3",IF(G3<=180,"CR4","CR5"))))”，按〈Enter〉键后向下填充至H29单元格，系统将依据账龄和评级规则对不同客户的信用等级做出评定，如图4-84所示。

H3 =IF(G3<=30,"CR1",IF(G3<=60,"CR2",IF(G3<=90,"CR3",IF(G3<=180,"CR4","CR5"))))

客户信用等级分析表

开票日期	发票号码	应收账款	经办人	欠款到期日	账龄	信用等级
2014/7/23	20403	512	夏守梅	2015/3/10	188	CR5
2014/8/15	20404	1,614	夏守梅	2015/5/11	126	CR4
2014/8/15	20405	3,700	夏守梅	2015/5/12	125	CR4
2014/8/15	20406	2,060	夏守梅	2015/5/20	117	CR4
2014/8/5	12213	268,276	石兴红	2015/8/10	35	CR2
2014/8/15	12212	941,165	石兴红	2015/8/10	35	CR2
2014/8/15	12214	118,193	石兴红	2015/8/15	30	CR1
2014/7/10	12104	1,005,057	石兴红	2015/8/3	42	CR2
2014/8/5	12210	9,791,332	石兴红	2015/8/4	41	CR2
2014/8/5	12211	4,338,484	石兴红	2015/8/5	40	CR2
2014/7/10	20402	2,665,972	刘丽	2015/8/28	17	CR1
2014/7/10	20401	4,685,584	刘丽	2015/7/29	47	CR2
2014/7/20	12102	765,519	刘丽	2015/8/1	44	CR2
2014/7/23	12101	468,004	刘丽	2015/8/1	44	CR2
2014/8/5	12103	25,026	刘丽	2015/8/2	43	CR2

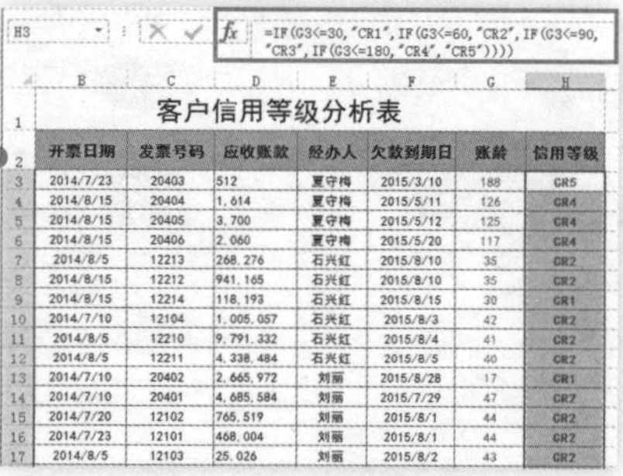

图4-84

提示

通常，企业会根据应收账款的逾期天数来划分客户信用等级。如将逾期天数划分为 30 天以内，30~60 天，60~90 天，90~180 天，大于 180 天等 5 个等级并依此标准将客户信用等级划分为 5 级。

❹ 选中“信用等级”列标志下任意单元格，切换到“数据”选项卡，在“排序和与筛选”选项组单击“降序”按钮，如图4-85所示。

	开票日期	发票号码	应收账款	经办人	欠款到期日	账龄	信用等级
3	2014/7/23	20403	512	夏守梅	2015/3/10	188	CR5
4	2014/8/15	20404	1,614	夏守梅	2015/5/11	126	CR4
5	2014/8/15	20405	3,700	夏守梅	2015/5/12	125	CR4
6	2014/8/15	20406	2,060	夏守梅	2015/5/20	117	CR4
7	2014/8/5	12213	268,276	石兴红	2015/8/10	35	CR2
8	2014/8/15	12212	941,165	石兴红	2015/8/10	35	CR2
9	2014/8/15	12214	118,193	石兴红	2015/8/15	30	CR1
10	2014/7/10	12104	1,005,057	石兴红	2015/8/3	42	CR2
11	2014/8/5	12210	9,791,332	石兴红	2015/8/4	41	CR2
12	2014/8/5	12211	4,338,484	石兴红	2015/8/5	40	CR2
13	2014/7/10	20402	2,665,972	刘丽	2015/8/28	17	CR1
14	2014/7/10	20401	4,685,584	刘丽	2015/7/29	47	CR2
15	2014/7/20	12102	765,519	刘丽	2015/8/1	44	CR2

图4-85

❺ 返回工作表中，系统已将“信用等级”列标志下的数据按降序进行排列，如图4-86所示。

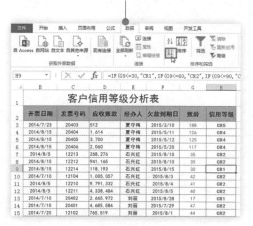

客户信用分析表

	开票日期	发票号码	应收账款	经办人	欠款到期日	账龄	信用等级
3	2014/7/23	20403	512	夏守梅	2015/3/10	188	CR5
4	2014/7/10	12031	42,579	彭红	2015/3/16	182	CR5
5	2014/7/23	12032	4,121,015	彭红	2015/3/17	181	CR5
6	2014/8/15	20404	1,614	夏守梅	2015/5/11	126	CR4
7	2014/8/15	20405	3,700	夏守梅	2015/5/12	125	CR4
8	2014/8/15	20406	2,060	夏守梅	2015/5/20	117	CR4
9	2014/7/20	12100	4,900	刘丽	2015/3/31	167	CR4
10	2014/7/20	12033	48,426	彭红	2015/3/18	180	CR4
11	2014/7/1	20410	14,502	周艳芳	2015/5/21	116	CR4
12	2014/7/10	12034	102,216	何燕飞	2015/3/19	179	CR4
13	2014/7/1	20413	6,748	周艳芳	2015/6/24	82	CR3
14	2014/8/5	12213	268,276	石兴红	2015/8/10	35	CR2
15	2014/8/15	12212	941,165	石兴红	2015/8/10	35	CR2
16	2014/7/10	12104	1,005,057	石兴红	2015/8/3	42	CR2
17	2014/8/5	12210	9,791,332	石兴红	2015/8/4	41	CR2
18	2014/8/5	12211	4,338,484	石兴红	2015/8/5	40	CR2
19	2014/7/10	20401	4,685,584	刘丽	2015/7/29	47	CR2
20	2014/7/20	12102	765,519	刘丽	2015/8/1	44	CR2
21	2014/7/23	12101	468,004	刘丽	2015/8/1	44	CR2

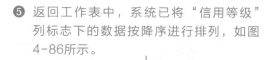

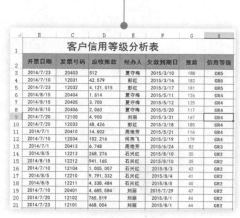

图4-86

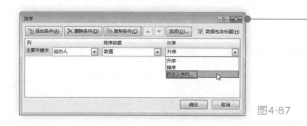

图4-87

❻ 选中A2:H29单元格区域，在“排序和筛选”选项组单击“排序”按钮，打开“排序”对话框，选择“主要关键字”为“经办人”，从“次序”下拉列表中单击“自定义序列”（图4-87），弹出“自定义序列”对话框。

❼ 在“自定义序列”对话框中的“输入序列”列表中输入序列，单击“添加”按钮，返回“排序”对话框，即可在“次序”列表中显示自定义的序列。单击“确定”按钮，如图4-88所示。

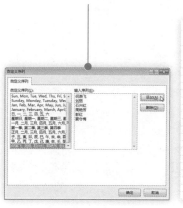

图4-88

客户信用分析表

	客户名称	开票日期	发票号码	应收账款	经办人	欠款到期日	账龄	信用等级
3	龙飞公司	2014/8/5	12035	35,077	何燕飞	2015/8/20	25	CR1
4	宏盛公司	2014/8/5	12036	615,736	何燕飞	2015/8/21	24	CR1
5	长治公司	2014/7/10	12034	102,216	何燕飞	2015/3/19	179	CR4
6	正阳科技	2014/7/10	20402	2,665,972	刘丽	2015/8/28	17	CR1
7	天同集团	2014/7/10	20401	4,685,584	刘丽	2015/7/29	47	CR2
8	飞鸿公司	2014/7/20	12102	765,519	刘丽	2015/8/1	44	CR2
9	凌志公司	2014/7/23	12101	468,004	刘丽	2015/8/1	44	CR2
10	永丰公司	2014/8/5	12103	25,026	刘丽	2015/8/2	43	CR2
11	凯达公司	2014/7/20	12100	4,900	刘丽	2015/3/31	167	CR4
12	飞羽商贸	2014/8/15	12214	118,193	石兴红	2015/8/15	30	CR1
13	万华设计	2014/7/10	12104	1,005,057	石兴红	2015/8/3	42	CR2
14	维度科技	2014/8/5	12210	9,791,332	石兴红	2015/8/4	41	CR2
15	瑞阳广告	2014/8/5	12211	4,338,484	石兴红	2015/8/5	40	CR2
16	晶安设计	2014/8/5	12213	268,276	石兴红	2015/8/10	35	CR2
17	涵行广告	2014/8/15	12212	941,165	石兴红	2015/8/10	35	CR2
18	南银公司	2014/7/1	20411	40,802	周艳芳	2015/7/22	54	CR2
19	环宇集团	2014/7/1	20412	390,027	周艳芳	2015/7/23	53	CR2
20	星达公司	2014/7/1	20414	24,184	周艳芳	2015/7/25	51	CR2
21	旺利集团	2014/7/1	20413	6,748	周艳芳	2015/6/24	82	CR3

图4-89

❽ 返回工作表中，则系统按照自定义的序列对“经办人”进行排序，如图4-89所示。

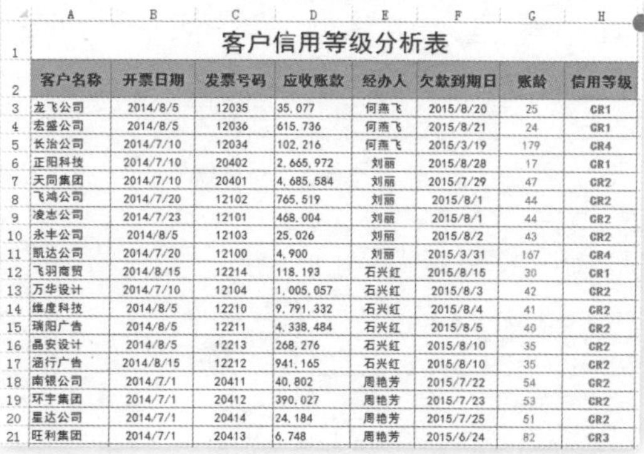

第 **5** 章　公司工资管理

一到月底最怕的就是工资管理了，除了要统计基本工资还得统计加班费等各种项目，要统计的项目实在太多，却还要月月如此……

设那么难啊，你可以在 Excel 2013 中创建一个薪酬福利管理系统，有了这个系统后，每个月在进行工资核算时，只需要更改部分数据即可快速建立当月工资发放表。
这样是不是简单多了啊……

5.1　制作流程

　　工资管理是企业管理的重要组成部分，它影响到企业的发展，涉及每一位员工的切身利益，不同的工资决策会给企业带来不同的结果。企业只有合理地制定薪酬评估与管理体系，才能更好地利用薪酬机制提高员工工作的积极性，激发员工的工作热情。

　　本章我们将从制作员工工资管理表、月末员工工资统计表、员工工资条和查询员工工资数据四项任务入手向你介绍与公司工资管理相关的知识与技能，如图5-1所示。

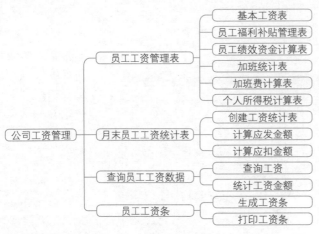

图5-1

在进行工资管理时，需要用到多个不同的表格，包括原始记录表，也包括数据分析计算表。下面我们可以先来看一下相关表格的效果图，如图5-2所示。

基本工资表

编号	姓名	所在部门	所属职位	入职时间	工龄	基本工资	工龄工资
001	胡莉	销售部	业务员	2010/1/1	6	800	400
002	王青	财务部	总监	2009/2/14	7	2500	500
003	何以玫	企划部	员工	2012/1/1	4	1800	200
004	王飞扬	企划部	部门经理	2006/1/1	10	2500	800
005	童瑶瑶	网络安全部	员工	2007/4/5	9	2000	700
006	王小利	销售部	业务员	2010/1/1	6	800	400
007	吴晨	网络安全部	员工	2008/1/3	7	3000	500
008	吴昕	行政部	员工	2011/1/28	5	1500	300
009	钱毅力	销售部	部门经理	2014/2/2	2	2200	0
010	张飞	财务部	员工	2014/2/19	2	1500	0
011	管一非	销售部	业务员	2011/4/7	5	800	300
012	王蓉	企划部	员工	2005/2/20	11	1800	900
013	石兴红	销售部	业务员	2005/2/25	11	800	900
014	朱红梅	行政部	员工	2011/2/25	5	1500	300
015	夏守梅	网络安全部	员工	2004/8/26	12	2000	1000
016	周静	销售部	业务员	2005/10/4	11	800	900
017	王涛	行政部	员工	2009/10/6	7	1500	500
018	彭红	行政部	员工	2010/2/9	6	1500	400
019	王晶	销售部	业务员	2010/12/4	6	800	400
020	李金晶	网络安全部	员工	2007/4/12	9	2000	700
021	王桃芳	销售部	业务员	2006/5/25	10	800	800
022	刘云英	销售部	部门经理	2008/6/9	8	2300	600
023	李光明	企划部	员工	2012/6/12	4	1800	200

员工福利补贴管理表

编号	姓名	性别	所在部门	住房补贴	伙食补贴	交通补贴	合计金额
001	胡莉	女	销售部	300	200	300	800
002	王青	女	财务部	300	100	100	500
003	何以玫	女	企划部	200	150	200	550
004	王飞扬	男	企划部	200	150	200	550
005	童瑶瑶	女	网络安全部	300	150	200	650
006	王小利	男	销售部	200	200	300	700
007	吴晨	男	网络安全部	300	150	200	650
008	吴昕	女	行政部	300	100	100	500
009	钱毅力	男	销售部	300	100	300	700
010	张飞	男	财务部	300	100	100	500
011	管一非	男	销售部	300	200	300	800
012	王蓉	女	企划部	300	150	200	650
013	石兴红	男	销售部	300	100	300	700
014	朱红梅	女	行政部	300	100	100	500
015	夏守梅	女	网络安全部	300	150	200	650
016	周静	女	销售部	300	200	300	800
017	王涛	男	行政部	300	100	100	500
018	彭红	男	行政部	200	100	100	400
019	王晶	男	销售部	300	100	300	700
020	李金晶	男	网络安全部	200	150	200	550
021	王桃芳	女	销售部	300	100	300	700
022	刘云英	女	销售部	300	100	300	700
023	李光明	男	企划部	200	150	200	550

员工绩效奖金计算表

编号	姓名	所属部门	销售业绩	绩效奖金
001	胡莉	销售部	220000	17600
006	王小利	销售部	11400	342
009	钱毅力	销售部	230000	18400
011	管一非	销售部	145000	11600
013	石兴红	销售部	32800	1640
016	周静	销售部	216000	17280
019	王晶	销售部	120000	9600
021	王桃芳	销售部	20000	600
022	刘云英	销售部	18000	540
026	刘颖	销售部	20000	600
029	陶倩倩	销售部	12000	360

10 月 份 加 班 记 录 表

编号	姓名	加班时间	加班类型	开始时间	结束时间	加班小时数
001	胡莉	2015/10/2	平常日	18:00	21:30	12:00
002	王青	2015/10/2	平常日	19:00	22:00	3
003	何以玫	2015/10/3	公休日	17:30	22:30	5
004	王飞扬	2015/10/4	公休日	17:30	22:00	4.5
005	童瑶瑶	2015/10/4	公休日	17:30	21:00	3.5
006	王小利	2015/10/5	平常日	9:00	17:30	8.5
007	吴晨	2015/10/6	平常日	9:00	17:30	8.5
008	吴昕	2015/10/7	平常日	17:30	20:00	2.5
009	钱毅力	2015/10/8	平常日	18:30	22:00	3.5
011	管一非	2015/10/10	公休日	17:30	22:00	4.5
012	王蓉	2015/10/10	公休日	17:30	21:00	3.5
013	石兴红	2015/10/11	公休日	17:30	22:00	4.5
014	朱红梅	2015/10/12	平常日	9:00	17:30	8.5
015	夏守梅	2015/10/13	平常日	9:00	17:30	8.5
016	周静	2015/10/14	平常日	17:30	20:00	2.5
017	王涛	2015/10/15	平常日	17:30	22:00	4.5
018	彭红	2015/10/15	平常日	17:30	22:00	4.5
019	王晶	2015/10/16	平常日	17:30	22:00	4.5
020	李金晶	2015/10/17	公休日	18:00	21:00	3
021	王桃芳	2015/10/18	公休日	18:00	21:30	3.5

加班统计表

图5-2

5.2 新手基础

在Excel 2013中进行公司工资管理需要用到的知识点包括：自动换行、复制工作表、排序、分类汇总、相关函数计算等。学会这些知识点，进行工资管理时会让你的工作轻松很多哦！

5.2.1 复制工作表

在Excel 2013中创建表格时，打开工作簿如果发现之前有一张内容相似且编辑好的工作表，为了快速地完成工作表的制作，此时不用重新创建，我们可以直接将其复制过来进行局部改动后再投入使用。快捷复制工作表的方法如下：

❶ 按住〈Ctrl〉键，选中要复制的工作表标签，按住鼠标左键不放，如图5-3所示。

❷ 拖动到要复制的位置，如图5-4所示。

❸ 释放鼠标即可得到一个名称为"科目汇总表（2）"的工作表，这张工作表即为复制得到的工作表，如图5-5所示。

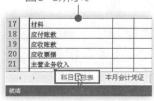

图5-3

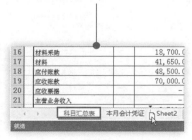

图5-4

图5-5

5.2.2 当输入内容超过单元格宽度时自动换行

在单元格中输入数据时，如果数据长度超过了单元格的宽度，则超过的部分将无法显示出来。除了缩小数据字号大小或者将单元格设置为"自动调整列宽"状态这些手段外，我们还可以通过将单元格设置为"自动换行"状态让数据在单元格内完整显示。具体操作如下：

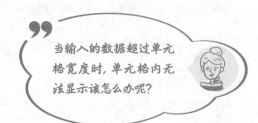

当输入的数据超过单元格宽度时，单元格内无法显示该怎么办呢？

❶ 选中要设置自动换行的单元格区域，如C1单元格，在"开始"选项卡的"对齐方式"组中单击"对话框启动器"按钮，打开"设置单元格格式"对话框，如图5-6所示。

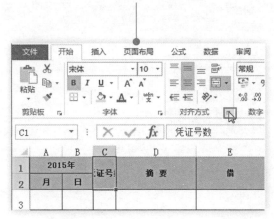

图5-6

❸ 完成上述操作返回文档中，即可间单元格数据已经完成自动换行，如图5-8所示。

图5-8

❷ 选取"对齐"选项卡在"文本控制"区域选中"自动换行"复选框，单击"确定"按钮，如图5-7所示。

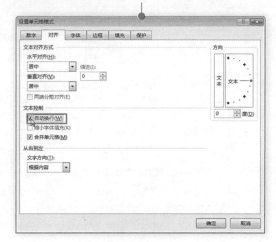

图5-7

5.2.3 按汉字的笔画排序

在默认设置下，Excel 2013在对汉字数据进行排序时会按照拼音的字母顺序来进行排序。但有时出于工作的需要，我们需要让Excel 2013对汉字数据按照笔画顺序进行排序。此时我们应该按照以下步骤进行操作，重新设置排序规则。

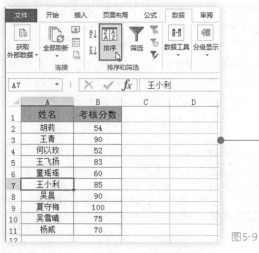

图5-9

❶ 选择编辑区域的任意单元格，在"数据"选项卡的"排序和筛选"组中单击"排序"按钮（图5-9），打开"排序"对话框。

❷ 在"主要关键字"下拉列表中选择"员工姓名"，然后在"次序"下拉列表中选择"升序"。单击"选项"按钮（图5-10），打开"排序选项"对话框。

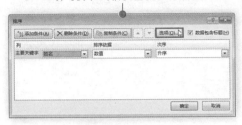

图5-10

❸ 在对话框中选中"笔划排序"单选项，如图5-11所示，依次单击"确定"按钮完成设置。

❹ 完成上述操作后，系统按照姓名的笔画进行排序的效果如图5-12所示。

图5-11

	A	B
1	姓名	考核分数
2	王小利	85
3	王飞扬	83
4	王青	90
5	杨威	70
6	吴雪晴	75
7	吴晨	90
8	何以玫	52
9	胡莉	54
10	夏守梅	100
11	童瑶瑶	60
12		

图5-12

5.2.4　分类汇总统计数据

在创建分类汇总前需要对所汇总的数据进行排序，即将同一区域的数据排列在一起，然后将各个区域的数据按指定方式汇总。

例如在下例中我们要统计出各区域的实际销售额合计值，则首先要按"区域"字段进行排序，然后进行分类汇总设置。具体操作如下：

❶ 选中"区域"列中任意单元格。单击"数据"选项卡下"排序和筛选"组中的"升序"按钮进行排序，如图5-13所示。

图5-13

❷ 选择表格编辑区域的任意单元格，在"数据"选项卡下的"分级显示"组中单击"分类汇总"按钮，打开"分类汇总"对话框，如图5-14所示。

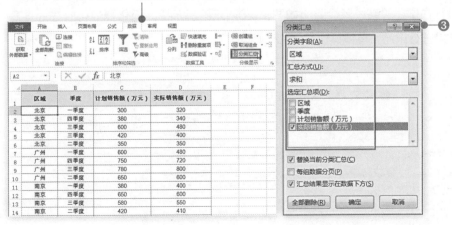

图5-14

图5-15

❸ 在"分类字段"列表框中选中"区域"单选框；在"汇总方式"下拉列表中选择"求和"；在"选定汇总项"列表框中选中"实际销售额"复选框，单击"确定"按钮如图5-15所示。

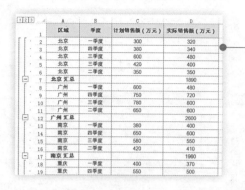

区域	季度	计划销售额（万元）	实际销售额（万元）
北京	一季度	300	320
北京	四季度	380	340
北京	三季度	600	480
北京	三季度	420	400
北京	二季度	350	350
北京 汇总			1890
广州	一季度	600	480
广州	四季度	750	720
广州	三季度	780	800
广州	二季度	650	600
广州 汇总			2600
南京	一季度	380	400
南京	四季度	650	600
南京	三季度	580	550
南京	二季度	420	410
南京 汇总			1960
重庆	一季度	400	370
重庆	四季度	550	500

❹ 完成上述操作后即可将表格中以“区域”排序后的销售记录进行分类汇总，并显示分类汇总后的结果（汇总项为“实际销售额”），如图5-16所示。

图5-16

知识扩展

如何快速清除分级显示符号。

对表格进行分类汇总后，在左侧窗格中会有分级显示符号，如图 5-17 所示。如果不显示分级显示符号，可以将其清除。

具体操作如下：

在“数据”选项卡的“分级显示”组中，单击“取消组合”下拉按钮，在下拉菜单中单击“消除分级显示”命令（图 5-18），即可清除分级显示符号，效果如图 5-19 所示。

若想再显示分级符号，再次打开“分类汇总”对话框，单击“确定”按钮即可显示。

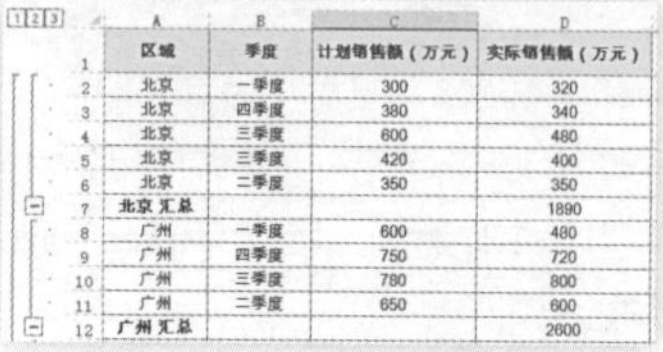

区域	季度	计划销售额（万元）	实际销售额（万元）
北京	一季度	300	320
北京	四季度	380	340
北京	三季度	600	480
北京	三季度	420	400
北京	二季度	350	350
北京 汇总			1890
广州	一季度	600	480
广州	四季度	750	720
广州	三季度	780	800
广州	二季度	650	600
广州 汇总			2600

图5-17

区域	季度	计划销售额（万元）	实际销售额（万元）
北京	一季度	300	320
北京	四季度	380	340
北京	三季度	600	480
北京	三季度	420	400

图5-18

区域	季度	计划销售额（万元）	实际销售额（万元）
北京	一季度	300	320
北京	四季度	380	340
北京	三季度	600	480
北京	三季度	420	400
北京	二季度	350	350
北京 汇总			1890
广州	一季度	600	480
广州	四季度	750	720
广州	三季度	780	800
广州	二季度	650	600
广州 汇总			2600

图5-19

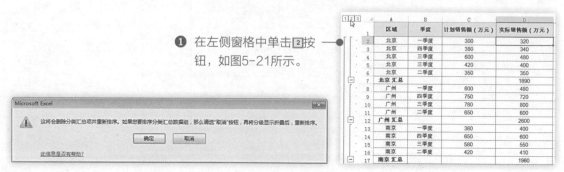

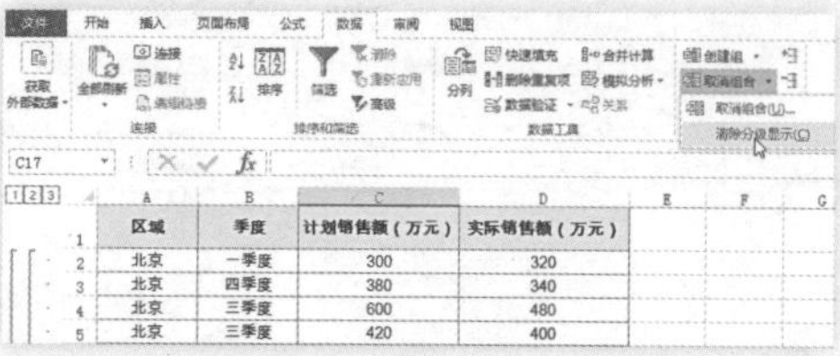

5.2.5 排序分类汇总的结果

当我们对数据表进行了分类汇总后，数据表将无法在分类汇总状态下对其中数据进行再排序，当我们试图进行在排序时系统就会弹出如图5-20所示的提示框。但是我们可以在分类汇总表下对汇总的结果进行排序，具体操作方法如下所示：

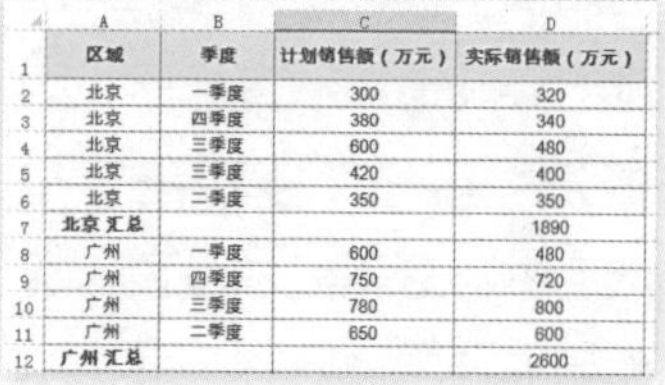

❶ 在左侧窗格中单击2按钮，如图5-21所示。

Microsoft Excel
这将会删除分类汇总项并重新排序。如果您要排序分类汇总数据组，那么请选"取消"按钮，再将分级显示折叠后，重新排序。
确定
取消
此信息是否有帮助?

图5-20

区域	季度	计划销售额（万元）	实际销售额（万元）
北京	一季度	300	320
北京	四季度	380	340
北京	三季度	600	480
北京	三季度	420	400
北京	二季度	350	350
北京 汇总			1890
广州	一季度	600	480
广州	四季度	750	720
广州	三季度	780	800
广州	二季度	650	600
广州 汇总			2600
南京	一季度	380	400
南京	四季度	650	600
南京	三季度	580	550
南京	二季度	420	410
南京 汇总			1960

图5-21

❷ 执行上述操作，即可只显示分类汇总的结果，如图5-22所示。

区域	季度	计划销售额（万元）	实际销售额（万元）
北京 汇总			1890
广州 汇总			2600
南京 汇总			1960
重庆 汇总			1920
总计			8370

图5-22

❸ 选择需要排序列的任意单元格，如“实际销售金额”，然后单击“升序”按钮，即可将各区域的实际销售额按升序排列，如图5-23所示。

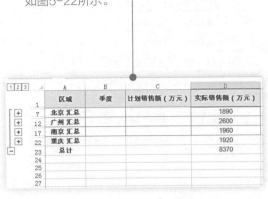

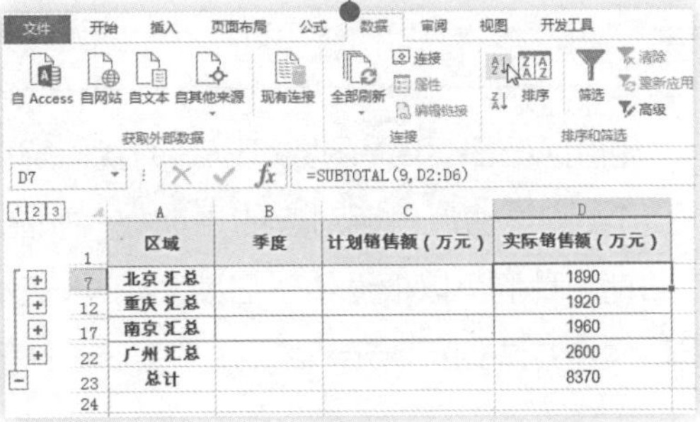

区域	季度	计划销售额（万元）	实际销售额（万元）
北京 汇总			1890
重庆 汇总			1920
南京 汇总			1960
广州 汇总			2600
总计			8370

图5-23

5.2.6　YEAR 函数（返回某日对应的年份）

【函数功能】YEAR函数表示某日期对应的年份。返回值为1900到9999之间的整数。

【函数语法】YEAR(serial_number)

◆ Serial_number：表示为一个日期值，其中包含要查找年份的日期。应使用DATE函数输入日期，或者将日期作为其他公式或函数的结果输入。

灵活使用YEAR函数可以帮助我们计算出员工的年龄。

如图5-24所示的表格统计了员工的出生日期，我们可以利用YEAR函数根据出生日期批量自动计算员工的年龄。具体方法如下所示：

❶ 在E2单元格中输入公式：“=YEAR(TODAY())-YEAR(C2)”，按〈Enter〉键即可得出第一个员工的年龄，如图5-25所示。

❷ 向下填充E2单元格的公式，即可得到员工的年龄，如图5-26所示。

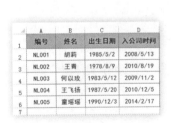

编号	姓名	出生日期	入公司时间
NL001	胡莉	1985/5/2	2008/5/13
NL002	王青	1978/8/9	2010/8/19
NL003	何以玫	1983/5/12	2009/11/2
NL004	王飞扬	1987/5/20	2010/12/5
NL005	童瑶瑶	1990/12/3	2014/2/17

图5-24

编号	姓名	出生日期	入公司时间	年龄
NL001	胡莉	1985/5/2	2008/5/13	30
NL002	王青	1978/8/9	2010/8/19	
NL003	何以玫	1983/5/12	2009/11/2	
NL004	王飞扬	1987/5/20	2010/12/5	
NL005	童瑶瑶	1990/12/3	2014/2/17	

图5-25

编号	姓名	出生日期	入公司时间	年龄
NL001	胡莉	1985/5/2	2008/5/13	30
NL002	王青	1978/8/9	2010/8/19	37
NL003	何以玫	1983/5/12	2009/11/2	32
NL004	王飞扬	1987/5/20	2010/12/5	28
NL005	童瑶瑶	1990/12/3	2014/2/17	25

图5-26

5.2.7　WEEKDAY 函数（返回指定日期对应的星期数）

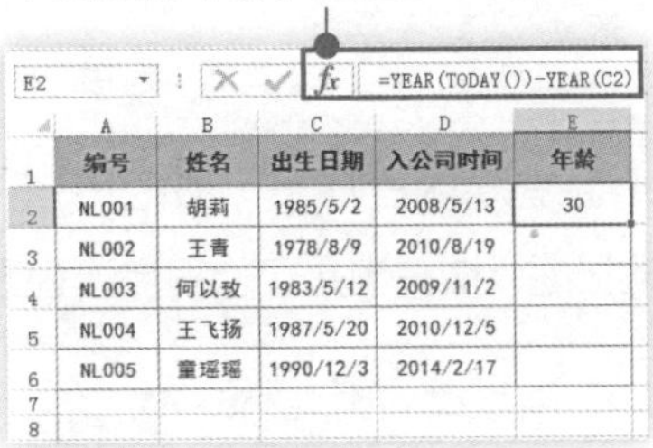

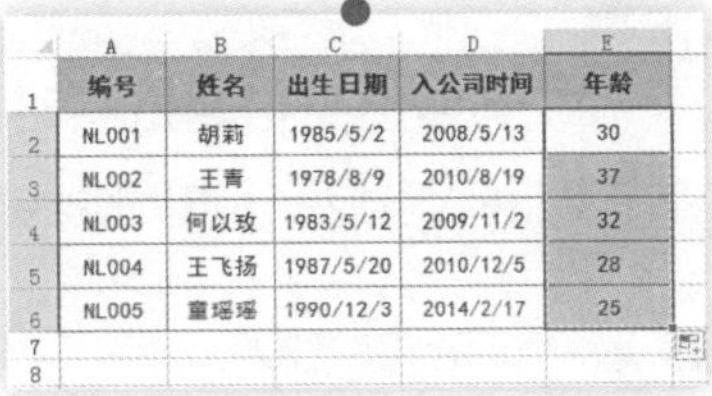

【函数功能】WEEKDAY函数表示返回某日期为星期几。默认情况下，其值为1（星期天）到7（星期六）之间的整数。

【函数语法】WEEKDAY(serial_number,[return_type])

◆ Serial_number：一个序列号，代表尝试查找的那一天的日期。应使用DATE函数输入日期，或者将日期作为其他公式或函数的结果输入；

◆ Return_type：可选。用于确定返回值类型的数字，Return_type参数与WEEKDAY返回值的对应关系如表5-1所示。

表5-1 Return_type参数与WEEKDAY返回值

Return_type参数	WEEKDAY返回值
1（默认）	数字1（星期日）到数字7（星期六）
2	数字1（星期一）到数字7（星期日）
3	数字0（星期一）到数字6（星期日）

利用WEEKDAY函数可以帮助我们解决以下日常工作任务。

1）测算值班日期对应的星期数。如图5-27所示值班安排表中记录了每位值班人员的值班日期，我们可以根据值班日期利用WEEKDAY函数测算出其各自对应的星期数并显示出来，具体操作方法如下所示：

❶ 在C2单元格中输入公式："=TEXT(WEEKDAY(B2,1),"aaaa")"，按〈Enter〉键返回第一个值班日期对应的星期数，如图5-28所示。

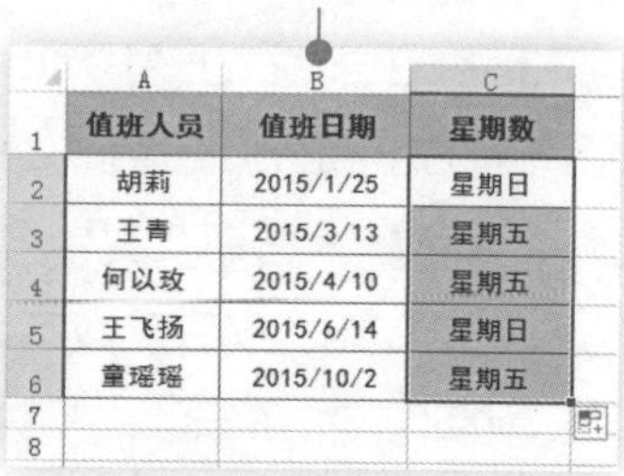

❷ 向下填充C2单元格的公式，即可得到其他值班日期对应的星期数，如图5-29所示。

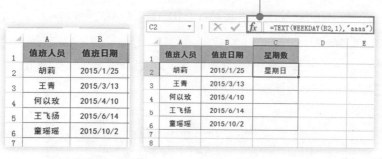

值班人员	值班日期
胡莉	2015/1/25
王青	2015/3/13
何以玫	2015/4/10
王飞扬	2015/6/14
童瑶瑶	2015/10/2

图5-27

C2 =TEXT(WEEKDAY(B2,1),"aaaa")

值班人员	值班日期	星期数
胡莉	2015/1/25	星期日
王青	2015/3/13	
何以玫	2015/4/10	
王飞扬	2015/6/14	
童瑶瑶	2015/10/2	

图5-28

值班人员	值班日期	星期数
胡莉	2015/1/25	星期日
王青	2015/3/13	星期五
何以玫	2015/4/10	星期五
王飞扬	2015/6/14	星期日
童瑶瑶	2015/10/2	星期五

图5-29

公式解析

先使用WEEYDAY函数返回此日期对应的星期数。再使用TEXT函数将星期数的阿拉伯数字转化为中文显示。

2）判断值班日期是平时加班还是双休日加班。如图5-30所示为值班安排表，利用WEEKDAY函数我们可以根据值班的日期，推算出是工作日加班还是双休日加班。具体操作如下：

❶ 在C2单元格中输入公式："=IF(OR(WEEKDAY(B2,2)=6,WEEKDAY(B2,2)=7),"双休日","工作日")"，按〈Enter〉键返回第一个值班日期是否是工作日还是双休日，如图5-31所示。

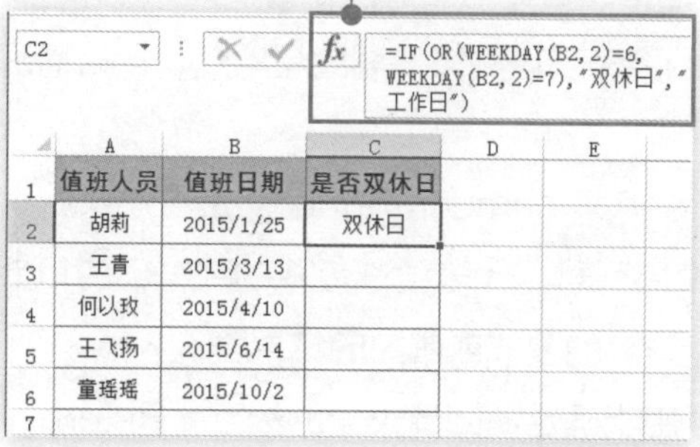

❷ 向下填充C2单元格的公式，即可得到其他值班日期是否是工作日还是双休日，如图5-32所示。

值班人员	值班日期
胡莉	2015/1/25
王青	2015/3/13
何以玫	2015/4/10
王飞扬	2015/6/14
童瑶瑶	2015/10/2

图5-30

C2 =IF(OR(WEEKDAY(B2,2)=6,WEEKDAY(B2,2)=7),"双休日","工作日")

值班人员	值班日期	是否双休日
胡莉	2015/1/25	双休日
王青	2015/3/13	
何以玫	2015/4/10	
王飞扬	2015/6/14	
童瑶瑶	2015/10/2	

图5-31

值班人员	值班日期	是否双休日
胡莉	2015/1/25	双休日
王青	2015/3/13	工作日
何以玫	2015/4/10	工作日
王飞扬	2015/6/14	双休日
童瑶瑶	2015/10/2	工作日

图5-32

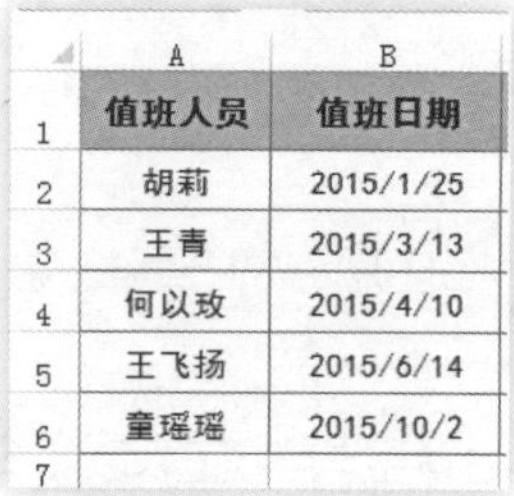

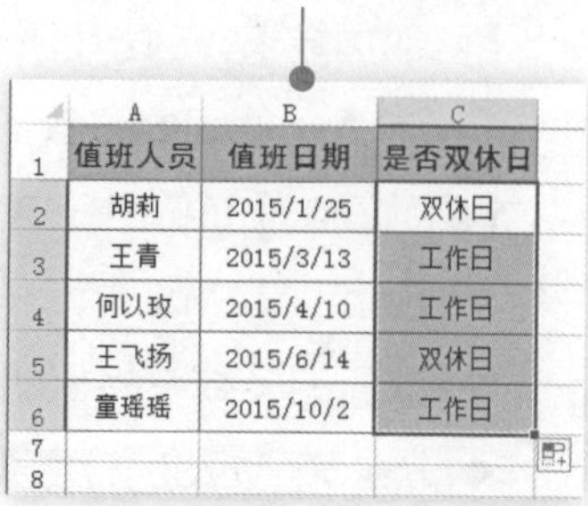

公式
解析

先使用 WEEYDAY 函数返回此日期对应的星期数，但显示的是阿拉伯数字。再使用 OR 函数判断是否满足星期"6"或星期"7"任何一个条件。最后用 IF 函数将 OR 函数判断的结果返回为具体的内容，如果是星期六或星期日，显示为"双休日"，若不是则显示"工作日"。

3）汇总出周日的支出金额。如图5-33所示为对应日期的现金支出金额表，现在要汇总出周日的支出金额。具体操作如下：

	A	B
1	日期	支出金额
2	2015/1/1	12580
3	2015/3/12	18000
4	2015/4/21	12200
5	2015/6/7	8000
6	2015/7/19	3000
7	2015/7/4	22000
8	2015/9/6	5000
9	2015/9/11	38000
10	2015/9/13	20000
11		

图5-33

D2　{=SUM(IF(WEEKDAY(A2:A10,2)=7,B2:B10))}

	A	B	C	D	E	F
1	日期	支出金额		周日支出金额		
2	2015/1/1	12580		36000		
3	2015/3/12	18000				
4	2015/4/21	12200				
5	2015/6/7	8000				
6	2015/7/19	3000				
7	2015/7/4	22000				
8	2015/9/6	5000				
9	2015/9/11	38000				
10	2015/9/13	20000				
11						
12						

图5-34

在D2单元格中输入公式："=SUM(IF(WEEKDAY(A2:A10,2)=7,B2:B10))"，按〈Ctrl+Shift+Enter〉组合键，即可汇总出周日的支出金额，如图5-34所示。

公式
解析

"IF(WEEKDAY(A2:A10,2)=7,B2:B10)"先使用 WEEKDAY 函数提取 A 列中日期对应的星期数，然后利用 IF 函数判断返回值是否为 7。如果是，说明该日期为星期日，则返回 B 列中与该日期对应的支出金额。最后使用 SUM 函数对星期日的支出金额的数组求和。

5.2.8　SUMIFS 函数（对满足多重条件的单元格求和）

【函数功能】SUMIFS函数是对某一区域内满足多重条件的单元格求和。

【函数语法】SUMIFS(sum_range,criteria_range1,criteria1,criteria_range2, criteria2...)

◆ Sum_range：要求和的一个或多个单元格，其中包括数字或包含数字的名称、数组或引用。空值和文本值会被忽略。仅当sum_range中的每一单元格满足为其指定的所有关联条件时，才对这些单元格进行求和。sum_range中包含TRUE的单元格计算为"1"；sum_range中包含"FALSE"的单元格计算为"0"（零）。与SUMIF函数中的区域和条件参数不同，SUMIFS中每个criteria_range的大小和形状必须与sum_range相同。

◆ Criteria_range1,criteria_range2,...：计算关联条件的1～127个区域。

◆ Criteria1,criteria2,...：数字、表达式、单元格引用或文本形式的1～127个条件，用于定义要对哪些单元格求和。例如：条件可以表示为32、"32"、">32"、"apples"或B4。

◆ 在条件中使用通配符，即问号（？）和星号（*）。问号匹配任一单个字符；星号匹配任一字符序列。如果要查找实际的问号或星号，请在字符前键入波形符（~）。

运用SUMIFS函数可以帮助我们统计某一日期区间的销售金额。

如图5-35所示显示了商品在10月份的销售统计，当前表格是按日期、品牌统计销售记录。现在需要统计出本月中旬销售金额合计值。具体操作如下：

	A	B	C	D
1	日期	品牌	肖售额（万）	
2	2015/10/1	初音	130	
3	2015/10/3	亲昵	115	
4	2015/10/7	靓影	114	
5	2015/10/8	韩水伊人	192	
6	2015/10/9	不语	138	
7	2015/10/14	韩美	235	
8	2015/10/15	蓝衣	310	
9	2015/10/17	布娃娃	200	
10	2015/10/24	布面	220	
11	2015/10/25	花开了	110	
12				

图5-35

E2 =SUMIFS(C2:C11,A2:A11,">15-10-10",A2:A11,"<=15-10-20")

	A	B	C	D	E
1	日期	品牌	肖售额（万）		中旬销售额（万）
2	2015/10/1	初音	130		745
3	2015/10/3	亲昵	115		
4	2015/10/7	靓影	114		
5	2015/10/8	韩水伊人	192		
6	2015/10/9	不语	138		
7	2015/10/14	韩美	235		
8	2015/10/15	蓝衣	310		
9	2015/10/17	布娃娃	200		
10	2015/10/24	布面	220		
11	2015/10/25	花开了	110		
12					

图5-36

在E2单元格中输入公式："=SUMIFS(C2:C11,A2:A11,">15-10-10",A2:A11,"<=15-10-20")"，按〈Enter〉键即可统计本月中旬销售总金额合计值，如图5-36所示。

5.2.9　VLOOKUP 函数（在首列查找指定的值并返回当前行中指定列处的数值）

【函数功能】VLOOKUP函数搜索某个单元格区域的第一列，然后返回该区域相同行上任何单元格中的值。

【函数语法】VLOOKUP(lookup_value, table_array, col_index_num, [range_lookup])

◆ Lookup_value：要在表格或区域的第一列中搜索的值。lookup_value参数可以是值或引用；

◆ Table_array：包含数据的单元格区域。可以使用对区域或区域名称的引用；

◆ Col_index_num：table_array参数中必须返回的匹配值的列号；

◆ Range_lookup：可选。一个逻辑值，指定希望VLOOKUP查找精确匹配值还是近似匹配值。

运用VLOOKUP函数可以帮助我们完成以下常见工作任务。

1）在销售表中自动返回产品单价。在建立销售数据管理系统时，我们通常都会建立一张如图5-37所示的产品单价表，以统计所有产品的进货单价与销售单价等基本信息。那么有了这张表之后，在后面建立销售数据统计表时，就可以使用VLOOKUP函数直接引用产品单价表中的数据。具体操作如下：

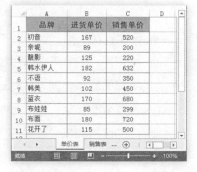

	A	B	C	D
1	品牌	进货单价	销售单价	
2	初音	167	520	
3	亲昵	89	200	
4	靓影	125	220	
5	韩水伊人	182	632	
6	不语	92	350	
7	韩美	102	450	
8	蓝衣	170	680	
9	布娃娃	85	299	
10	布面	180	720	
11	花开了	115	500	

图5-37

C2 =VLOOKUP(A2,单价表!A$1:C$11,3,FALSE)*B2

	A	B	C	D	E	F	G
1	产品名称	数量	金额				
2	初音	33	17160				
3	亲昵	9					
4	靓影	18					
5	韩水伊人	23					
6	不语	5					
7	韩美	10					
8	蓝衣	17					
9	布娃娃	5					
10	布面	18					
11	花开了	5					
12							
13							

图5-38

❶ 切换到"销售表"工作表，在C2单元格中输入公式："=VLOOKUP(A2,单价表!A$1:C$11，3，FALSE)*B2"，按〈Enter〉键，即可从"单价表"中提取产品的销售单价，并根据销售数量自动计算出销售金额，如图5-38所示。

❷ 向下填充C2单元格的公式，效果如图5-39所示。

	A	B	C	D
1	产品名称	数量	金额	
2	初音	33	17160	
3	亲昵	9	1800	
4	靓影	18	3960	
5	韩水伊人	23	14536	
6	不语	5	1750	
7	韩美	10	4500	
8	蓝衣	17	11560	
9	布娃娃	5	1495	
10	布面	18	12960	
11	花开了	5	2500	
12				
13				

图5-39

公式解析

1）在单价表的 A\$1:C\$11 单元格区域中寻找与 A2 单元格中相同的值。

2）找到返回对应在 A\$1:C\$11 第 3 列上的值，为对应的单价。

3）再将 1 步返回结果乘以 B2 即为销售金额。

2）使用VLOOKUP函数进行反向查询。如图5-40所示上方表格统计了基金的相关数据。现在我们要运用VLOOKUP函数根据买入基金的代码来查找最新的净值（基金的代码显示要最右列）。具体操作如下：

	A	B	C	D	E	F	G
1	日期	最新净值	累计净值	基金代码			
2	41284	1.7056	2.2456	240002			
3	41285	1.2552	2.046	240001			
4	41286	1.2255	1.2955	240003			
5	41287	1.4124	1.4124	213003			
6	41288	1.0145	2.6092	213002			
7	41289	1.1502	2.7902	213001			
8							
9	基金代码	购买金额	买入价格	市场净值	持有份额	市值	利润
10	240003	20000	1.1		6000.26	6144.31	644.03
11	213003	5000	0.876		1600.69	1622.9	207.9
12	240002	20000	0.999		6700	9667.16	3974.77
13	213001	10000	0.994		700.69	920.74	124.73
14							
15							

图5-40

❶ 在D10单元格中输入公式："=VLOOKUP(A10,IF({1,0},\$D\$2:\$D\$7,\$B\$2:\$B\$7),2,)"，按〈Enter〉键，即可根据A10单元格的基金代码从B2:B7单元格区域找到其最新净值，如图5-41所示。

❷ 向下填充D10单元格的公式，即可得到其他基金代码的最新净值，效果如图5-42所示。

D10			fx	=VLOOKUP(A10,IF({1,0},\$D\$2:\$D\$7,\$B\$2:\$B\$7),2,)			
	A	B	C	D	E	F	G	H
1	日期	最新净值	累计净值	基金代码				
2	41284	1.7056	2.2456	240002				
3	41285	1.2552	2.046	240001				
4	41286	1.2255	1.2955	240003				
5	41287	1.4124	1.4124	213003				
6	41288	1.0145	2.6092	213002				
7	41289	1.1502	2.7902	213001				
8								
9	基金代码	购买金额	买入价格	市场净值	持有份额	市值	利润	
10	240003	20000	1.1	1.2255	6000.26	6144.31	644.03	
11	213003	5000	0.876		1600.69	1622.9	207.9	
12	240002	20000	0.999		6700	9667.16	3974.77	
13	213001	10000	0.994		700.69	920.74	124.73	
14								
15								
16								

图5-41

	A	B	C	D	E	F	G
1	日期	最新净值	累计净值	基金代码			
2	41284	1.7056	2.2456	240002			
3	41285	1.2552	2.046	240001			
4	41286	1.2255	1.2955	240003			
5	41287	1.4124	1.4124	213003			
6	41288	1.0145	2.6092	213002			
7	41289	1.1502	2.7902	213001			
8							
9	基金代码	购买金额	买入价格	市场净值	持有份额	市值	利润
10	240003	20000	1.1	1.2255	6000.26	6144.31	644.03
11	213003	5000	0.876	1.4124	1600.69	1622.9	207.9
12	240002	20000	0.999	1.7056	6700	9667.16	3974.77
13	213001	10000	0.994	1.1502	700.69	920.74	124.73
14							
15							
16							

图5-42

5.2.10 HOUR 函数（返回时间值的小时数）

【函数功能】HOUR函数表示返回时间值的小时数。

【函数语法】HOUR(serial_number)

◆ Serial_number：时间值，其中包含要查找的小时。

运用HOUR函数可以帮助我们判断职工上早班还是夜班。

在下例中我们将运用HOUR函数根据员工上班打卡时间，判断员工上早班还是夜班。具体操作如下：

❶ 在D2单元格中输入公式："=IF(HOUR(C2)<9,"早班","夜班")"，按〈Enter〉键即可判断第一位员工上早班还是夜班，如图5-43所示。

图5-43

❷ 向下填充D2单元格的公式，即可判断其他员工上早班还是夜班，如图5-44所示。

图5-44

5.3 表格创建

一到统计工资的时候我就头疼，要在工资表中把每个员工的所有工资明细都要列出来，这么多数据这样一个个的输入和计算，没有几天时间我都做不出来……

为什么非要等到月末再来统计这些数据呢，你可以平时先创建一些基本表格啊。

为了有效地管理员工工资，财务人员一般都会创建员工工资管理表，以高效规范的完成工资核算工作。

5.3.1 基本工资表

一般企业，基本工资主要包括两个部分，基本工资和岗位工资。基本工资由员工的工资等级来决定，而岗位工资则由员工所在工作岗位来决定。基本工资表是员工工资管理表的基础表，下面我们来学习如何制作基本工资表。

❶ 新建工作簿，并将其命名为"公司工资管理"，将Sheet1工作表重命名为"基本工资表"，在表格中建立相应列标识，并设置表格的文字格式、边框底纹格式等，效果如图5-45所示。

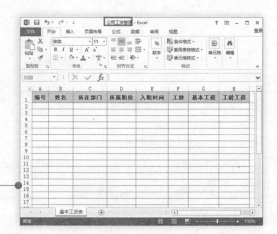

图5-45

❷ 根据实际情况输入员工"编号"、"姓名"、"所在部门"、"所属职位"、"入职时间"、"基本工资"数据，如图5-46所示。

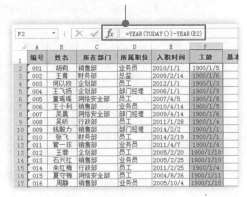

图5-46

❸ 在F2单元格中输入公式："=YEAR(TODAY())-YEAR(E2)"，按〈Enter〉键返回日期值，向下复制公式，可一次性计算出所有员工的工龄，如图5-47所示。

图5-47

> 这里约定工龄工资的计算标准为：工龄不足2年时不计工龄工资，工龄大于2年时按每年100元递增。

❹ 选中F2:F31单元格区域，在"开始"标签下的"数字"选项组中设置单元格的格式为"常规"，即可正确显示出工龄，如图5-48所示。

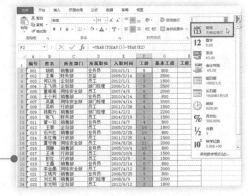

图5-48

❺ 在H2单元格中输入公式："=IF(F2<=2,0,(F2-2)*100)"，按〈Enter〉键可根据该员工工龄计算出其工龄工资，向下复制公式，可一次性得出所有员工的工龄工资，如图5-49所示。

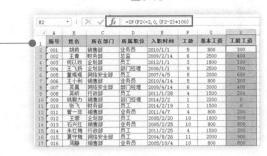

图5-49

5.3.2　员工福利补贴管理表

员工福利表包含编号、姓名、部门以及各项福利补贴（如住房补贴、伙食补贴、交通补贴、话费补贴、医疗补贴等）等数据。一般情况下员工福利补贴是根据员工所在部门的性质制定的。

下例中假设包含住房补贴、伙食补贴、交通补贴几项，具体补贴规则约定如下：

◆ 住房补贴：性别为"女"，补贴为"300"；性别为"男"，补贴为"200"

◆ 伙食补贴：部门为"销售部"，补贴为"200"；部门为"企划部"，补贴为"150"；部门为"网络安全部"，补贴为"150"；部门为"行政部"，补贴为"100"；部门为"财务部"，补贴为"100"。

◆ 交通补贴：部门为“销售部”，补贴为“300”；部门为“企划部”，补贴为“200”；部门为“网络安全部”，补贴为“200”；部门为“行政部”，补贴为“100”；部门为“财务部”，补贴为“100”。

下面我们根据上述约定来制作员工福利补贴管理表。

这里可以直接从基本工资表中复制“编号”、“姓名”、“性别”、“所在部门”、这几项数据到表格中。

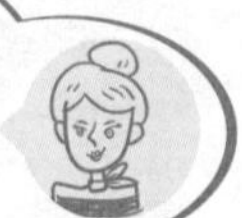

❶ 新建工作表，将其重命名为“福利补贴管理表”，在表格中建立相应列标识，并设置表格的文字格式、边框底纹格式等，如图5-50所示。

编号	姓名	性别	所在部门	住房补贴	伙食补贴	交通补贴	合计金额
001	胡莉	女	销售部				
002	王青	女	财务部				
003	何以玫	男	企划部				
004	王飞扬	男	企划部				
005	童瑶瑶	女	网络安全部				
006	王小利	男	销售部				
007	吴晨	女	网络安全部				
008	吴昕	女	行政部				
009	钱毅力	男	销售部				
010	张飞	女	财务部				
011	管一非	女	销售部				
012	王蓉	女	企划部				
013	石兴红	男	销售部				
014	朱红梅	女	行政部				
015	夏守梅	男	网络安全部				
016	周静	女	销售部				
017	王涛	女	行政部				
018	彭红	男	行政部				
019	[illegible]	男	销售部				

基本工资表 福利补贴管理表

图5-50

❷ 在E2单元格中输入公式：“=IF(C2="女",300,200)”，按〈Enter〉键即可根据该员工性别返回其住房补贴金额，向下复制公式，可一次性得出所有员工的住房补贴金额，如图5-51所示。

E2 =IF(C2="女",300,200)

编号	姓名	性别	所在部门	住房补贴	伙食补贴
001	胡莉	女	销售部	300	
002	王青	女	财务部	300	
003	何以玫	男	企划部	200	
004	王飞扬	男	企划部	200	
005	童瑶瑶	女	网络安全部	300	
006	王小利	男	销售部	200	
007	吴晨	女	网络安全部	300	
008	吴昕	女	行政部	300	
009	钱毅力	男	销售部	200	
010	张飞	女	财务部	300	
011	管一非	女	销售部	300	

图5-51

❸ 在F2单元格中输入公式：“=IF(D2="销售部",200,IF(D2="企划部",150,IF(D2="网络安全部",150,IF(D2="行政部",100,100))))”，按〈Enter〉键可根据该员工所属职位返回其伙食补贴金额，向下复制公式，可一次性得出所有员工的伙食补贴金额，如图5-52所示。

F2 =IF(D2="销售部",200,IF(D2="企划部",150,IF(D2="网络安全部",150,IF(D2="行政部",100,100))))

编号	姓名	性别	所在部门	住房补贴	伙食补贴	交通补贴	合计金额
001	胡莉	女	销售部	300	200		
002	王青	女	财务部	300	100		
003	何以玫	男	企划部	200	150		
004	王飞扬	男	企划部	200	150		
005	童瑶瑶	女	网络安全部	300	150		
006	王小利	男	销售部	200	200		
007	吴晨	女	网络安全部	300	150		
008	吴昕	女	行政部	300	100		
009	钱毅力	男	销售部	200	200		
010	张飞	女	财务部	300	100		
011	管一非	女	销售部	300	200		
012	王蓉	女	企划部	300	150		

图5-52

❹ 在G2单元格中输入公式：“=IF(D2="销售部",300,IF(D2="企划部",200,IF(D2="网络安全部",200,IF(D2="行政部",100,100))))”，按〈Enter〉键可根据该员工所在部门返回其交通补贴金额，向下复制公式，即可一次性得出所有员工的交通补贴金额，如图5-53所示。

G2 =IF(D2="销售部",300,IF(D2="企划部",200,IF(D2="网络安全部",200,IF(D2="行政部",100,100))))

编号	姓名	性别	所在部门	住房补贴	伙食补贴	交通补贴	合计金额
001	胡莉	女	销售部	300	200	300	
002	王青	女	财务部	300	100	100	
003	何以玫	男	企划部	200	150	200	
004	王飞扬	男	企划部	200	150	200	
005	童瑶瑶	女	网络安全部	300	150	200	
006	王小利	男	销售部	200	200	300	
007	吴晨	女	网络安全部	300	150	200	
008	吴昕	女	行政部	300	100	100	
009	钱毅力	男	销售部	200	200	300	
010	张飞	女	财务部	300	100	100	
011	管一非	女	销售部	300	200	300	
012	王蓉	女	企划部	300	150	200	
013	石兴红	男	销售部	200	200	300	
014	朱红梅	女	行政部	300	100	100	
015	夏守梅	男	网络安全部	200	150	200	

图5-53

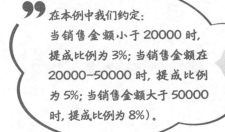

H2　=SUM(E2:G2)

姓名	性别	所在部门	住房补贴	伙食补贴	交通补贴	合计金额
胡莉	女	销售部	300	200	300	800
王青	女	财务部	300	100	100	500
何以玫	男	企划部	200	150	200	550
王飞扬	男	企划部	200	150	200	550
童瑶瑶	女	网络安全部	300	150	200	650
王小利	男	销售部	200	200	300	700
吴晨	女	网络安全部	300	150	200	650
吴昕	女	行政部	300	100	100	500
钱毅力	男	销售部	200	200	300	700
张飞	女	财务部	300	100	100	500
管一非	女	销售部	300	200	300	800
王蓉	女	企划部	300	150	200	650
石兴红	男	销售部	200	200	300	700
朱红梅	女	行政部	300	100	100	500
夏守梅	男	网络安全部	200	150	200	550

图5-54

❺ 在H2单元格中输入公式：=SUM(E2:G2)，按〈Enter〉键可计算出第一位员工各项补贴的合计金额，向下复制公式，即可一次性得出所有员工各项补贴的合计金额，如图5-54所示。

5.3.3　员工绩效奖金计算表

对于销售部的员工来说工资很大一部分来自业绩提成。因此业绩数据也需要记录在本期工资数据中，为了便于管理我们需要单独建立一张工作表来统计员工绩效奖金。员工绩效奖金计算表的具体制作方法如下所示：

在本例中我们约定：当销售金额小于20000时，提成比例为3%；当销售金额在20000–50000时，提成比例为5%；当销售金额大于50000时，提成比例为8%）。

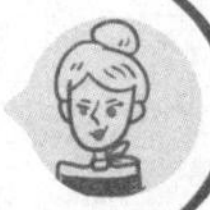

❶ 新建工作表，将其重命名为“员工绩效奖金计算表”。输入表格标题、列标识，并对表格字体、对齐方式、底纹和边框等设置，效果如图5-55所示。

编号	姓名	所属部门	销售业绩	绩效奖金

福利补贴管理表　员工绩效奖金计算表

图5-55

❷ 将所有销售部的员工的编号、姓名记录到表格中，另外销售业绩金额也是需要根据实际情况手工记录，如图5-56所示。

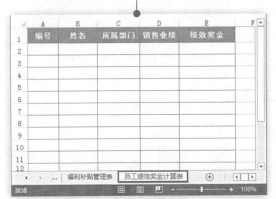

编号	姓名	所属部门	销售业绩	绩效奖金
001	胡莉	销售部	220000	
006	王小利	销售部	11400	
009	钱毅力	销售部	230000	
011	管一非	销售部	145000	
013	石兴红	销售部	32800	
016	周静	销售部	216000	
019	王晶	销售部	120000	
021	王桃芳	销售部	20000	
022	刘云英	销售部	18000	
026	刘颖	销售部	20000	
029	陶倩倩	销售部	12000	

图5-56

E2　=IF(D2<=20000,D2*0.03,IF(D2<=50000,D2*0.05,D2*0.08))

编号	姓名	所属部门	销售业绩	绩效奖金
001	胡莉	销售部	220000	17600
006	王小利	销售部	11400	342
009	钱毅力	销售部	230000	18400
011	管一非	销售部	145000	11600
013	石兴红	销售部	32800	1640
016	周静	销售部	216000	17280
019	王晶	销售部	120000	9600
021	王桃芳	销售部	20000	600
022	刘云英	销售部	18000	540
026	刘颖	销售部	20000	600
029	陶倩倩	销售部	12000	360

图5-57

❸ 在E2单元格中输入公式：“=IF(D2<=20000,D2*0.03,IF(D2<=50000,D2*0.05,D2*0.08))”，按〈Enter〉键，根据D3单元格的销售业绩计算出其提成金额，向下复制公式，可一次性计算出所有提成金额，如图5-57所示。

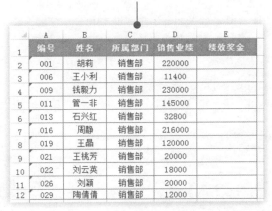

5.3.4 加班统计表

根据企业日常运作的需要，员工会不定期的加班，因此每日必须要像考勤一样对本日的加班情况进行记录，月末再对加班记录表中的数据进行统计，从而计算出加班工资。加班记录表的制作方法如下所示：

❶ 新建工作表，将其重命名为"加班统计表"。在表格中建立相应列标识，并进行文字格式设置、边框底纹设置等美化设置，然后输入基本数据到工作表中，效果如图5-58所示。

❷ 选中D3单元格，在公式编辑栏中输入公式："=IF(WEEKDAY(C3,2)>=6,"公休日","平常日")"，按〈Enter〉键，即可根据加班时间返回加班类型，向下复制公式，效果如图5-59所示。

图5-58

图5-59

❸ 选中要输入时间的E3：F32单元格区域，打开"设置单元格格式"对话框。单击"数字"选项卡，在"分类"列表中选中"时间"，并在"类型"框中选择时间格式，如图5-60所示，单击"确定"按钮。

图5-60

❹ 完成上述操作后，当我们再输入时间时，就会显示为如图5-61所示的格式。

图5-61

图5-62

❺ 在G3单元格中输入公式："=(HOUR(F3)+MINUTE(F3)/60)-(HOUR(E3)+MINUTE(E3)/60)"，按〈Enter〉键，即可计算出第一条记录的加班小时数，向下复制公式，计算出各条记录的加班小时数，如图5-62所示。

公式解析

分别将F3单元格的时间与E3单元格中的时间转换为小时数，然后取它们的差值即为加班小时数。

5.3.5　加班费计算表

由于一位员工可能会对应多条加班记录，同时不同的加班类型其对应的加班工资也有所不同。因此，在完成了加班记录表的建立后，我们需要建立一张表计算每位员工的加班费。具体操作如下：

❶ 新建工作表，将其重命名为“加班费计算表”。输入表格的基本数据，规划好应包含的列标识，并对表格进行文字格式、边框底纹等的美化设置，效果如图5-63所示。

编号	加班人	节假日加班小时数	工作日加班小时数	加班费
001	胡莉			
002	王青			
003	何以玫			
004	王飞扬			
005	童瑶瑶			
006	王小利			
007	吴晨			
008	吴昕			
009	钱毅力			
010	张飞			
011	管一非			
012	王蓉			
013	石兴红			
014	朱红梅			
015	夏守梅			
016	周静			

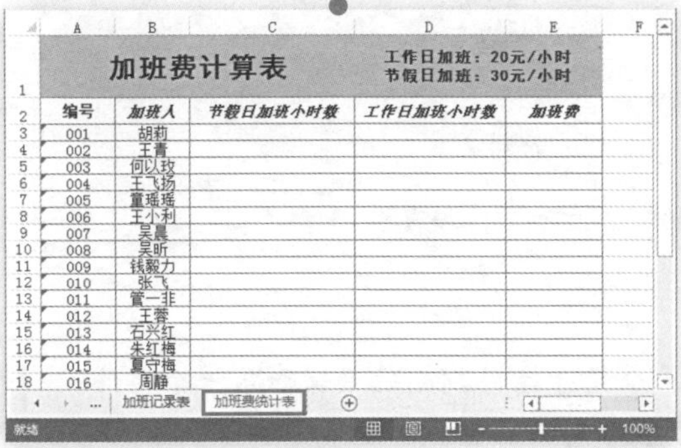

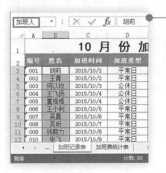

图5-63

下面将“加班记录表”中的单元格区域定义为名称可以方便后面计算员工加班小时和加班费时公式引用。

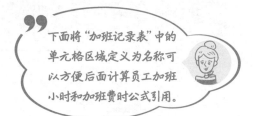

❷ 切换到“加班记录表”中，选中B列中的加班人数据，在名称框中输入“加班人”（图5-64），按〈Enter〉键即可完成该名称的定义。

编号	姓名	加班时间	加班类型
001	胡莉	2015/10/2	平常日
002	王青	2015/10/2	平常日
003	何以玫	2015/10/3	公休日
004	王飞扬	2015/10/4	公休日
005	童瑶瑶	2015/10/4	公休日
006	王小利	2015/10/5	平常日
007	吴晨	2015/10/6	平常日
008	吴昕	2015/10/7	平常日
009	钱毅力	2015/10/8	平常日
010	张飞	2015/10/9	平常日

图5-64

❸ 选中D列中的加班类型数据，在名称框中输入“加班类型”（图5-65），按〈Enter〉键即可完成该名称的定义。

编号	姓名	加班时间	加班类型
001	胡莉	2015/10/2	平常日
002	王青	2015/10/2	平常日
003	何以玫	2015/10/3	公休日
004	王飞扬	2015/10/4	公休日
005	童瑶瑶	2015/10/4	公休日
006	王小利	2015/10/5	平常日
007	吴晨	2015/10/6	平常日
008	吴昕	2015/10/7	平常日
009	钱毅力	2015/10/8	平常日
010	张飞	2015/10/9	平常日

图5-65

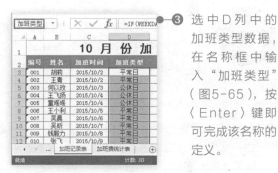

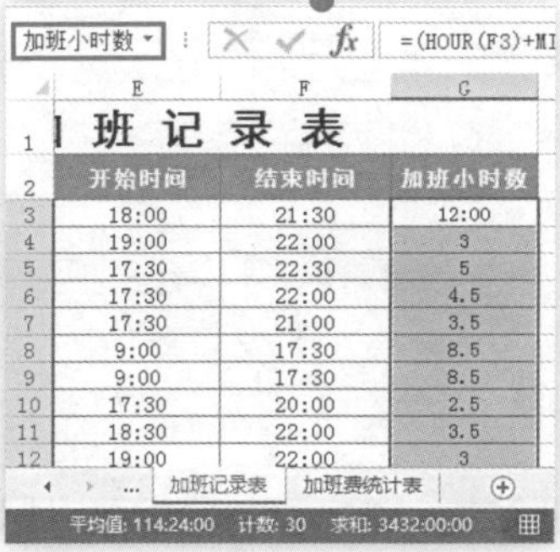

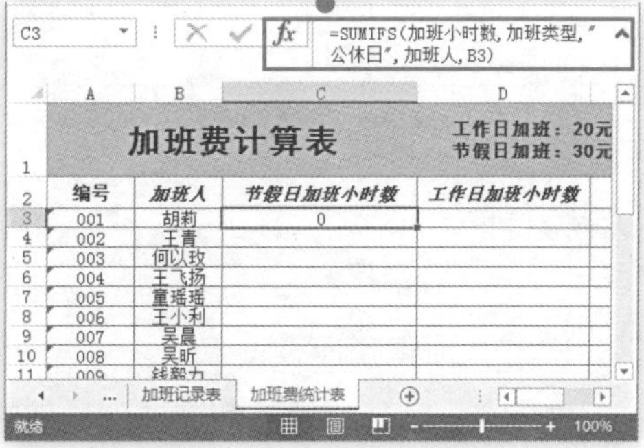

❹ 选中G列中的加班小时数数据，在名称框中输入“加班小时数”（图5-66），按〈Enter〉键即可完成该名称的定义。

开始时间	结束时间	加班小时数
18:00	21:30	12:00
19:00	22:00	3
17:30	22:30	5
17:30	22:00	4.5
17:30	21:00	3.5
9:00	17:30	8.5
9:00	17:30	8.5
17:30	20:00	2.5
18:30	22:00	3.5
19:00	22:00	3

图5-66

❺ 切换到“加班费计算表”中，在C3单元格中输入公式：“=SUMIFS(加班小时数，加班类型，"公休日"，加班人，B3)”，按〈Enter〉键，即可计算出第一位员工节假日加班的加班小时数，如图5-67所示。

编号	加班人	节假日加班小时数	工作日加班小时数
001	胡莉	0	
002	王青		
003	何以玫		
004	王飞扬		
005	童瑶瑶		
006	王小利		
007	吴晨		
008	吴昕		
009	钱毅力		

图5-67

❻ 在D3单元格中输入公式："=SUMIFS(加班小时数,加班类型,"平常日",加班人,B3)",按〈Enter〉键,即可计算出第一位员工工作日加班的加班小时数,如图5-68所示。

❼ 选中C3:D3单元格区域,光标定位于该单元格区域右下角的填充柄上,向下复制公式即可得出每位员工的节假日加班与工作日加班的小时数,如图5-69所示。

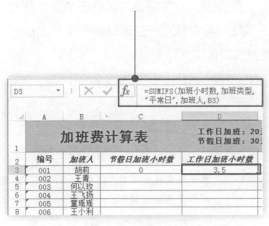

图5-68

图5-69

公式解析

1)"加班类型,"公休日""为第一个用于条件判断的区域和第一个条件。

2)"加班人,B3"为第二个用于条件判断的区域和第二个条件。

3)将同时满足两个条件的对应在"加班小时数"单元格区域上的值进行求和。

❽ 选中E3单元格,在公式编辑栏中输入公式:"=C3*30+D3*20",按〈Enter〉键,即可计算出第一位员工的加班费。向下复制公式即可得出每位员工的加班费,如图5-70所示。

❾ 在核算工资时,需要计入满勤奖和因迟到或请假而产生的扣款。所以这里新建工作表,将其重命名为"考勤统计表",输入相关数据,如图5-71所示。

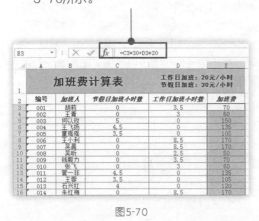

图5-70

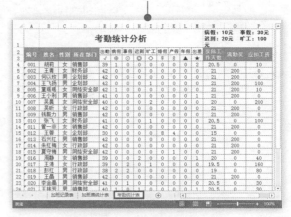

图5-71

5.3.6 个人所得税计算表

由于个人所得税的计算牵涉到税率的计算、速算扣除数的等,因此我们可以另建一张表格来进行计算。用IF函数配合其他函数计算个人所得税。本例中相关规则如下:

◆ 起征点为3500；

◆ 税率及速算扣除数如表5-2所示：

表5-2

应纳税所得额（元）	税率（%）	速算扣除数（元）
不超过1500	3%	0
1500~4500	10%	105
4500~9000	20%	555
9000~35000	25%	1005
35000~55000	30%	2755
55000~80000	35%	5505
超过80000	45%	13505

❶ 新建工作表，将其重命名为"所得税计算
表"，在表格中建立相应列标识，并设置表格
的文字格式、边框底纹格式等，根据实际情况
输入员工"编号"、"姓名"、"所在部门"基本
数据，如图5-72所示。

❷ 选中F3单元格，在公式编辑栏中输入公
式："=IF(E3>3500,E3-3500,0)"，按
〈Enter〉键得出第一条位员工的"应纳税
所得额"，如图5-73所示。

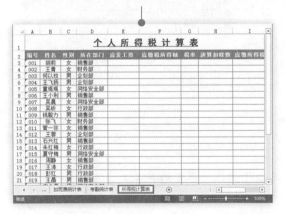

图5-72

图5-73

❸ 在G3单元格中输入公式："=IF(F3<=1500,0.03,IF(F3<=4500,0.1,IF(F3<=9000,0.2,IF(F3<=35
000,0.25,IF(F3<=55000,0.3,IF(F3<=80000,0.35,0.45))))))"，按〈Enter〉键根据"应纳税所得
额"得出第一位员工的"税率"，如图5-74所示。

由于"应发工资"列的单元格区域没
有输入数据，所以返回值为0。这里
暂且不输入应发工资数据，待后面工
资表统计出来后再录入此列数据。

图5-74

❹ 在H3单元格中输入公式："=VLOOKUP(G3, {0.03,0;0.1,105;0.2,555;0.25,1005; 0.3,2755;0.35,5505;0.45,13505},2,)"，按〈Enter〉键，根据"税率"得出第一位员工的"速算扣除数"，如图5-75所示。

❺ 在I2单元格中输入公式："=F3*G3-H3"，按〈Enter〉键计算得出第一位员工的"应缴所得税"，如图5-76所示。

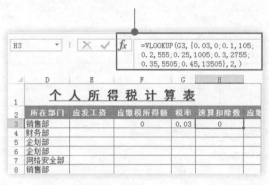

图5-75

图5-76

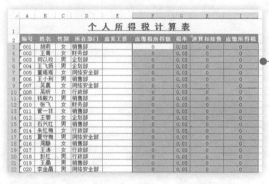

图5-77

❻ 选中F3:I3单元格区域，将光标定位到右下角的填充柄上，按住鼠标向下拖动复制公式，即可批量得出每一位员工的应缴所得税额，如图5-77所示。

5.4 数据分析

每到员工发工资的时候，烦心的莫过于制作一张张的员工工资统计表和工资条。劳动量真的很大啊。

怎么可以忘了Excel 2013中最为方便、快捷地处理数据方法啊，我们可以将基本表格中的数据汇总到工资统计表中，然后再生成一条条工资条不就可以了啊。

5.4.1 月末员工工资统计表

在每月末，会计人员需要统计员工实际应该发放的工资，员工的实际工资应该是在员工应发工资的基础上扣去各种应扣的款项和所得税后的实发工资。

1．创建工资统计表

完成了前面一些基本表格的创建后，接着可以创建工资统计表，这张表格的数据需要引用前面表格的各项数据来完成。具体操作如下：

图5-78

❶ 新建工作表，并将其重命名为"工资统计表"。建立工资统计表中的各项列标识（根据实际情况可能略有不同），并设置表格编辑区域的文字格式，对齐方式、边框底纹等，如图5-78所示。

> 下面利用公式来返回工资统计表中各数据，从而让建立的工资表每月都可以使用，无须更改。

图5-79

❷ 在A3单元格中输入公式为："=基本工资表!A3"，按〈Enter〉键，向右复制公式到C3单元格，返回第一位职员的编号、姓名、所属部门，如图5-79所示。

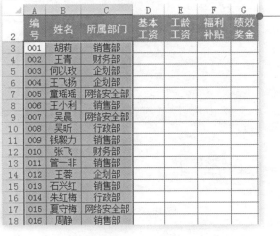

图5-80

❸ 选中A3:C3单元格区域，向下复制公式，即可得到每位员工的编号、姓名、所属部门，如图5-80所示。

> 当"基本工资表"中员工的基本信息发生变化时，"工资统计表"中的数据也将随之更改，这就是这里使用公式的好处。

2. 计算工资表中应发金额

工资表中数据包含应发工资和应扣工资两部分，应发工资合计减去应扣工资合计即可得到实发工资金额。下面利用公式计算出工资表中应发金额。

图5-81

❶ 在D3单元格中输入公式："=VLOOKUP(A3, 基本工资表!\$A\$2:\$H\$31,7)"，按〈Enter〉键，即可从"基本工资表"中返回第一位员工的基本工资，如图5-81所示。

❷ 在E3单元格中输入公式："=VLOOKUP(A3，基本工资表!$A$2:$H$31,8)"，按〈Enter〉键，即可从"基本工资表"中返回第一位员工的工龄工资，如图5-82所示。

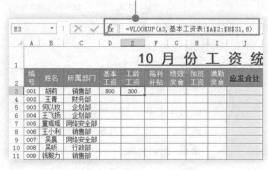

公式解析

公式表示在"基本工资表!$A$2:$H$31"单元格区域的首列中寻找与A3单元格相同的编号，找到后返回对应在第7列上的值。

图5-82

❸ 在F3单元格中输入公式："=VLOOKUP(A3，福利补贴管理表!$A$2:$I$31,8)"，按〈Enter〉键，即可从"福利补贴管理表"中返回第一位员工的福利补贴，如图5-83所示。

❹ 在G3单元格中输入公式：=IF(ISERROR(VLOOKUP(A3，员工绩效奖金计算表!$A$1:$E$31,5,FALSE)),""，VLOOKUP(A3，员工绩效奖金计算表!$A$2:$E$31,5,FALSE))，按〈Enter〉键，即可从"员工绩效奖金计算表"中返回第一位员工的绩效奖金，如图5-84所示。

图5-83

图5-84

公式解析

在"员工绩效奖金计算表!$A$2:$E$31"单元格区域的第1列中寻找与A3单元格中相同的编号，找到后返回对应在第5列上的值。如果"员工绩效奖金计算表!$A$2:$E$31"单元格区域第5列中为空则返回空值（ISERROR函数实现的）。

图5-85

❺ 在H3单元格中输入公式："=VLOOKUP(A3，加班费统计表!$A$3:$I$32,5)"，按〈Enter〉键，即可从"加班费统计表"中返回第一位员工的加班工资，如图5-85所示。

⑥ 在I3单元格中输入公式："=VLOOKUP(A3，考勤统计表!$A$4:$P$33,15)"，按〈Enter〉键，即可从"考勤统计表"中返回第一位员工的满勤奖金，如图5-86所示。

图5-86

图5-87

⑦ 在J3单元格中输入公式："=SUM(D3:I3)"，按〈Enter〉键，即可计算出第一位员工的应发工资，如图5-87所示。

⑧ 选中D3:J3单元格区域，向下复制公式至最后一条记录，可以快速得出所有员工的应发金额及各项明细，如图5-88所示。

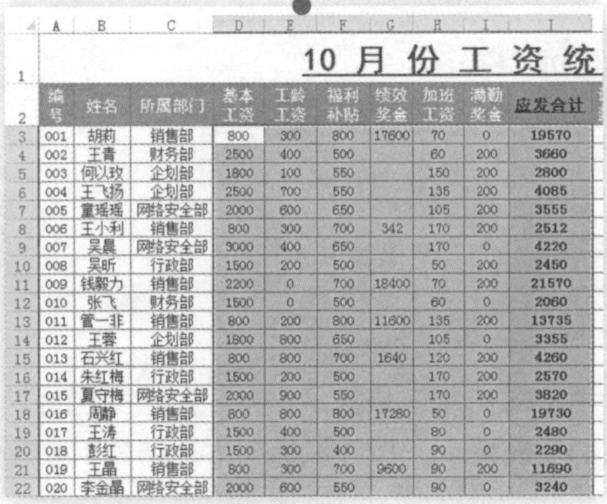

图5-88

⑨ 将"应发合计"列数据复制到"计算所得税表"工作表中的"应发工资"列，其他项都发生相应变化，效果如图5-89所示。

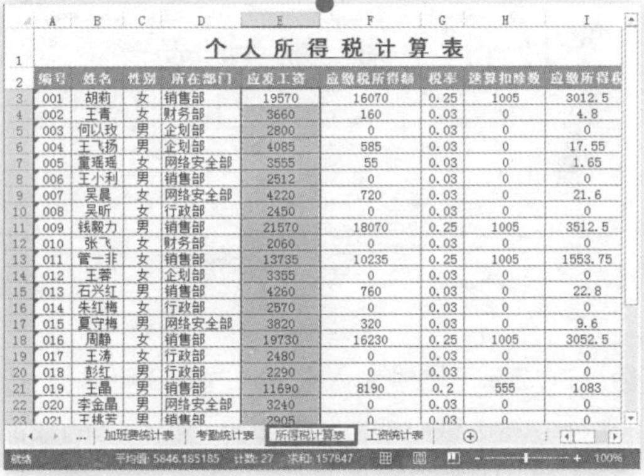

图5-89

3. 计算工资表中应扣金额

工资表中数据包含应发工资和应扣工资两部分，应发工资合计减去应扣工资合计即可得到实发工资金额。下面我们学习如何利用公式计算出工资表中应发金额。

❶ 在K3单元格中输入公式："=VLOOKUP(A3，考勤统计表!$A$4:$P$33,16)"，按〈Enter〉键，即可从"考勤统计表"中返回第一位员工的请假迟到扣款，如图5-90所示。

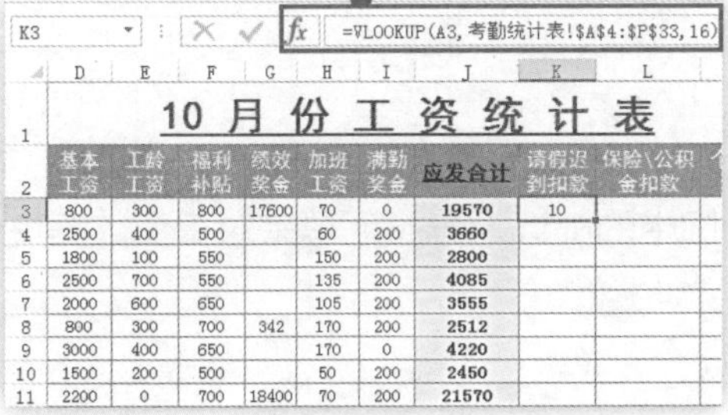

图5-90

❷ 在L3单元格中输入公式："=(D3+E3)*0.08+(D3+E3)*0.02+(D3+E3)*0.12"，按〈Enter〉键，计算出第一位职员的保险及公积金扣款，如图5-91所示。

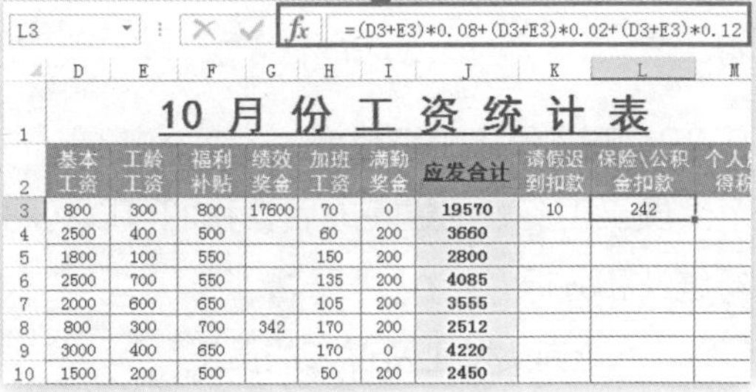

图5-91

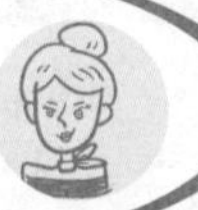

在计算保险\公积金扣款时，此处约定如下，养老保险个人缴纳比例为：（基本工资 + 工龄工资）*8%；医疗保险个人缴纳比例为：（基本工资 + 工龄工资）*2%；住房公积金个人缴纳比例为：（基本工资 + 工龄工资）*12%）。

❸ 在M3单元格中输入公式："=VLOOKUP(A3,所得税计算表!A2:I32,8)"，按〈Enter〉键，即可从"所得税计算表"中返回第一位员工的个人所得税，如图5-92所示。

M3 =VLOOKUP(A3,所得税计算表!A2:I32,8)

0 月 份 工 资 统 计 表

	福利补贴	绩效奖金	加班工资	满勤奖金	应发合计	请假迟到扣款	保险\公积金扣款	个人所得税	应扌
3	800	17600	70	0	19570	10	242	1005	
4	500		60	200	3660				
5	550		150	200	2800				
6	550		135	200	4085				
7	650		105	200	3555				
8	700	342	170	200	2512				
9	650		170	0	4220				

图5-92

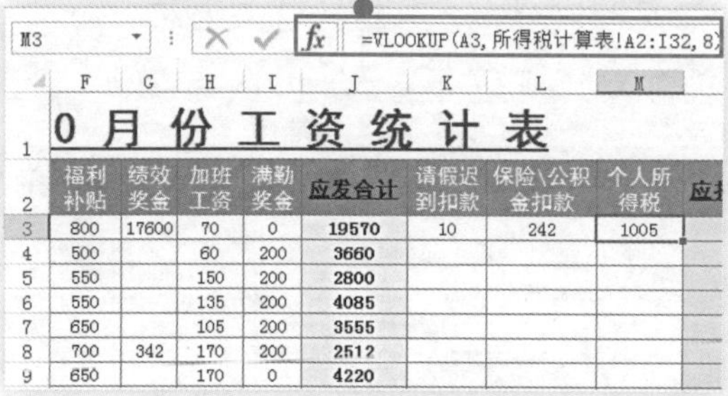

❹ 在N3单元格中输入公式："=SUM(K3:M3)"，按〈Enter〉键，即可计算出第一位员工的应扣合计，如图5-93所示。

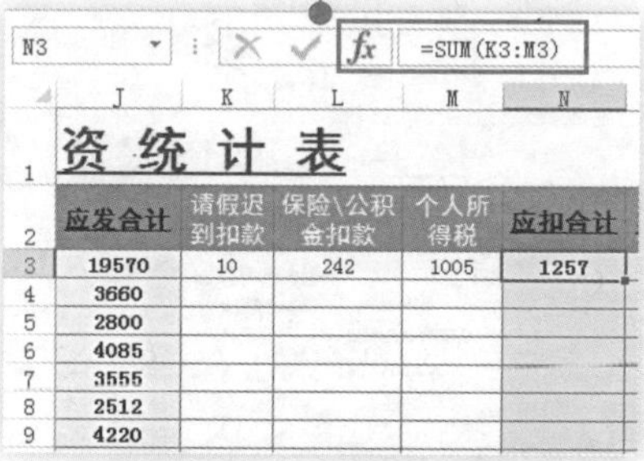

N3 =SUM(K3:M3)

资 统 计 表

	应发合计	请假迟到扣款	保险\公积金扣款	个人所得税	应扣合计
3	19570	10	242	1005	1257
4	3660				
5	2800				
6	4085				
7	3555				
8	2512				
9	4220				

图5-93

❺ 在O3单元格中输入公式："=J3-N3"，按〈Enter〉键，即可计算出第一位员工的实发工资，如图5-94所示。

O3 =J3-N3

分 工 资 统 计 表

	加班工资	满勤奖金	应发合计	请假迟到扣款	保险\公积金扣款	个人所得税	应扣合计	实发工资
3	70	0	19570	10	242	1005	1257	18313
4	60	200	3660					
5	150	200	2800					
6	135	200	4085					
7	105	200	3555					
8	170	200	2512					
9	170	0	4220					

图5-94

❻ 选中K3:O3单元格区域，将光标定位到右下角的填充柄上，按住鼠标向下拖动复制公式至最后一条记录，可以快速得出所有员工的工资，如图5-95所示。

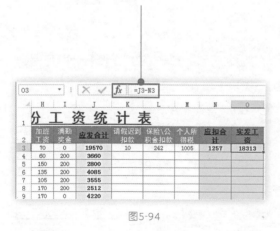

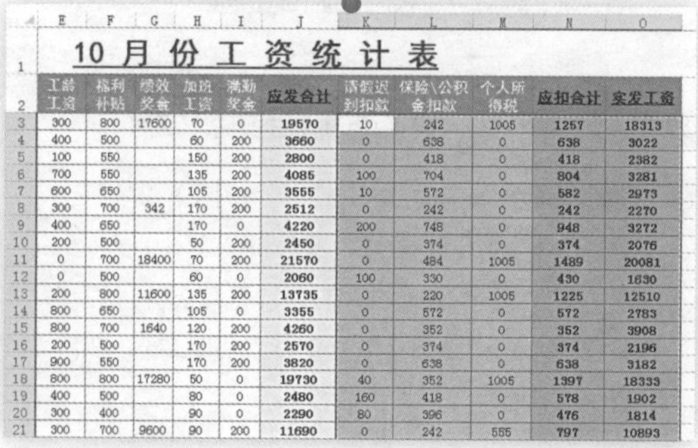

10 月 份 工 资 统 计 表

	工龄工资	福利补贴	绩效奖金	加班工资	满勤奖金	应发合计	请假迟到扣款	保险\公积金扣款	个人所得税	应扣合计	实发工资
3	300	800	17600	70	0	19570	10	242	1005	1257	18313
4	400	500		60	200	3660	0	638	0	638	3022
5	100	550		150	200	2800	0	418	0	418	2382
6	700	550		135	200	4085	100	704	0	804	3281
7	600	650		105	200	3555	10	572	0	582	2973
8	300	700	342	170	200	2512	0	242	0	242	2270
9	400	650		170	0	4220	200	748	0	948	3272
10	200	500		50	200	2450	0	374	0	374	2076
11	0	700	18400	70	200	21570	0	484	1005	1489	20081
12	0	500		60	0	2060	100	330	0	430	1630
13	200	800	11600	135	200	13735	0	220	1005	1225	12510
14	800	650		105	0	3355	0	572	0	572	2783
15	800	700	1640	120	200	4260	0	352	0	352	3908
16	200	500		170	200	2570	0	374	0	374	2196
17	900	550		170	200	3820	0	638	0	638	3182
18	800	800	17280	50	0	19730	40	352	1005	1397	18333
19	400	500		80	0	2480	160	418	0	578	1902
20	300	400		90	0	2290	80	396	0	476	1814
21	300	700	9600	90	200	11690	0	242	555	797	10893

图5-95

5.4.2 查询员工工资数据

员工工资表创建完成后，我们可以利用Excel 2013中的筛选、分类汇总来对工资数据进行统计和分析。

1. 查询实发工资过万的员工

下面我们一起来学习如何使用筛选功能来查询实发工资过万的员工。

❶ 在"员工月度工资表"工作表中，单击"数据"选项卡下"排序和筛选"组中"筛选"按钮，添加筛选下拉按钮，单击"实发工资"标识右侧的下拉按钮，在打开的下拉菜单中鼠标指向"数字筛选"，在子菜单中单击"大于"命令，如图5-96所示。

❷ 单击第一个下拉按钮，在下拉菜单中选择"大于"，然后在后面的设置框中输入"10000"，单击"确定"按钮，如图5-97所示。

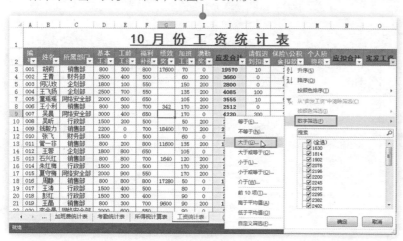

图5-96

图5-97

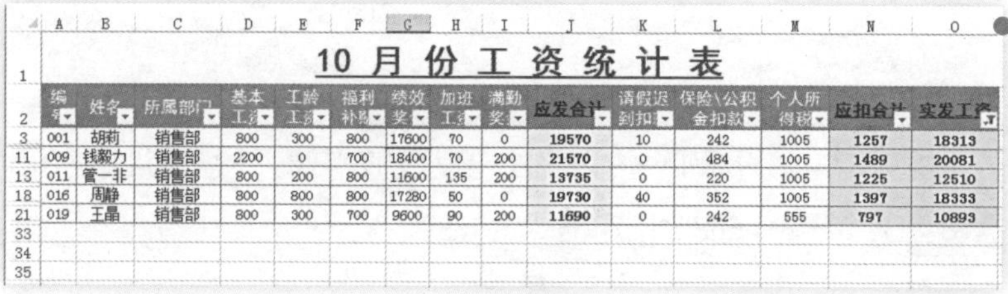

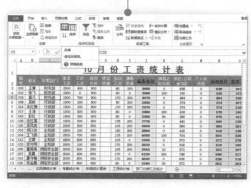

图5-98

❸ 完成上述操作即可筛选出实发工资大于10000的员工数据，效果如图5-98所示。

2. 按部门分类汇总统计工资金额

下面利用分类汇总统计出各部门的实发工资合计值，则首先要按"所属部门"字段进行排序，然后进行分类汇总设置。

❶ 复制"员工月度工资表"工作表，将其重命名为"部门分类汇总统计"。选中"所属部门"列中任意单元格。单击"数据"选项卡下"排序和筛选"组中的"升序"按钮进行排序，如图5-99所示。

❷ 选择表格编辑区域的任意单元格，在"数据"选项卡下的"分级显示"组中单击"分类汇总"按钮（图5-100），打开"分类汇总"对话框。

图5-99

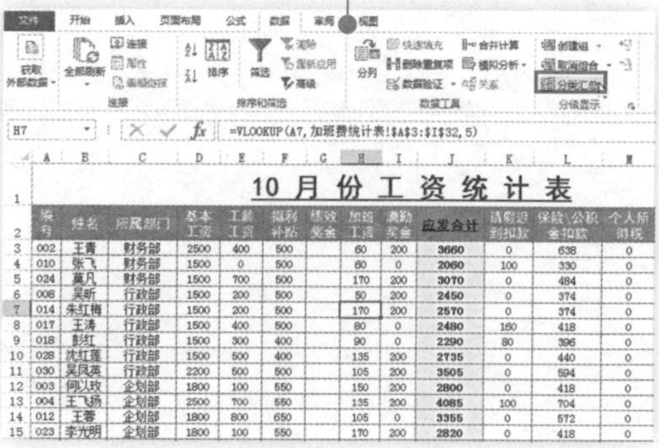

图5-100

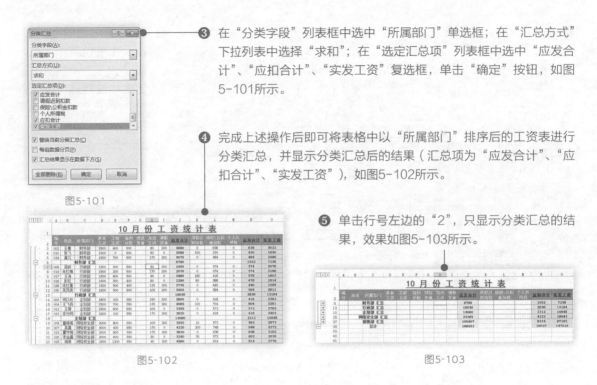

图5-101

❸ 在"分类字段"列表框中选中"所属部门"单选框；在"汇总方式"下拉列表中选择"求和"；在"选定汇总项"列表框中选中"应发合计"、"应扣合计"、"实发工资"复选框，单击"确定"按钮，如图5-101所示。

❹ 完成上述操作后即可将表格中以"所属部门"排序后的工资表进行分类汇总，并显示分类汇总后的结果（汇总项为"应发合计"、"应扣合计"、"实发工资"），如图5-102所示。

图5-102

❺ 单击行号左边的"2"，只显示分类汇总的结果，效果如图5-103所示。

图5-103

5.4.3 员工工资条

完成工资表的创建之后，生成工资条是一项必要的工作。因为工资条是发放工资时交给员工的工资项目清单，它是根据员工工资统计表按照指定格式生成的。

1. 生成工资条

工资条是员工领取工资的一个详单，便于员工详细地了解本月应发工资明细与应扣工资明细。下面我们一起学习如何在Excel 2013中利用函数自动生成工资条。

❶ 新建工作表，并将其重命名为"工资条"。规划好工资条的结构，建立标识并预留出显示值的单元格，设置好编辑区域的文字格式、边框底纹等，如图5-104所示。

图5-104

❷ 切换到"员工月度工资表"工作表中，选中从第2行开始的包含列标识的数据编辑区域，在名称编辑框中定义其名称为"工资表"（图5-105）。按〈Enter〉键即可完成名称的定义。

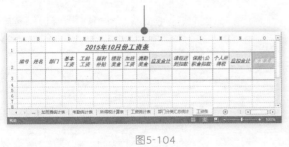

图5-106

❸ 切换回到"工资条"工作表中，在A3单元格中输入第一位员工的编号，如图5-106所示。

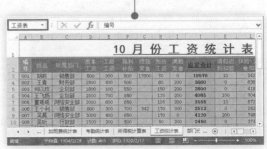

图5-105

图5-107

④ 选中B3单元格，在公式编辑栏中输入公式："=VLOOKUP($A3，工资表，COLUMN(B1))"，按〈Enter〉键，返回第一位员工的姓名，向右复制公式到L5单元格，即可一次性返回第一位员工工资条的各项信息，如图5-107所示。

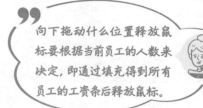

向下拖动什么位置释放鼠标要根据当前员工的人数来决定，即通过填充得到所有员工的工资条后释放鼠标。

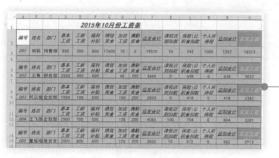

图5-108

⑤ 选中A2:O4单元格区域，将光标定位到该单元格区域右下角，出现黑色十字形时，按住鼠标左键向下拖动，释放鼠标即可得到每位员工的工资条，如图5-108所示。

公式解析

"COLUMN(B1)"返回值为"2"，而姓名正处于"工资表"（之前定义的名称）单元格区域的第2列中。之所以这样设置，是为了接下来复制公式的方便，当复制B3单元格的公式到B4单元格中时，公式更改为：=VLOOKUP($A3，工资表，COLUMN(C1))，"COLUMN(C1)"返回值为"3"，而部门正处于"工资表"单元格区域的第3列中。依次类推。如果不采用这种办法来设置公式，则需要依次手动更改返回值所在的列数。

2. 打印工资条

工资条是发放给个人的，因此完成工资条的制作后，一般都需要进行打印输出。在打印之前需要进行页面设置，例如工资条比较宽，跨度大，如果采用默认的"纵向"方向，则会有较大一部分无法打印出来。打印工资条的方法如下所示：

① 单击"页面设置"选项卡，在"页面设置"组中单击"纸张方向"按钮，在下拉菜单中单击"横向"，如图5-109所示。

图5-109

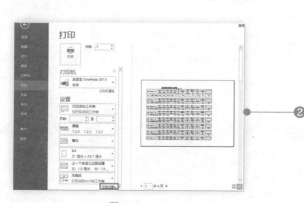

图5-110

② 单击"文件"→"打印"命令，可以看到打印预览的效果。单击"页面设置"链接（图5-110），打开"页面设置"对话框。

❸ 在"页边距"选项卡下"居中方式"栏中同时选中"水平"和"垂直"两个
复选框，如图5-111所示，单击"确定"按钮。

❹ 完成上述操作我们即可在右侧预览区中看到设置后的效果，如图5-112所示。

❺ 让电脑连接上打印机，单击"打印"按钮，即可开始打印设置好的工资条。

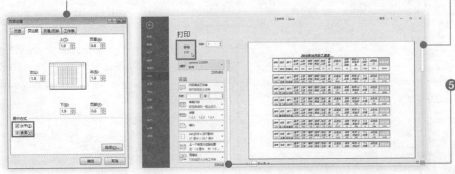

图5-111　　　　　　　　　　　　　图5-112

第 **6** 章　公司日常费用管理

领导让我把这个月的公司各部门的日常费用统计一下交上去，可是我现在连这个月费用支出都还没有全部统计出来呢，领导这么着急要，我得加班加点到什么时候才能完成啊！

统计一下日常的费用有那么困难吗？冷静回想我们之前学过的 Excel 2013知识和技巧，你总会找到解决问题的正确方法。

6.1　制作流程

　　日常费用是指企业的生产经营活动过程中发生的，与产品生产活动没有直接联系的各项费用，例如购买办公用品、业务拓展、差旅费、餐饮费等。它是企业生产经营活动和管理过程中的必然产物，也是财务数据重要的组成部分。日常费用是指企业在日常动作过程中产生的相关费用。

　　本章我们将从制作差旅费报销明细表、业务招待费报销表、企业费用支出统计表和日常费用数据透视分析等五项任务入手向你介绍与公司日常费用管理相关的知识与技能，如图6-1所示。

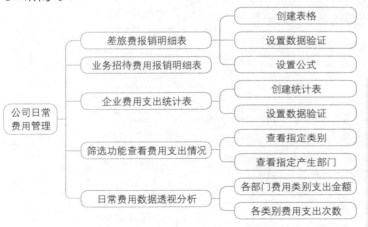

图6-1

在进行日常费用管理时，由于费用类别不同，经常会遇到各种费用明细表，在对费用进行统计的时候也需要用到数据统计分析表。下面我们可以先来看一下相关表格的效果图，如图6-2所示。

差旅费报销明细表

业务招待费用报销明细表

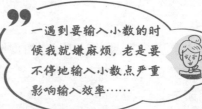

企业费用支出统计表

各部门各费用类别的支出金额统计

图6-2

6.2　新手基础

在Excel 2013中进行日常费用的管理需要用到的知识点除了包括前面章节中介绍过的知识点外还包括：设置数据格式、筛选、数据透视表等！学会这些知识点，进行日常费用管理时会更得心应手！

6.2.1　自动添加特定位数小数

我们在制作各种财务表格时会涉及大量金额类数据的输入，这些金额类数据均需要保留两位小数。针对这种情况我们可以使用设置表格自动添加小数点的方法，以提高数据的输入效率。具体设置方法如下所示：

> 一遇到要输入小数的时候我就嫌麻烦，老是要不停地输入小数点严重影响输入效率……

❶ 打开工作簿，单击"文件"→"选项"命令，打开"Excel 选项"对话框。单击"高级"标签，在"编辑选项"中，选中"自动插入小数点"复选框，并在"位数"设置框中输入"2"，单击"确定"按钮，如图6-3所示。

图6-3

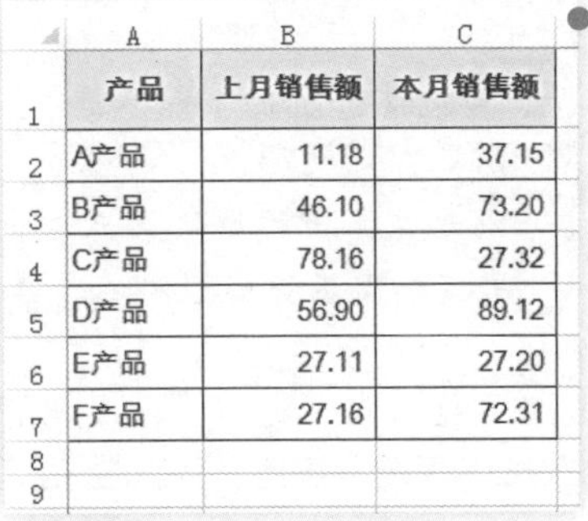

	A	B	C
1	产品	上月销售额	本月销售额
2	A产品	11.18	37.15
3	B产品	46.10	73.20
4	C产品	78.16	27.32
5	D产品	56.90	89.12
6	E产品	27.11	27.20
7	F产品	27.16	72.31
8			
9			

图6-4

❷ 单击"确定"按钮返回工作表，在工作表中输入数值型数据时，会自动转换为显示两位小数的数值，如图6-4所示。

❶ 选中表格编辑区域任意单元格，在"数据"选项卡下的"排序和筛选"组中单击"筛选"按钮，则可以在表格所有列标识上添加筛选下拉按钮，如图6-5所示。

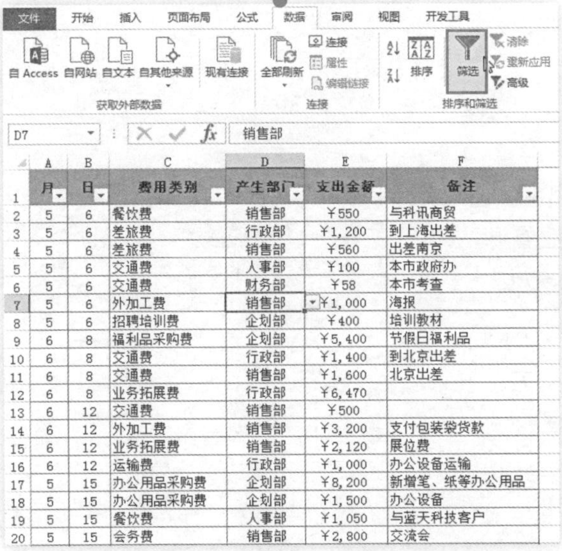

图6-5

❸ 完成上述操作即可筛选出供应商为"销售部"的所有费用支出记录，如图6-7所示。

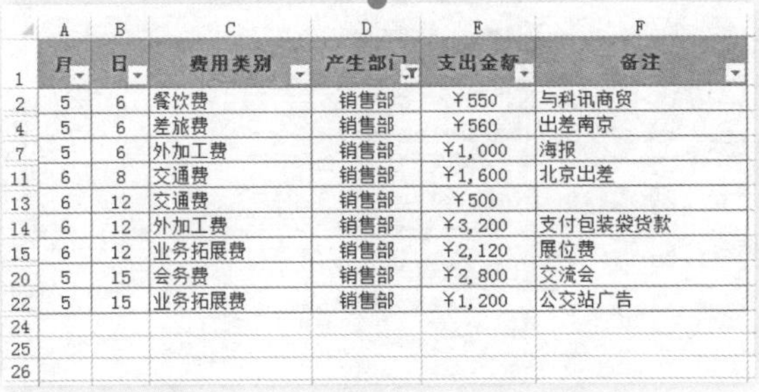

图6-7

6.2.2　筛选指定部门的费用支出记录

在实际工作中，各种费用管理表格往往记录了数量巨大的财务数据。巨大的数据量对我们的费用管理工作来说本身就是一种困扰。因此我们必须善用Excel 2013的筛选功能，才能高效地完成各种数据操作工作。下例中我们向你介绍如何使用筛选功能查看"销售部"的费用支出情况。

❷ 单击要进行筛选的字段右侧的▽按钮，如此处单击"产生部门"标识右侧的▽按钮，可以看到下拉菜单中显示了所有部门。取消"全选"复选框，选中要查看的某个供应商，此处选中"销售部"复选框，单击"单击"确定按钮，如图6-6所示。

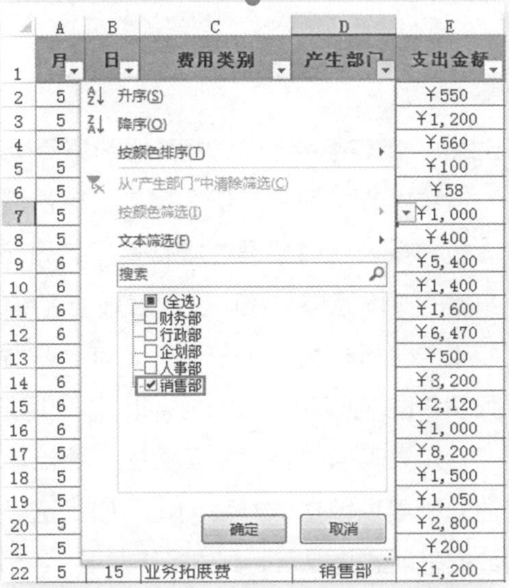

图6-6

提示

筛选后的"产生部门"筛选按钮变成▣按钮，单击此按钮，在下拉菜单中选中"全选"复选框，单击"确定"按钮，即可重新显示全部数据。

6.2.3 筛选大于平均值的记录

在进行数值筛选的时候，Excel 2013程序还可以为我们进行简易的数据分析。例如我们在费用记录表中想要将高于平均值的记录筛选出来，那么我们就可以通过如下方法来实现。

提示

使用这种方法不仅可以对数字进行筛选，还可以对文本进行筛选，只是有略微不同而已。

图6-8

❶ 选中表格编辑区域任意单元格，在"数据"选项卡的"排序和筛选"组中，单击"筛选"按钮，添加自动筛选。单击"支出金额"列标识右侧下拉按钮，在弹出的菜单中选择"数字筛选"→"高于平均值"菜单命令，如图6-8所示。

❷ 完成上述操作系统即可筛选出支出金额高于平均值的记录，如图6-9所示。

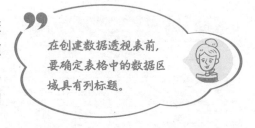

图6-9

6.2.4 用表格中部分数据建立数据透视表

数据透视表是交互式报表，可快速合并和比较大量数据。您可以通过旋转其行和列标签以查看源数据的不同汇总，还可显示感兴趣区域的明细数据。如果要分析相关的汇总值，尤其是在要合计较大的列表并进行多种比较时，我们可以使用数据透视表。

如果表格中包含众多数据，而当前只需要针对性分析某项数据，则我们也可以只选择其中一部分数据来创建透视表。具体操作如下：

在创建数据透视表前，要确定表格中的数据区域具有列标题。

❷ 此时"选择一个表或区域"中显示了选择的部分表格区域；选中"新工作表"单选框，单击"确定"按钮，如图6-11所示。

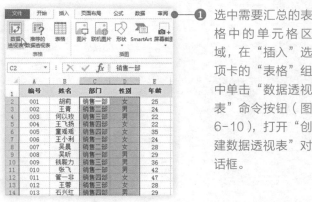

图6-10

❶ 选中需要汇总的表格中的单元格区域，在"插入"选项卡的"表格"组中单击"数据透视表"命令按钮（图6-10），打开"创建数据透视表"对话框。

图6-11

由于在新工作表中单独设立数据透视表可以更清晰地观察、分析数据，所以一般我们选择在新工作表中创建数据透视表。

❸ 完成上述操作后一个空的数据透视表将添加到新的工作表中。通过添加字段我们可以统计各个部门中男女销售员的人数，如图6-12所示。

图6-12

6.2.5　数据格式的设置

如果我们创建的数据透视表中的数字格式不能满足我们的需求，那么我们可以重新更改数据透视表中的数字格式。例如这里我们想要让提成比例显示为百分比格式，那么可以通过下面方法来实现。

❶ 鼠标右键单击需要重设数字格式的单元格（如本例中右击"提成比例"下任意单元格），单击"数字格式"命令（图6-13），打开"设置单元格格式"对话框。

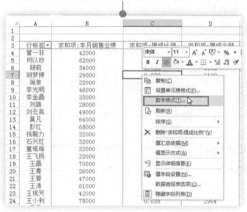

图6-13

❸ 完成上述操作即可让"提成比例"列数值显示为百分比，如图6-15所示。

图6-15

❷ 在"分类"列表框中选择"百分比"，然后设置"小数位数"为2，单击"确定"按钮，如图6-14所示。

图6-14

6.2.6　套用数据透视表样式实现一键美化数据透视表

数据透视表的样式并非千篇一律，我们可以像对待工作表一样，将数据透视表的样式设置为各种需要的样式。

程序内置了很多种数据透视表样式，通过套用数据透视表样式可以达到快速美化数据透视表的目的。如图6-16所示为默认的数据透视表，我们现在通过如下设置快速美化，效果如图6-17所示。

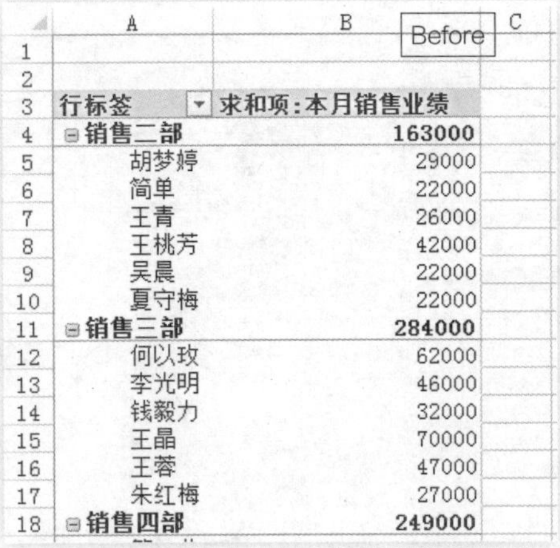

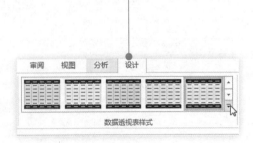

图6-16

图6-17

① 选中数据透视表任意单元格，在"设计"选项卡中的"数据透视表样式"组中单击"其他"按钮（▼），展开下拉列表，如图6-18所示。

图6-18

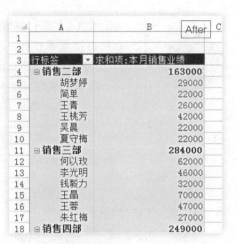

② 在样式列表中查询需要的样式（图6-19），鼠标指向时即时预览，单击即可应用。

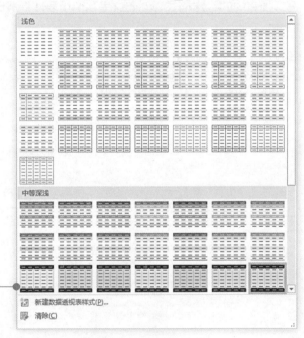

图6-19

知识扩展

设置默认的数据透视表样式。

如果在实际工作中需要经常应用某种数据透视表样式，可以将其设置为默认样式，这样在创建数据透视表时系统将自动应用此样式，不需要再进行设置。具体设置方法如下：

如果需要的样式已经在"数据透视表样式"下拉列表中，在此样式上单击鼠标右键，单击"设为默认值"命令（图6-20），即可将此样式设置为此工作表中的默认样式。若需要新建常用的数据透视表样式，在"新建数据透视表快速样式"对话框中设置好后，选中"设为此文档的默认数据透视表快速样式"复选框，如图6-21所示，单击"确定"按钮完成设置。完成上述操作当创建数据透视表时，系统将自动应用此样式。

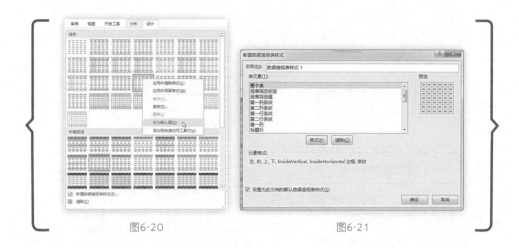

图6-20　　　　　　　　　　　　图6-21

6.2.7　CEILING 函数（向上舍入为最接近指定数值的倍数）

【函数功能】CEILING函数用于将指定的数值按条件进行舍入计算。

【函数语法】CEILING(number,significance)

◆ Number：进行舍入计算的数值。

◆ Significance：需要进行舍入的倍数。Significance参数与返回结果对照情况参见表6-1。

表6-1　Significance参数不同返回不同结果

数值	Significance参数	结果
7	3	9
13	5	15
8.3	0.5	8.5
−9	−4	−12
−9	4	#NUM!

合理使用CEILING函数可以帮助你计算每次通话费用。

在计算长途话费时，一般以7秒为单位，不足7秒按7秒计算。如图6-22所示的表格中按序号统计了每次通话的秒数和计费单价。现在要运用CEILING函数计算出每次通话的费用。具体操作如下：

❶ 在D2单元格中输入公式："=CEILING(B2/7,1)*C2"，按〈Enter〉键即可得出第一个序号的通话费用，如图6-23所示。

❷ 向下填充D2单元格的公式，即可得到其他序号的通话费用，如图6-24所示。

	A	B	C
1	序号	通话秒数	计费单价
2	1	740	0.04
3	2	156	0.04
4	3	1100	0.04
5	4	110	0.04
6	5	259	0.04
7	6	1010	0.04
8			

图6-22

D2 ▼ ： × ✓ fx =CEILING(B2/7,1)*C2

	A	B	C	D	E
1	序号	通话秒数	计费单价	通话费用	
2	1	740	0.04	4.24	
3	2	156	0.04		
4	3	1100	0.04		
5	4	110	0.04		
6	5	259	0.04		
7	6	1010	0.04		
8					

图6-23

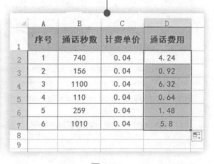

	A	B	C	D
1	序号	通话秒数	计费单价	通话费用
2	1	740	0.04	4.24
3	2	156	0.04	0.92
4	3	1100	0.04	6.32
5	4	110	0.04	0.64
6	5	259	0.04	1.48
7	6	1010	0.04	5.8
8				

图6-24

6.3 表格创建

公司采购的费用报销单有时候根本不能满足同事们要填写的项目……

可以用 Excel 2013 根据需要制作不同的明细啊，而且到月底的时候也方便这个月的费用支出统计啊。

6.3.1 差旅费报销明细表

差旅费报销明细表是出差人员完成出差任务回来以后进行费用报销的一种专门的格式单据，是员工出差任务的派出证明，可以记录员工出差的路线、时间、发生的费用等内容，样式如图6-25所示。

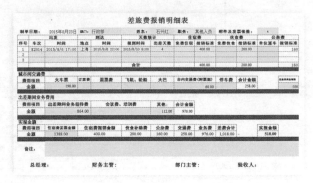

图6-25

1．创建差旅费报销明细表格

差旅费也是企业常见的财务支出项目，所以差旅费报销明细表也是企业最常用的报销单据之一。下面就跟着我一起在Excel 2013中建立一份差旅费报销明细表。

❶ 新建工作簿，并命名为"日常费用管理"，将Sheet1工作表标签重命名为"差旅费报销明细表"，在表格中建立相应列标识，并设置表格的文字格式、边框底纹等，如图6-26所示。

❷ 选中需要员工填写的单元格区域，单击"开始"选项卡，在"字体"组单击"颜色填充"下拉按钮，在其下拉列表中选择适合的填充颜色，单击即可应用，效果如图6-27所示。

图6-26

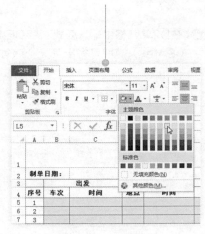

图6-27

2. 设置数据验证提示输入

很多时候，员工在填写差旅费报销明细表时，都不知道该怎么填写，一个问题反反复复地问。

这个问题很好解决啊，我们可以通过设置数据验证来提示员工如何输入。

我们可以通过Excel 2013中的"数据验证"功能使得报销人员在填写报销单时得到必要的填写提示，以便正确地填写报销信息。为差旅费报销明细表设置"数据验证"的方法如下所示：

① 选中I2单元格，单击"数据"选项卡，在"数据工具"组中单击"数据验证"按钮（图6-28），打开"数据验证"对话框。

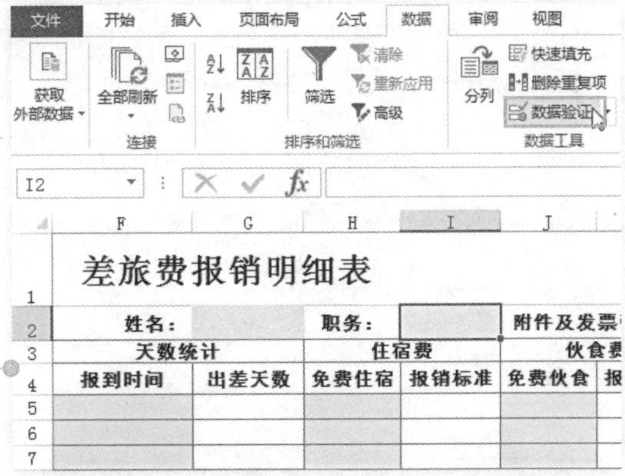

图6-28

② 单击"设置"选项卡，在"允许"下拉列表中选择"序列"选项，在"来源"设置框中输入职务，这里输入"总经理，副总经理，销售总监，部门主任，副主任，主任助理，副高及以上技术职务人员，其他人员"，如图6-29所示。

③ 单击"输入信息"选项卡，在"输入信息"设置框中输入提示的内容，这里输入"请选择职务"，如图6-30所示，单击"确定"按钮。

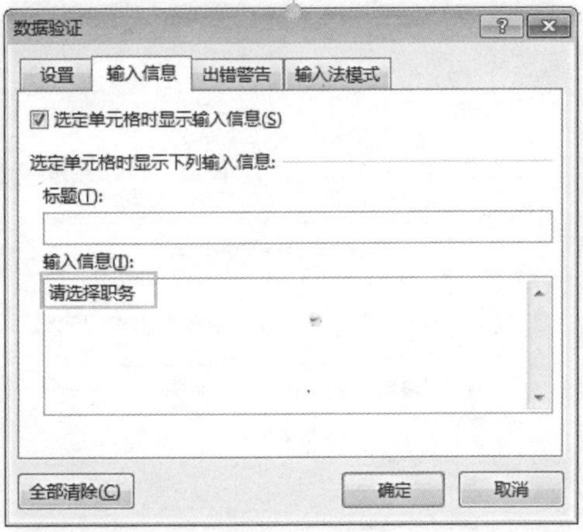

图6-29

图6-30

图6-31

❹ 完成上述操作后当单击设置了数据验证的单元格时，系统即可显示提示信息，如图6-31所示。

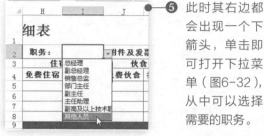

图6-32

❺ 此时其右边都会出现一个下箭头，单击即可打开下拉菜单（图6-32），从中可以选择需要的职务。

❻ 选中B5：B7单元格区域，单击"数据"选项卡，在"数据工具"组中单击"数据验证"按钮（图6-33），打开"数据验证"对话框。

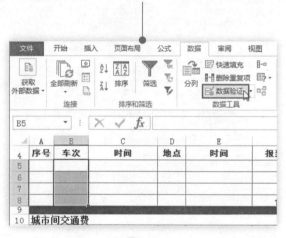

图6-33

❼ 单击"输入信息"选项卡，在"输入信息"设置框中输入提示的内容，这里输入"请填写火车车次、汽车、飞机航班号"，单击"确定"按钮，如图6-34所示。

图6-34

❽ 完成上述操作后，当我们单击设置了数据验证的单元格，即可显示提示，如图6-35所示。利用相同的方法，设置其他需要提示的单元格或单元格区域。

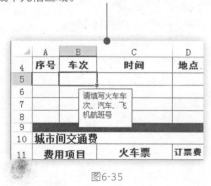

图6-35

❾ 按住〈Ctrl〉键不放，选中C5：C7单元格区域和E5：E7单元格区域，在"开始"选项卡下的"数字"组中单击 按钮（图6-36），打开"设置单元格格式"对话框。

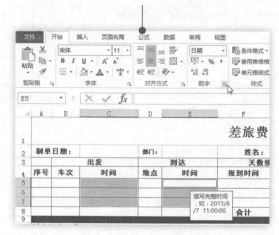

图6-36

❿ 选取"数字"选项卡在"分类"列表中选中
"时间",并在"类型"框中选择时间格式,如
图6-37所示。单击"确定"按钮完成设置。

图6-37

3. 利用公式实现自动填写表格信息

使用Excel 2013制作差旅费报销明细
表的另一个好处还在于,我们可以通过设
置公式,让报销明细表自动生成很多信息,
从而提升工作效率。具体操作如下:

1)统计出差天数、各项费用报销标准
及合计值

为了避免我们每次制单时候都是要输
入日期,这里使用TODAY函数来自动返回
制单日期。

图6-38

❶ 在C2单元格中输入
公式:"=TODAY()",
按〈Enter〉键,即
可返回制单日期,如
图6-38所示。

> 由于没有填写报销人员的
> 信息,所以返回值为空白。

❷ 在G5单元格中输入公式:"=IF(D5<>"",
CEILING(F5-C5,0.5),"")",按〈Enter〉
键,即可返回出差天数(此时由于没有填写
报销人员的信息,所以返回值为空白),向
下复制公式到G7单元格,如图6-39所示。

图6-39

❸ 在I5单元格中输入公式:"=IF(D5<>"",
IF(H5="是",0,G5*100),"")",按〈Enter〉
键,即可返回住宿费的报销标准,向下复制
公式到I7单元格,如图6-40所示。

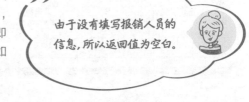

图6-40

公式
解析

此公式中使用 CEILING 函数将"F5-C5"四舍五入,如果出差时间在半天以上
返回1天,半天以下返回 0.5 天。

❹ 在K5单元格中输入公式："=IF(D5<>"", IF(H5="是",0,G5*50),"")"，按〈Enter〉键，即可返回伙食费的报销标准，向下复制公式到K7单元格，如图6-41所示。

❺ 在M5单元格中输入公式："=IF(D5<>"", IF(H5="是",G5*20,G5*40),"")"，按〈Enter〉键，即可返回伙食费的报销标准，向下复制公式到M7单元格，如图6-42所示。

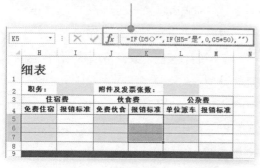

图6-41

图6-42

图6-43

❻ 在I8单元格中输入公式："=SUM(I5:I7)"，按〈Enter〉键，即可返回合计值，向右复制公式到M8单元格，除J8、L8单元格不复制公式，如图6-43所示。

2）统计城市间交通费和出差期间业务费用合计值

❶ 在K12单元格中输入公式："=SUM(C12:J12)"，按〈Enter〉键，即可计算出城市间交通费费用项目的合计值，如图6-44所示。

❷ 在H16单元格中输入公式："=SUM(C16:G16)"，按〈Enter〉键，即可计算出出差期间业务费用的合计值，如图6-45所示。

图6-44

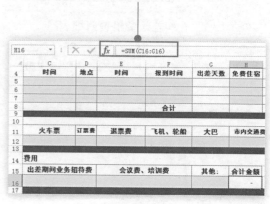

图6-45

3）统计实报金额的费用项目

❶ 在D20单元格中输入公式："=IF(C20
>I8,I8,C20)"，按〈Enter〉键，即可返回实
报金额中的住宿费报销金额，如图6-46所示。

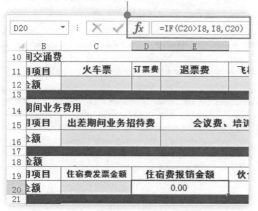

图6-46

❸ 在G20单元格中输入公式："=M8"，按
〈Enter〉键，即可返回实报金额中的公杂
费，如图6-48所示。

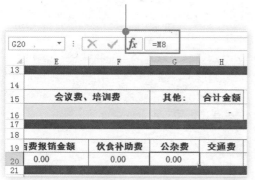

图6-48

❺ 在I20单元格中输入公式："=H16"，按
〈Enter〉键，即可返回实金额中的业务
费，如图6-50所示。

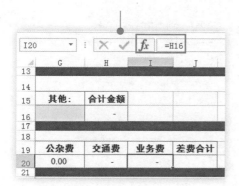

图6-50

❷ 在F20单元格中输入公式："=K8"，按
〈Enter〉键，即可返回实报金额中的伙食
补助费，如图6-47所示。

图6-47

❹ 在H20单元格中输入公式："=K12"，按
〈Enter〉键，即可返回实报金额中的交通
费，如图6-49所示。

图6-49

❻ 在J20单元格中输入公式："=SUM
(D20:H20)"，按〈Enter〉键，即可返回
实报金额中的合计值，如图6-51所示。

图6-51

❼ 在L20单元格中输入公式："=J20-M12"，按〈Enter〉键，即可返回实报金额，如图6-52所示。

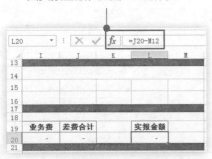

图6-52

6.3.2 业务招待费用报销明细表

"业务招待费用报销明细表"是公司日常费用管理中常用的一种表格工具，他可以有效地帮助管理人员明晰费用的实际使用情况。下面我们一起来制作如图6-54所示的业务招待费用报销明细表。

❶ 新建工作表，将其重命名为"差业务招待费用报销明细表"，在表格中建立相应列标识，并设置表格的文字格式、边框底纹等，如图6-55所示。

图6-55

图6-57

❽ 公式设置完成后，报销人员只能对灰色部分进行填写，其余部分不能改动，效果如图6-53所示。

图6-53

图6-54

❷ 选中需要员工填写的单元格区域，单击"开始"选项卡，在"字体"组单击"颜色填充"下拉按钮，在其下拉列表中选择适合的填充颜色，单击即可应用，效果如图6-56所示。

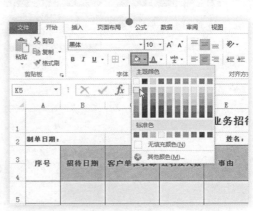

图6-56

❸ 在B2单元格中输入公式："=TODAY()"，按〈Enter〉键，即可返回制单日期，如图6-57所示。

❹ 在J5单元格中输入公式："=G5+H5+I5"，按〈Enter〉键，即可返回合计金额，向下复制公式到I7单元格，效果如图6-58所示。

图6-58

❺ 在J9单元格中输入公式："=SUM(J5:J8)"，按〈Enter〉键，得出结果如图6-59所示。

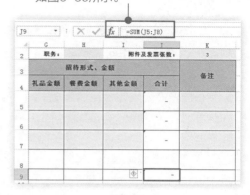

图6-59

图6-60

❻ 公式设置完成后，报销人员只能对灰色部分进行填写，其余部分不能改动，效果如图6-60所示。

6.3.3 企业费用支出统计表

企业费用统计表可以详细地记录一段时间企业日常管理中产生的费用支出。

1. 创建费用支出统计表

费用统计表的数据都来源于平时员工填写的报销及费用单据。下面我们使用Excel 2013来创建日常费用支出统计表框架。

在 Excel 2013 里还可以创建其他费用表格，这里就不一一介绍了。接下来可以将支出的费用都统计在一张表格中。

❶ 新建工作表，将其重命名为"费用支出统计表"，在表格中建立相应列标识，并设置表格的文字格式、边框底纹格式等，如图6-61所示。

图6-61

❷ 输入基本数据到工作表中，并对表格进行格式设置，效果如图6-62所示。

图6-62

2. 表格编辑区域数据验证设置

这里可以使用数据验证，设置下拉列表可以快速地从中选择数据，并设置输入数据之前的提示信息。

为了实现快速录入数据，可以对"费用类别"与"产生部门"列数设置数据验证，以实现选择输入。具体操作如下：

① 在工作表的空白处输入所有费用类别，选中"费用类别"列单元格区域，在"数据"选项卡下的"数据工具"组中单击"数据验证"按钮（图6-63），打开"数据验证"对话框。

② 选中"设置"选项卡在"允许"列表中选择"序列"，单击"来源"编辑框右侧的"⬚"（拾取器）按钮，如图6-64所示。

图6-63

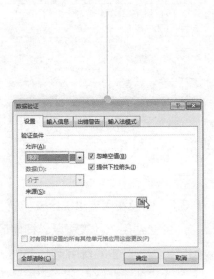

图6-64

③ 在工作表中选择之前输入费用类别的单元格区域作为序列的来源，选择来源后，单击"⬚"按钮回到"数据验证"对话框中，如图6-65所示。

④ 回到"数据验证"对话框中，可以看到"来源"框中显示的单元格区域，如图6-66所示。

图6-65

图6-66

❺ 选择"输入信息"选项卡下，在"输入信息"编辑框中输入选中单元格时显示的
提示信息，如图6-67所示，单击"确定"按钮回到工作表中。

图6-67

❻ 选中"费用类别"列单元格时，系统会显示提示信息并显示下拉按钮，如图6-68所示。

图6-68

❼ 单击下拉按钮打开下拉菜单，显示可供选择的费用类别，如图6-69所示。

图6-69

图6-70

❽ 选中"产生部门"列单元格区域，打开"数据验证"对话框。选中"设置"选项卡在"允许"列表中选择"序列"，在"来源"设置框中输入各个部门（注意用半角逗号隔开），如图6-70所示。

❾ 切换到"输入信息"选项卡下，设置选中单元格时显示的提示信息，如图6-71所示单击"确定"按钮。

❿ 完成上述操作回到工作表中，选中"费用产生部门"列单元格时系统会显示提示信息并显示下拉按钮，如图6-72所示。

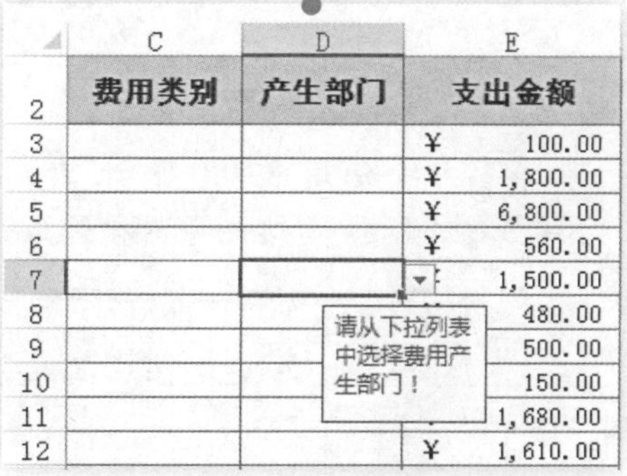

图6-71

图6-72

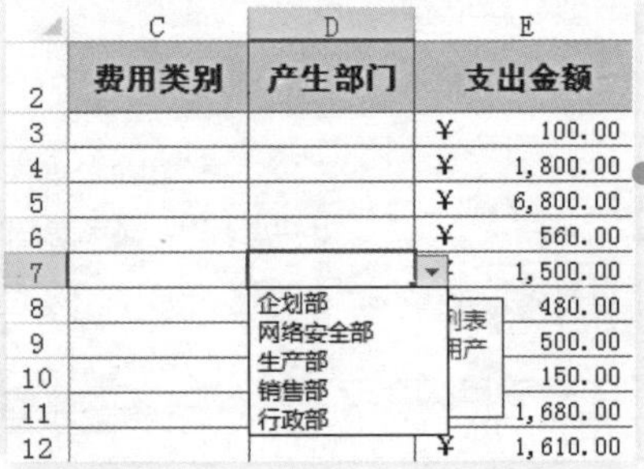

	C	D	E
2	费用类别	产生部门	支出金额
3			¥ 100.00
4			¥ 1,800.00
5			¥ 6,800.00
6			¥ 560.00
7			¥ 1,500.00
8		企划部	480.00
9		网络安全部	500.00
10		生产部	150.00
11		销售部	1,680.00
12		行政部	¥ 1,610.00

⑪ 单击按钮即可从下拉列表中选择部门，如图6-73所示。

图6-73

6.4 数据分析

费用支出统计表是完成了，可是要一条条密密麻麻的记录，我要将不同费用类别、不同的产生部门的费用情况统计出来也够呛啊……

这有什么难的，Excel 2013的筛选、数据透视表，哪样功能都能满足你的需要啊。
下面我们就来一起看看吧！

6.4.1 利用筛选功能查看费用支出情况

费用记录表建立完成后，我们可以利用Excel 2013中的筛选功能来查看满足条件的记录，例如查看某种类别的费用支出情况、查看指定部门的费用支出情况等。

1．查看指定类别的费用支出情况

费用支出统计表是按照日期记录的，因此每条支出费用的类别各不相同，要实现查看某一类别的费用支出情况，则可以按照下面的方法来操作。

❶ 选中数据编辑区域任意单元格，在"数据"选项卡下"排序和筛选"组中单击"筛选"按钮，如图6-74所示。

❷ 单击"费用类别"列标识右侧下拉按钮，从打开的下拉菜单中取消选中"全选"复选框，然后选中要显示的费用类别，如"差旅费"，单击"确定"按钮，如图6-75所示。

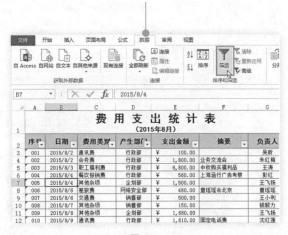

图6-74

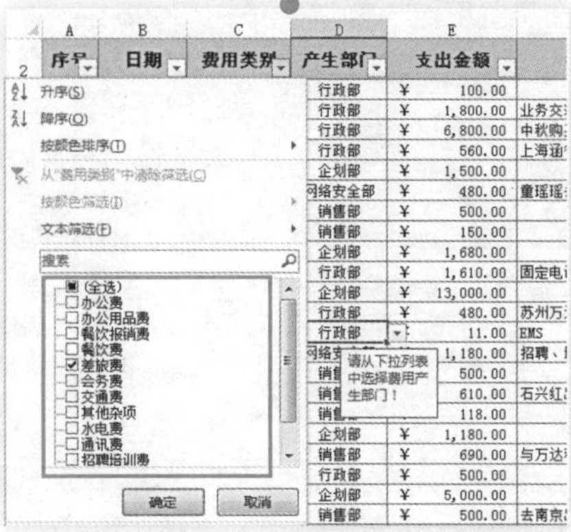

图6-75

❸ 完成上述操作系统即可筛选出所有费用类别为"差旅费"的记录，如图6-76所示。

序号	日期	费用类别	产生部门	支出金额	摘要	负责人
006	2015/8/6	差旅费	网络安全部	¥ 480.00	童瑶瑶去北京	童瑶瑶
016	2015/8/14	差旅费	销售部	¥ 610.00	石兴红出差上海	石兴红
022	2015/8/19	差旅费	销售部	¥ 500.00	去南京出差	王桃芳
023	2015/8/20	差旅费	网络安全部	¥ 180.00		简单
032	2015/8/23	差旅费	行政部	¥ 1,018.00	出差去上海	石兴红
038	2015/8/25	差旅费	销售部	¥ 1,500.00		周静

图6-76

筛选后的"费用"筛选按钮变成 按钮,单击此按钮,在下拉菜单中选中"全选"复选框,单击"确定"按钮,即可显示全部数据。

2. 查看指定产生部门的费用支出情况

下面利用筛选功能查看"行政部"的费用支出情况。

❶ 单击"产生部门"列标识右侧下拉按钮，从打开的下拉菜单中取消选中"全选"复选框，然后选中要显示的部门，如"行政部"，单击"确定"按钮，如图6-77所示。

图6-77

❷ 完成上述操作即可实现筛选出所有产生部门为"行政部"的记录，如图6-78所示。

序号	日期	费用类别	产生部门	支出金额	摘要	负责人
001	2015/8/2	通讯费	行政部	¥ 100.00		吴昕
002	2015/8/2	会务费	行政部	¥ 1,800.00	业务交流会	朱红梅
003	2015/8/3	职工福利费	行政部	¥ 6,800.00	中秋购买福利品	王涛
004	2015/8/4	餐饮报销费	行政部	¥ 560.00	上海银行广告考察	彭红
012	2015/8/8	固定电话费	行政部	¥ 1,610.00		沈红莲
012	2015/8/10	餐饮报销费	行政部	¥ 480.00	苏州万达设计所	吴凤英
013	2015/8/11	通讯费	行政部	¥ 11.00	EMS	张华
020	2015/8/17	办公用品费	行政部	¥ 500.00		吴昕
025	2015/8/21	办公用品费	行政部	¥ 610.00		彭红
028	2015/8/21	固定电话费	行政部	¥ 1,180.00	固定电话费	吴凤英
029	2015/8/22	通讯费	行政部	¥ 14.00	EMS	朱红梅
030	2015/8/22	办公用品费	行政部	¥ 118.00		彭红
032	2015/8/23	差旅费	行政部	¥ 1,018.00	出差去上海	石兴红
034	2015/8/24	职工福利费	行政部	¥ 1,800.00		吴凤英
043	2015/8/28	会务费	行政部	¥ 1,100.00		彭红
044	2015/8/29	办公费	行政部	¥ 1,000.00		吴昕

图6-78

6.4.2 日常费用数据透视分析

费用支出统计表中涉及的项目很多，在表格制作完成之后，一些相对次要的项目会影响到主要数据的阅读，此时可以通过创建数据透视表，方便提取有用的信息。利用数据透视表来对费用记录表进行分析，可以得到多种不同的统计结果。有了对这些统计数据的了解，则可以方便工作人员对后其日常费用支出的规划、预算等。

1. 统计各部门各费用类别的支出金额

下面我们一起来制作费用支出数据透视表。

❶ 选中"费用支出统计表"表格中任意单元格区域。在"插入"选项卡下"表格"组中单击"数据透视表"按钮，如图6-79所示。

图6-79

❷ 打开"创建数据透视表"对话框，在"选择一个表或区域"框中显示了当前要建立为数据透视表的数据源，单击"确定"按钮，如图6-80所示。

图6-80

❸ 完成上述操作即可在新建工作表中创建出空白的数据透视表，在新建的工作表标签上双击鼠标，输入名称为"各部门各费用类别的支出金额统计"，如图6-81所示。

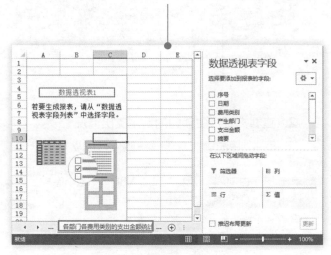

图6-81

❹ 在字段列表中选中"费用类别"字段，按住鼠标左键拖动至"行标签"列表中；选中"产生部门"字段，按住鼠标左键拖动至"列标签"列表中；选中"支出金额"字段，按住鼠标左键拖动至"数值"列表中，统计效果，如图6-82所示。

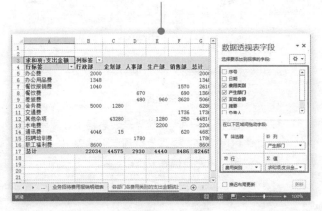

图6-82

❺ 选中数据透视表任意单元格，单击"数据透视表工具"→"设计"选项卡，在"数据透视表样式"组中可以选择套用的样式，单击右侧的"其他"（）按钮可打开下拉菜单，有多种样式可供选择，如图6-83所示。

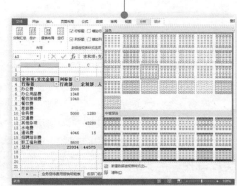

图6-83

❻ 选中样式后，单击指定样式图标即可将其应用到当前数据透视表中，如图6-84所示。从数据透视表中可以很清楚地看出"企划部"的"其他杂项"费用最高，以及整个"企划部"支出的费用也是最高的。

求和项:支出金额	列标签					
行标签	行政部	企划部	人事部	生产部	销售部	总计
办公费	2000					2000
办公用品费	1348					1348
餐饮报销费	1040				1570	2610
餐饮费			670		690	1360
差旅费			480	960	3620	5060
会务费	5000	1280				6280
交通费					1736	1736
其他杂项		43280		1280	250	44810
水电费				2200		2200
通讯费	4046	15			620	4681
招聘培训费			1780			1780
职工福利费	8600					8600
总计	22034	44575	2930	4440	8486	82465

图6-84

2. 统计各类别费用的支出次数

下面我们通过数据透视表统计各类别费用的支出次数。

❶ 选中"费用支出统计表"表格中任意单元格区域。在"插入"选项卡下"表格"组中单击"数据透视表"按钮，如图6-85所示。

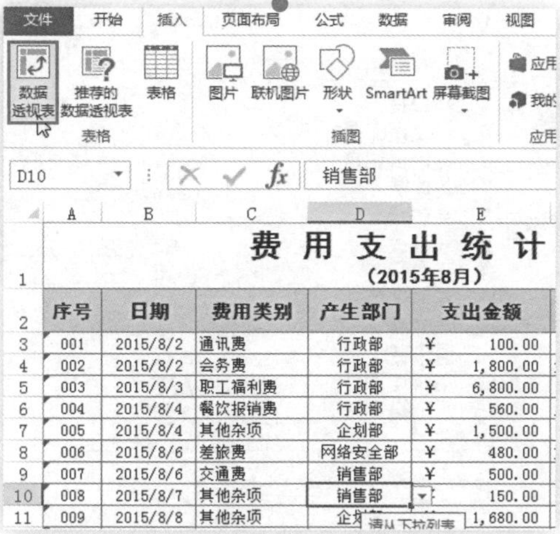

❷ 打开"创建数据透视表"对话框，在"选择一个表或区域"框中显示了当前要建立为数据透视表的数据源，单击"确定"按钮，如图6-86所示。

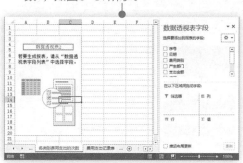

图6-85

图6-86

❸ 完成上述操作即可在新建工作表中创建出空白的数据透视表，在新建的工作表标签上双击鼠标，输入名称为"各类别费用支出的次数"，如图6-87所示。

❹ 设置"费用类别"字段为"行标签"字段，设置"支出金额"字段为"数值"字段（默认汇总方式为"求和"），如图6-88所示。

图6-87

图6-88

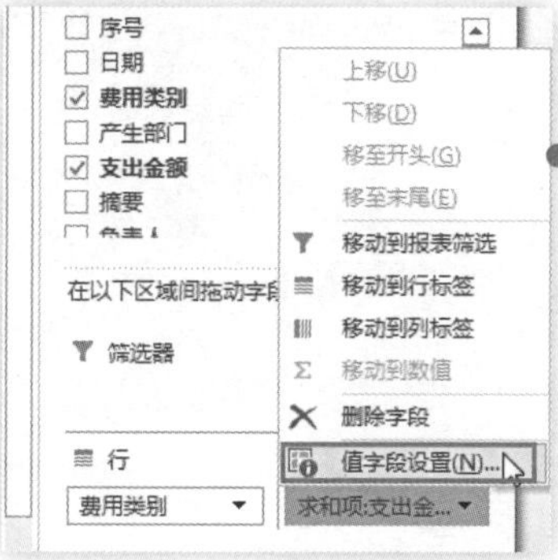

图6-89

❺ 在"数值"列表框中单击"支出金额"数值字段，打开下拉菜单，单击"值字段设置"命令（图6-89），打开"值字段设置"对话框。

❻ 选择"汇总方式"标签，在列表中可以选择汇总方式，如此处单击"计数"，在"自定义名称"设置框中输入"支出次数"，单击"确定"按钮，如图6-90所示。

❼ 完成上述操作即可更改默认的求和汇总方式为计数，即统计出各个类别费用的支出次数，进一步设置数据透视表样式，效果如图6-91所示。可以看出"其他杂项"费用支出次数最多。

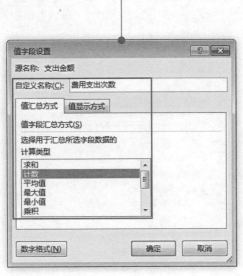

图6-90

图6-91

近期公司生产的产品产量比之前要增多了不少呢，而且销量这么高，这样无疑降低了咱们的产品成本呢，也增加了公司的收入啊……

哎呀，难得这个你也知道啊。一个公司的产品成本越低，那么公司的产品就越有竞争力，要做到这点我们就应该做好产品成本管理工作，为公司编制成本计划和制定经营决策提供重要依据……

7.1 制作流程

产品成本是指企业为了生产产品而发生的各种耗费。可以是一定时期生产产品单位成本，也可以是生产一定产品而发生的成本总额。产品成本是企业生产经营管理的一项综合指标，通过分析产品成本能了解一个企业整体生产经营管理水平的高低。

本章我们将从制作产品成本分析表和产品成本分析两大任务入手向你介绍与公司产品成本管理相关的各项知识与技能，如图7-1所示。

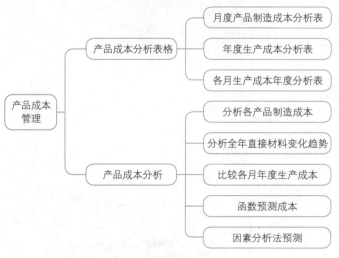

我们在进行产品成本管理过程中需要对产品成本进行多方位的分析，需要使用多个分析表格，我们先看一下各个分析表格的效果图，也可以让我们提前对产品成本管理有个了解，如图7-2所示。

图7-1

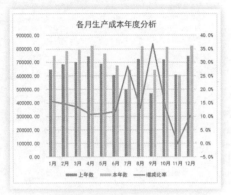

月度产品制造成本分析表

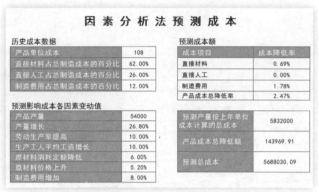

年度生产成本分析表

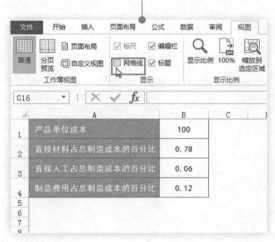

各月生产成本年度分析图

因素分析法预测成本

图7-2

7.2 新手基础

在Excel 2013中进行产品成本管理管理需要用到的知识点除了前面章节介绍到的，这里还包括：设置数据格式、更改图表类型、设置坐标轴刻度等。

7.2.1 隐藏网格线

Excel 2013的网格线是我们做表格时的重要参照，他可以帮助我们更加轻松地完成表格的整体布局设计。但是在实际工作中有时为了保持表格的整洁，我们需要将网格线隐藏起来。此时我们可以按照下面步骤进行操作：

7.2.2 正确显示产品成本降低率

百分比数字格式在日常的数据处理工作中十分常用，用户可以将小数或分数格式的数值设置为百分比数字格式，使数据处理结果符合规范。例如下例中

单击"视图"选项卡，在"显示"选项组中取消"网格线"复选框，即可看到网络线隐藏后的效果，如图7-3所示。

图7-3

在计算百分比数据时，为什么计算结果显示的都是小数，要如何将其显示为百分比数值呢？

系统默认设置下计算的产品成本降低率为小数形式，此时我们可以通过设置单元格格式的方法让小数形式的产品成本降低率数据转换为百分比值。具体操作如下：

❶ 选中要输入百分比数值的单元格区域，在“开始”选项卡的“数字”组中单击“↘”（设置单元格格式）按钮（图7-4），打开“设置单元格格式”对话框。

❷ 选中“数字”选项卡在“分类”列表中单击“百分比”，然后可以根据实际需要设置小数的位数，单击“确定”按钮，如图7-5所示。

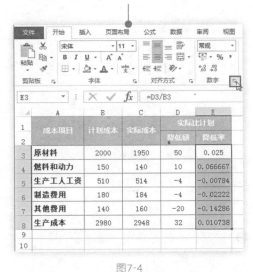

	A	B	C	D	E
1	成本项目	计划成本	实际成本	实际比计划	
2				降低额	降低率
3	原材料	2000	1950	50	0.025
4	燃料和动力	150	140	10	0.066667
5	生产工人工资	510	514	-4	-0.00784
6	制造费用	180	184	-4	-0.02222
7	其他费用	140	160	-20	-0.14286
8	生产成本	2980	2948	32	0.010738
9					
10					

图7-4

图7-5

	A	B	C	D	E
1	成本项目	计划成本	实际成本	实际比计划	
2				降低额	降低率
3	原材料	2000	1950	50	2.50%
4	燃料和动力	150	140	10	6.67%
5	生产工人工资	510	514	-4	-0.78%
6	制造费用	180	184	-4	-2.22%
7	其他费用	140	160	-20	-14.29%
8	生产成本	2980	2948	32	1.07%
9					
10					
11					
12					

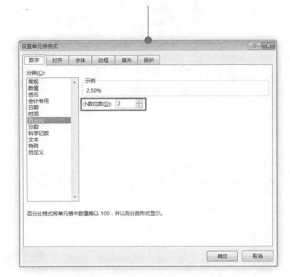

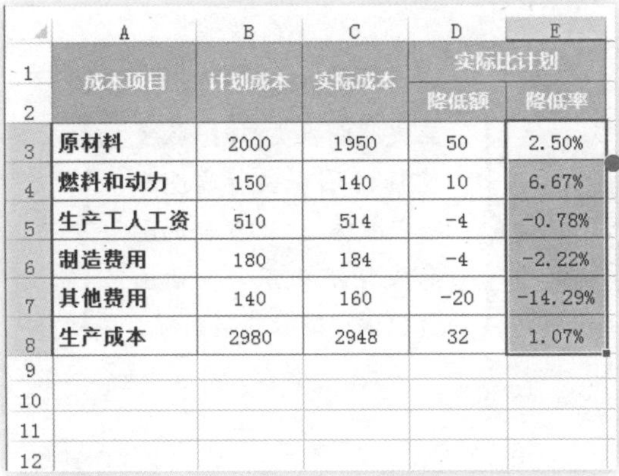

❸ 完成上述操作后可以看到选中的单元格区域中的数据显示为百分比数值且包含两位小数，如图7-6所示。

图7-6

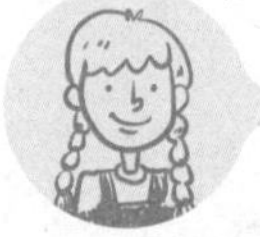

如果创建的图表让人不满意，可以更改不。

当然可以更改，而且可以直接在已建立的图表上进行更改，而不必重新创建图表。

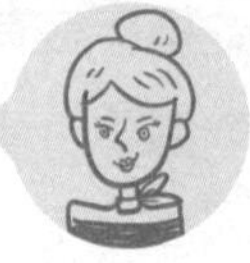

7.2.3　图表类型的更改

为了表达不同的数据观察角度我们往往需要使用不同类型的图表。因此有时为了更有效地表达我们的观点，我们需要更换图表的类型。例如下例中为了更好地比较每项生产成本的计划成本与实际成本我们需要将之前的堆积条形图改为簇壮柱形图，具体操作如下：

❶ 选中要更改其类型的图表，单击"图表工具"→"设计"选项卡，在"类型"组中的"更改图表类型"按钮（图7-7），打开的"更改图表类型"对话框。

❷ 在对话框中选择要更改的图表类型，如本例中选择柱形图，并选择子图表类型，单击"确定"按钮，如图7-8所示。

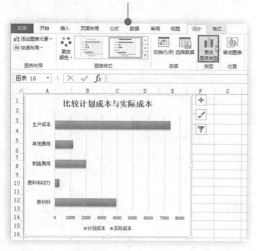

图7-7

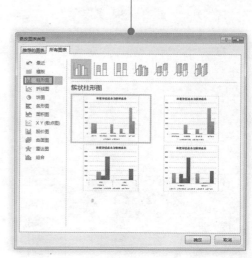

图7-8

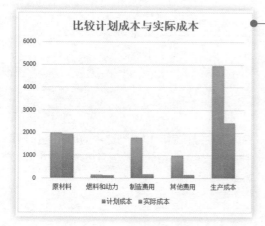

图7-9

❸ 完成上述操作即可将图表更改为柱形图，如图7-9所示。

> **提示**
>
> 在更改图表类型时，注意选择的图表类型要适合当前数据源，避免新的图表类型不能完全表示出数据源中的数据的情况。

7.2.4 快速向图表中添加数据

Excel 2013图表以其直观的展示功能深受用户喜爱，但有些初学者对于生成图表后如何添加数据标签有所困扰。如果创建的图表中缺少某些数据源，或者不小心删除了某些数据源，就可以通过复制粘贴操作来实现快速添加。如下面为图表添加各项成本的"实际成本"。

❶ 选中C1:C6单元格区域，按下〈Ctrl+C〉组合键进行复制，如图7-10所示。

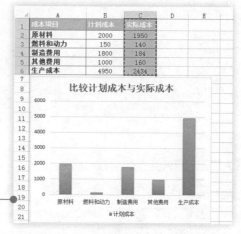

图7-10

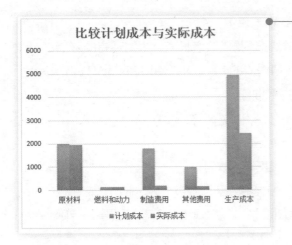

图7-11

❷ 然后将光标置于图表区域中，然后执行粘贴命令。这样就可以为图表添加新的数据源了，如图7-11所示。

7.2.5　重新设置坐标轴的刻度

默认情况下，在Excel 2013中选择数据源建立图表时，系统会根据当前数据自动计算刻度的最大值、最小值及刻度单位。如果默认的刻度的值不完全满足实际需要，我们可以按照如下步骤操作对坐标轴刻度进行重新设置。

❶ 用鼠标右键单击要设置刻度的坐标轴，如垂直坐标轴，在弹出的菜单中单击"设置坐标轴格式"命令（图7-12），打开"设置坐标轴格式"窗格。

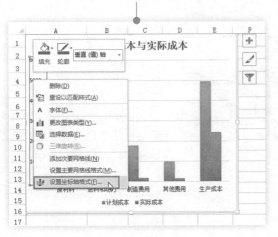

图7-12

图7-13

❷ 在"设置坐标轴格式"窗格中设置主要刻度，在本例中我们单击"显示单位"设置框右侧下拉按钮，在下拉菜单中单击"千"，如图7-13所示。

❸ 设置完成后，图表中刻度改变了显示单位，变得更简洁了，如图7-14所示。

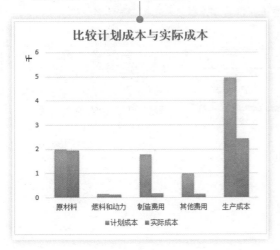

图7-14

知识扩展

关于坐标轴的编辑还有"刻度线标记"（设置是否显示刻度线的标记或显示位置）、"标签"（设置是否显示标签或显示位置）、"数字"（设置坐标轴上数值的数字格式）几个选项，如图7-15所示。

值得一提的是"对数刻度"和"逆序刻度值"两个复选框，当系列数据相差很大时可以启用"对数刻度"；如果启用"逆序刻度值"则系列从后向前绘制。

图7-15

7.2.6 GROWTH 函数（对给定的数据预测指数增长值）

【函数功能】GROWTH函数用于对给定的数据预测指数增长值。根据现有的x值和y值，GROWTH函数返回一组新的x值对应的y值。可以使用GROWTH工作表函数来拟合满足现有x值和y值的指数曲线。

【函数语法】GROWTH(known_y's,known_x's,new_x's,const)

- Known_y's：满足指数回归拟合曲线的一组已知的y值；
- Known_x's：满足指数回归拟合曲线的一组已知的x值；
- New_x's：一组新的x值，可通过GROWTH函数返回各自对应的y值；
- Const：一逻辑值，指明是否将系数b强制设为1。若const为TRUE或省略，则b将参与正常计算；若const为FALSE，则b将被设为1。

GROWTH函数可以帮助我们完成以下日常工作任务。

1）根据历史销售量预测未来销售量。例如在如图7-16所示的9个月产品销售量统计报表中，通过9个月产品销售量预算出10、11、12月的产品销售量。

月份	销售量（件）
1	23000
2	23200
3	23360
4	23520
5	23600
6	23697
7	23200
8	22900
9	23230

图7-16

E2　{=GROWTH(B2:B10,A2:A10,D2:D4)}

月份	销售量（件）		预测10、11、12月的产品销售量	
1	23000		10	23288.74502
2	23200		11	23286.61295
3	23360		12	23284.48108
4	23520			
5	23600			
6	23697			
7	23200			
8	22900			
9	23230			

选中E2:E4单元格区域，在公式编辑栏中输入公式："=GROWTH(B2:B10,A2:A10,D2:D4)"，按〈Ctrl+Shift+Enter〉组合键，即可预测出10、11、12月的产品销售成本，如图7-17所示。

图7-17

2）预测下期销售产品的成本。根据如图7-18所示的表格中统计的销售产品的前期历史成本额，我们可以运用GROWTH函数预测下期销售产品的成本。

月份	成本额
1	99580
2	105560
3	125680
4	95688
5	86200
6	86200
7	109630
8	113662
9	119695

图7-18

E3　=GROWTH(B2:B10,A2:A10,D3)

月份	成本额		预测下期成本	
1	99580		月份	成本额
2	105560		10	108959.4764
3	125680			
4	95688			
5	86200			
6	86200			
7	109630			
8	113662			
9	119695			

在E3单元格中输入公式："=GROWTH(B2:B10,A2:A10,D3)"，按〈Enter〉键得到10月预测成本额，如图7-19所示。

图7-19

7.3 表格创建

产品的成本不就是指产品生产的时候支出的各种耗费嘛，为什么领导对我做的产品成本表这么不满意啊……

哎，产品成本不单单指直接材料呢，人工、制造费用和其他费用这些也要算进去啊。你这样的表格交上去不被打回才怪呢！

下面我们运用上述技能一起在Excel 2013中创建产品成本分析用到的相关表格。

7.3.1 月度产品制造成本分析表

产品的成本分析通常包括制造成本合计、单位成本计算、各费用比重计算等内容。在建立月度产品制造成本分析表格之前，首先要规划好必需的要素，然后开始创建表格。

❶ 新建工作簿，并命名为"产品成本管理"，将"Sheet1"工作表重命名为"月度产品制造成本分析"，在工作表中根据产品制造成本的实际情况，输入原始数据，如图7-20所示。

❷ 在F4单元格中输入公式："=SUM(C4:E4)"，按〈Enter〉键后向下填充公式到F19单元格，计算出生产不同产品的制造成本合计值，如图7-21所示。

图7-20

产品编号	期初数	直接材料	直接人工	制造费用	合计
CP001	6780.00	278000.00	52500.22	102800	433300.87
CP002	620.00	22232.27	626.22	2500.16	25358.65
CP003	6000.55	370160.68	18722.09	22577.08	411459.85
CP004	390.00	30189.50	810.01	1228.07	32227.58
CP005	6532.60	631225.57	38372.02	82273.23	751870.82
CP006	707.00	296500.66	17352.33	21238.08	335091.07
CP007	602.00	80000.00	2682.29	8925.27	91607.56
CP008	2500.00	289951.25	9569.28	12202.20	311722.73
CP009	3350.00	117000.00	5178.76	10657.50	132836.26
CP010	2300.00	152912.29	5627.77	12239.27	170779.33
CP011	11500.00	1262300.59	111099.38	30921.05	1404321.02
CP012	2300.00	51068.38	2926.02	11926.28	65920.68
CP013	1500.00	13072.15	1277.72	1382.76	15732.63

图7-21

I4　=IF(H4=0,"",G4/H4)

	制造费用	合计	本期转出	转出数量	单位成本	期
4	102800.65	433300.87	261713.00	25000.00	10.47	
5	2500.16	25358.65	1706.52	2590.00	0.66	
6	22577.08	411459.85	279700.00	16138.00	17.33	
7	1228.07	32227.58	27705.07	2146.00	12.91	
8	82273.23	751870.82	569521.05	61692.00	9.23	
9	21238.08	335091.07	319852.32	383229.00	0.83	
10	8925.27	91607.56	69961.67	2211.00	31.64	
11	12202.20	311722.73	225320.02	12341.00	18.26	
12	10657.50	132836.26	97900.00	3320.00	29.49	
13	12239.27	170779.33	129950.20	10324.00	12.59	
14	30921.05	1404321.02	1236220.01	22824.00	54.16	
15	11926.28	65920.68	60052.58	1229.00	48.86	

图7-22

❸ 在I4单元格中输入公式："=IF(H4=0,"",G4/H4)"，按〈Enter〉键后向下填充公式到I19单元格，计算出生产不同产品的单位成本，如图7-22所示。

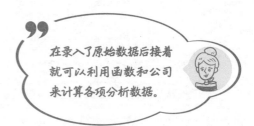

在录入了原始数据后接着就可以利用函数和公司来计算各项分析数据。

❹ 在J4单元格中输入公式："=B4+F4-G4"，按〈Enter〉键后向下复制公式到J19单元格，计算出生产不同产品的期末数，如图7-23所示。

J4 fx =B4+F4-G4

	F	G	H	I	J	K
3	合计	本期转出	转出数量	单位成本	期末数	直接材料比重
4	433300.87	261713.00	25000.00	10.47	178367.87	
5	25358.65	1706.52	2590.00	0.66	24272.13	
6	411459.85	279700.00	16138.00	17.33	137760.40	
7	32227.58	27705.07	2146.00	12.91	4912.51	
8	751870.82	569521.05	61692.00	9.23	188882.37	
9	335091.07	319852.32	383229.00	0.83	15945.75	
10	91607.56	69961.67	2211.00	31.64	22247.89	
11	311722.73	225320.02	12341.00	18.26	88902.71	
12	132836.26	97900.00	3320.00	29.49	38286.26	
13	170779.33	129950.20	10324.00	12.59	43129.13	
14	1404321.02	1236220.01	22824.00	54.16	179601.01	
15	65920.68	60052.58	1229.00	48.86	8168.10	

图7-23

❺ 在K4单元格中输入公式："=IF(F4=0,0,C4/F4)"，按〈Enter〉键后向下复制公式到K19单元格，计算出生产不同产品的直接材料比重，如图7-24所示。

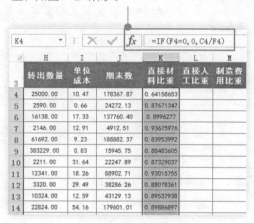

K4 fx =IF(F4=0,0,C4/F4)

	H	I	J	K	L	M
3	转出数量	单位成本	期末数	直接材料比重	直接人工比重	制造费用比重
4	25000.00	10.47	178367.87	0.64158653		
5	2590.00	0.66	24272.13	0.87671347		
6	16138.00	17.33	137760.40	0.8996277		
7	2146.00	12.91	4912.51	0.93675976		
8	61692.00	9.23	188882.37	0.83953992		
9	383229.00	0.83	15945.75	0.88483605		
10	2211.00	31.64	22247.89	0.87329037		
11	12341.00	18.26	88902.71	0.93015755		
12	3320.00	29.49	38286.26	0.88078361		
13	10324.00	12.59	43129.13	0.89537938		
14	22824.00	54.16	179601.01	0.89886897		

图7-24

❻ 在L4单元格中输入公式："=IF(F4=0,0,D4/F4)"，按〈Enter〉键后向下填充公式到L19单元格，计算出生产不同产品的直接人工比重，如图7-25所示。

L4 fx =IF(F4=0,0,D4/F4)

	H	I	J	K	L	M
3	转出数量	单位成本	期末数	直接材料比重	直接人工比重	制造费用比重
4	25000.00	10.47	178367.87	0.64158653	0.1211634	
5	2590.00	0.66	24272.13	0.87671347	0.0246945	
6	16138.00	17.33	137760.40	0.8996277	0.0455016	
7	2146.00	12.91	4912.51	0.93675976	0.0251341	
8	61692.00	9.23	188882.37	0.83953992	0.0510354	
9	383229.00	0.83	15945.75	0.88483605	0.0517839	
10	2211.00	31.64	22247.89	0.87329037	0.0292802	
11	12341.00	18.26	88902.71	0.93015755	0.0306981	
12	3320.00	29.49	38286.26	0.88078361	0.038986	
13	10324.00	12.59	43129.13	0.89537938	0.0329535	
14	22824.00	54.16	179601.01	0.89886897	0.0791125	

图7-25

❼ 在M4单元格中输入公式："=IF(F4=0,0,E4/F4)"，按〈Enter〉键后向下填充公式到M19单元格，计算出不同产品的制造费用比重，如图7-26所示。

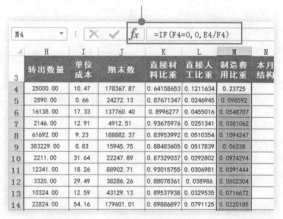

M4 fx =IF(F4=0,0,E4/F4)

	H	I	J	K	L	M	N
3	转出数量	单位成本	期末数	直接材料比重	直接人工比重	制造费用比重	本月结构
4	25000.00	10.47	178367.87	0.64158653	0.1211634	0.23725	
5	2590.00	0.66	24272.13	0.87671347	0.0246945	0.098592	
6	16138.00	17.33	137760.40	0.8996277	0.0455016	0.0548707	
7	2146.00	12.91	4912.51	0.93675976	0.0251341	0.0381062	
8	61692.00	9.23	188882.37	0.83953992	0.0510354	0.1094247	
9	383229.00	0.83	15945.75	0.88483605	0.0517839	0.06338	
10	2211.00	31.64	22247.89	0.87329037	0.0292802	0.0974294	
11	12341.00	18.26	88902.71	0.93015755	0.0306981	0.0391444	
12	3320.00	29.49	38286.26	0.88078361	0.038986	0.0802304	
13	10324.00	12.59	43129.13	0.89537938	0.0329535	0.0716672	
14	22824.00	54.16	179601.01	0.89886897	0.0791125	0.0220185	

图7-26

❽ 在B20单元格中输入公式："=SUM(B4:B19)"，按〈Enter〉键后向下复制公式到J20单元格，计算出所有6月份产品各项费用合计值，如图7-27所示。

B20 fx =SUM(B2:B19)

	A	B	C	D	E	F	G	H
3	产品编号	期初数	直接材料	直接人工	制造费用	合计	本期转出	转出数量
4	CP001	6780.00	278000.00	52500.22	102800.65	433300.87	261713.00	25000.00
5	CP002	620.00	22232.27	626.22	2500.16	25358.65	1706.52	2590.00
6	CP003	6000.55	370160.68	18722.09	22577.08	411459.85	279700.00	16138.00
7	CP004	390.00	30189.50	810.01	1228.07	32227.58	27705.07	2146.00
8	CP005	6532.60	631225.57	38372.02	82273.23	751870.82	569521.05	61692.00
9	CP006	707.00	296500.66	17352.33	21238.08	335091.07	319852.32	383229.00
10	CP007	602.00	80000.00	2682.29	8925.27	91607.56	69961.67	2211.00
11	CP008	2500.00	289951.25	9569.28	12202.20	311722.73	225320.02	12341.00
12	CP009	3350.00	117000.00	5178.76	10657.50	132836.26	97900.00	3320.00
13	CP010	2300.00	152912.29	5627.77	12239.27	170779.33	129950.20	10324.00
14	CP011	11500.00	1262300.59	111099.38	30921.05	1404321.02	1236220.01	22824.00
15	CP012	2300.00	51068.38	2926.02	11926.28	65920.68	60052.58	1229.00
16	CP013	1500.00	13072.15	1277.72	1382.76	15732.63	12250.00	420.00
17	CP014	1250.00	71073.28	5227.65	5136.88	81437.81	79951.28	2104.00
18	CP015	1200.00	63156.76	3766.06	3537.62	70460.44	65512.88	5063.00
19	CP016	1300.00	25185.36	2392.13	7202.92	34780.41	29721.21	5623.00
20	合计	48832.15	3754028.74	278129.95	336749.02	4368907.71	3467037.81	556254.00
21								

图7-27

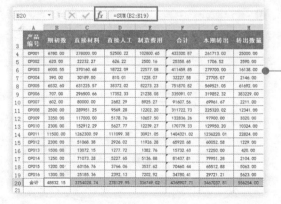

❾ 在N4单元格中输入公式："=IF($F$20=0,
"",F4/$F$20)"，按〈Enter〉键后向下复制公
式到N19单元格，计算出不同产品的本月结
构，如图7-28所示。

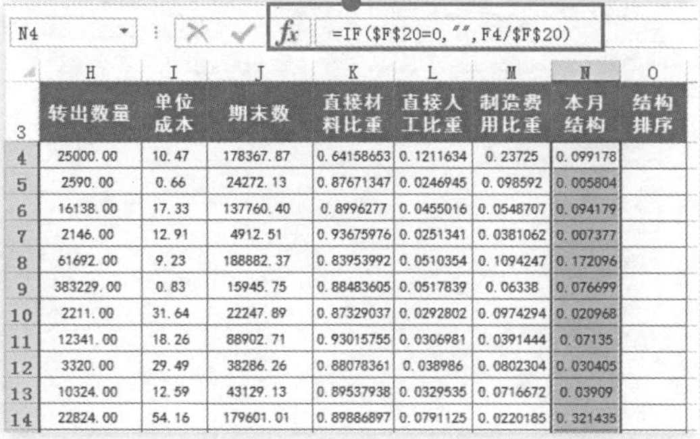

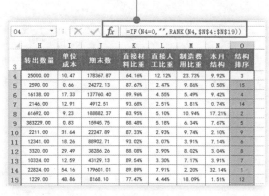

图7-28

❿ 选中K4：N10单元格区域，将其数字格式设
置为百分比格式，并保留两位小数，效果如
图7-29所示。

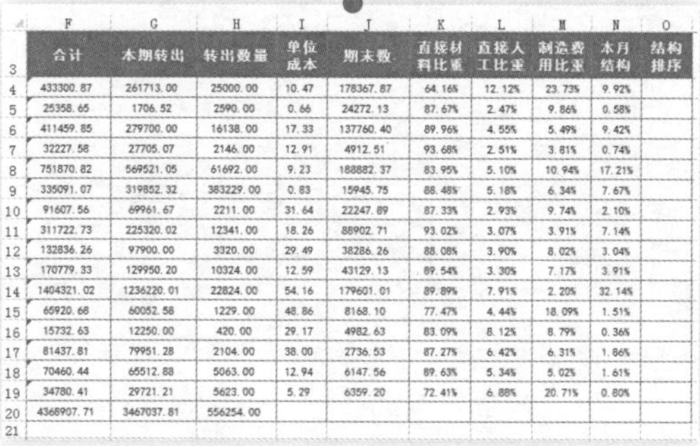

图7-29

⓫ 在O4单元格中输入公式："=IF(N4=0,
"",RANK（N4、$N$4:$N$19))"，按
〈Enter〉键后向下复制公式到O19单元格，
结果如图7-30所示。从排序结果可以得出哪
种产品耗费成本最多，哪种其次，哪种最低。

图7-30

7.3.2 年度生产成本分析表

创建年度生产成本分析表，首先工作
就是要规划工作表的基本框架以及包含哪
些要素。生产成本一般由直接材料、直接
人工、制造费用和其他费用构成。年度生
产成本分析中的各个数据都是由不同的月
份成本表中引用而来的，根据引用而来的
数据再计算出直接人工、直接材料以及制
作费用的比重。下面让我们一起来制作一
份年度生产成本分析表。

❶ 插入新工作表，将其重命名为"年度生产成本分析"，在表格中输入表格项目及相关数据，然后设置
表格的字体、边框等格式，如图7-31所示。

图7-31

图7-32

❷ 在K4单元格中
输入公式："=月
度产品制造成本
分析!B20"，按
〈Enter〉键，即
可返回10月份的
期初数额，如图
7-32所示。

❸ 在K5单元格中输入公式："=月度产品制造成本分析!C20"，按〈Enter〉键，即可返回10月份的直接材料成本，如图7-33所示。

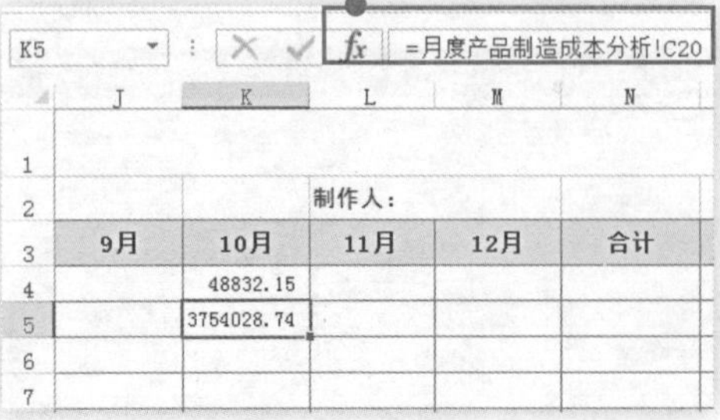

图7-33

❹ 按照相同的方法，可以快速地从"月度产品制造成本分析!J20"工作表中返回10月份各项目的汇总值，如图7-34所示。

图7-34

❺ 在K11单元格中输入公式："=IF(K10=0,"",K9/K10)"，按〈Enter〉键，即可返回10月份的单位成本，如图7-35所示。

图7-35

❻ 在K13单元格中输入公式："=IF(K8=0,"",K5/K8)"，按〈Enter〉键，即可返回10月"直接材料比重"值如图7-36所示。

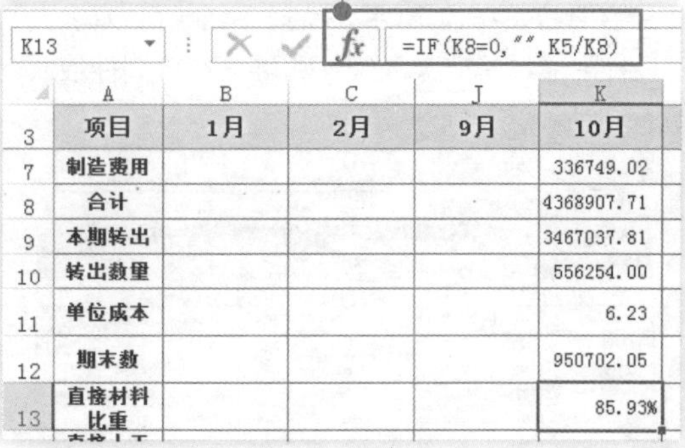

图7-36

❼ 在K14单元格中输入公式："=IF(K8=0,"",K6/K8)"，按〈Enter〉键，即可返回10月"直接人工比重"值如图7-37所示。

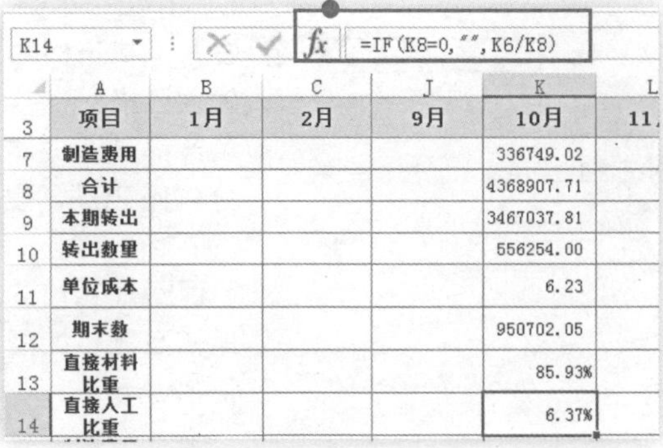

图7-37

❽ 在K15单元格中输入公式："=IF(K8=0,"",K7/K8)"，按〈Enter〉键，即可返回10月"制造费用比重"值如图7-38所示。

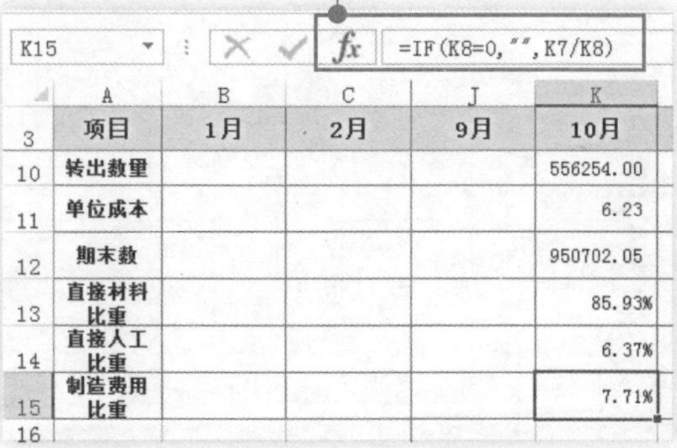

图7-38

❾ 仿照上述步骤操作补充完整其他月份的相关数据效果，如图7-39所示。

图7-39

> 其他月份的总成本数据可以从各个单月成本统计表中得到，方法和上面相同。

❿ 在N5单元格中输入公式："=SUM(B5:M5)"，按〈Enter〉键，向下复制公式到N10单元格，再将公式复制到N12单元额，返回指定费用的全年合计金额效果如图7-40所示。

⓫ 在O5单元格中输入公式："=IF($N$8=0,"",N5/$N$8)"，按〈Enter〉键，向下复制公式到O7单元格，即可返回全年总成本中，直接材料、直接人工、制作费用各占的百分比，如图7-41所示。

图7-40

图7-41

7.3.3　各月生产成本年度分析表

为了反映企业在相邻的两个年度之间各月生产产量以及耗费成本的变动情况，可以通过将本年度的生产成本与上年度各月的生产成本进行比较。下面我们一起在Excel 2013里创建各月生产成本年度分析表格，并计算各月的增减比率。

❶ 新建工作表，将其重命名为"各月生产成本年度分析"，在表格中输入上年和今年各月的生产成本数据，然后设置表格的字体、边框等格式，如图7-42所示。

项目	上年数	本年数	增减金额	增减比率
1月	648004.44	748820.00		
2月	684210.00	784461.42		
3月	700000.00	794426.76		
4月	743640.36	823812.41		
5月	688240.18	764438.00		
6月	604802.36	676769.80		
7月	499860.48	642449.81		
8月	724630.23	818604.92		
9月	469820.20	643349.81		
10月	721024.44	814404.20		
11月	606900.00	606414.02		
12月	746821.89	823440.46		
合计				

图7-42

❷ 在D3单元格中输入公式："=C3-B3"，按〈Enter〉键后向下复制公式，计算出各月的增减金额，如图7-43所示。

❸ 在E3单元格中输入公式："=IF(B3=0,0,D3/B3)"，按〈Enter〉键，向下复制公式，计算出各月的增减比率，如图7-44所示。

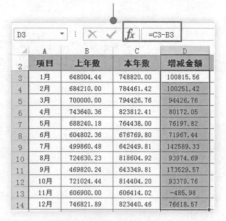

	A	B	C	D
	项目	上年数	本年数	增减金额
3	1月	648004.44	748820.00	100815.56
4	2月	684210.00	784461.42	100251.42
5	3月	700000.00	794426.76	94426.76
6	4月	743640.36	823812.41	80172.05
7	5月	688240.18	764438.00	76197.82
8	6月	604802.36	676769.80	71967.44
9	7月	499860.48	642449.81	142589.33
10	8月	724630.23	818604.92	93974.69
11	9月	469820.24	643349.81	173529.57
12	10月	721024.44	814404.20	93379.76
13	11月	606900.00	606414.02	-485.98
14	12月	746821.89	823440.46	76618.57

图7-43

	A	B	C	D	E
	项目	上年数	本年数	增减金额	增减比率
3	1月	648004.44	748820.00	100815.56	15.6%
4	2月	684210.00	784461.42	100251.42	14.7%
5	3月	700000.00	794426.76	94426.76	13.5%
6	4月	743640.36	823812.41	80172.05	10.8%
7	5月	688240.18	764438.00	76197.82	11.1%
8	6月	604802.36	676769.80	71967.44	11.9%
9	7月	499860.48	642449.81	142589.33	28.5%
10	8月	724630.23	818604.92	93974.69	13.0%
11	9月	469820.24	643349.81	173529.57	36.9%
12	10月	721024.44	814404.20	93379.76	13.0%
13	11月	606900.00	606414.02	-485.98	-0.1%
14	12月	746821.89	823440.46	76618.57	10.3%

图7-44

	A	B	C	D	E
	项目	上年数	本年数	增减金额	增减比率
3	1月	648004.44	748820.00	100815.56	15.6%
4	2月	684210.00	784461.42	100251.42	14.7%
5	3月	700000.00	794426.76	94426.76	13.5%
6	4月	743640.36	823812.41	80172.05	10.8%
7	5月	688240.18	764438.00	76197.82	11.1%
8	6月	604802.36	676769.80	71967.44	11.9%
9	7月	499860.48	642449.81	142589.33	28.5%
10	8月	724630.23	818604.92	93974.69	13.0%
11	9月	469820.24	643349.81	173529.57	36.9%
12	10月	721024.44	814404.20	93379.76	13.0%
13	11月	606900.00	606414.02	-485.98	-0.1%
14	12月	746821.89	823440.46	76618.57	10.3%
15	合计	7837954.62	8941391.61	1103436.99	

❹ 在B5单元格中输入公式："=SUM(B3:B14)"，按〈Enter〉键，向右复制公式，计算出各月上年数、本年数及增减金额的合计值，如图7-45所示。

图7-45

7.4 数据分析

一打开产品成本分析表格我就慌了，让我这个菜鸟不定期地对产品进行分析研究，这个难度太大了。

成本分析是检查成本计划完成情况、查明成本升降原因的主要手段，也是企业做出经营决策的重要依据。

为了做好成本分析我们需要根据分析的目的充分运用Excel各种分析工具选取不同的数据进行分析……

为了使企业获取更高的利润，企业应该每月根据产品制造成本分析及时地调整生产、经营策略。

7.4.1 利用柱形图比较分析各产品制造成本

为了更直观地比较各产品制造成本，下面我们通过建立柱形图来对各产品的制造成本结构进行比较。

❶ 打开7.3.1节中我们所制作的"月度产品制造成本分析"工作表，按〈Ctrl〉键，选中A4：A19单元格区域和F4：G19单元格区域，单击"插入"选项卡，在"图表"组中单击"插入柱形图"按钮，在下拉列表中单击"簇状柱形图"，如图7-46所示。

❷ 执行上述命令，系统会在工作表区域创建如图7-47所示的图表。

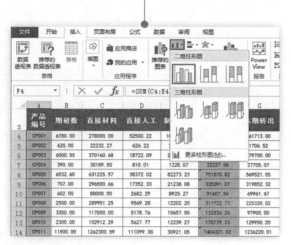

图7-46

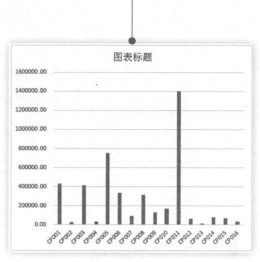

图7-47

图7-48

❸ 双击纵坐标轴，打开"设置坐标轴格式"窗格，在"坐标轴选项"栏下单击"显示单位"设置框按钮，在下拉列表中选择"100000"，如图7-48所示。

❹ 在"数字"栏下单击"类别"设置框下拉按钮，在下拉列表中单击"数字"，在"小数位置"设置框中输入保留的小数位数为"0"，如图7-49所示。

图7-49

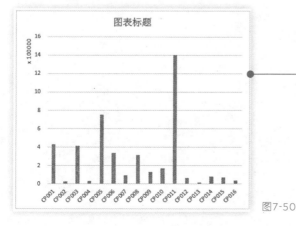

图7-50

❺ 单击"关闭"按钮，可以看到纵坐标轴中的数字都以百位的整数显示，并且显示了单位，如图7-50所示。

❻ 选中图表，单击"图表工具"→"设计"选项卡，在"图表样式"组中单击"其他"下拉按钮，打开下拉菜单。选择某种样式后，单击一次鼠标即可应用到图表上，这里单击"样式11"，如图7-51所示的图表。

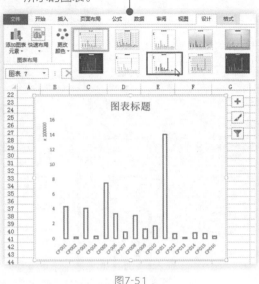

图7-51

❼ 对图表进行进一步完善后效果如图7-52所示。从图表可以很直观地看出CP011的产品所消耗的制作成本最高。

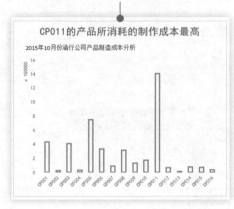

图7-52

7.4.2 利用折线图分析全年直接材料成本变化趋势

在实际工作中，生产部门每月需对生产成本进行统计核算。在年末的时候，需要对年度生产成本进行计算，分析各个月中成本的结构比例，以及整个年度中，各生产成本要素的比例、平均值等。在年度生产成本分析表中，为了直观地查看各个月份成本额的变化情况，我们常用折线图表现成本的变化趋势。下例中我们来学习如何创建折线图来查看全年直接材料的变化趋势。

❶ 打开7.3.2节中所创建"年度生产成本分析"工作表，选中B5:M5单元格区域，单击"插入"选项卡，在"图表"组中单击"插入折线图"按钮，在下拉列表中单击"带数据标记的折线图"，如图7-53所示。

❷ 执行上述命令，系统会在工作表区域创建如图7-54所示的图表。

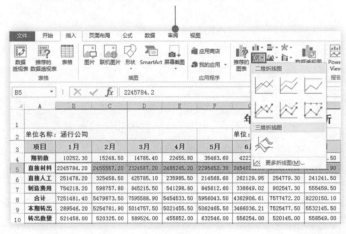

图7-53

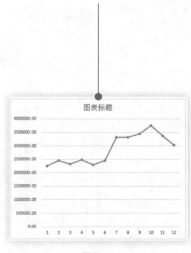

图7-54

图7-55

❸ 双击纵坐标轴，打开"设置坐标轴格式"窗格，在"坐标轴选项"栏下单击"显示单位"设置框按钮，在下拉列表中选择"100000"，如图7-55所示。

图7-56

❹ 在"数字"栏下单击"类别"设置框下拉按钮，在下拉列表中单击"数字"，在"小数位置"设置框中输入保留的小数位数为"0"，如图7-56所示。

❺ 选中图表，单击"图表样式"按钮，打开下拉列表，在"样式"栏下选择一种图表样式（单击即可应用），效果如图7-57所示。

❻ 选中图表，单击"图表样式"按钮，打开下拉列表，在"颜色"栏下选择一种图表颜色（单击即可应用），效果如图7-58所示。

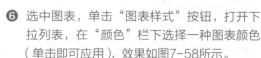

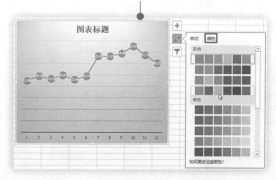

图7-57

图7-58

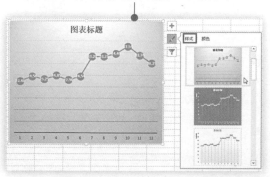

图7-59

❼ 重新编辑标题，进一步完善图表后效果如图7-59所示。从图表可以看出直接材料的成本上半年处于平稳的状态，从6月份极速上涨，一直持续到10月份，才开始逐渐下降。

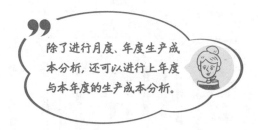

除了进行月度、年度生产成本分析，还可以进行上年度与本年度的生产成本分析。

7.4.3　比较各月生产成本年度分析

在实际工作中有时我们不但关注某项指标的增幅比率变化，同时也关注该项指标绝对值的变化情况。此时我们可以通过创建柱形图和折线图的混合图形来解决问题。下面就让我们来学习这种混合图表的制作方法。

❶ 打开7.3.3节中所制作"各月生产成本年度分析"工作表，选中A2:C14单元格区域，切换到"插入"选项卡，在"图表"组单击"插入柱形图"按钮，在其下拉列表中选择"簇状柱形图"图表类型，如图7-60所示。

图7-60

❷ 执行上述操作，返回工作表中，系统会创建一个二维簇状柱形图，如图7-61所示。

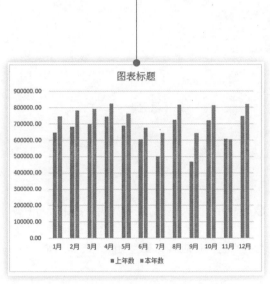

图7-61

❸ 选中图表，在"图表工具"→"设计"选项卡下，单击"数据"组中"选择数据"按钮，打开了"选择数据源"对话框，在"图例项（系列）"栏下单击"添加"按钮，如图7-62所示。

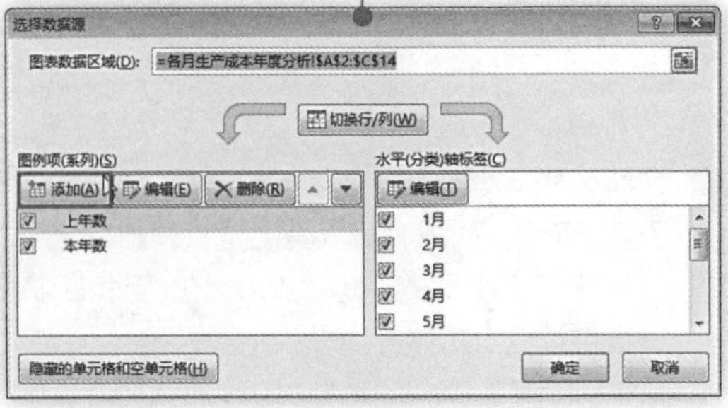

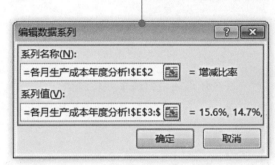

图7-62

❹ 打开"编辑数据系列"对话框，设置"系列名称"引用E2单元格，接着设置"系列值"引用单元格为E3:E14单元格区域，如图7-63所示，依次单击"确定"按钮完成设置。

图7-63

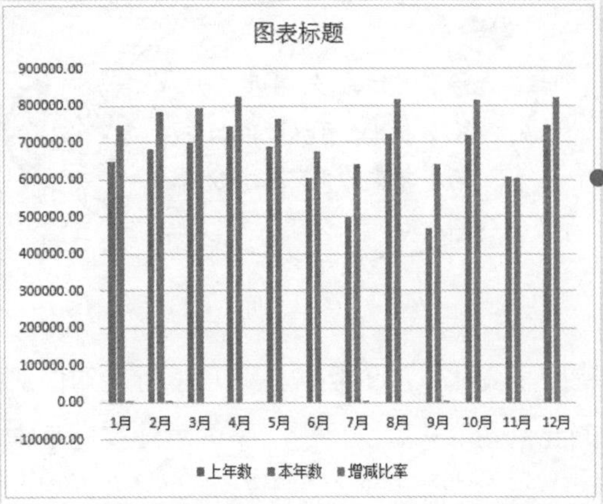

❺ 完成上述操作后，系统会将选中的数据系列添加到图表区域中，如图7-64所示。

图7-64

❻ 选中图表中"增减比率"数据系列，单击鼠标右键，在右键菜单中单击"设置数据系列格式"命令。打开"设置数据系列格式"窗格。在"系列绘制在"区域中选中"次坐标轴"单选框，如图7-65所示。

❼ 执行上述操作，系统会在次坐标上显示出"百分比率"数据系列，如图7-66所示。

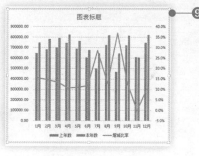

图7-65　　　　　　　　　　　　　　　　　图7-66

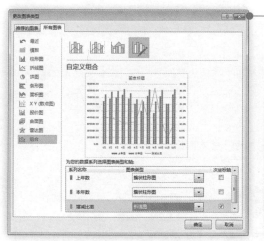

❽ 打开"更改图表类型"对话框，在右侧"为您的数据系列选择图表类型和轴："栏下单击"增减比率"设置框下拉按钮，在下拉菜单中单击"折线图"，如图7-67所示单击"确定"按钮。

❾ 返回工作表中，此时可以看到"增减比率"数据系列更改为折线图显示效果，并绘制在次坐标轴上，如图7-68所示。

图7-67　　　　　　　　　　　　　　　图7-68

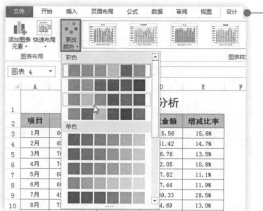

❿ 选中图表，"图表工具"→"设计"选项卡，在"图表样式"组中单击"更改颜色"按钮，打开下拉菜单，选取指定颜色如图7-69所示。

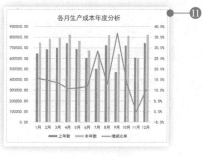

⓫ 单击一次鼠标即可应用到图表上，效果如图7-70所示。在图表中可以直观地查看各月生产成本，如图7-70所示。

图7-69　　　　　　　　　　　　　　　图7-70

7.4.4 利用 GROWTH 函数预测成本

成本预测是指企业根据前期产品成本相关数据，结合一些影响成本变化的变动因素对未来产品成本的测算。成本的预测可以帮助管理者在产品定价、资源分配、优化产品组合等方面做出正确的经营决策。我们下面向你讲解如何使用GROWTH函数进程产品成本预测。

❶ 插入工作表，将其重命名为"GROWTH函数预测成本"，在工作表中输入前期历史成本额，并建立相关的求解标识，如图7-71所示。

❷ 在F5单元格中输入公式："=GROWTH(C4:C12,B4:B12,E5)"，按〈Enter〉键得到10月预测成本额，如图7-72所示。

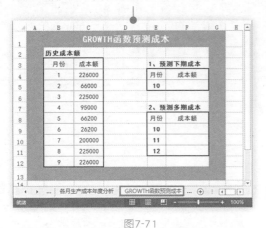

图7-71

图7-72

❸ 同时选中F9:F11单元格区域，在公式编辑栏中输入公式："=GROWTH(C4:C12,B4:B12,E8:E10)"，同时按〈Ctrl+Shift+Enter〉组合键可同时得到10-12月份预测成本额，如图7-73所示。

图7-73

> **提示** 另外,对于成本的预测,除了可以使用 GROWTH 函数外, TREND 函数与 FORECAST 函数也可以达到预测的目的, 其用法基本相同。

7.4.5 利用因素分析法预测产品成本

因素分析法是利用历史的成本数据，同时分析预测期影响成本的各种因素，分析出主要成本与上年相比的降低额和降低率，进而计算得出预测期的产品成本。具体操作方法如下所示：

❶ 插入工作表，将工作表标签重命名为"因素分析法预测成本"，在工作表中输入上年生产成本中直接材料、直接人工、制造费用各占的比例；输入影响成本各因素的预测变动值，并建立预测成本额的各项求解标识，如图7-74所示。

图7-74

❷ 在F4单元格中输入公式："=(1-(1-C13)
*(1+C14))*C4"，按〈Enter〉键，即可
计算出直接材料的成本降低率，如图7-75
所示。

图7-75

直接材料成本额的高低取决于原材料的单价和生产过程中原材料的消耗定额。其成本降低率的计算公式为：成本降低率 =[1-（1- 原材料消耗定额降低率）×（1± 原材料价格升降率）]× 原材料成本占产品成本的百分比。

❸ 在F5单元格中输入公式："=(1-(1+C12)/
(1+C11))*C5"，按〈Enter〉键，即可计算
出直接人工的成本降低率，如图7-76所示。

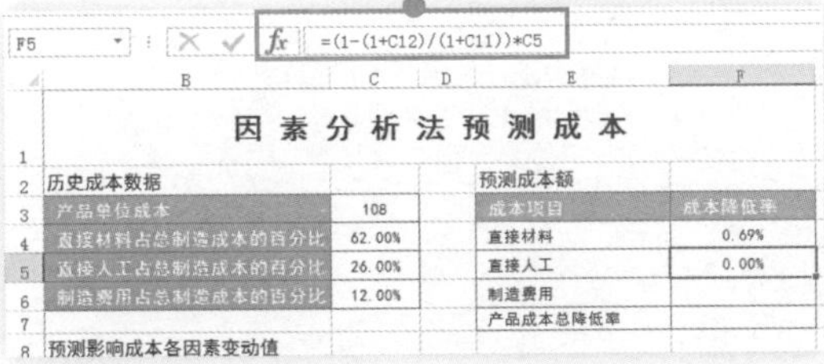

❹ 在F6单元格中输入公式："=(1-(1+C15)/
(1+C10))*C6"，按〈Enter〉键，即可计算
出直接人工的成本降低率，如图7-77所示。

图7-76

图7-77

提示 制造费用指企业中各个部门为组织生产和管理生产而发生的各项间接费用。其成本降低率的计算公式为：成本降低率 =[1-（1+ 制造费用增长率）/（1+ 产量增加的百分比）]× 制造费用占产品成本的百分比。

❺ 在F7单元格中输入公式："=SUM(F4:F6)"，
按〈Enter〉键，即可计算出产品成本总降低
率，如图7-78所示。

❻ 在F9单元格中输入公式："=C3*C9"，按
〈Enter〉键，即可计算出预测产量按上年单
位成本计算的总成本，如图7-79所示。

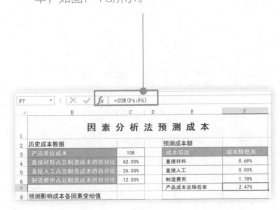

图7-78

图7-79

❼ 在F11单元格中输入公式："=F7*F9"，按〈Enter〉键，即可计算出产品成本总降低额，如图7-80所示。

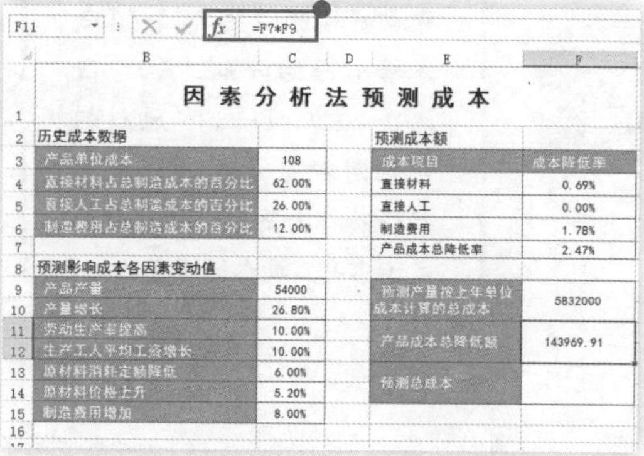

❽ 在F13单元格中输入公式："=F9-F11"，按〈Enter〉键，即可计算出预测总成本，如图7-81所示。

图7-80

图7-81

第 **8** 章 公司销售收入管理

刚才领导过来问我这个月销售额情况，可是销售额我都还没有统计呢，又给挨批了一顿……

领导只有随时了解销售收入的情况，才能及时准确地制定生产经营计划，组织好生产销售，保证销售收入的实现。你的工作不到位当然得挨批……每天销售部拿过来的销售单据，你当天就要给统计出来啊，这样也方便后续对销售数据进行分析啊。

8.1 制作流程

无论是工业企业还是商品流通企业，都会涉及产品的销售问题。销售数据是企业可以获取的第一手资料，通过对销售数据的统计分析，不但可以统计本期销售收入，还可以及时发现生产经营中的问题。

本章我们将从制作产品基本信息表，销售单据、产品记录表等七项任务入手，向你介绍与公司销售收入管理相关的各项知识与技能，如图8-1所示。

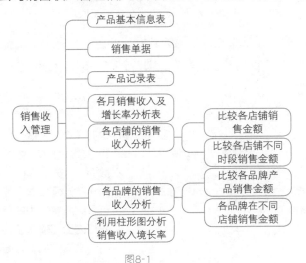

图8-1

在进行销售收入管理时，我们会用到相关表格，也会对表格进行分析。下面我们可以先来看一下相关表格以及分析结果的效果图，如图8-2所示。

产品基本信息表

编码	品牌	名称	颜色	单位	零售单价
A-001	初音	带帽带褶超款羽绒服	3色	件	1220
A-002	初音	低领烫金毛衣	2色	件	268
A-003	初音	毛呢短裙	黑色	条	150
A-004	初音	泡泡袖风衣	3色	件	480
A-005	初音	OL风长款毛呢外套	卡其	件	1220
A-006	初音	蕾丝草飘袖冬装裙	淡蓝	件	200
A-007	初音	修身荷花外套裙	3色	件	450
B-001	靓影	热卖混搭超值三件套	2色	套	1220
B-002	靓影	修身低腰牛仔裤	黑色	条	168
B-003	靓影	OL气质风衣	3色	件	588
B-004	靓影	原创立领超袖长款喇大衣	2色	件	565
B-005	靓影	复古双排扣毛呢加厚短外套	黑白	件	450
B-006	靓影	韩版V领修身中长款毛衣	蓝灰	件	289
B-007	靓影	绣花衬衫（加厚）	3色	件	259
C-001	不语	渐变高领打底衣	3色	件	255
C-002	不语	甜美V领针织毛呢连衣裙	蓝	件	599
C-003	不语	加厚桃皮绒休闲裤	2色	件	179
C-004	不语	镶毛毛裙摆式羊毛大衣	蓝色	件	400
C-005	不语	韩版收腰长保暖棉服棉衣	黑灰	件	345
C-006	不语	女装带帽字母卫衣	3色	件	125
C-007	不语	磨白瘦腿铅笔牛仔裤	蓝色	条	128

产品基本信息表

销售单据

10月份产品销售记录表

产品销售记录表

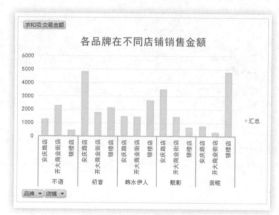

各品牌在不同店铺销售金额

图8-2

8.2 新手基础

　　在Excel 2013中进行销售收入管理需要用到的知识点除了包括前面章节中介绍过的知识点外还包括：输入相同数据、数据透视表、数据透视图等！学会这些知识点，进行日记账管理时会更得心应手！

8.2.1 在不连续单元格中输入相同数据

　　我们在编制报表时，有时需要在不连续的单元格中输入相同的数据，如果一个一个地去输入或者使用复制粘贴的方法都是比较麻烦的事。那么有没有更好的办法呢？这里使用鼠标配合〈Ctrl〉键即可一次性快速输入。具体操作如下：

▲	A	B	C
1	日期	店铺	编码
2	10/1		A-003
3	10/1		A-004
4	10/1		B-001
5	10/1		B-002
6	10/1		C-001
7	10/1		C-002
8	10/2		C-003
9	10/2		C-004
10			

图8-3

❶ 选中首个要输入相同数据的单元格，按住〈Ctrl〉键依次单击要输入数据的单元格，如图8-3所示。

▲	A	B	C
1	日期	店铺	编码
2	10/1	安庆路店	A-003
3	10/1		A-004
4	10/1	安庆路店	B-001
5	10/1		B-002
6	10/1		C-001
7	10/1		C-002
8	10/2	安庆路店	C-003
9	10/2		C-004
10			

图8-4

❷ 松开〈Ctrl〉键，并输入需要的文本数据。按〈Ctrl+Enter〉组合键，即可看到所有选中的单元格内全部输入了相同的文本数据，如图8-4所示。

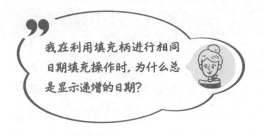

我在利用填充柄进行相同日期填充操作时，为什么总是显示递增的日期？

8.2.2　在连续区域填充相同日期

在默认设置下，当我们对诸如项目序号、日期等数据进行填充时，Excel 2013会自动对这些数据进行序列填充，但是在实际工作中我们有时需要在多个连续单元格中一次性填充相同的数据，此时我们可以选择通过下面方法来实现。

❶ 在A2单元格中输入首个日期，如"2015/10/1"，选中A2单元格，将光标定位于A2单元格的右下角，当出现黑色十字形时，按住〈Ctrl〉键不放，向下拖动光标，如图8-5所示。

❷ 拖动到填充结束时，释放鼠标与〈Ctrl〉键，可以得到填充相同日期的效果，如图8-6所示。

	A	B	C	D
1	日期	店铺	编码	产品名称
2	2015/10/1	安庆路店	A-003	毛呢短裙
3		银楼店	A-004	泡泡袖风衣
4		安庆路店	B-001	热卖混搭超值三件套
5		银楼店	B-002	修身低腰牛仔裤
6		开大商业街店	C-001	渐变高领打底毛衣
7		开大商业街店	C-002	甜美V领针织毛呢连衣裙
8	2015/10/1		C-003	加厚桃皮绒休闲裤
9		开大商业街店	C-004	镶毛毛裙摆式羊毛大衣
10				
11				

图8-5

	A	B	C	D
1	日期	店铺	编码	产品名称
2	2015/10/1	安庆路店	A-003	毛呢短裙
3	2015/10/1	银楼店	A-004	泡泡袖风衣
4	2015/10/1	安庆路店	B-001	热卖混搭超值三件套
5	2015/10/1	银楼店	B-002	修身低腰牛仔裤
6	2015/10/1	开大商业街店	C-001	渐变高领打底毛衣
7	2015/10/1	开大商业街店	C-002	甜美V领针织毛呢连衣裙
8		大路店	C-003	加厚桃皮绒休闲裤
9		开大商业街店	C-004	镶毛毛裙摆式羊毛大衣
10				

图8-6

8.2.3　设置数据透视表以大纲形式显示

数据透视表默认使用的是以压缩形式显示的布局，这种布局有时不利于我们查找数据。例如下例中数据透视表设置了双行标签（图8-7），我们在压缩布局下不能一目了然区分哪些数据属于一月份数据，此时我们则可以设置让其显示为大纲形式（图8-8），从而让统计结果更加便于查看。具体操作如下：

	A	B
3	行标签 ▼	求和项:金额
4	⊟1月	34845.4
5	TGD-01004020529	3420
6	TGD-01004020539	468
7	TGD-01004020720	8870.4
8	TGD-01004020725	2240
9	TGD-01004020726	640
10	TGD-01004020729	1368
11	TGD-01004020730	1743
12	TGD-01004022201	8400
13	TGD-01004022202	2520
14	TGD-01004022206	3556
15	TGD-01004022208	360
16	TGD-01004022209	1260
17	⊞2月	13487.82

图8-7

	A	B	C
3	日期 ▼	编号 ▼	求和项:金额
4	⊟1月		34845.4
5		TGD-01004020529	3420
6		TGD-01004020539	468
7		TGD-01004020720	8870.4
8		TGD-01004020725	2240
9		TGD-01004020726	640
10		TGD-01004020729	1368
11		TGD-01004020730	1743
12		TGD-01004022201	8400
13		TGD-01004022202	2520
14		TGD-01004022206	3556
15		TGD-01004022208	360
16		TGD-01004022209	1260
17	⊞2月		13487.82

图8-8

图8-9

选中数据透视表行字段的任意单元格，在"设计"选项卡"布局"组中单击"报表布局"下拉按钮，展开下拉菜单，选择"以大纲形式显示"，如图8-9所示。

8.2.4 为数据透视图添加数据标签

Excel数据透视图以其直观的展示功能深受用户喜爱，但有些初学者对于生成图表后如何添加数据标签有所困扰。添加数据标签后，可以清晰地看到数据的大小，具体操作如下。

❶ 选中图表，单击"图表元素"按钮，打开下拉菜单，单击"数据标签"右侧按钮，在子菜单中单击"更多选项"（图8-10），打开"设置数据标签格式"窗格。

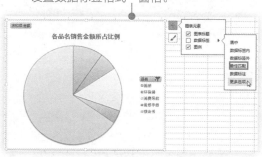

图8-10

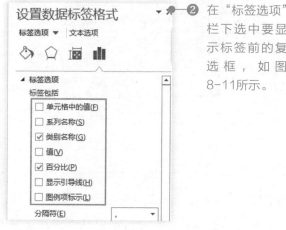

图8-11

❷ 在"标签选项"栏下选中要显示标签前的复选框，如图8-11所示。

❸ 完成上述操作后效果如图8-12所示。

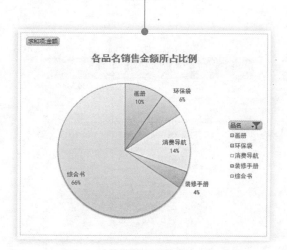

图8-12

8.2.5 排序销售金额

利用数据透视表得出统计结果后也可以对结果数据进行排序，从而直观比较数据的大小。要实现按数值字段进行排序，关键在于根据实际需要选中目标单元格，然后执行排序命令即可。具体操作如下：

❶ 当前需要对各部门的总
　支出金额进行排序，要
　选中"求和项:金额"列
　下的任意单元格，如图
　8-13所示。

❷ 单击"数据"选项卡，
　在"排序和筛选"组中
　单击"升序"按钮，即
　可显示出排序结果，如
　图8-14所示。

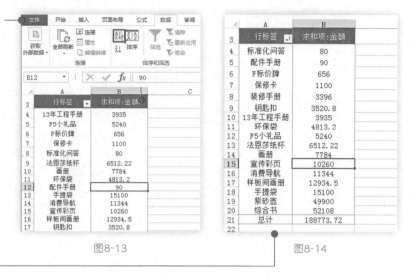

图8-13　　　　　　　图8-14

8.2.6　将销售金额按月汇总

在本例中数据透视表中按销售日期统计了销售金额（其中一个月中包含多个销售日期），用户可以根据需要将销售金额按月进行汇总。具体操作如下：

❶ 选中"销售日期"标识下任意
　单元格，在"数据透视表工具
　→分析"选项卡下，单击"分
　组"选项组中"组选择"按钮
　（图8-15），打开"组合"对话
　框。

❷ 在"步长"列表中选中
　"月"，单击"确定"按
　钮，如图8-16所示。

❸ 完成上述操作可以看
　到数据透视表即可按
　月汇总统计结果，如
　图8-17所示。

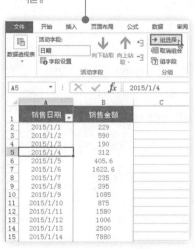

图8-15

图8-16

图8-17

8.2.7　刷新数据透视表

默认情况下，当重新打开工作簿时，透视表数据将自动更新。在不重新打开工作薄的情况下，在原工作表的数据更改后，其刷新操作如下。

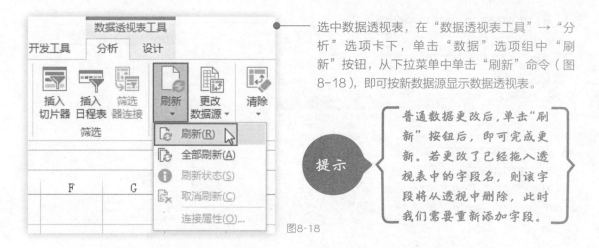

选中数据透视表，在"数据透视表工具"→"分析"选项卡下，单击"数据"选项组中"刷新"按钮，从下拉菜单中单击"刷新"命令（图8-18），即可按新数据源显示数据透视表。

> **提示**
>
> 普通数据更改后，单击"刷新"按钮后，即可完成更新。若更改了已经拖入透视表中的字段名，则该字段将从透视中删除，此时我们需要重新添加字段。

图8-18

8.2.8 删除数据透视表

当数据透视表的数据源数据量非常大时，由于庞大的数据源或数据透视表缓存会增大工作簿文件体积，因而在完成数据分析后，我们可以将数据透视表转换为普通的报表，仅保留数据透视表的分析结果，而将数据透视表删除，删除数据透视表的具体操作如下。

选择数据透视表任意单元格，在"数据透视表工具"→"分析"选项卡下，单击"操作"组中"选择"下拉按钮，在下拉菜单中单击"整个数据透视表"命令（图8-19），选中整个数据透视表。按键盘上的"Delete"键，即可删除整张工作表。

图8-19

8.2.9 启用次坐标轴

次坐标轴通常用于一张图表中需要表达两种不同的数据的情况下，例如在下例中由于"增长（减少）比率"数据系列为百分比值，与其他数据系列相差太大（图8-20），此时必须要启用次坐标轴才能清晰地在表达利润的同时表达增长百分比。启用次坐标轴的方法如下所示：

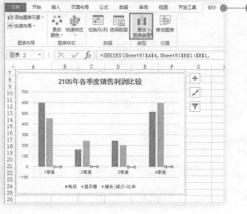

❶ 在图表中选中"增长（减少）比率"数据系列，单击"图表工具→设计"选项卡，在"类型"选项组中单击"更改图表类型"按钮（图8-21），打开"更改图表类型"对话框。

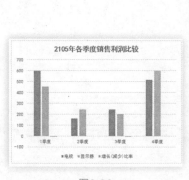

图8-20   图8-21

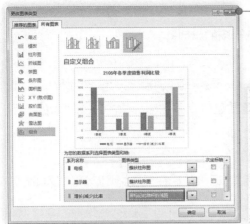

图8-22

❷ 在"为您的数据系列选择图表类型和轴"下单击"增长（减少）比率"设置框下拉按钮，在下拉菜单中选择要更改的图表类型，如图8-22所示。

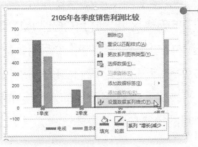

图8-23

❸ 保持"增长率"系列的选中状态，单击鼠标右键，选择"设置数据系列格式"命令（图8-23），打开"设置数据系列格式"窗格。

❹ 在"系列选项"栏下选中"次坐标轴"单选项，如图8-24所示。

图8-24

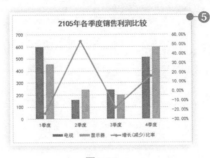

图8-25

❺ 设置完成后，可以看到图表数据系列都可完整显示，次坐标轴刻度显示为百分比，"增长（减少）比率"数据系列沿着次数值绘制，如图8-25所示。

8.2.10　INT 函数（将数字向下舍入到最接近的整数）

【函数功能】INT函数用于将指定数值向下取整为最接近的整数。

【函数语法】INT(number)

◆ Number：表示要进行计算的数值。

运用INT函数，可以帮助我们对平均销售量取整。

如图8-26所示表格统计了各店铺的销售量，下面需要计算几个店铺的平均销售量，并运用INT函数将结果舍去小数部分。具体操作如下：

在B6单元格中输入公式："=INT(AVERAGE(B2:B5))"，按〈Enter〉键即可对计算出的产品平均销售件数进行取整，如图8-27所示。

	A	B
1	店铺	销售数量
2	A店	3500
3	B店	3000
4	C店	3400
5	D店	1600
6	E店	3600
7		

图8-26

B8			f_x	=INT(AVERAGE(B2:B6)

	A	B	C	D
1	店铺	销售数量		
2	A店	3500		
3	B店	3000		
4	C店	3400		
5	D店	1600		
6	E店	3600		
7				
8	平均销量	3020		
9				
10				

图8-27

8.2.11 COLUMN 函数（返回给定引用的列标）

【函数功能】COLUMN函数表示返回指定单元格引用的序列号。

【函数语法】COLUMN([reference])

◆ Reference：可选。要返回其列号的单元格或单元格区域。如果省略参数reference或该参数为一个单元格区域，并且COLUMN函数是以水平数组公式的形式输入的，则COLUMN函数将以水平数组的形式返回参数reference的列号。

运用COLUMN函数，可以帮助我们实现隔列计算销售金额。

如图8-28所示的表格，统计了员工前六个月的销售记录，现在需要运用COLUMN函数计算2、4、6这三个月的销售总额。具体计算方法如下所示：

	A	B	C	D	E	F	G
1	姓名	1月	2月	3月	4月	5月	6月
2	胡莉	35.3	18.8	36.7	30.3	33.5	18.5
3	王青	33.6	18.3	34.4	18.3	34.1	18.5
4	何以玫	35.3	30.3	18.8	18.6	33.3	33.3
5							
6							

图8-28

公式解析

先使用 COLUMN 函数返回指定单元格引用的序列号：2 月、4 月、6 月序列。再用 MOD 函数求两个数值相除后的余数。再用 IF 函数根据指定的条件来判断其"真"（TRUE）、"假"（FALSE），确定相应的内容。最后利用 SUM 函数将得出的内容计算总和。

❶ 在H2单元格中输入公式："=SUM(IF(MOD(COLUMN($A2:$G2),2)=0,$B2:$G2))"，按〈Ctrl+Shift+Enter〉组合键，可统计C2、E2、G2单元格之和，如图8-29所示。

❷ 向下填充H2单元格的公式，即可计算出其他销售人员2、4、6月销售金额合计值，如图8-30所示。

| H2 | | | fx | {=SUM(IF(MOD(COLUMN($A2:$G2),2)=0, $B2:$G2))} |

	A	B	C	D	E	F	G	H
1	姓名	1月	2月	3月	4月	5月	6月	2\4\6月总金额
2	胡莉	35.3	18.8	36.7	30.3	33.5	18.5	67.6
3	王青	33.6	18.3	34.4	18.3	34.1	18.5	
4	何以玫	35.3	30.3	18.8	18.6	33.3	33.3	
5								
6								
7								

图8-29

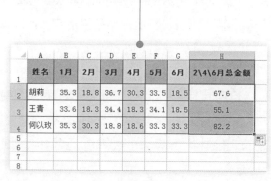

图8-30

8.3 表格创建

哎，销售部拿过来的销售单据都堆成一堆呢，到月底我又有的忙了！

为什么当日拿过来的单据你不将其统计出来呢，都累积到月底再来统计，不仅工作量大，而且还容易出错。

我们可以创建产品销售记录表，并每日对销售数据进行及时更新，这样不但可以减轻月底的工作量而且还能及时为领导的决策提供数据支持。

8.3.1　产品基本信息表

下面我们所创建产品基本信息表是为了方便后期对销售数据进行汇总。产品基本信息表中显示的是企业当前销售的所有产品的信息，当增加新产品或减少老产品时，都需要在此表格中增加或删除。具体制作方法如下所示：

新建工作簿，将其命名为“销售收入管理”。将Sheet1工作表重命名为“产品基本信息表”。设置好标题、列标识等，其中包括商品的编码、名称等基本信息，效果如图8-31所示。

编码	品牌	名称	颜色	单位	零售单价
A-001	初音	带腰带短款羽绒服	3色	件	1220
A-002	初音	低领烫金毛衣	2色	件	268
A-003	初音	毛呢短裙	黑色	条	150
A-004	初音	泡泡袖风衣	3色	件	480
A-005	初音	OL风长款毛呢外套	卡其	件	1220
A-006	初音	薰衣草飘袖冬装裙	淡蓝	件	200
A-007	初音	修身荷花袖外套	3色	件	450
B-001	靓影	热卖混搭超值三件套	2色	套	1220
B-002	靓影	修身低腰牛仔裤	黑色	条	168
B-003	靓影	OL气质风衣	3色	件	588
B-004	靓影	原创立领短袖长款呢大衣	2色	件	565
B-005	靓影	复古双排扣毛呢加厚短外套	黑白	件	450

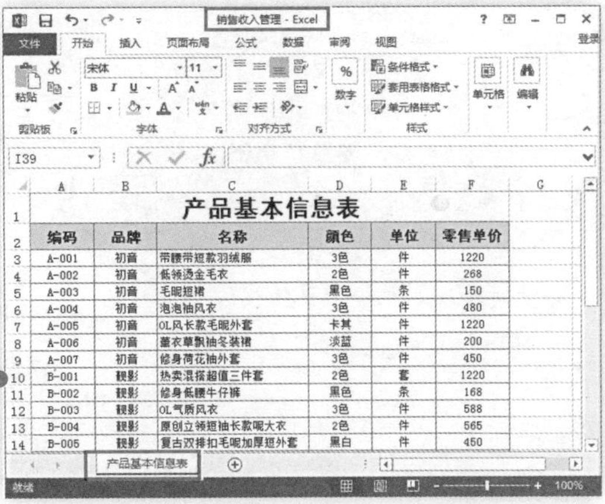

图8-31

8.3.2　销售单据

销售单据是客户在购买产品时，提供给客户的购物凭据。可以作为客户调换产品的凭证，也是所购产品的质保凭证。其具体制作方法如下所示：

❶ 插入工作表，将其重命名为“销售单据”，在工作表中创建如图8-32所示的表格。

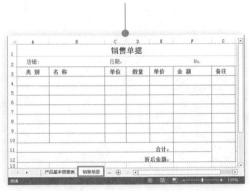

图8-32

❷ 选中G2单元格，为其设置文本格式。在G2单元格中输入编号，效果如图8-33所示。

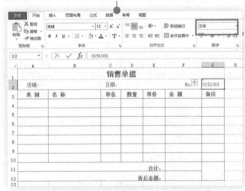

图8-33

❸ 在F11单元格中输入公式：“=SUM(F4:F10)”，按〈Enter〉键即可计算出合计金额（目前结果为0，因为在表格中没有输入数据），效果如图8-34所示。

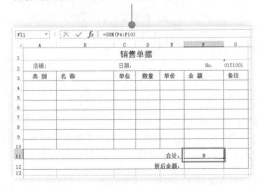

图8-34

❹ 在F12单元格中输入公式：“=IF(F11<=500,F11,IF(F11<=1000,F11*0.95,F11*0.9))”，按〈Enter〉键即可计算出折后金额（目前结果为0，因为在表格中没有输入数据），如图8-35所示。

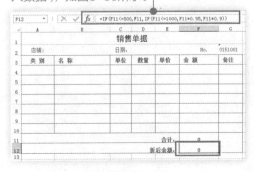

图8-35

在本例中我们设定公司折扣政策为如果单笔订单小于 500 元没有折扣，500～1000 元给予 95 折，大于 1000 元给予 9 折。

8.3.3 产品销售记录表

产品销售记录表记载了产品的销售日期、名称、销售数量、销售单价、销售金额等信息。

1. 创建产品销售记录表

产品日常销售过程中会形成各张销售单据，首先我们来学习如何在Excel 2013中建立产品销售记录表统计这些原始数据。

❶ 新建工作表，将其重命名为"产品销售记录表"。输入表格标题、列标识，对表格字体、对齐方式、底纹和边框设置，如图8-36所示。

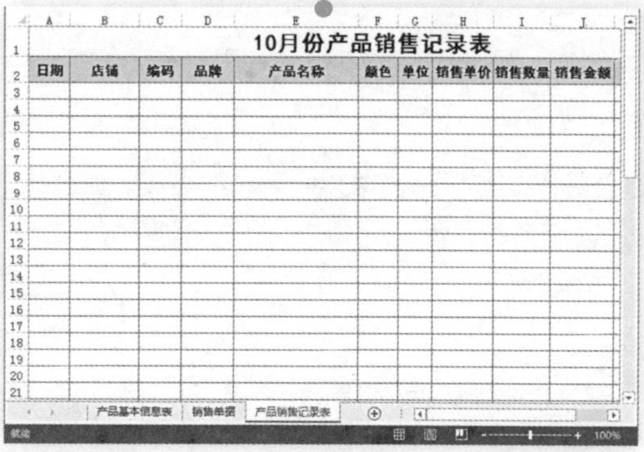

❷ 选中"日期"列单元格区域，打开"设置单元格格式"对话框。选择"日期"分类，并选择"3/14"类型，如图8-37所示，单击"确定"按钮。

图8-36

图8-37

❸ 完成上述操作后输入日期时显示效果如图8-38所示。

图8-38

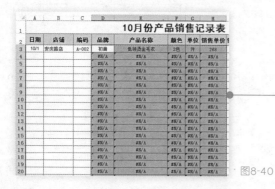

图8-40

❹ 输入第一条销售记录的日期、店铺、编码与销售数量。在D3单元格中输入公式："=VLOOKUP($C3,产品基本信息表!$A$2:$F$100,COLUMN(B1))"，按〈Enter〉键可根据C3单元格中的编码返回品牌，如图8-39所示。

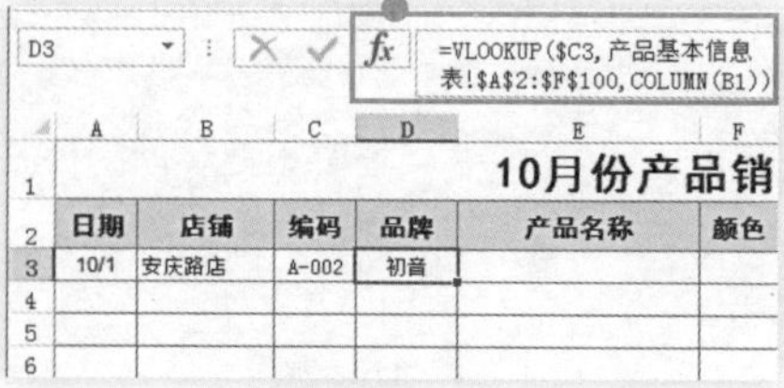

图8-39

❺ 选中D3单元格，向右复制公式到H3单元格，可一次性返回C3单元格中指定编码的产品名称、颜色、单位、销售单价。接着选中D3:H3单元格区域，向下复制公式，如图8-40所示。

公式解析

在“产品基本信息表 !$A$2:$F$100”单元格区域的首列中找 C3 单元格的值，找到后返回对应在“COLUMN(B1)”（返回值为 2）指定列上的值。
这个公式的关键在于对单元格引用方式的使用，由于建立的公式既需要向右复制又需要向下复制，所以必须正确设置引用方式才能在得出正确结果。“$C3”保障向右复制时列序号不变，向下复制时行序号能自动变化。“COLUMN(B1)”返回的值依次为“2、3、4”，这正是我们需要指定的返回值的位置。

为什么这里除了第一条记录都显示错误值了？

由于除了第一条记录输入了编码，其他“编码”列中还未输入编码，所以当前显示“#N/A”错误值。

10月份产品销售记录表

日期	店铺	编码	品牌	产品名称	颜色	单位	销售单价	销售数量	销售金额
10/1	安庆路店	A-002	初音	低领烫金毛衣	2色	件	268	2	
10/1	安庆路店	A-003	初音	毛呢短裙	黑色	条	150	1	
10/1	银樽店	A-004	初音	泡泡袖风衣	3色	件	480	1	
10/1	安庆路店	B-001	靓影	热卖混搭超值三件套	2色	套	1220	1	
10/1	银樽店	B-002	靓影	修身低腰牛仔裤	黑色	条	168	1	
10/1	开大商业街店	C-001	不语	渐变高领打底毛衣	3色	件	255	2	
10/1	开大商业街店	C-002	不语	甜美V领针织毛呢连衣裙	蓝	件	599	2	
10/2	安庆路店	C-003	不语	加厚桃皮绒休闲裤	2色	件	179	1	
10/2	开大商业街店	C-004	不语	镶毛毛裙摆式羊毛大衣	蓝色	件	400	1	
10/2	安庆路店	D-001	韩水伊人	开衫小鹿印花外套	印花	件	478	1	
10/2	银樽店	E-005	亲昵	大翻领卫衣外套	粉蓝	件	275	1	
10/3	银樽店	A-004	初音	泡泡袖风衣	3色	件	480	2	
10/3	安庆路店	A-005	初音	OL风长款毛昵外套	卡其	件	1220	1	
10/3	安庆路店	A-006	初音	薰衣草飘袖冬装裙	淡蓝	件	200	1	
10/3	银樽店	A-007	初音	修身荷花袖外套	3色	件	450	1	
10/3	开大商业街店	B-006	靓影	韩版V领修身中长款毛衣	蓝灰	件	289	2	
10/4	安庆路店	A-004	初音	泡泡袖风衣	3色	件	480	1	
10/4	安庆路店	A-005	初音	OL风长款毛昵外套	卡其	件	1220	1	
10/4	开大商业街店	A-006	初音	薰衣草飘袖冬装裙	淡蓝	件	200	1	
10/4	银樽店	B-007	靓影	绣花衬衫（加厚）	3色	件	259	2	
10/4	开大商业街店	C-003	不语	加厚桃皮绒休闲裤	2色	件	179	1	
10/4	银樽店	D-001	韩水伊人	开衫小鹿印花外套	印花	件	478	5	
10/4	安庆路店	D-002	韩水伊人	纯色蝙蝠袖外套	卡其	件	588	1	
10/4	银樽店	E-005	亲昵	大翻领卫衣外套	粉蓝	件	275	2	
10/5	银樽店	A-002	初音	低领烫金毛衣	2色	件	268	1	

图8-41

❻ 根据销售单据中的销售日期，依次输入销售产品的日期、店铺、编码、销售数量（这几项数据需要手工输入）。输入完成后，效果如图8-41所示。

2. 计算销售金额、折扣、交易金额

填入各销售单据的销售数量与销售单价后，下面我们要在产品销售记录表中，计算出各条记录的销售金额、折扣金额（是否存此项，可根据实际情况而定），以及最终的交易金额。具体操作如下：

❶ 在J3单元格中输入公式：“=I3*H3”，按〈Enter〉键，向下复制公式，即可计算出每条销售记录的销售金额，如图8-42所示。

J3　=I3*H3

品牌	产品名称	颜色	单位	销售单价	销售数量	销售金额	折扣
初音	低领烫金毛衣	2色	件	268	2	536	
初音	毛昵短裙	黑色	条	150	1	150	
初音	泡泡袖风衣	3色	件	480	1	480	
靓影	热卖混搭超值三件套	2色	套	1220	1	1220	
靓影	修身低腰牛仔裤	黑色	条	168	1	168	
不语	渐变高领打底毛衣	3色	件	255	2	510	
不语	甜美V领针织毛呢连衣裙	蓝	件	599	2	1198	
不语	加厚桃皮绒休闲裤	2色	件	179	1	179	
不语	镶毛毛裙摆式羊毛大衣	蓝色	件	400	1	400	
韩水伊人	开衫小鹿印花外套	印花	件	478	1	478	
亲昵	大翻领卫衣外套	粉蓝	件	275	1	275	
初音	泡泡袖风衣	3色	件	480	2	960	
初音	OL风长款毛昵外套	卡其	件	1220	1	1220	
初音	薰衣草飘袖冬装裙	淡蓝	件	200	1	200	
初音	修身荷花袖外套	3色	件	450	1	450	
靓影	韩版V领修身中长款毛衣	蓝灰	件	289	2	578	

图8-42

❷ 在K3单元格中输入公式：“=IF(I3>500,INT(J3*0.09),0)”，按〈Enter〉键，向下复制公式，即可计算出每条销售记录的折扣金额，如图8-43所示。

K3　=IF(H3>500,INT(J3*0.09),0)

产品名称	颜色	单位	销售单价	销售数量	销售金额	折扣	交易
低领烫金毛衣	2色	件	268	2	536	0	
毛昵短裙	黑色	条	150	1	150	0	
泡泡袖风衣	3色	件	480	1	480	0	
热卖混搭超值三件套	2色	套	1220	1	1220	109	
修身低腰牛仔裤	黑色	条	168	1	168	0	
渐变高领打底毛衣	3色	件	255	2	510	0	
甜美V领针织毛呢连衣裙	蓝	件	599	2	1198	107	
加厚桃皮绒休闲裤	2色	件	179	1	179	0	
镶毛毛裙摆式羊毛大衣	蓝色	件	400	1	400	0	
开衫小鹿印花外套	印花	件	478	1	478	0	
大翻领卫衣外套	粉蓝	件	275	1	275	0	
泡泡袖风衣	3色	件	480	2	960	0	
OL风长款毛昵外套	卡其	件	1220	1	1220	109	
薰衣草飘袖冬装裙	淡蓝	件	200	1	200	0	
修身荷花袖外套	3色	件	450	1	450	0	
韩版V领修身中长款毛衣	蓝灰	件	289	2	578	0	

图8-43

图8-44

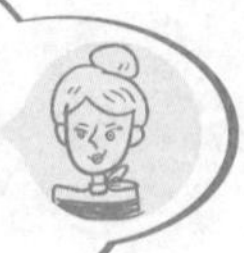

❸ 在L3单元格中输入公式："=J3-K3"，按〈Enter〉键，向下复制公式，即可计算出每条销售记录的最终交易金额，如图8-44所示。

本例中我们约定当单笔销售金额大于 500 时，折扣为 0.09，否则没有折扣。

8.3.4 各月销售收入及增长率分析表

为了查看一年中各月的销售收入变动情况以及销售收入增长率趋势，我们需要将各月的销售收入进行对比。下面介绍如何在Excel 2013中创建各月销售收入及增长率分析表格测算销售收入增率。

❶ 插入工作表，将其重命名为"各月销售收入及增长率分析"，在工作表中创建如图8-45所示的表格。

❷ 在C2单元格中输入0，接着在C3单元格中输入公式："=（B3-B2）/B2"，向下复制公式至C13单元格，计算出销售收入增长率，如图8-46所示。

图8-45

图8-46

8.4 数据分析

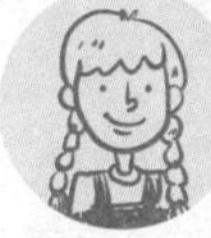

销售部领导刚找我，要我将这个月销售数据做个相关分析给他，说他要撰写经营销售收入分析报告，我这个可怎么弄啊……

这不刚好是你表现的机会吗，这个月的销售记录表你不是做好了么，完全可以在销售记录表的基础上运用之前学到的各项技能，快速的对本月的销售数据进行分析啊。下面我就向你讲解具体的分析方法。

8.4.1 各店铺的销售收入分析

创建了销售记录表之后，可以对各店铺的销售金额进行统计分析。

1. 比较各店铺销售金额

利用Excel 2013中的数据透视表分析工具可以快速地统计出各店铺的交易金额合计金额并对他们进行对比具体操作如下。

❶ 单击"产品销售记录表"中编辑区域的任意单元格，在"插入"选项卡下的"表格"组中单击"数据透视表"按钮（图8-47），打开"创建数据透视表"对话框。

❷ 在"选择一个表或区域"框中显示了选中的单元格区域，如图8-48所示单击"确定"按钮。

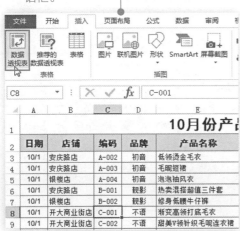

图8-47

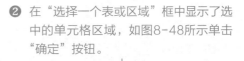

图8-48

图8-49

❸ 完成上述操作即可在新建的工作表中创建出空白的数据透视表，在新建的工作表上双击鼠标，输入名称为"比较各店铺销售金额"，如图8-49所示。

提示：如果数据源较小，维度较少，则可选择现有工作表中创建数据透视表；如果数据较大，维度较多，则可以选择在新建工作表中进行数据透视表的制作。

图8-50

❹ 设置"店铺"为行标签字段，设置"交易金额"为数值字段。可以看到数据透视表中统计了各个店铺的交易金额总计金额，如图8-50所示。

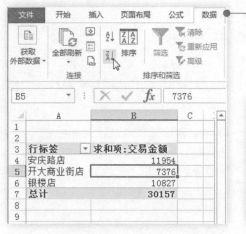

图8-51

⑤ 选中"交易金额"列任意单元格，单击"数据"选项卡，在"排序和筛选"组中单击"排序"选项组中的"降序"按钮，如图8-51所示。

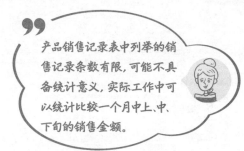

图8-52

⑥ 执行上述操作，即可对交易金额从大到小排序，从而很直观地看到"安庆路店"的销售收入最高，如图8-52所示。

2. 比较各店铺不同时段销售金额

利用Excel 2013中的数据透视表分析工具可以统计分时段的销售金额并对他们进行比较，具体操作方法如下。

> 产品销售记录表中列举的销售记录条数有限，可能不具备统计意义，实际工作中可以统计比较一个月中上、中、下旬的销售金额。

图8-53

❶ 用"产品销售记录表"中的数据创建数据透视表，设置"店铺"为行标签字段，设置"日期"为列标签字段，设置"交易金额"为数值字段。可以看到数据透视表中统计了各个店铺中各个日期的交易金额，如图8-53所示。

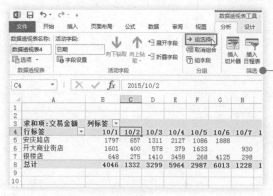

图8-54

❷ 选中列标签下任意单元格，切换到"数据透视表工具→分析"选项卡下，在"分组"选项组中单击"组选择"按钮（图8-54），打开"组合"对话框。

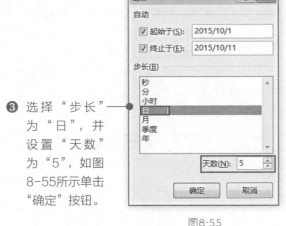

图8-55

❸ 选择"步长"为"日"，并设置"天数"为"5"，如图8-55所示单击"确定"按钮。

❹ 完成上述操作可以看到销售日期分组显示（间隔5天）。切换到"数据透视表工具→分析"选项卡，在"工具"选项组中单击"数据透视图"按钮，如图8-56所示。

图8-56

❺ 打开"插入图表"对话框，选择"簇状圆柱图"类型，如图8-57所示，单击"确定"按钮。

图8-57

❻ 完成上述操作即可新建数据透视图，可以在图表标题编辑框中重新输入图表名称，如图8-58所示。从图表中可以看出上旬比中旬的销售金额高。

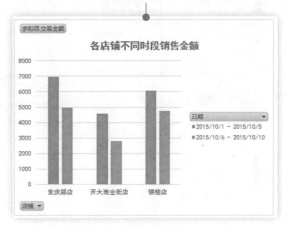

图8-58

8.4.2　各品牌的销售收入分析

下面可以对各品牌产品的销售金额进行统计分析。

1．比较各品牌产品销售金额

利用Excel 2013中的数据透视表分析工具可以快速地统计出各品牌产品销售金额。

❶ 单击"产品销售记录表"中编辑区域的任意单元格，在"插入"选项卡下的"表格"组中单击"数据透视表"按钮（图8-59），打开"创建数据透视表"对话框。

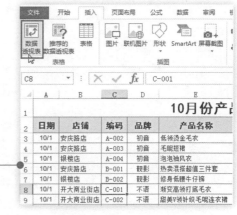

图8-59

❷ 在"选择一个表或区域"框中显示了选中的单元格区域，如图8-60所示，单击"确定"按钮。

图8-60

❸ 完成上述操作即可在新建工作表中创建出空白的数据透视表，将工作表标签重命名为"比较各品牌产品销售金额"，设置"品牌"为行标签字段，"交易金额"为数值字段，如图8-61所示。

图8-61

❹ 选中"交易金额"列任意单元格，单击"数据"选项卡，在"排序和筛选"组中单击"排序"选项组中的"降序"按钮，如图8-62所示。可以让交易金额按降序排列。

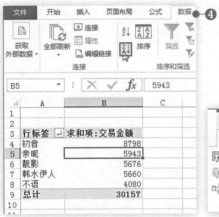

图8-62

❺ 选中数据透视表任意单元格，单击"数据透视表工具→分析"选项卡，单击"工具"组中的"数据透视图"按钮，如图8-63所示。

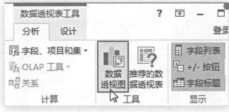

图8-63

❻ 打开"插入图表"对话框，选择图表类型，如图8-64所示，单击"确定"按钮。

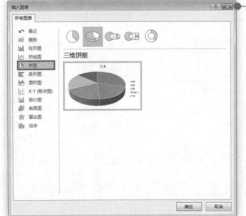

图8-64

❼ 完成上述操作即可新建数据透视图，如图8-65所示。我们可以在图表标题编辑框中重新输入图表名称。

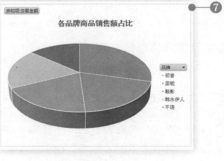

图8-65

⑧ 选中图表，单击"图表元素"按钮，打开下拉菜单，单击"数据标签"右侧按钮，在子菜单中单击"更多选项"（图8-66），打开"设置数据标签格式"窗格。

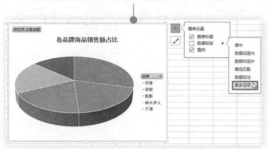

图8-66

图8-67

⑨ 在"标签包括"栏下选中要显示标签前的复选框，这里选中"类别名称"、"百分比"，如图8-67所示单击"关闭"按钮。

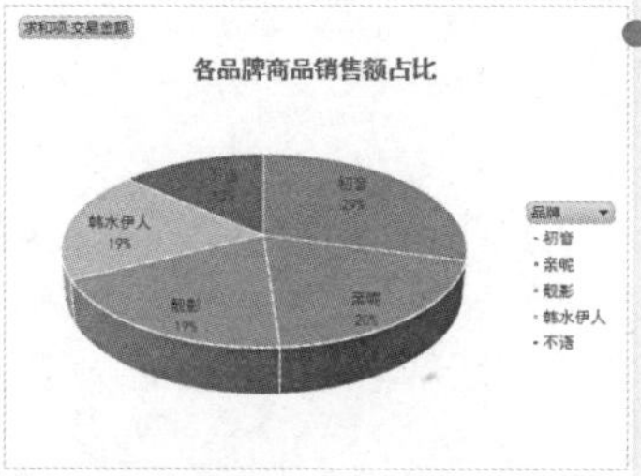

图8-68

⑩ 完成上述操作后进一步完善，效果如图8-68所示。

2. 各品牌在不同店铺销售金额

利用Excel 2013中的数据透视表可以快速地统计出各品牌在不同店铺销售金额，具体操作如下。

❶ 用"产品销售记录表"中的数据创建数据透视表，设置"品牌"和"店铺"为行标签字段，设置"交易金额"为数值字段。可以看到数据透视表中统计了各个品牌商品在不同店铺的销售金额，如图8-69所示。

图8-69

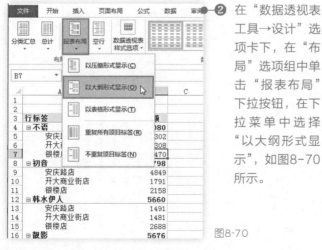

❷ 在"数据透视表工具→设计"选项卡下，在"布局"选项组中单击"报表布局"下拉按钮，在下拉菜单中选择"以大纲形式显示"，如图8-70所示。

图8-70

❸ 执行上述操作，可以让数据透视表的显示效果更直观，如图8-71所示。

图8-71

❹ 切换到"数据透视表→分析"选项卡，在"工具"选项组中单击"数据透视图"按钮，如图8-72所示。

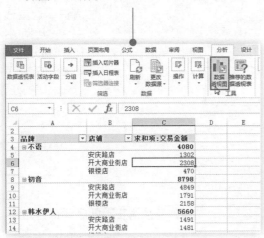

图8-72

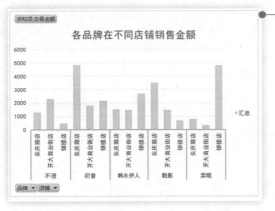

图8-74

❺ 打开"插入图表"对话框，选择"簇状柱形图"类型，如图8-73所示单击"确定"按钮。

图8-73

❻ 完成上述操作即可新建数据透视图，可以在图表标题编辑框中重新输入图表名称，如图8-74所示。从图表中可以直观看到每个品牌在各个店铺的销售情况。

8.4.3 利用柱形图分析销售收入增长率

在Excel 2013中可以建立柱形图，并绘制增长率折线图来查看一年中销售收入增长率的变化趋势。

❶ 打开8.3.4节中所制作"各月销售收入及增长率分析"工作表，选择A2：B13单元格区域，单击"插入"选项卡下"图表"选项组中的"插入柱形图"按钮，在下拉列表中选择"簇状柱形图"子图表类型，如图8-75所示。

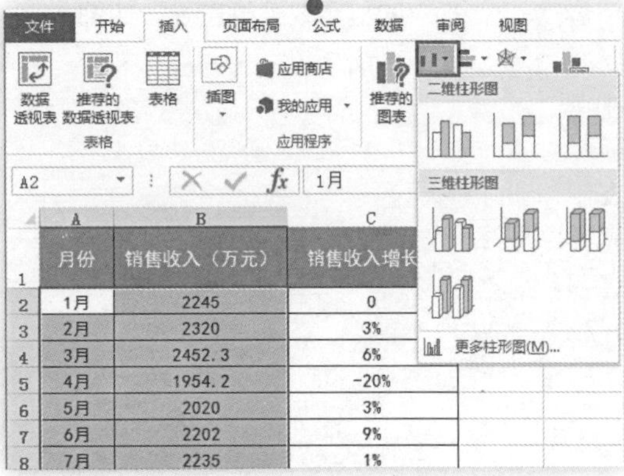

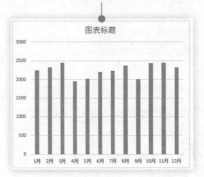

图8-75

❷ 返回工作表中，系统根据选中的数据源和图形样式在工作表中创建柱形图，如图8-76所示。

图8-76

❸ 单击"设计"选项卡下"数据"选项组中
  "选择数据"按钮，打开"选择数据源"对
  话框，在对话框中单击"添加"按钮，如图
  8-77所示。

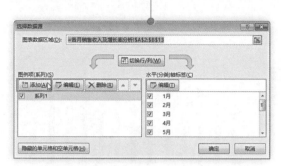

图8-77

❺ 返回"选择数据源"对话框中，在"水平
  （分类）轴标签"区域单击"编辑"按钮，打
  开"轴标签"对话框，设置"轴标签区域"
  为单元格区域A2：A13，如图8-79所示。

图8-79

❻ 连续两次单击"确定"按钮返回到工作表中，右
  键单击添加的数据系列，在弹出的菜单中选择
  "设置数据系列格式"命令，如图8-80所示。

❼ 在打开的"设置数据系列格式"窗格中的"系
  列绘制在"区域中单击选中"次坐标轴"单选
  按钮，如图8-81所示，单击"关闭"按钮。

图8-81

❹ 在"系列名称"框中输入"增长率"，单击
  "系列值"右侧的按钮选择C2：C13单元格区
  域，如图8-78所示。

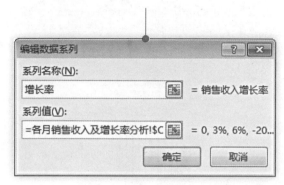

图8-78

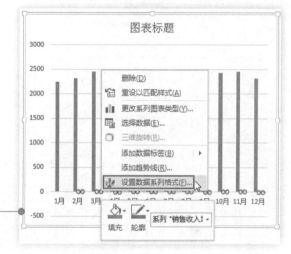

图8-80

❽ 右键单击"增长率"数据系列，在弹出的菜
  单中选择"更改系列图表类型"命令（图
  8-82），打开"更改图表类型"对话框。

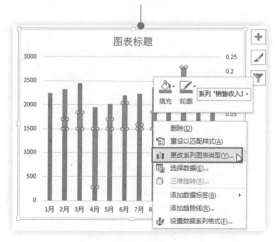

图8-82

❾ 在"为您的数据系列选择图表类型和轴"下单击"增长率"设置框下拉按钮，在下拉菜单中选择要更改的图表类型，如图8-83所示单击"确定"按钮。

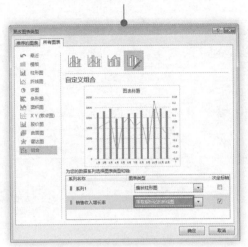

图8-83

❿ 返回工作表中，此时可以看到"增长率"数据系列更改为折线图显示效果，并绘制在次坐标轴上，如图8-84所示。

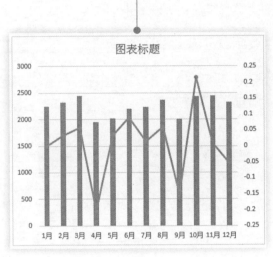

图8-84

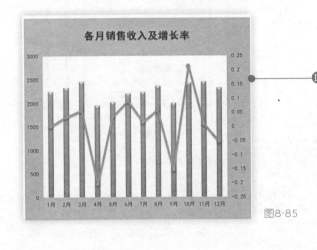

图8-85

⓫ 更改图表标题为"各月销售收入及增长率"，对图表区格式进行设置，可以从图表中比较各月销售收入的同时，也可以比较销售收入的增长率，如图8-85所示。

第 **9** 章　公司销售利润管理

利润永远是商业经济活动中的终极目标。面对现在超低利润的产品销售局面，真是让人一筹莫展啊……

所以我们需要从不同的角度分析销售数据对销售利润的影响。
只有通过分析才可以查找出影响销售利润的具体原因，才能为公司设计增加销售利润的有效方法，做一些我们力所能及的事情。

9.1 制作流程

销售利润永远是商业经济活动中的终极目标，没有足够的利润企业就无法继续生存，没有足够的利润，企业就无法继续扩大发展。它是企业利润的主要组成部分，也是放映企业产品生产、成本和销售工作的综合性指标。

本章我们将从销售利润结构分析、销售利润变动趋势分析、销售利润相关性分析等七个方面出发向你介绍与公司销售利润管理相关的知识与技能，如图9-1所示。

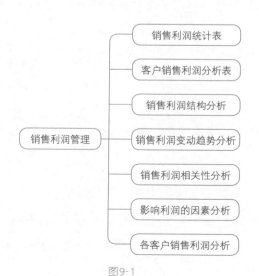

销售利润管理
- 销售利润统计表
- 客户销售利润分析表
- 销售利润结构分析
- 销售利润变动趋势分析
- 销售利润相关性分析
- 影响利润的因素分析
- 各客户销售利润分析

图9-1

在进行销售利润管理时，我们需要创建原始统计表，也包括数据分析计算表。下面我们可以先来看一下相关表格的效果图，如图9-2所示。

销售利润统计表

月份	销售收入	销售成本	销售费用	销售税金	销售利润	利润排名
1月	22000.00	7903.50	352.02	300.36	13444.12	1
2月	20900.00	8023.50	353.25	643.22	11880.03	4
3月	22528.00	8352.40	452.02	668.56	13055.02	2
4月	19562.00	7225.50	402.32	563.25	11370.93	5
5月	9623.00	7228.80	420.35	356.25	1617.60	12
6月	18523.00	7885.60	482.36	528.65	9626.39	6
7月	22252.00	7925.80	585.25	695.22	13045.73	3
8月	16536.00	8324.20	685.23	805.25	6721.32	7
9月	8526.00	3582.40	569.24	245.22	4129.14	11
10月	8027.00	3234.60	352.65	223.22	4216.53	10
11月	9523.00	4252.50	342.22	356.58	4571.70	8
12月	9868.00	4560.00	378.26	358.25	4571.49	9
合计	187868.00	78498.80	5375.17	5744.03	98250.00	

销售利润统计表

客户销售利润分析

客户名称	销售收入	销售利润	利润率	排名
A客户	￥550,126.00	￥30,492.32	5.54%	3
B客户	￥519,958.00	￥109,633.39	21.09%	2
C客户	￥222,212.00	￥99,245.52	44.66%	1
D客户	￥810,425.00	￥37,056.52	4.57%	4
E客户	￥566,184.00	￥21,253.25	3.75%	5
合计	￥2,668,905.00	￥297,681.00		

客户销售利润分析表

销售利润统计表

月份	销售收入	销售成本	销售费用	销售税金	销售利润
1月	22000.00	7903.50	352.02	300.36	13444.12
2月	20900.00	8023.50	353.25	643.22	11880.03
3月	22528.00	8352.40	452.02	668.56	13055.02
4月	19562.00	7225.50	402.32	563.25	11370.93
5月	9623.00	7228.80	420.35	356.25	1617.60
6月	18523.00	7885.60	482.36	528.65	9626.39
7月	22252.00	7925.80	585.25	695.22	13045.73
8月	16536.00	8324.20	685.23	805.25	6721.32
9月	8526.00	3582.40	569.24	245.22	4129.14
10月	8027.00	3234.60	352.65	223.22	4216.53
11月	9523.00	4252.50	342.22	356.58	4571.70
12月	9868.00	4560.00	378.26	358.25	4571.49
合计	187868.00	78498.80	5375.17	5744.03	98250.00

销售利润相关性分析表

项目	a	b	回归方程	相关系数	状态
利润与收入相关性分析	0.69	-2612.77	Y=0.00X+0.69	0.964024404	正常
利润与成本相关性分析	1.49	-1579.07	Y=0.00X+1.49	0.692819124	正常
利润与费用相关性分析	0.66	7890.15	Y=0.00X+0.66	0.017195497	异常
利润与税金相关性分析	12.20	2347.51	Y=0.00X+12.20	0.554449672	正常

销售利润相关性分析

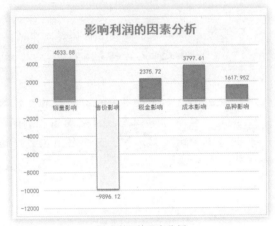

影响利润的因素分析

图9-2

9.2 新手基础

 在 Excel 2013 中进行销售利润管理需要用到的知识点除了包括前面章节中介绍过的知识点外还包括：选中图表系列、图表的对象填充、添加趋势线等！学会这些知识点，我们在进行销售利润管理时会更得心应手！

对于创建的图表，如果有一组较小的数据则无法直观显示，如果需要将其选中该怎么操作啊？

 其实很简单，利用工具栏则可以准确选中需要的数据系列。

9.2.1 利用工具栏选取数据系列

建立图表后，如果想对图表中对象进行设置，我们首先需要准确选取这一对象才能进行操作。但是在实际操作中图表中的有些对象很难直接通过鼠标点击进行选取，此时我们可以通过工具栏直接选取制定图表元素，具体操作如下：

❶ 选中整张图表，单击"图表工具"→"格式"选项卡，在"当前所选内容"选项组中单击"▪"按钮，打开下拉菜单，并在其中选取指定的图表元素，如图9-3所示。

知识扩展：如果想选某一个系列中的一个数据点，那么则可以首先选中指定系列，再在目标数据点上单击一次鼠标左键即可只选中单独的数据点。

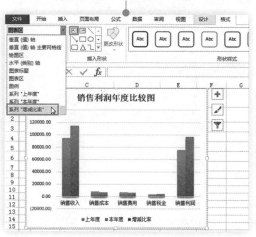

图9-3

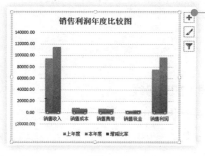

❷ 完成上述操作后效果如图9-4所示。

图9-4

9.2.2　图表对象的填色

在实际工作中我们为了达到特定的表达效果，需要对图表对象进行填色。具体操作如下：

❶ 选中图表区，切换到"图表工具→格式"选项卡，在"形状样式"组中单击"形状填充"按钮，打开下拉菜单，在"主题颜色"栏中可以选择填充颜色，鼠标指向设置选项时，图表即时预览效果，如图9-5所示。

❷ 完成上述操作后图表效果如图9-6所示。

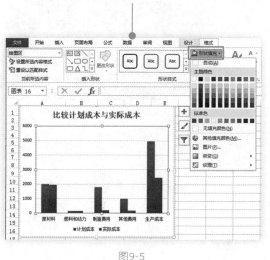

图9-5

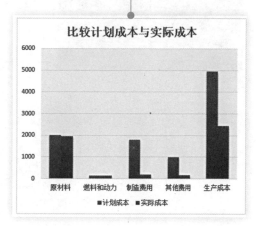

图9-6

9.2.3　去除图表的网格线

图表中的网格线可以帮助我们更好地观察图表中的数据。但是在有些情况下，繁复的网格线反而会阻碍读者阅读图表中的数据，此时我们就需要删除图表中的网格线。删除一组网格线最直接的方法是选中网格线，然后按〈Delete〉键进行删除。除了这种方法，通过下面的方法也可以实现。

❶ 选中图表，单击"图表元素"按钮，打开下
　拉菜单，单击"网络线"复选框取消"网络
　线"的选取状态，如图9-7所示。

❷ 完成上述操作即可去除网络线，效果如图
　9-8所示。

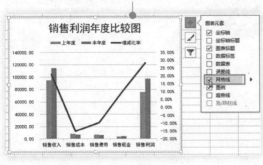

图9-7

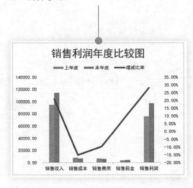

图9-8

9.2.4　为折线图添加趋势线

　　添加趋势线是用图形的方式显示数据的趋势，并可用于预测分析，也称回归分析。利用回归分析的方法，可以在图表中扩展趋势线，根据实际数据预测未来数据。添加趋势线首先要选取数据系列，趋势线是在指定数据系列的基础上绘制的。下面以折线图为例来添加趋势线。

❶ 选中图表，单击"图表元素"按钮，打开下拉菜单，
　单击"网络线"右侧下拉按钮，在下拉菜单中选择趋
　势线类型，如图9-9所示。

❷ 这里选择"线性"，单击即可应用，
　效果如图9-10所示。

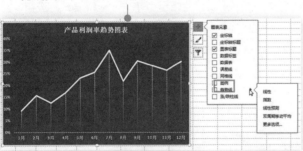

图9-9

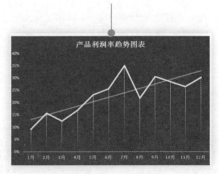

图9-10

> **公式解析**
>
> 趋势线的类型有多种，主要有下列几种。
>
> **线性趋势线**
>
> 线性趋势线适用于简单线性数据集的最佳拟合线型。如果数据点构成的图案类似于一条直线，则表明数据是线性的。线性趋势线通常表示事物是以恒定速率增加或减少。
>
> **对数趋势线**
>
> 如果数据的增加或减小速度很快，但又迅速趋近于平稳，那么对数趋势线是最佳的拟合线型。对数趋势线可以使用正值和负值。
>
> **多项式趋势线**
>
> 多项式趋势线是数据波动较大时适用的线型。它可用于分析大量数据的偏差。多项式的阶数可由数据波动的次数或曲线中拐点（峰和谷）的个数确定。二阶多项式趋势线通常仅有一个峰或谷。三阶多项式趋势线通常有一个或两个峰或谷，四阶通常多达三个。

乘幂趋势线

乘幂趋势线是一种适用于以特定速度增加的数据集的线型，例如，赛车一秒内的加速度。如果数据中含有零或负数值，就不能创建乘幂趋势线。

指数趋势线

指数趋势线适用于速度增减越来越快的数据值。如果数据值中含有零或负值，就不能使用指数趋势线。

移动平均趋势线

移动平均使用特定数目的数据点（由"周期"选项设置），取其平均值，将该平均值作为趋势线中的一个点。例如，"周期"设置为2，那么头两个数据点的平均值就是移动平均趋势线中的第一个点，第二个和第三个数据点的平均值就是趋势线的第二个点，依此类推。

9.2.5　OR 函数（判断多个条件中是否至少有一个条件成立）

【函数功能】OR函数用于在其参数组中，任何一个参数逻辑值为TRUE，即返回TRUE；任何一个参数的逻辑值为FALSE，即返回FALSE。

【函数语法】OR(logical1, [logical2], ...)

◆ Logical1, logical2, ...：logical1是必需的，后续逻辑值是可选的。这些是1~255个需要进行测试的条件，测试结果可以为TRUE或FALSE。

运用OR函数可以帮助我们三项成绩中有一项达标时给予合格。

如图9-11所示是员工每月的考核成绩表，公司规定检测员工三项成绩中有一项达标时给予合格，这时可以使用OR函数来进行筛选。具体操作如下：

❶ 在F2单元格中输入公式："=OR(B2>=60,C2>=60,D2>=60)"，按〈Enter〉键即可判断出第一位员工的成绩是否合格，如图9-12所示。

❷ 向下填充F2单元格的公式至F6单元格，判断出其他员工的成绩是否合格，如图9-13所示。

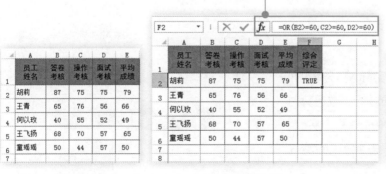

图9-11　　　　　　　　　　　图9-12

图9-13

9.2.6　ROUND 函数（对数据进行四舍五入）

【函数功能】ROUND函数用于按指定位数对其数值进行四舍五入。

【函数语法】ROUND(number,num_digits)

◆ Number：需要进行四舍五入的数值。

◆ Num_digits：舍入的位数。

运用ROUND函数可以帮助我们完成以下工作任务。

1）让销售额保留两位小数。如图9-14所示的销售统计表中记录了每种产品的单价和销量，我们下面需要运用ROUND函数计算销售金额，并保留两位小数。

	A	B	C
1	商品	单价	数量
2	产品A	1.52	2000
3	产品B	1.53	4500
4	产品C	1.67	2800
5	产品D	1.75	1500
6	产品E	1.81	3400
7	产品F	1.82	4500
8	产品G	2.22	4550
9	产品H	3.98	7800
10	产品I	4.67	1600
11			

图9-14

❶ 在D2单元格中输入公式："=ROUND(B2*C2,2)"，按〈Enter〉键，即可计算出销售金额保留两位小数并自动进行四舍五入计算，如图9-15所示。

D2 ▼ : ✕ ✓ *fx* =ROUND(B2*C2,2)

	A	B	C	D	E
1	商品	单价	数量	金额	
2	产品A	1.52	2000	3040	
3	产品B	1.53	4500		
4	产品C	1.67	2800		
5	产品D	1.75	1500		
6	产品E	1.81	3400		
7	产品F	1.82	4500		
8	产品G	2.22	4550		
9	产品H	3.98	7800		
10	产品I	4.67	1600		
11					
12					

图9-15

❷ 向下填充D2单元格的公式，即可将其他各条计算的销售金额保留两位小数，如图9-16所示。

	A	B	C	D
1	商品	单价	数量	金额
2	产品A	1.52	2000	3040
3	产品B	1.53	4500	6885
4	产品C	1.67	2800	4676
5	产品D	1.75	1500	2625
6	产品E	1.81	3400	6154
7	产品F	1.82	4500	8190
8	产品G	2.22	4550	10101
9	产品H	3.98	7800	31044
10	产品I	4.67	1600	7472
11				
12				

图9-16

2）解决汇总金额会与实际差1分钱的问题。在Excel 2013工作表中进行小数运算时，小数部分经常出现四舍五入的情况，从而导致公式运算结果与实际结果差1分钱的情况，如图9-17所示。

这是由于Excel 2013执行浮点运算规则，采用二进制数字存储，因而导致意外计算误差。当时我们可以运用ROUND函数通过如下方法来解决这一问题。

C2 ▼ : ✕ ✓ *fx* =3000/22*B2

	A	B	C	D
1	姓名	出勤天数	工资	
2	胡莉	22	3000.00	
3	王青	21	2863.64	
4	何以玫	21	2863.64	
5	王飞扬	20	2727.27	
6	童瑶瑶	19	2590.91	
7				
8		公式计算合计	14,045.45	
9		手动计算合计	14,045.46	

图9-17

❶ 在C2单元格中修改公式："＝ROUND
(3000/22*B2,2)"，按〈Enter〉键，即可计
算出第一位员工的工资，如图9-18所示。

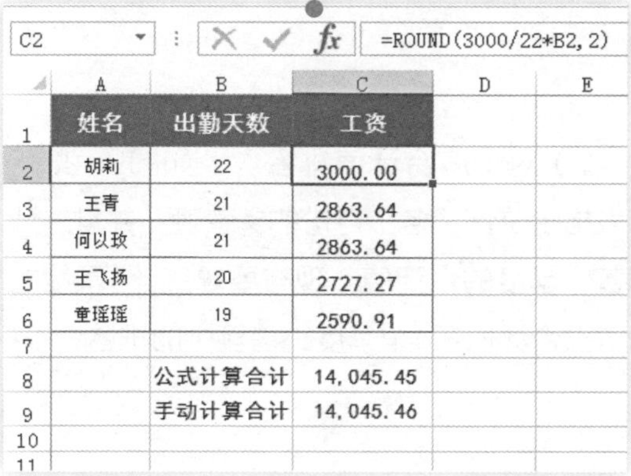

图9-18

❷ 向下填充C2单元格的公式，即可计算出其他
员工的工资，如图9-19所示。可发现公式计
算和手工计算的结果是一样的。

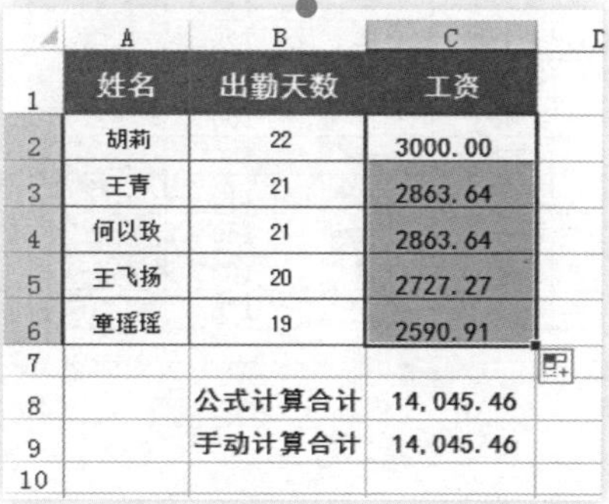

图9-19

9.2.7 RANK 函数（返回一个数值在一组数值中的排位）

【函数功能】RANK函数表示返回一个数字在数字列表中的排位，其大小与列表中的其他
值相关。如果多个值具有相同的排位，则返回该组数值的
最高排位。

【函数语法】RANK (number,ref,[order])

◆ Number：要查找其排位的数字；

◆ Ref：数字列表数组或对数字列表的引用。ref中的
非数值型值将被忽略；

◆ Order:可选。一个指定数字的排位方式的数字。

运用RANK函数可以解决以下常见工作任务。

1）对员工考核成绩排名次。如图9-20所示的表格中
统计了公司员工的各项考核总成绩，下面我们使用RANK
函数对员工的总成绩进行排名。

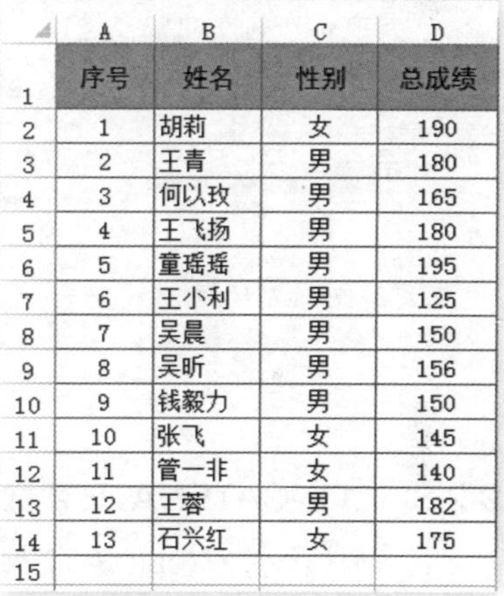

图9-20

❶ 在E2单元格中输入公式："＝RANK(D2,
$D$2:$D$14)"，按〈Enter〉键，即可统计
出第一个员工的排名情况，即第2名，如图
9-21所示。

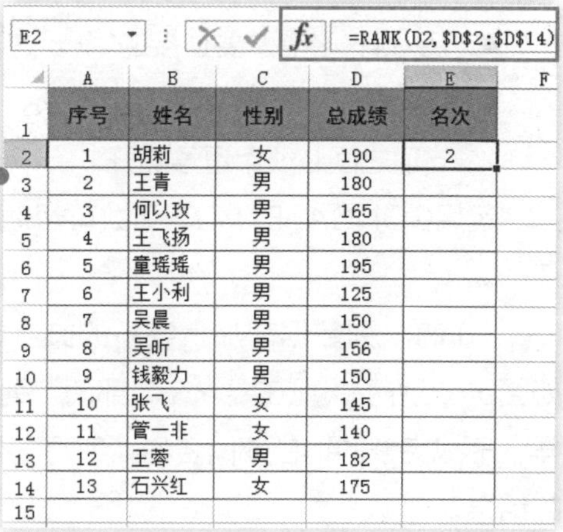

图9-21

❷ 向下填充E2单元格的公式，即可统计出其他员工的成绩排名，如图9-22所示。

序号	姓名	性别	总成绩	名次
1	胡莉	女	190	2
2	王青	男	180	4
3	何以玫	男	165	7
4	王飞扬	男	180	4
5	童瑶瑶	男	195	1
6	王小利	男	125	13
7	吴晨	男	150	9
8	吴昕	男	156	8
9	钱毅力	男	150	9
10	张飞	女	145	11
11	管一非	女	140	12
12	王蓉	男	182	3
13	石兴红	女	175	6

图9-22

2）对季度合计值排名次。如图9-23所示表格中统计了各个月份的销售额，并且统计了各个季度的合计值。现在要求统计1季度的销售额合计值在4个季度销售额中的排名。

月份	销售额
1月	482
2月	520
3月	480
合计	1482
4月	556
5月	550
6月	565
合计	1671
7月	490
8月	652
9月	480
合计	1622
10月	451
11月	650
12月	490
合计	1591

图9-23

E2 =RANK(B5,(B5,B9,B13,B17))

月份	销售额		季度	排名
1月	482		1季度	4
2月	520			
3月	480			
合计	1482			
4月	556			
5月	550			
6月	565			
合计	1671			
7月	490			
8月	652			
9月	480			
合计	1622			
10月	451			
11月	650			
12月	490			
合计	1591			

图9-24

在E2单元格，在编辑栏中输入公式："=RANK(B5,(B5,B9,B13,B17))"，按〈Enter〉键，即可求出B5单元格的值（第一季度）在B5，B9，B13，B17这几个单元格数值中的排位，如图9-24所示。

9.2.8 CONCATENATE 函数（合并两个或多个文本字符串）

【函数功能】CONCATENATE函数可将最多255个文本字符串联接成一个文本字符串。联接项可以是文本、数字、单元格引用或这些项的组合。

【函数语法】CONCATENATE(text1, [text2], ...)

- Text1：必需。要连接的第一个文本项。
- Text2…：可选。其他文本项，最多为255项。项与项之间必须用逗号隔开。

运用CONCATENATE函数可帮助我们解决以下工作任务。

1）将一列数据前加上统一的文字。本例中当前表格如图9-25所示。现在要求在"部门"列前加上"销售"字样，形成完整的销售部门名称，即得到如图9-26所示C列的结果。

姓名	销售量（万）	销售部门
胡莉	98	（1）部
王青	97	（2）部
何以玫	95	（1）部
王飞扬	90	（4）部
童瑶瑶	87	（1）部
周倩倩	84	（2）部
周丽云	81	（3）部

图9-25

D2 | =CONCATENATE("销售",C2,)

	A	B	C
1	姓名	销售量（万）	销售部门
2	胡莉	98	销售（1）部
3	王青	97	销售（2）部
4	何以玫	95	销售（1）部
5	王飞扬	90	销售（4）部
6	童瑶瑶	87	销售（1）部
7	周倩倩	84	销售（2）部
8	周丽云	81	销售（3）部
9			
10			

图9-26

	A	B	C	D
1	姓名	销售量（万）	销售部门	
2	胡莉	98	（1）部	销售（1）部
3	王青	97	（2）部	
4	何以玫	95	（1）部	
5	王飞扬	90	（4）部	
6	童瑶瑶	87	（1）部	
7	周倩倩	84	（2）部	
8	周丽云	81	（3）部	
9				
10				

图9-27

❶ 在D2单元格中输入公式：=CONCATENATE（"销售"，C2,），按〈Enter〉键即可返回第一个销售部门全称，如图9-27所示。

❷ 向下填充D2单元格的公式，即可返回其他销售部门全称，如图9-28所示。将D列中公式得到的数据转换为数值，然后删除原C列数据。

	A	B	C	D
1	姓名	销售量（万）	销售部门	
2	胡莉	98	（1）部	销售（1）部
3	王青	97	（2）部	销售（2）部
4	何以玫	95	（1）部	销售（1）部
5	王飞扬	90	（4）部	销售（4）部
6	童瑶瑶	87	（1）部	销售（1）部
7	周倩倩	84	（2）部	销售（2）部
8	周丽云	81	（3）部	销售（3）部
9				
10				

图9-28

2）将年月日分列显示的日期转换为规则日期。本例中当前表格如图9-29所示。现在要求将A、B、C三列的不规则的日期转换为程序能识别的规则日期格式，即达到如图9-30所示效果。

	A	B	C	D
1	日期			实到人数
2	2015	12	2	21
3	2015	12	3	22
4	2015	12	4	22
5	2015	12	5	20
6	2015	12	6	22
7	2015	12	9	22
8	2015	12	10	22
9				
10				

图9-29

	A	B
1	日期	实到人数
2	2015-12-02	21
3	2015-12-03	22
4	2015-12-04	22
5	2015-12-05	20
6	2015-12-06	22
7	2015-12-09	22
8	2015-12-10	22
9		
10		

图9-30

❶ 在E2单元格中输入公式："=TEXT（CONCATENATE(A2,"-",B2,"-",C2),"yyyy-mm-dd")"，按〈Enter〉键即可合并A2、B2、C2单元格数据，并转换为正确格式日期，如图9-31所示。

E2 | =TEXT(CONCATENATE(A2,"-",B2,"-",C2),"yyyy-mm-dd")

	A	B	C	D	E	F
1	日期			实到人数		
2	2015	12	2	21	2015-12-02	
3	2015	12	3	22		
4	2015	12	4	22		
5	2015	12	5	20		
6	2015	12	6	22		
7	2015	12	9	22		
8	2015	12	10	22		
9						
10						

图9-31

❷ 向下填充E2单元格的公式，如图9-32所示。将E列中公式得到的数据转换为数值，删除原A、B、C三列，将公式得到的数据移至A列中即可。

	A	B	C	D	E
1	日期			实到人数	
2	2015	12	2	21	2015-12-02
3	2015	12	3	22	2015-12-03
4	2015	12	4	22	2015-12-04
5	2015	12	5	20	2015-12-05
6	2015	12	6	22	2015-12-06
7	2015	12	9	22	2015-12-09
8	2015	12	10	22	2015-12-10
9					
10					

图9-32

公式
解析

{
1）先使用 CONCATENATE 函数将 A2、B2、C2 单元格数据连接起来，并以"-"间隔。

2）再使用 TEXT 函数将 1 结果转换为"yyyy-mm-dd"的日期格式。
}

9.2.9　CORREL 函数（两个不同事物之间的相关系数）

【函数功能】CORREL函数用于返回单元格区域array1和array2之间的相关系数。使用相关系数可以确定两种属性之间的关系。

【函数语法】CORREL(array1,array2)

◆ Array1：必需。第一组数值单元格区域；

◆ Array2：必需。第二组数值单元格区域。

运用CORREL函数可以帮助我们得到销售量和销售单价之间的相关系数。

下例中我们将运用CORREL函数计算销量和销售单价之间的相关系数。

	A	B	C	D
	日期	销售员	销售量	销售单价
2	2015/6/1	胡莉	12	680
3	2015/6/1	王青	10	800
4	2015/6/3	何以玫	8	650
5	2015/6/3	王飞扬	11	800
6	2015/6/4	童瑶瑶	12	820
7	2015/6/5	徐莹	8	790
8	2015/6/5	张伟	7	810
9				
10	销售量和销售单价之间的相关系数			0.02178805
11				

D10　　=CORREL(C2:C8,D2:D8)

在D10单元格中输入公式："=CORREL(C2:C8,D2:D8)"，按〈Enter〉键，即可返回销售量和销售单价之间的相关系数，如图9-33所示。

图9-33

9.2.10　LINEST 函数（返回描述直线拟合的数组）

【函数功能】LINEST函数使用最小二乘法对已知数据进行最佳直线拟合，并返回描述此直线的数组。

【函数语法】LINEST(known_y's,known_x's,const,stats)

◆ Known_y's：表达式y=mx+b中已知的y值集合；

◆ Known_x's：关系表达式y=mx+b中已知的可选x值集合；

◆ Const：逻辑值，指明是否强制使常数b为0。若const为TRUE或省略，b将参与正常计算；若const为FALSE，b将被设为0，并同时调整m值使得y=mx；

◆ Stats：逻辑值，指明是否返回附加回归统计值。若stats为TRUE，则函数返回附加回归统计值；若stats为FALSE或省略，则函数返回系数m和常数项b。

运用LINEST函数我们可以根据历史数据预算销售数量。

下例中我们将运用LINEST函数预测9月份产品销售量。

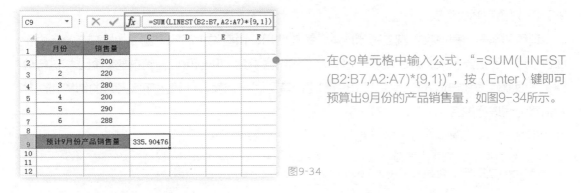

在C9单元格中输入公式："=SUM(LINEST (B2:B7,A2:A7)*{9,1})"，按〈Enter〉键即可预算出9月份的产品销售量，如图9-34所示。

图9-34

9.2.11　ABS 函数（求绝对值）

【函数功能】ABS函数是指返回数字的绝对值。绝对值没有符号。

【函数语法】ABS(number)

◆ Number：必需。需要以计算其绝对值的实数。

运用ABS函数可以帮助我们比较数据。

下例中我们将使用ABS函数配合IF函数可以判断每位学生上月测试成绩与本月测试成绩的进步或退步情况。

❶ 在D2单元格中输入公式："=IF(C2>B2,"进步","退步")&ABS(C2−B2)&"分""，按〈Enter〉键即可分析出第一位员工上月考核与本月考核成绩是进步还是退步，以及进步或退步的具体分数，如图9-35所示。

❷ 向下填充D2单元格的公式，即可快速得到其他员工进步或退步情况，如图9-36所示。

图9-35

图9-36

9.3　表格创建

面对密密麻麻的财务报表我就已经颇为头疼了，接下来还要进行销售利润管理，这可怎么办？

其实不必紧张，理清思路一步步来，利润管理并没有那么难！

9.3.1 销售利润统计表

销售利润等于销售收入减去销售成本、销售费用、销售税金后的余额，如果知晓一年中企业各个月份的销售收入、销售成本、销售费用和销售税金，我们可以对其销售利润结构进行分析。下面就跟着我一道在Excel 2013中创建销售利润统计表，计算出年度各月的销售利润并对销售利润进行排名。

❶ 新建工作簿，将其命名为"销售利润管理"。将Sheet1工作表重命名为"各月销售利润结构分析"，创建如图9-37所示的表格。

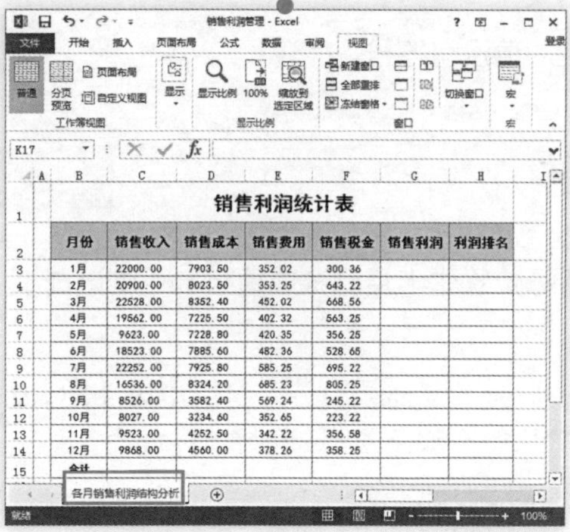

❷ 在G3单元格中输入公式："=C3-D3-E3-F3"，按〈Enter〉键后向下填充，即可计算出各月的销售利润，如图9-38所示。

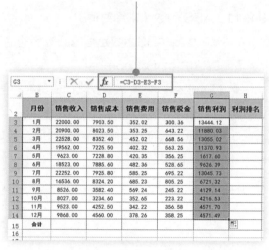

图9-37

图9-38

❸ 在H3单元格中输入公式："=RANK(G3,$G$3:$G$14)"，按〈Enter〉键后向下复制公式即可计算出各个月份销售利润的排名，如图9-39所示。

❹ 在C15单元格中输入公式："=SUM(C3:C14)"，按〈Enter〉键后向右复制公式即可计算合计值，如图9-40所示。

图9-39

图9-40

9.3.2 客户销售利润分析表

为了掌握最高销售利润与最低销售利润的客户的销售利润率，我们可以在Excel 2013中创建表格对其进行分析。下面我们在Excel 2013里创建客户销售利润分析表，并计算销售利润率。

❶ 插入新工作表，重命名工作表标签为"客户销售利润分析"，在工作表中创建表格输入数据后，并进行单元格格式设置，如图9-41所示。

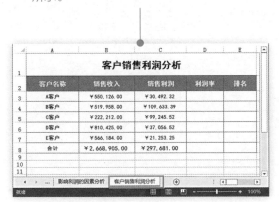

图9-41

❷ 在D3单元格中输入公式："=C3/B3"，按〈Enter〉键后向下填充公式至D7单元格，计算出各个客户的销售利润率，如图9-42所示。

图9-42

❸ 在E3单元格中输入公式："=RANK(D3,$D$3:$D$7)"，按〈Enter〉键后向下填充公式至F7单元格，计算出各个客户的销售利润率排名，如图9-43所示。

图9-43

9.4　数据分析

有了销售利润统计表后，那么该如何分析影响销售利润的具体原因呢？

在 Excel 2013 中我们可以利用多种分析工具从不同的角度分析销售数据，从而得出很多重要的分析数据与分析结论。如销售利润结构分析、销售利润变动趋势分析、销售利润相关性分析等……

9.4.1　销售利润结构分析

　　我们在9.3.1节创建的销售利润统计表基础上，我们通过创建图表来分析销售利润的结构比例。具体操作如下：

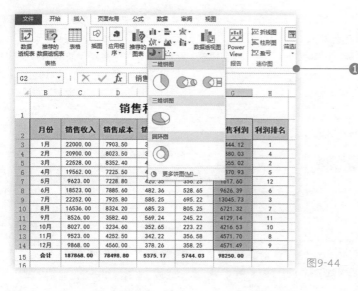

❶ 打开9.3.1节"各月销售利润结构分析"工作表，选中G2:G14单元格区域，切换到"插入"选项卡，在"图表"选项组单击"插入饼图"按钮，在其下拉列表中单击"饼图"图表类型，如图9-44所示。

图9-44

❷ Excel 2013会根据当前选择区域的数据源创建饼图，如图9-45所示。

❸ 将光标定位图例上，当光标变成双向十字形箭头时，按住鼠标左键进行拖动即可移动图例，如图9-46所示。

❹ 选中图表，当鼠标变为双向箭头形状时，拖动鼠标调整图例区域大小，以便于显示所有的图例，如图9-47所示。

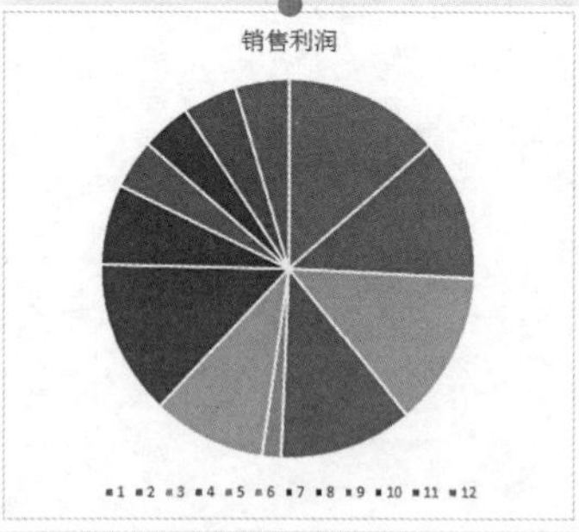

图9-45

图9-46

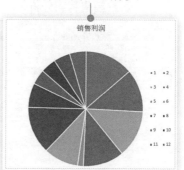

图9-47

❺ 选中图表，单击"图表元素"按钮，打开下拉菜单，单击"数据标签"右侧按钮，在子菜单中单击"更多选项"（图9-48），打开"设置数据标签格式"窗格。

❻ 在"标签选项"栏下选中要显示标签前的复选框，这里选中"百分比"，如图9-49所示。

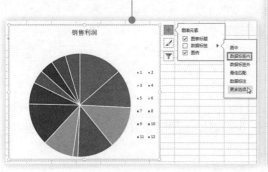

图9-48

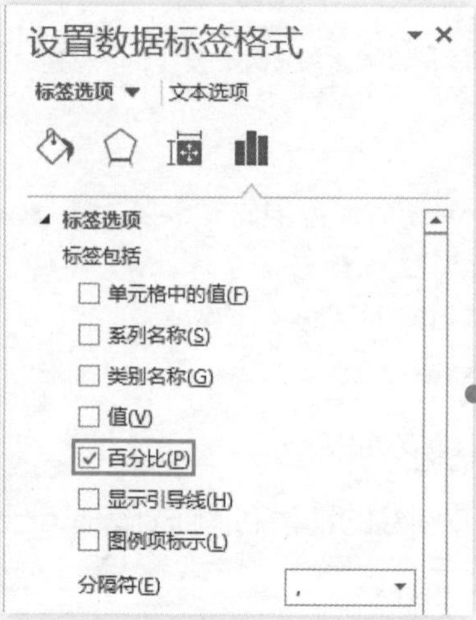

设置数据标签格式

标签选项 ▼ 文本选项

▲ **标签选项**
标签包括
- ☐ 单元格中的值(F)
- ☐ 系列名称(S)
- ☐ 类别名称(G)
- ☐ 值(V)
- ☑ 百分比(P)
- ☐ 显示引导线(H)
- ☐ 图例项标示(L)

分隔符(E)　　,　　▼

图9-49

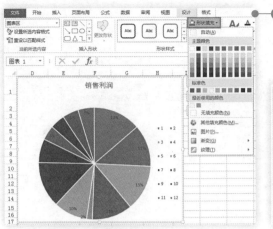

图9-50

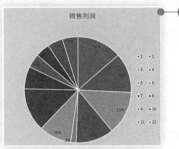

图9-51

❼ 选中图表区，在"图表工具"→"格式"选项卡下，在"形状样式"组中单击"形状填充"按钮，打开下拉菜单。在"主题颜色"栏中可以选择填充颜色，如图9-50所示。

❽ 鼠标指向设置选项时，图表即时预览效果，如图9-51所示。

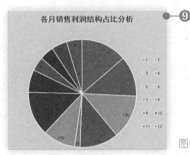

图9-52

❾ 将图表标题更改为"各月销售利润结构占比分析"，并设置绘图区的颜色填充，进一步完善，如图9-52所示。

9.4.2 销售利润变动趋势分析

销售利润的变动趋势分析是利润管理中十分重要的一环，下面我们向你介绍如何使用折线图进行变动趋势分析，并利用趋势线对未来销售趋势进行预测。

❶ 复制"各月销售利润结构分析"工作表，将其重命名为"销售利润变动趋势分析"。选中G2:G14单元格区域，切换到"插入"选项卡下"图表"选项组中单击"插入折线图"按钮，在其下拉列表中选择"带数据标记的折线图"图表类型，如图9-53所示。

❷ 返回工作表后，系统即可依据销售利润系列为数据源创建折线图，如图9-54所示。

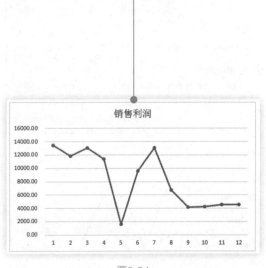

图9-54

图9-53

为什么这里的图表又选择横向的呢？

 因为折线图的长宽比例不同，会给人呈现出截然不同的分析结果，所以采用哪种构图还是要根据实际情况来决定的。

❸ 选中图表，切换到"图表工具"→"设计"选项卡，在"数据"选项组单击"选择数据"按钮，打开"选择数据源"对话框，单击"添加"按钮（图9-55），打开"编辑数据系列"对话框。

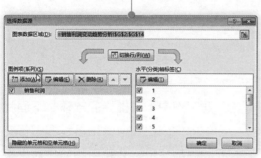

图9-55

❹ 设置"系列名称"为C2单元格，设置"系列值"为C3:C14单元格区域，单击"确定"按钮，如图9-56所示。

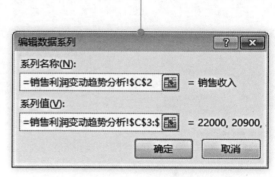

图9-56

❺ 返回"选择数据源"对话框，再次打开"编辑数据系列"对话框，设置"系列名称"为D2单元格，设置"系列值"为D3:D14单元格区域，单击"确定"按钮，如图9-57所示。

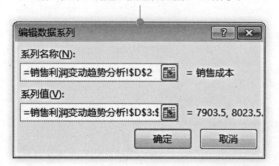

图9-57

❻ 返回"选择数据源"对话框，可以看到添加了"销售收入"和"销售成本"数据系列，如图9-58所示。

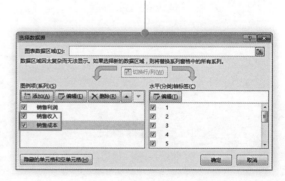

图9-58

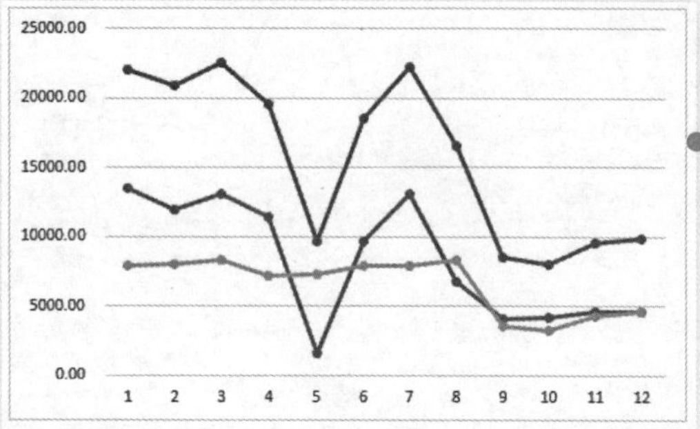

❼ 返回工作表中，图表中已经添加"销售收入"和"销售成本"两个数据系列，如图9-59所示。

图9-59

❽ 选中图表，单击“图表元素”按钮，打开下拉菜单，单击“图例”右侧按钮，在子菜单中选择要添加的图例位置（单击鼠标即可应用），如这里单击“顶部”，如图9-60所示。

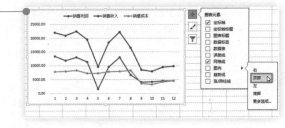

图9-60

❾ 选中“销售利润”数据系列，单击鼠标右键，在右键菜单中选中“添加趋势线”命令（图9-61），打开“设置趋势线格式”窗格。

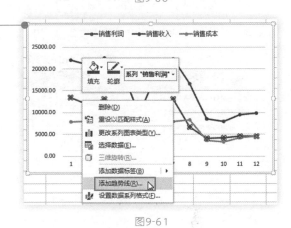

图9-61

❿ 在“趋势线选项”栏下选中“线性”单选项，如图9-62所示。

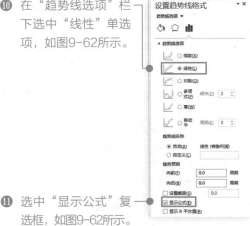

⓫ 选中“显示公式”复选框，如图9-62所示。

图9-62

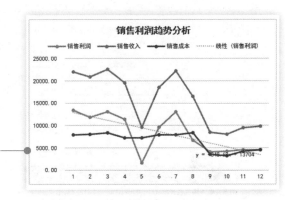

⓬ 返回工作表中，图表已添加了销售利润的趋势线，为图表添加标题，重新输入标题为“销售利润趋势分析”，进一步完善，图表完成效果如图9-63所示。

图9-63

9.4.3 销售利润相关性分析

在实际工作中，找到销售利润与销售成本、税金等运营要素之间的关系非常重要，下面我们就使用Excel 2013中的回归函数以及相关系数计算函数来分析各项因素之间的相关性。具体方法如下所示：

❶ 复制“各月销售利润结构分析”工作表，将其重命名为“销售利润相关性分析”，接着在表格下方设计销售利润相关性分析表，如图9-64所示。

	B	C	D	E	F	G
4	2月	20900.00	8023.50	353.25	643.22	11880.03
5	3月	22528.00	8352.40	452.02	668.56	13055.02
6	4月	19562.00	7225.50	402.32	563.25	11370.93
7	5月	9623.00	7228.80	420.35	356.25	1617.60
8	6月	18523.00	7885.60	482.36	528.65	9626.39
9	7月	22252.00	7925.80	585.25	695.22	13045.73
10	8月	16536.00	8324.20	685.23	805.25	6721.32
11	9月	8526.00	3582.40	569.24	245.22	4129.14
12	10月	8027.00	3234.60	352.65	223.22	4216.53
13	11月	9523.00	4252.50	342.22	356.58	4571.70
14	12月	9868.00	4560.00	378.26	358.25	4571.49
15	合计	187868.00	78498.80	5375.17	5744.03	98250.00

销售利润相关性分析表

项目	a	b	回归方程	相关系数	状态
利润与收入相关性分析					
利润与成本相关性分析					
利润与费用相关性分析					

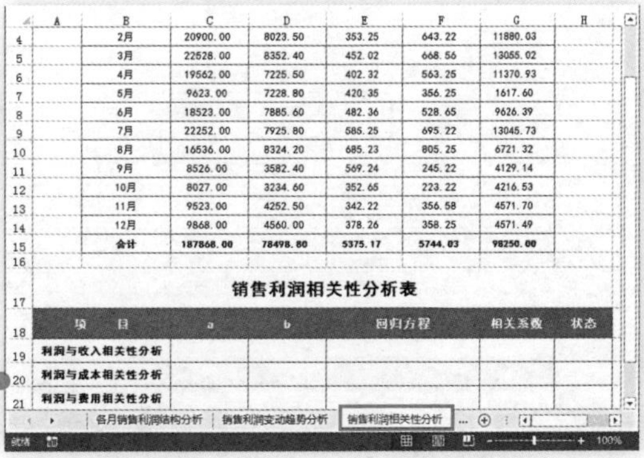

图9-64

❷ 选中C19:D19单元格区域，在公式编辑栏中输入公式："=LINEST(G3:G14,C3:C14)"，按〈Ctrrl+Shift+Enter〉组合键，返回利润和收入的线性回归方程的参数a和b，如图9-65所示。

❸ 选中C20:D20单元格区域，在公式编辑栏中输入公式：〈=LINEST(G3:G14,D3:D14)〉，按<Ctrrl+Shift+Enter>组合键，返回利润和成本的线性回归方程的参数a和b，如图9-66所示。

图9-65

图9-66

❹ 选中C21:D21单元格区域，在公式编辑栏中输入公式："=LINEST(G3:G14,E3:E14)"，按〈Ctrrl+Shift+Enter〉组合键，返回利润和费用的线性回归方程的参数a和b，如图9-67所示。

❺ 选中C22:D22单元格区域，在公式编辑栏中输入公式："=LINEST(G3:G14,F3:F14)"，按〈Ctrrl+Shift+Enter〉组合键，返回利润和税金的线性回归方程的参数a和b，如图9-68所示。

图9-67

图9-68

❻ 在E19单元格中输入公式："=CONCATENATE("Y=",TEXT(B19,"0.00"),"X+",TEXT(C19,"0.00"))"，按〈Enter〉键后向下填充公式至E22单元格，生成各个不同组合项目的线性回归方程，如图9-69所示。

图9-69

❼ 在G19单元格中输入公式："=CORREL (G3:G14,C3:C14)"，按〈Enter〉键后，即可以得到当前数据所显示的销售利润与销售收入具有显著的相关性，如图9-70所示。

G19			fx	=CORREL(G3:G14,C3:C14)	
	C	D	E	F	G
10	16536.00	8324.20	685.23	805.25	6721.32
11	8526.00	3582.40	569.24	245.22	4129.14
12	8027.00	3234.60	352.65	223.22	4216.53
13	9523.00	4252.50	342.22	356.58	4571.70
14	9868.00	4560.00	378.26	358.25	4571.49
15	187868.00	78498.80	5375.17	5744.03	98250.00
16					
17	销售利润相关性分析表				
18	a	b	回归方程		相关系数
19	0.69	-2612.77	Y=0.00X+0.69		0.964024404
20	1.49	-1579.07	Y=0.00X+1.49		
21	0.66	7890.15	Y=0.00X+0.66		
22	12.20	2347.51	Y=0.00X+12.20		
23					
24					

图9-70

❽ 在G20单元格中输入公式："=CORREL (G3:G14,D3:D14)"，按〈Enter〉键后从结果可以得到当前数据所显示的销售利润与销售成本具有显著的相关性，如图9-71所示。

G20			fx	=CORREL(G3:G14,D3:D14)	
	C	D	E	F	G
10	16536.00	8324.20	685.23	805.25	6721.32
11	8526.00	3582.40	569.24	245.22	4129.14
12	8027.00	3234.60	352.65	223.22	4216.53
13	9523.00	4252.50	342.22	356.58	4571.70
14	9868.00	4560.00	378.26	358.25	4571.49
15	187868.00	78498.80	5375.17	5744.03	98250.00
16					
17	销售利润相关性分析表				
18	a	b	回归方程		相关系数
19	0.69	-2612.77	Y=0.00X+0.69		0.964024404
20	1.49	-1579.07	Y=0.00X+1.49		0.692819124
21	0.66	7890.15	Y=0.00X+0.66		
22	12.20	2347.51	Y=0.00X+12.20		
23					
24					

图9-71

❾ 在G21单元格中输入公式："=CORREL (G3:G14,E3:E14)"，按〈Enter〉键后从结果可以得到当前数据所显示的销售利润与费用相关性分析，如图9-72所示。

G21			fx	=CORREL(G3:G14,E3:E14)	
	C	D	E	F	G
10	16536.00	8324.20	685.23	805.25	6721.32
11	8526.00	3582.40	569.24	245.22	4129.14
12	8027.00	3234.60	352.65	223.22	4216.53
13	9523.00	4252.50	342.22	356.58	4571.70
14	9868.00	4560.00	378.26	358.25	4571.49
15	187868.00	78498.80	5375.17	5744.03	98250.00
16					
17	销售利润相关性分析表				
18	a	b	回归方程		相关系数
19	0.69	-2612.77	Y=0.00X+0.69		0.964024404
20	1.49	-1579.07	Y=0.00X+1.49		0.692819124
21	0.66	7890.15	Y=0.00X+0.66		0.017195497
22	12.20	2347.51	Y=0.00X+12.20		
23					
24					

图9-72

❿ 在G22单元格中输入公式："=CORREL (G3:G14,F3:F14)"，按〈Enter〉键后从结果可以得到当前数据所显示的销售利润与税金相关性分析，如图9-73所示。

G22			fx	=CORREL(G3:G14,F3:F14)	
	C	D	E	F	G
10	16536.00	8324.20	685.23	805.25	6721.32
11	8526.00	3582.40	569.24	245.22	4129.14
12	8027.00	3234.60	352.65	223.22	4216.53
13	9523.00	4252.50	342.22	356.58	4571.70
14	9868.00	4560.00	378.26	358.25	4571.49
15	187868.00	78498.80	5375.17	5744.03	98250.00
16					
17	销售利润相关性分析表				
18	a	b	回归方程		相关系数
19	0.69	-2612.77	Y=0.00X+0.69		0.964024404
20	1.49	-1579.07	Y=0.00X+1.49		0.692819124
21	0.66	7890.15	Y=0.00X+0.66		0.017195497
22	12.20	2347.51	Y=0.00X+12.20		0.554449672
23					
24					

图9-73

⓫ 在H19单元格中输入公式："=IF (ABS(G19)<0.5,"异常","正常")"，按〈Enter〉键后向下填充公式至H22单元格，根据相关性数值判断当前数据表现是否正常，如图9-74所示。

图9-74

9.4.4 影响利润的因素分析

企业的销售利润除了受商品销售收入的影响外，还受销售商品的进销差价、税金、商品销售的可变费用和销售环节中的固定费用等因素的影响。

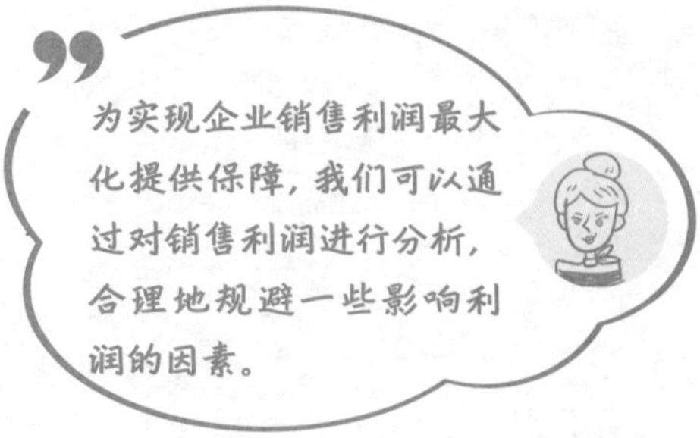

1．分析上年与本年利润影响因素

下例中假定已知企业各产品上半年度和本年度的销售数量、销售收入、销售成本、销售税金以及销售利润，我们将在表格中计算出单位收入、单位成本、单位售价和单位税金等各个因素对利润产生的影响。

1）计算上年同期数据

❶ 插入新工作表，重命名工作表标签为"影响利润的因素分析"，在工作表中设计表格输入数据后，并进行单元格格式设置，如图9-75所示。

❷ 在C13单元格中输入公式："=IF($C4=0,0,ROUND(D4/$C4,4))"，按〈Enter〉键后向右填充到F13单元格，向下填充到F18单元格，如图9-76所示。

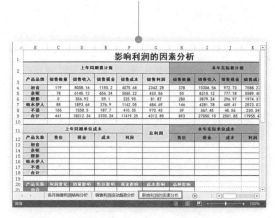

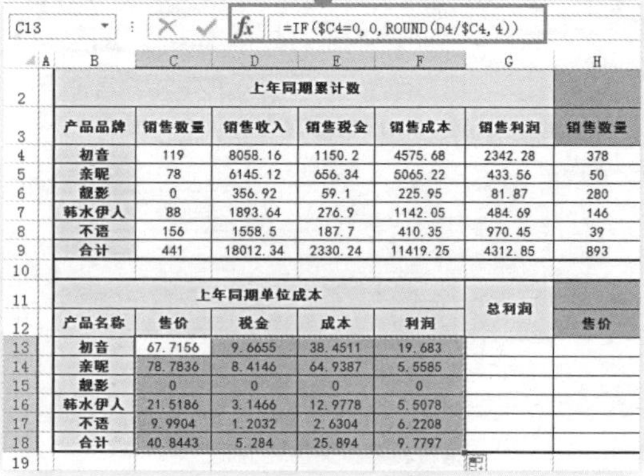

图9-75

图9-76

❸ 在G13单元格中输入公式："=ROUND(C4*F13,2)"，按〈Enter〉键后向下填充公式至G17单元格，计算出上年同期各个产品的总利润，如图9-77所示。

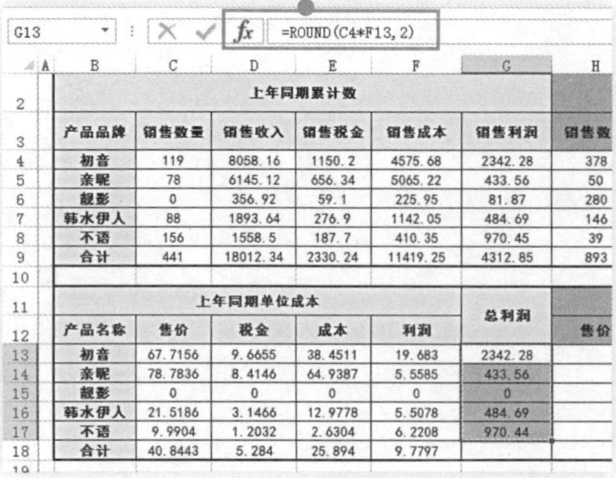

❹ 在G18单元格中输入公式："=SUM(G13:G17)"，按〈Enter〉键，计算出上年同期所有产品的总利润，如图9-78所示。

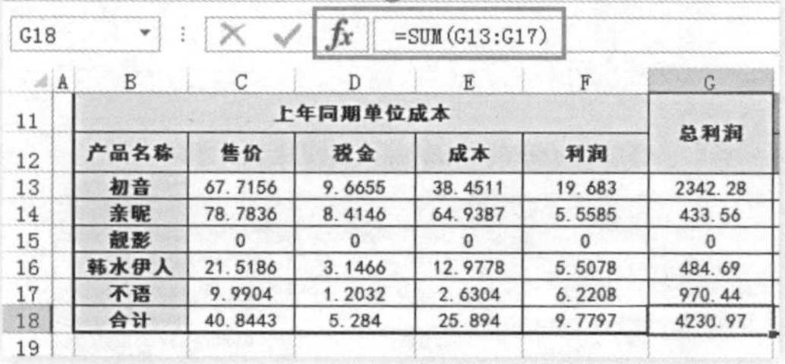

图9-77

图9-78

2）计算本年实际数据

❶ 在H13单元格中输入公式："=IF($H4=0, 0,ROUND(I4/$H4,4))"，按〈Enter〉键后向右复制到K13单元格，向下复制到K18单元格，计算出本年度实际单位售价、成本等数据，如图9-79所示。

❷ 在L13单元格中输入公式："=K13*H4"，按〈Enter〉键后向下复制公式至L18，计算出上本年实际总利润，如图9-80所示。

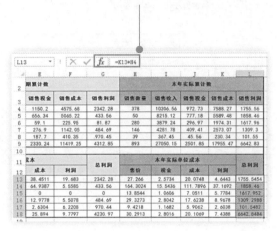

	E	F	G	H	I	J	K	L
2	期累计数			本年实际累计数				
3	销售税金	销售成本	销售利润	销售数量	销售收入	销售税金	销售成本	销售利润
4	1150.2	4575.68	2342.28	378	10306.56	972.73	7588.27	1755.56
5	656.34	5065.22	433.56	50	8215.12	777.18	5589.48	1858.46
6	59.1	225.95	81.87	280	3879.24	296.97	1974.31	1617.96
7	276.9	1142.05	484.69	146	4281.78	409.41	2573.07	1309.3
8	187.7	410.35	970.45	39	367.45	45.56	230.34	101.55
9	2330.24	11419.25	4312.85	893	27050.15	2501.85	17955.47	6642.83
10								
11	成本		总利润	本年实际单位成本				总利润
12	成本	利润		售价	税金	成本	利润	
13	38.4511	19.683	2342.28	27.266	2.5734	20.0748	4.6443	1755.5454
14	64.9387	5.5585	433.56	164.3024	15.5436	111.7896	37.1692	1858.46
15	0	0		13.8544	1.0606	7.0511	5.7784	1617.952
16	12.9778	5.5078	484.69	29.3273	2.8042	17.6238	8.9678	1309.2988
17	2.6304	6.2208	970.44	9.4218	1.1682	5.9062	2.6038	101.5482
18	25.894	9.7797	4230.97	30.2913	2.8016	20.1069	7.4388	6642.8484

图9-79 （左）　图9-80 （右）

3）计算利润变化数据

❶ 在C21单元格，在公式编辑栏中输入公式："=L13-G13"，按〈Enter〉键后，向下复制公式至C25单元格，计算出各个产品的利润的变化，如图9-81所示。

❷ 在D21单元格中输入公式："=IF(OR(C4=0, H4=0),0,ROUND((H4-C4)*F13,2))"，按〈Enter〉键后，向下复制公式至D25单元格，计算出变量对利润的影响值，如图9-82所示。

C21 =L13-G13

	A	B	C	D	E	F	G
11			上年同期单位成本				总利润
12	产品名称		售价	税金	成本	利润	
13	初音		67.7156	9.6655	38.4511	19.683	2342.28
14	亲昵		78.7836	8.4146	64.9387	5.5585	433.56
15	靓影		0	0	0	0	
16	韩永伊人		21.5186	3.1466	12.9778	5.5078	484.69
17	不语		9.9904	1.2032	2.6304	6.2208	970.44
18	合计		40.8443	5.284	25.894	9.7797	4230.97
19							
20	产品名称		利润变化	销量影响	售价影响	税金影响	成本影响
21	初音		-586.7346				
22	亲昵		1424.9				
23	靓影		1617.952				
24	韩永伊人		824.6088				
25	不语		-868.8918				
26	合计						

图9-81

D21 =IF(OR(C4=0, H4=0), 0, ROUND((H4-C4)*F13, 2))

	A	B	C	D	E	F	G	H
11			上年同期单位成本				总利润	售价
12	产品名称		售价	税金	成本	利润		
13	初音		67.7156	9.6655	38.4511	19.683	2342.28	27.266
14	亲昵		78.7836	8.4146	64.9387	5.5585	433.56	164.3024
15	靓影		0	0	0	0		13.8544
16	韩永伊人		21.5186	3.1466	12.9778	5.5078	484.69	29.3273
17	不语		9.9904	1.2032	2.6304	6.2208	970.44	9.4218
18	合计		40.8443	5.284	25.894	9.7797	4230.97	30.2913
19								
20	产品名称		利润变化	销量影响	售价影响	税金影响	成本影响	品种影响
21	初音		-586.7346	5097.9				
22	亲昵		1424.9	-155.64				
23	靓影		1617.952	0				
24	韩永伊人		824.6088	319.45				
25	不语		-868.8918	-727.83				
26	合计							

图9-82

E21 =IF(OR(C4=0, H4=0), 0, ROUND((H13-C13)*H4, 2))

	A	B	C	D	E	F	G	H
11			上年同期单位成本				总利润	售价
12	产品名称		售价	税金	成本	利润		
13	初音		67.7156	9.6655	38.4511	19.683	2342.28	27.266
14	亲昵		78.7836	8.4146	64.9387	5.5585	433.56	164.3024
15	靓影		0	0	0	0		13.8544
16	韩永伊人		21.5186	3.1466	12.9778	5.5078	484.69	29.3273
17	不语		9.9904	1.2032	2.6304	6.2208	970.44	9.4218
18	合计		40.8443	5.284	25.894	9.7797	4230.97	30.2913
19								
20	产品名称		利润变化	销量影响	售价影响	税金影响	成本影响	品种影响
21	初音		-586.7346	5097.9	-15289.95			
22	亲昵		1424.9	-155.64	4275.94			
23	靓影		1617.952	0	0			
24	韩永伊人		824.6088	319.45	1140.07			
25	不语		-868.8918	-727.83	-22.18			
26	合计							

图9-83

❸ 在E21单元格中输入公式："=IF(OR(C4=0, H4=0),0,ROUND((H13-C13)*H4,2))"，按〈Enter〉键后，向下复制公式至E25单元格，计算出售价的变化对利润的影响值，如图9-83所示。

❹ 在F21单元格中输入公式："=IF(OR(C4=0, H4=0),0,ROUND((D13-I13)*H4,2))"，按〈Enter〉键后，向下复制公式至F25单元格，计算出税金变化价的变化对利润的影响值，如图9-84所示。

❺ 在G21单元格中输入公式："=IF(OR(C4=0, H4=0),0,ROUND((E13-J13)*H4,2))"，按〈Enter〉键后，向下复制公式至G25单元格，计算出成本税金变化价的变化对利润的影响值，如图9-85所示。

图9-84

图9-85

❻ 在H21单元格中输入公式："=IF(C4=0,L13, IF(H4=0,-G13,0))"，按〈Enter〉键后，向下复制公式至H25单元格，计算出成本税产品化价的变化对利润的影响值，如图9-86所示。

❼ 在C26单元格，在公式编辑栏中输入公式："=SUM(C21:C25)"，按〈Enter〉键后，向右复制公式至H26单元格，计算合计值，如图9-87所示。

图9-86

图9-87

2. 创建柱形图对影响销售利润因素分析

为了直观地表示各个变量对利润的影响，下面可以通过插入图表来显示。具体操作方法如下所示：

❶ 按〈Ctrl〉键依次选中D20:H20和D26:H26单元格区域，切换到"插入"选项卡，在"图表"选项组单击"插入柱形图"按钮，在其下拉列表中选择"簇状柱形图"图表类型，如图9-88所示。

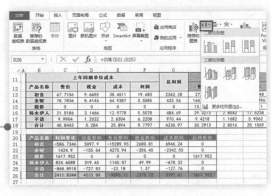

图9-88

❷ 返回工作表中，系统会根据所选择的数据源区域创建默认的二维簇状柱形图，如图9-89所示。

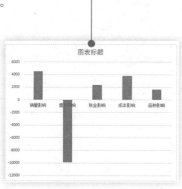

图9-89

❸ 选中图表，单击"图表样式"按钮，打开下拉列表，在"样式"栏下选择一种图表样式（单击即可应用），效果如图9-90所示。

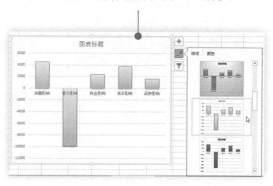

图9-90

❹ 选中图表，单击"图表元素"按钮，打开下拉菜单，单击"数据标签"右侧按钮，在子菜单中选择数据标签显示的位置（单击鼠标即可应用），如这里单击"数据标签外"，效果如图9-91所示。

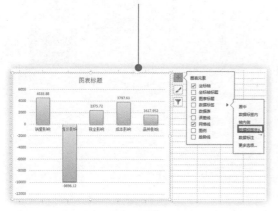

图9-91

❺ 选中图表，切换到在"图表工具"→"格式"选项卡，在"形状样式"选项组单击"形状填充"下拉按钮，将数据值为正数的数据系列填充为蓝色，将数据系值为负数的值填充为黄色，如图9-92所示。

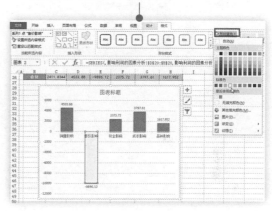

图9-92

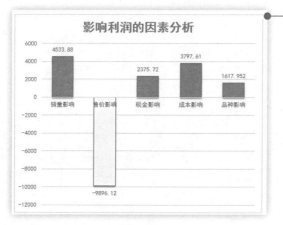

图9-93

❻ 将图表标题更改为"影响利润的因素分析"，隐藏图表中的网络线，进一步完善，得到最终效果，如图9-93所示。

9.4.5 各客户销售利润分析

下面我们在9.3.2节所创建的客户销售利润分析表基础上创建柱形图来分析客户销售利润情况。

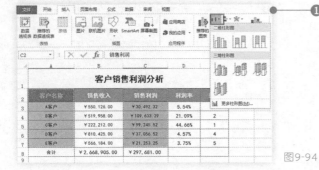

❶ 打开9.2节"客户销售利润分析"工作表，按
〈Ctrl〉键依次选中A2:A7、C2:C7单元格区
域，切换到"插入"选项卡，在"图表"选
项组单击"插入柱形图"按钮，在其下拉列
表中选择"三维簇状柱形图"图表类型，如
图9-94所示。

图9-94

❷ 返回工作表中，系统会根据所选择的数据源
区域创建默认的二维簇状柱形图，如图9-95
所示。

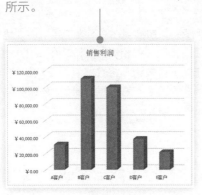

图9-95

❸ 选中图表，单击"图表样式"按钮，打开下
拉列表，在"样式"栏下选择一种图表样式
（单击即可应用），效果如图9-96所示。

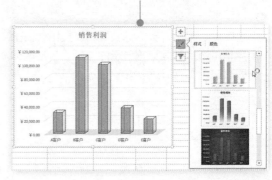

图9-96

❹ 选中图表，切换到"图表工具"→"格式"
选项卡，在"形状样式"选项组单击"形状
填充"按钮，为最高客户销售利润和最低销
售利润数据系列填充不同的颜色，如图9-97
所示。

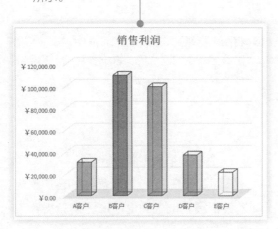

图9-97

❺ 为图表编辑标题并设置标题文字，进一步完
善，效果如图9-98所示。

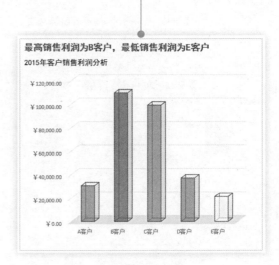

图9-98

第10章 公司产品库存管理

库存管理对于我来说是一项比较棘手的难题，不知道要怎么让产品的入库、出库紧密地联系在一起，而且还能不出错……想想就觉得这会是个很大的工程啊！

库存管理本身就很复杂，库存变动性特别大。我们可以通过Excel 2013实现对库存数据的系统管理，完成产品的入库和出库统计，以及对库存量的控制啊。
在整个过程中，我们需要使用一些函数来实现数据的统计、判断、信息查询等功能。

10.1 制作流程

企业正常运作过程中一般离不开库存管理，企业通过对库存信息的把握，及时补给库存量少的产品，且标识出库存量过多的产品，及时处理。企业应重视对库存环节的数据管理和分析，为企业完成产品的销售提供必要的保证。

下面将介绍如何运用Excel 2013来设计与库存有关的表格（图10-1），从而实现对企业生产进行有效管理。

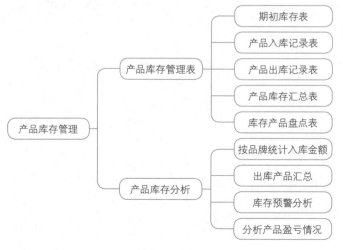

在进行产品库存管理的时候会使用多个原始表格，并在原始表格的基础上进行数据的相关分析，这里我们先来大致看下相关效果图如图10-2所示，对库存管理有个了解。

图10-1

期初库存表

出库产品汇总

产品库存汇总表

库存产品盘点表

图10-2

10.2　新手基础

在Excel 2013中进行产品库存管理需要用到的知识点除了前面章节介绍过的，这里还包括：分类汇总、条件格式、数据透视表以及相关函数等。每个小知识点虽然不起眼，但是在我们日常工作中却能起到很大的作用！

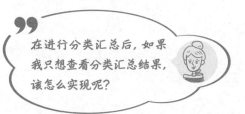

在进行分类汇总后，如果我只想查看分类汇总结果，该怎么实现呢？

10.2.1　只显示出分类汇总的结果

我们在完成工作表数据的多项分类汇总后，就会在工作表左侧显示分类汇总表的分级显示区，比如：1级、2级，3级（如图10-3所示）。用户可以单击其中的按钮，来选择分类汇总后数据的显示方式。例如我们这里只显示出分类汇总的结果，可以通过下面方法来操作。

	A	B	C	D	E	F
1	订单号	日期	销售人员	商品类别	数量	金额
2	NL_010	2015/6/26	石兴红	图书	27	539.73
3	NL_024	2015/8/5	石兴红	图书	96	879.08
4	NL_031	2015/8/21	石兴红	图书	98	6879.06
5	NL_033	2015/8/27	石兴红	图书	11	58.89
6	NL_003	2015/6/13	石兴红	玩具	90	999.5
7	NL_004	2015/6/14	石兴红	玩具	87	6305
8	NL_012	2015/7/1	石兴红	玩具	12	250
9	NL_020	2015/7/15	石兴红	玩具	39	678.65
10	NL_023	2015/8/21	石兴红	玩具	99	686.95
11	NL_047	2015/9/21	石兴红	玩具	32	63.68
12	NL_030	2015/8/21	石兴红	文具	19	299.85
13			石兴红 汇总			17640.39
14	NL_016	2015/6/18	夏守梅	图书	60	539.8
15	NL_035	2015/8/21	夏守梅	图书	28	639.72
16	NL_046	2015/9/21	夏守梅	图书	93	68.37
17	NL_038	2015/9/23	夏守梅	图书	60	299.8
18	NL_015	2015/7/8	夏守梅	玩具	62	309.38
19	NL_018	2015/7/12	夏守梅	玩具	29	57.76
20	NL_008	2015/6/20	夏守梅	文具	11	269.96
21	NL_029	2015/8/18	夏守梅	文具	28	256.72
22			夏守梅 汇总			2441.51
23	NL_017	2015/7/10	张明玲	玩具	69	59.03

图10-3

❶ 单击分级显示符号窗格中的 **2** 按钮，即可看到各销售人员的"销售金额"汇总，如图10-4所示。

图10-4

❷ 单击 **1** 按钮，即可看到所有各销售人员"销售金额"的总和，如图10-5所示。

图10-5

10.2.2　快速取消分类汇总

我们平时在使用Excel 2013汇总数据的时候都会用到Excel 2013分类汇总功能，但是有些人在使用分类汇总后，却不知道如何取消Excel 2013分类汇总。对Excel 2013表格进行分类汇总后，如果后面不需要分类汇总效果，我们可以通过分类汇总对话框将其全部删除。具体操作如下：

❶ 定位到需要删除分类汇总的工作表，单击"数据"选项卡的"分级显示"组中，单击"分类汇总"按钮（图10-6），打开"分类汇总"对话框。

图10-6

❷ 单击对话框左下角的"全部删除"按钮，即可将分类汇总删除，如图10-7所示。

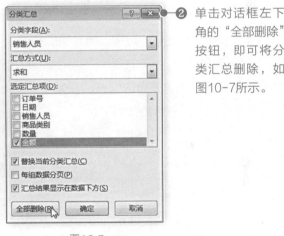

图10-7

> 知识扩展
>
> 删除分类汇总后如何恢复数据的原有次序？
> 在创建分类汇总前需要对所汇总的数据进行排序，所以在进行分类汇总后再将其删除，显示的数据则是按排序后的次序显示的。如果希望在删除分类汇总后还能恢复原有的次序，可以通过下面介绍来实现。
> 在进行分类汇总之前，添加辅助列，在G2单元格中输入"1"，按住〈Ctrl〉键不放，向下填充G45单元格，效果如图10-8所示。进行分类汇总后结果如图10-9所示。
> 取消分类汇总后结果如图10-10所示。
> 单击"辅助列"任意单元格，单击"数据"选项卡下"排序和筛选"组中的"升序"按钮，即可恢复数据原有的次序，效果如图10-11所示。

图10-8

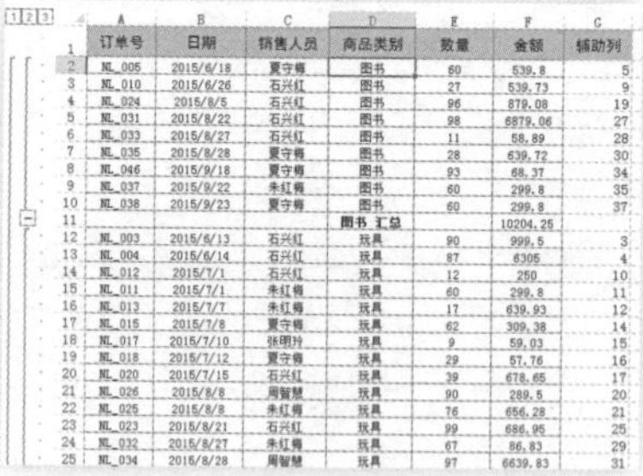

图10-9

图10-10

图10-11

10.2.3　使大于指定值的数据以特殊格式显示

在实际工作中，为了向领导传达清晰准确的信息，我们可以利用条件格式功能让符合指定特征的数据以特殊格式显示出来。例如在下例中我们可以通过设置让库存数量大于50的数据以红色标记出来，具体操作如下：

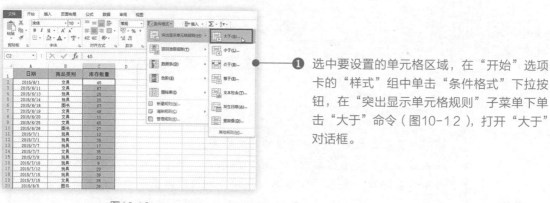

图10-12

❶ 选中要设置的单元格区域，在"开始"选项卡的"样式"组中单击"条件格式"下拉按钮，在"突出显示单元格规则"子菜单下单击"大于"命令（图10-12），打开"大于"对话框。

图10-13

❷ 在左侧文本框中输入作为指定值的数值，在右侧的下拉列表中选择单元格样式，如图10-13所示，单击"确定"按钮。

▲	A	B	C	D
1	日期	商品类别	库存数量	
2	2015/6/1	文具	45	
3	2015/6/11	文具	67	
4	2015/6/13	玩具	25	
5	2015/6/14	玩具	25	
6	2015/6/18	图书	67	
7	2015/6/19	文具	49	
8	2015/6/20	文具	11	
9	2015/6/25	文具	45	
10	2015/6/26	图书	27	
11	2015/7/1	玩具	12	
12	2015/7/1	文具	35	
13	2015/7/7	玩具	17	
14	2015/7/7	文具	35	
15	2015/7/8	玩具	23	
16	2015/7/10	玩具	9	
17	2015/7/12	玩具	29	
18	2015/7/15	玩具	39	
19	2015/7/15	文具	35	
20	2015/8/5	图书	36	

❸ 完成上述操作数值大于50的单元格区域即会
以指定格式显示，如图10-14所示。

图10-14

知识扩展

自定义设置条件格式的特殊格式。

我们可以自定义满足设置条件时所显示的特殊格式。具体操作方法如下：
在对话框中的"设置为"下拉列表中单击"自定义格式"命令（图10-15），打开"设置单元格格式"对话框。在"字体"选项卡中设置"字形"和"颜色"，如图10-16所示；切换到"填充"选项卡，设置单元格的填充颜色，如图10-17所示。设置完成后，依次单击"确定"按钮，即可实现让满足条件的单元格显示所设置的特殊格式。

图10-15

图10-16

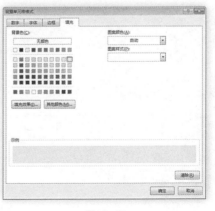

图10-17

10.2.4 使用数据条直观查看产品的出库金额

下例中我们需要比较表格中各产品的出库金额差异，但是发现这些普通的数字，太过乏味，容易引起视觉疲劳。有什么更好的方法能够让乏味的差异数字直观显示，并容易理解呢？利用数据条功能可以非常直观地查看选定区域中数值的大小情况。数据最大的显示最长数据条，数据最小的显示最短数据条。具体操作方法如下所示：

❶ 选中E列中的库存数据单元格区域，在"开始"选项卡"样式"组中单击"条件格式"按钮，弹出下拉菜单，鼠标指针指向"数据条"，在子菜单选择一种合适的数据条样式，如图10-18所示。

❷ 选择合适的数据条样式后，在单元格中就会显示出数据条，效果如图10-19所示。

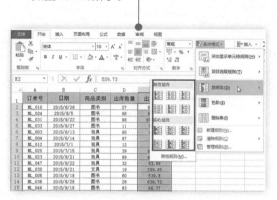

图10-18

图10-19

10.2.5 使符合指定条件的日期数据以特殊格式显示

下例中表格统计了不同时间的销售记录，现在我们需要使用"条件格式"功能将A列中的"销售日期"为本周的记录以特殊格式显示，我们可以通过下面方法来实现。

❶ 选中要设置的单元格区域，在"开始"选项卡的"样式"组中单击"条件格式"下拉按钮，在"突出显示单元格规则"子菜单下单击"发生日期"命令（图10-20），打开"发生日期"对话框。

❷ 设置单元格值为"本周"显示为"浅红填充色深红色文本"，如图10-21所示，单击"确定"按钮。

图10-20

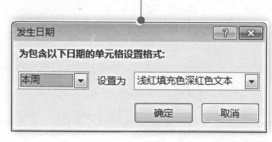

图10-21

	A	B	C
1	销售日期	商品类别	销售数量
2	2015/9/1	文具	99
3	2015/9/5	图书	96
4	2015/9/8	玩具	90
5	2015/9/11	文具	86
6	2015/9/12	文具	33
7	2015/9/13	玩具	90
8	2015/9/17	文具	81
9	2015/9/18	图书	93
10	2015/9/22	玩具	32
11	2015/9/22	图书	60
12	2015/9/23	图书	60
13	2015/9/24	玩具	76
14	2015/9/25	玩具	96
15	2015/9/25	玩具	76
16	2015/9/26	文具	80
17	2015/9/27	文具	80
18	2015/9/31	玩具	9
19	2015/9/31	文具	80
20			

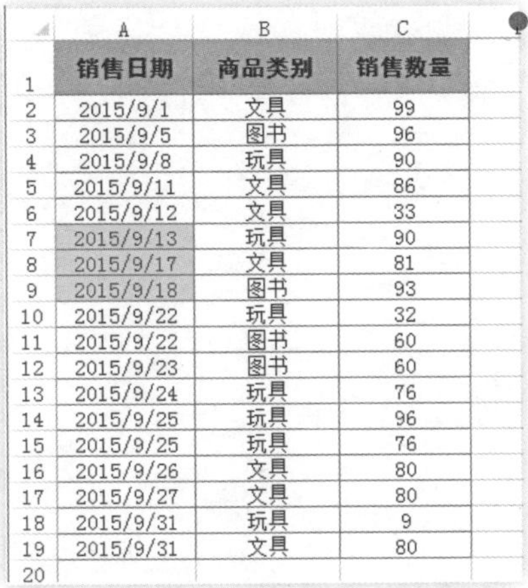

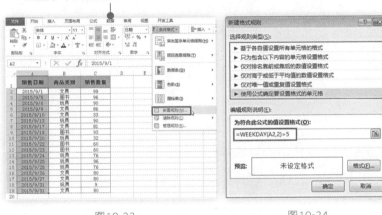

图10-22

❸ 完成上述操作就可以将上周的销售日期突出显示为指定格式，如图10-22所示。

10.2.6　自动标识出周末日期

有时候我们在进行日程数据录入时往往不会特别关注周末的日期，但当有需要时再找起来非常麻烦。例如这里为了分析周末对销售业绩的影响，我们需要将周末的销售额以特殊格式显示出来，我们可以通过下面方法来实现。

❶ 选中要设置的单元格区域，在“开始”选项卡的“样式”组中单击“条件格式”下拉按钮，在“突出显示单元格规则”子菜单下单击“新建规则”命令（图10-23），打开“新建格式规则”对话框。

图10-23

图10-24

❷ 在列表中选择最后一条规则类型，设置公式为：=WEEKDAY(A2,2)>5，然后单击“格式”按钮（图10-24），打开“设置单元格格式”对话框。

❸ 切换到“填充”选项卡下，选择填充颜色为“黄色”，如图10-25所示，单击“确定”按钮。

❹ 完成上述操作返回“新建格式规则”对话框，即可看到预览效果，如图10-26所示，预览效果确认无误后，单击“确定”按钮完成设置。

❺ 完成上述操作返回工作表，即可看到周末的销售额以特殊格式显示出来，如图10-27所示。

图10-25

图10-26

	A	B	C	D
1	销售日期	商品类别	销售数量	
2	2015/9/1	文具	99	
3	2015/9/5	图书	96	
4	2015/9/6	玩具	90	
5	2015/9/9	文具	86	
6	2015/9/10	文具	33	
7	2015/9/13	玩具	90	
8	2015/9/17	文具	81	
9	2015/9/18	图书	93	
10	2015/9/20	玩具	32	
11	2015/9/22	图书	60	
12	2015/9/23	图书	60	
13	2015/9/24	玩具	76	
14	2015/9/25	玩具	96	
15	2015/9/25	玩具	76	
16	2015/9/26	文具	80	
17	2015/9/27	文具	80	
18	2015/9/31	玩具	9	
19	2015/9/31	文具	80	
20				

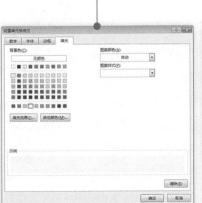

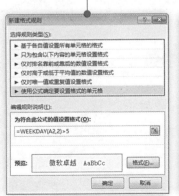

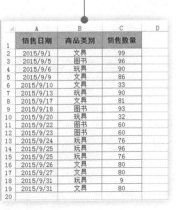

图10-27

参数 "2" 表示返回 "数字 1 到数字 7 (星期一到星期日)",参数 ">5" 表示当条件大于 5 时则周末 (因为星期六和星期日返回的数字为 6 和 7),就为其设置格式。

10.3 表格创建

最近公司业务发展不错,每天都有货物出库,有时候一不小心就忘记填写出库数据了。

那怎么行呢,不管是出库还是入库,当日发生的一定要当日记录啊,我们必须做好入库出库记录表,每天按部就班的填写……

企业产品库存管理表,是一系列帮助我们对企业产品的入库、出库、库存情况进行有效的管理的重要表格。要实现对库存数据的系统管理,我们需要建立多张表格,如期初库存表、产品入库记录表、产品出库记录表、产品库存汇总表等。下面我们就一起来学习如何制作并使用库存管理表。

10.3.1 期初库存表

期初库存表格显示的是企业当前入库或出库的所有产品的列表以及上期库存数。这个表格中的数据在后面的入库记录表、出库记录表以及产品库存月报表中都需要使用到。

新建工作簿,将其命名为 "产品库存管理"。将 Sheet1 工作表重命名为 "期初库存",创建如图 10-28 所示的表格。

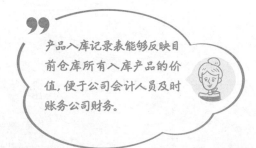

产品入库记录表能够反映目前仓库所有入库产品的价值,便于公司会计人员及时账务公司财务。

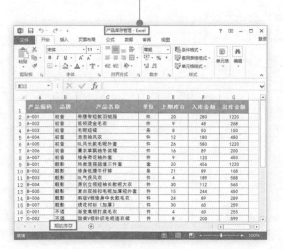

图10-28

10.3.2 产品入库记录表

为了方便处理产品的库存,下面我们创建产品入库记录表。产品入库记录表中记录了公司产品的入库时间、入库产品的名称、入库数量、单价、金额等信息。产品入库记录表中关于产品基本信息的数据可以从之前创建的 "期初库存" 工作表中利用公式获取。具体操作方法如下:

❶ 新建工作表，将其重命名为“产品入库记录表”。输入表格标题、列标识，对表格字体、对齐方式、底纹和边框设置，设置后效果如图10-29所示。

入库日期	产品编码	品牌	产品名称	单位	入库数量	单价	金额

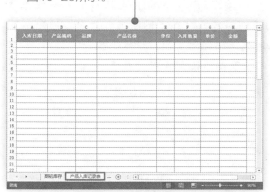

图10-29

❷ 设置好格式后，在表格中输入入库日期、产品编号、入库数量基本信息，效果如图10-30所示。

入库日期	产品编码	品牌	产品名称	单位	入库数量	单价	金额
2015/10/1	A-001				12		
2015/10/1	A-002				10		
2015/10/1	A-003				10		
2015/10/1	A-004				12		
2015/10/1	A-005				45		
2015/10/1	A-006				30		
2015/10/1	A-007				10		
2015/10/1	B-001				20		
2015/10/1	B-002				10		
2015/10/1	B-003				20		
2015/10/1	B-004				10		
2015/10/1	B-005				20		
2015/10/1	B-006				25		
2015/10/1	B-007				11		
2015/10/1	C-001				20		
2015/10/1	C-002				11		
2015/10/1	C-003				24		
2015/10/1	C-004				10		
2015/10/1	C-005				65		
2015/10/1	C-006				20		
2015/10/1	C-007				60		
2015/10/1	D-001				10		

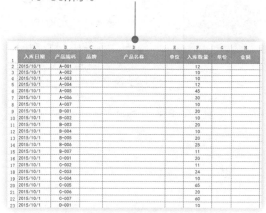

图10-30

❸ 在C2单元格中输入公式：“=VLOOKUP($B2，期初库存!$A:$G,COLUMN(B1),FALSE)”，按〈Enter〉键即可根据产品编码从“期初库存”中返回产品品牌，如图10-31所示。

入库日期	产品编码	品牌	产品名称	单位	入库数量	单价
2015/10/1	A-001	初音			12	
2015/10/1	A-002				10	
2015/10/1	A-003				10	
2015/10/1	A-004				12	
2015/10/1	A-005				45	
2015/10/1	A-006				30	
2015/10/1	A-007				10	
2015/10/1	B-001				20	
2015/10/1	B-002				10	
2015/10/1	B-003				20	
2015/10/1	B-004				10	
2015/10/1	B-005				20	
2015/10/1	B-006				25	

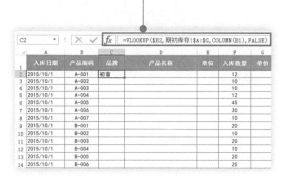

图10-31

❹ 选中C2单元格，将光标定位到该单元格区域右下角，向右复制公式至E2单元格，可一次性返回B2单元格中指定编号的品牌、产品名称、单位，如图10-32所示。

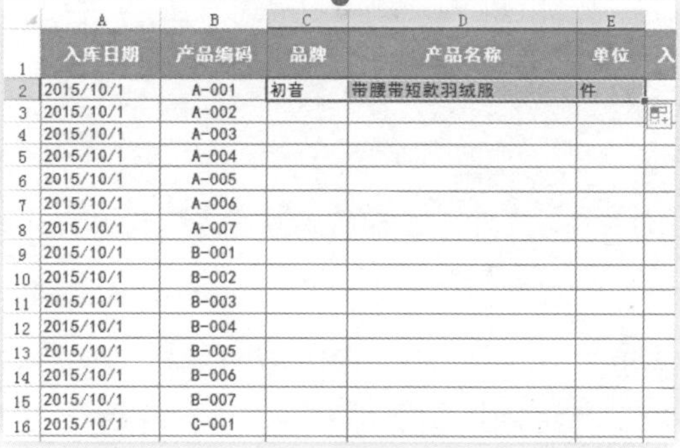

入库日期	产品编码	品牌	产品名称	单位
2015/10/1	A-001	初音	带腰带短款羽绒服	件
2015/10/1	A-002			
2015/10/1	A-003			
2015/10/1	A-004			
2015/10/1	A-005			
2015/10/1	A-006			
2015/10/1	A-007			
2015/10/1	B-001			
2015/10/1	B-002			
2015/10/1	B-003			
2015/10/1	B-004			
2015/10/1	B-005			
2015/10/1	B-006			
2015/10/1	B-007			
2015/10/1	C-001			

图10-32

入库日期	产品编码	品牌	产品名称	单位	入库数量
2015/10/1	A-001	初音	带腰带短款羽绒服	件	12
2015/10/1	A-002	初音	低领烫金毛衣	件	10
2015/10/1	A-003	初音	毛呢短裙	条	10
2015/10/1	A-004	初音	泡泡袖风衣	件	12
2015/10/1	A-005	初音	OL风长款毛呢外套	件	45
2015/10/1	A-006	初音	薰衣草飘袖冬装裙	件	30
2015/10/1	A-007	初音	修身荷花袖外套	件	10
2015/10/1	B-001	靓影	热卖混搭超值三件套	套	20
2015/10/1	B-002	靓影	修身低腰牛仔裤	条	10
2015/10/1	B-003	靓影	OL气质风衣	件	20
2015/10/1	B-004	靓影	原创立领短袖长款呢大衣	件	10
2015/10/1	B-005	靓影	复古双排扣毛呢加厚短外套	件	20
2015/10/1	B-006	靓影	韩版V领修身中长款毛衣	件	25
2015/10/1	B-007	靓影	绣花衬衫（加厚）	件	11
2015/10/1	C-001	不语	渐变高领打底毛衣	件	20
2015/10/1	C-002	不语	甜美V领针织毛呢连衣裙	件	11
2015/10/1	C-003	不语	加厚桃皮绒休闲裤	件	24
2015/10/1	C-004	不语	镶毛毛裙摆式羊毛大衣	件	10
2015/10/1	C-005	不语	韩版收腰长保暖棉服棉衣	件	65

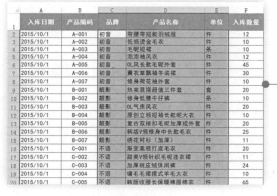

图10-33

❺ 选中C2：E2单元格区域，将光标定位到该单元格区域右下角，出现黑色十字形时按住鼠标左键向下拖动。释放鼠标即可完成公式复制，效果如图10-33所示。

公式解析

=VLOOKUP($B2，期初库存!$A:$G,COLUMN(B1),FALSE) 公式解析：

1）使用 COLUMN 函数返回 B 列上的值，这里使用 COLUMN 函数返回是为了便于公式向右复制时，参数能自动变化。

2）然后使用 VLOOKUP 函数在期初库存的 $A:$G 单元格区域 B 列中查找与 $B2 单元格中相同的值。找到返回对应在 B 列上的数据，为对应的供应商名称。而且这里 $B2 单元格对列采用绝对引用，对行采用相对引用，是为了向右复制时，列标不变，向下复制时行标又对自动变化。

❻ 在G2单元格中输入公式："=VLOOKUP(B2，期初库存!A:G,6,FALSE)"，按〈Enter〉键，向下复制公式，即可根据产品编码从"期初库存"中返回产品入库单价，如图10-34所示。

❼ 在H2单元格中输入公式："=F2*G2"，按〈Enter〉键，向下复制公式，即可计算中产品金额，如图10-35所示。

图10-34

图10-35

10.3.3　产品出库记录表

产品出库记录表与产品入库记录表相似，只是出库与入库是两个相反的动作。产品出库记录表记载了产品的出库日期、名称、出库数量、出库单价、出库金额等。创建产品出库记录表后，有些数据是需要手工输入，但有些数据可以设立相关公式，从而实现有些数据的自动返回与计算。具体制作方法如下所示：

> 产品出库记录表的创建与前面 10.2.2 节中产品入库记录表的创建方法相似。

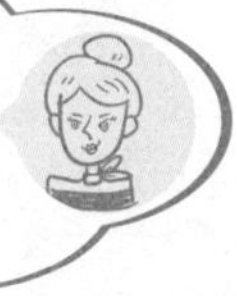

❶ 新建工作表，将其重命名为"产品出库记录表"。输入表格标题、列标识，对表格字体、对齐方式、底纹和边框设置，设置后效果如图10-36所示。

图10-36

❷ 设置好格式后，在表格中输入出库日期、货号单、产品编号、数量基本信息，效果如图10-37所示。

	A	B	C	D	E	F	G	H
1	出库日期	货号单	产品编号	产品名称	单位	出库数量	出库单价	金额
2	2015/10/1	20151008	A-002			22		
3	2015/10/1	20151010	A-003			10		
4	2015/10/1	20151013	A-004			5		
5	2015/10/1	20151016	B-001			24		
6	2015/10/1	20151003	B-002			15		
7	2015/10/2	20151034	C-001			4		
8	2015/10/2	20151041	C-002			7		
9	2015/10/2	20151044	C-003			26		
10	2015/10/2	20151046	C-004			5		
11	2015/10/3	20151048	D-001			10		
12	2015/10/4	20151057	E-005			12		
13	2015/10/5	20151059	A-004			4		
14	2015/10/6	20151065	A-005			4		
15	2015/10/6	20151066	A-006			4		
16	2015/10/6	20151071	A-007			18		
17	2015/10/6	20151077	B-006			50		
18	2015/10/6	20151079	A-004			5		
19	2015/10/7	20151082	A-005			8		
20	2015/10/7	20151084	A-006			4		
21	2015/10/7	20151004	B-007			5		
22	2015/10/7	20151019	C-003			25		
23	2015/10/8	20151020	D-001			16		
24	2015/10/8	20151022	D-002			15		

图10-37

❸ 在D2单元格中输入公式："=VLOOKUP($C2，期初库存!$A:$G,COLUMN(C1),FALSE)"，按〈Enter〉键即可根据产品编码从"期初库存"中返回产品名称，效果如图10-38所示。

	A	B	C	D	E	F
1	出库日期	货号单	产品编号	产品名称	单位	出库数量
2	2015/10/1	20151008	A-002	低领烫金毛衣		22
3	2015/10/1	20151010	A-003			10
4	2015/10/1	20151013	A-004			5
5	2015/10/1	20151016	B-001			24
6	2015/10/1	20151003	B-002			15
7	2015/10/2	20151034	C-001			4
8	2015/10/2	20151041	C-002			7
9	2015/10/2	20151044	C-003			26
10	2015/10/2	20151046	C-004			5
11	2015/10/3	20151048	D-001			10
12	2015/10/4	20151057	E-005			12
13	2015/10/5	20151059	A-004			4
14	2015/10/6	20151065	A-005			4
15	2015/10/6	20151066	A-006			4
16	2015/10/6	20151071	A-007			18
17	2015/10/6	20151077	B-006			50

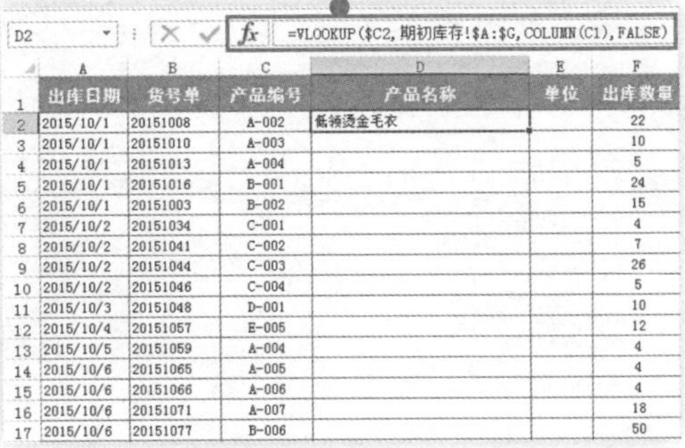

图10-38

❹ 选中D2单元格，将光标定位到该单元格区域右下角，向右复制公式至E2单元格，可一次性返回B2单元格中指定编号的产品名称、单位，如图10-39所示。

	C	D	E	F
1	产品编号	产品名称	单位	出库数量
2	A-002	低领烫金毛衣	件	22
3	A-003			10
4	A-004			5
5	B-001			24
6	B-002			15
7	C-001			4
8	C-002			7
9	C-003			26
10	C-004			5
11	D-001			10
12	E-005			12
13	A-004			4
14	A-005			4
15	A-006			4
16	A-007			18

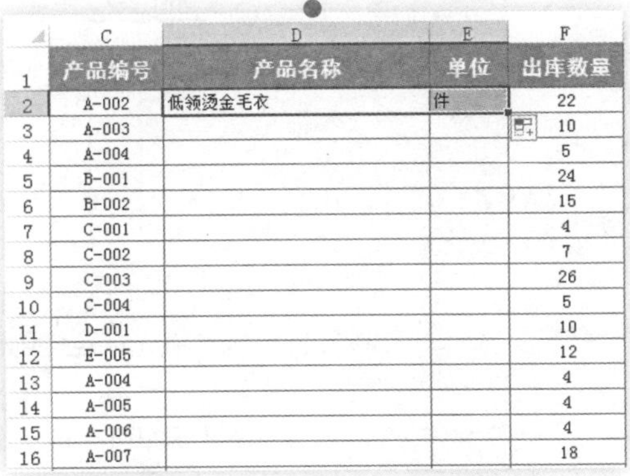

图10-39

❺ 选中D2：E2单元格区域，将光标定位到该单元格区域右下角，出现黑色十字形时按住鼠标左键向下拖动。释放鼠标即可完成公式复制，效果如图10-40所示。

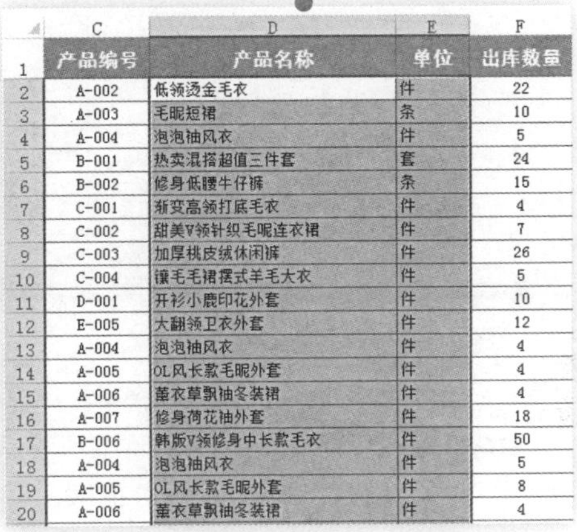

	C	D	E	F
1	产品编号	产品名称	单位	出库数量
2	A-002	低领烫金毛衣	件	22
3	A-003	毛昵短裙	条	10
4	A-004	泡泡袖风衣	件	5
5	B-001	热卖混搭超值三件套	套	24
6	B-002	修身低腰牛仔裤	条	15
7	C-001	渐变高领打底毛衣	件	4
8	C-002	甜美V领针织毛呢连衣裙	件	7
9	C-003	加厚桃皮绒休闲裤	件	26
10	C-004	镶毛毛裙摆式羊毛大衣	件	5
11	D-001	开衫小鹿印花外套	件	10
12	E-005	大翻领卫衣外套	件	12
13	A-004	泡泡袖风衣	件	4
14	A-005	OL风长款毛昵外套	件	4
15	A-006	薰衣草飘袖冬装裙	件	4
16	A-007	修身荷花袖外套	件	18
17	B-006	韩版V领修身中长款毛衣	件	50
18	A-004	泡泡袖风衣	件	5
19	A-005	OL风长款毛昵外套	件	8
20	A-006	薰衣草飘袖冬装裙	件	4

图10-40

	C	D	E	F	G
1	产品编号	产品名称	单位	出库数量	出库单价
2	A-002	低领烫金毛衣	件	22	268
3	A-003	毛昵短裙	条	10	150
4	A-004	泡泡袖风衣	件	5	480
5	B-001	热卖混搭超值三件套	套	24	1220
6	B-002	修身低腰牛仔裤	条	15	168
7	C-001	渐变高领打底毛衣	件	4	255
8	C-002	甜美V领针织毛呢连衣裙	件	7	599
9	C-003	加厚桃皮绒休闲裤	件	26	179
10	C-004	镶毛毛裙摆式羊毛大衣	件	5	400
11	D-001	开衫小鹿印花外套	件	10	478
12	E-005	大翻领卫衣外套	件	12	275
13	A-004	泡泡袖风衣	件	4	480
14	A-005	OL风长款毛昵外套	件	4	1220
15	A-006	薰衣草飘袖冬装裙	件	4	200
16	A-007	修身荷花袖外套	件	18	450
17	B-006	韩版V领修身中长款毛衣	件	50	289
18	A-004	泡泡袖风衣	件	5	480
19	A-005	OL风长款毛昵外套	件	8	1220
20	A-006	薰衣草飘袖冬装裙	件	4	200
21	B-007	绣花衬衫（加厚）	件	5	259

图10-41

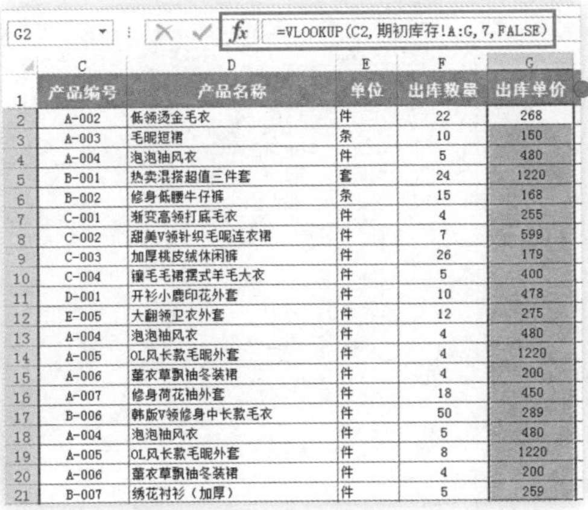

❻ 在G2单元格中输入公式："=VLOOKUP(C2，期初库存!A:G,7,FALSE)"，按〈Enter〉键，向下复制公式，即可根据产品编码从"期初库存"中返回产品出库单价，效果如图10-41所示。

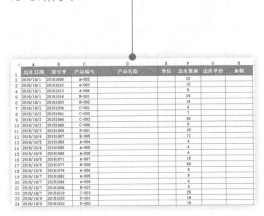

❼ 在H2单元格中输入公式："=F2*G2"，按〈Enter〉键，向下复制公式，即可计算中产品出库金额，效果如图10-42所示。

	D	E	F	G	H
1	产品名称	单位	出库数量	出库单价	金额
2	低领烫金毛衣	件	22	268	5896
3	毛呢短裙	条	10	150	1500
4	泡泡袖风衣	件	5	480	2400
5	热卖混搭超值三件套	套	24	1220	29280
6	修身低腰牛仔裤	条	15	168	2520
7	渐变高领打底毛衣	件	4	255	1020
8	甜美V领针织毛呢连衣裙	件	7	599	4193
9	加厚桃皮绒休闲裤	件	26	179	4654
10	镶毛毛裙摆式羊毛大衣	件	5	400	2000
11	开衫小鹿印花外套	件	10	478	4780
12	大翻领卫衣外套	件	12	275	3300
13	泡泡袖风衣	件	4	480	1920
14	OL风长款毛昵外套	件	4	1220	4880
15	薰衣草飘袖冬装裙	件	4	200	800
16	修身荷花袖外套	件	18	450	8100
17	韩版V领修身中长款毛衣	件	50	289	14450
18	泡泡袖风衣	件	5	480	2400

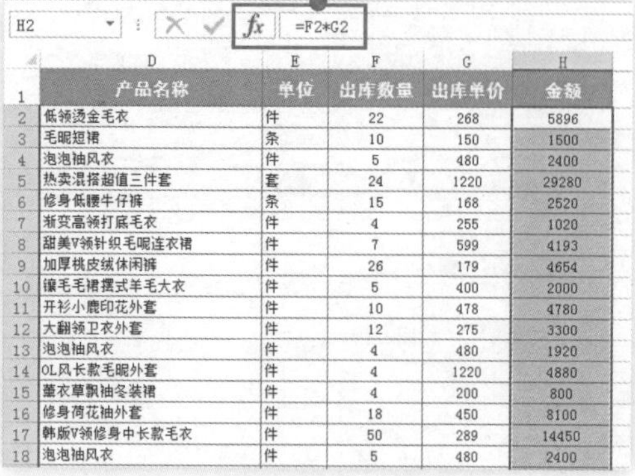

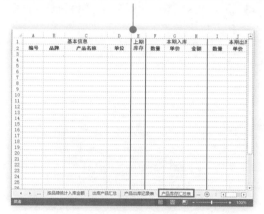

图10-42

10.3.4 产品库存汇总表

创建出入库记录表后，接下来就要对本月的期初库存、出入库数据进行汇总，即创建产品库存汇总表。产品库存汇总表是对产品的出入库情况的综合统计，它包括期初库存、本期入库、本期出库等信息。产品库存汇总表中关于产品基本信息的数据也都可以从“期初库存”工作表中利用公式获取。具体操作如下：

❶ 新建工作表，将其重命名为“库存汇总”，并设置表格的格式。设置后表格如图10-43所示。

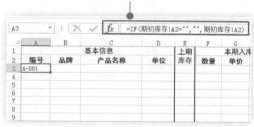

图10-43

❷ 在A3单元格中输入公式："=IF(期初库存!A2="","",期初库存!A2)"，按〈Enter〉键即可从“期初库存”中返回产品编号，如图10-44所示。

图10-44

❸ 选中A3单元格，将光标定位到该单元格区域右下角，向右复制公式至E3单元格，可一次性从“期初库存”中返回编号、品牌、产品名称、单位、上期库存，如图10-45所示。

	A	B	C	D	E
1	基本信息				上期库存
2	编号	品牌	产品名称	单位	
3	A-001	初音	带腰带短款羽绒服	件	20

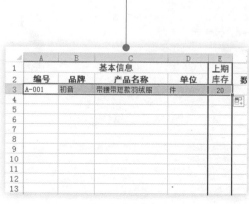

图10-45

❹ 选中A3:E3单元格区域，将光标定位到该单元格区域右下角，出现黑色十字形时按住鼠标左键向下拖动。释放鼠标即可完成公式复制，如图10-46所示。

	A	B	C	D	E
1	基本信息				上期库存
2	编号	品牌	产品名称	单位	
3	A-001	初音	带腰带短款羽绒服	件	20
4	A-002	初音	低领烫金毛衣	件	9
5	A-003	初音	毛昵短裙	条	8
6	A-004	初音	泡泡袖风衣	件	12
7	A-005	初音	OL风长款毛昵外套	件	26
8	A-006	初音	薰衣草飘袖冬装裙	件	16
9	A-007	初音	修身荷花袖外套	件	9
10	B-001	靓影	热卖混搭超值三件套	套	20
11	B-002	靓影	修身低腰牛仔裤	条	21
12	B-003	靓影	OL气质风衣	件	4
13	B-004	靓影	原创立领短袖长款呢大	件	30
14	B-005	靓影	复古双排扣毛呢加厚短	件	15
15	B-006	靓影	韩版V领修身中长款毛衣	件	24
16	B-007	靓影	绣花衬衫（加厚）	件	30
17	C-001	不语	渐变高领打底毛衣	件	4
18	C-002	不语	甜美V领针织毛呢连衣裙	件	8

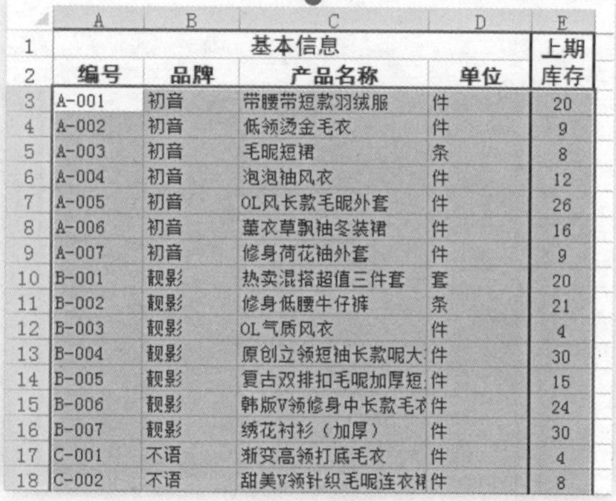

图10-46

⑤ 在F3单元格中输入公式："=SUMIF(产品入库记录表!$B$2:$B$93,A3，产品入库记录表!$F$2:$F$93)"，按〈Enter〉键即可从"入库记录表"中统计出第一种产品的入库总数量，如图10-47所示。

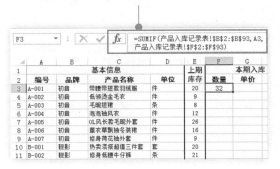

F3　fx =SUMIF(产品入库记录表!$B$2:$B$93,A3,产品入库记录表!$F$2:$F$93)

	A	B	C	D	E	F	G
1	基本信息				上期		本期入库
2	编号	品牌	产品名称	单位	库存	数量	单价
3	A-001	初音	带腰带短款羽绒服	件	20	32	
4	A-002	初音	低领烫金毛衣	件	9		
5	A-003	初音	毛呢短裙	条	8		
6	A-004	初音	泡泡袖风衣	件	12		
7	A-005	初音	OL风长款毛呢外套	件	26		
8	A-006	初音	薰衣草飘袖冬装裙	件	16		
9	A-007	初音	修身荷花袖外套	件	9		
10	B-001	靓影	热卖混搭超值三件套	套	20		
11	B-002	靓影	修身低腰牛仔裤	条	21		

图10-47

⑥ 在G3单元格中输入公式："=期初库存!F2"，按〈Enter〉键即可从"期初库存"中统计出第一种产品的入库单价，如图10-48所示。

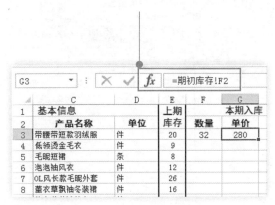

G3　fx =期初库存!F2

	C	D	E	F	G
1	基本信息		上期		本期入库
2	产品名称	单位	库存	数量	单价
3	带腰带短款羽绒服	件	20	32	280
4	低领烫金毛衣	件	9		
5	毛呢短裙	条	8		
6	泡泡袖风衣	件	12		
7	OL风长款毛呢外套	件	26		
8	薰衣草飘袖冬装裙	件	16		

图10-48

⑦ 在H3单元格中输入公式："=F3*G3"，按〈Enter〉键计算出第一种产品的入库总金额，如图10-49所示。

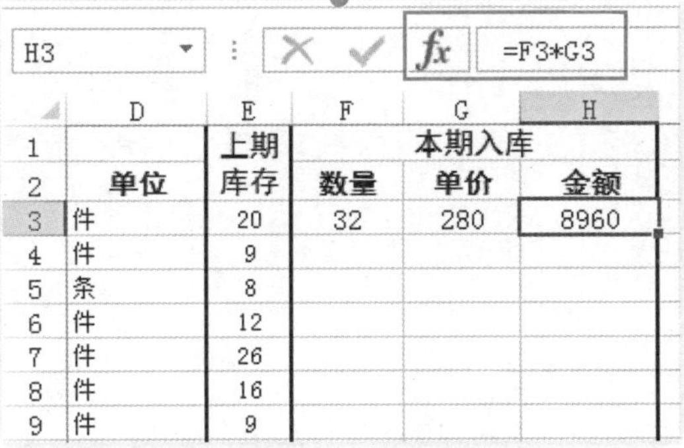

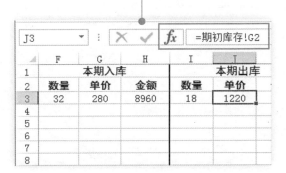

H3　fx =F3*G3

	D	E	F	G	H
1		上期	本期入库		
2	单位	库存	数量	单价	金额
3	件	20	32	280	8960
4	件	9			
5	条	8			
6	件	12			
7	件	26			
8	件	16			
9	件	9			

图10-49

⑧ 在I3单元格中输入公式："=SUMIF(产品出库记录表!$C$2:$C$100,A3，产品出库记录表!$F$2:$F$100)"，按〈Enter〉键即可从"产品出库记录表"中统计出第一种产品的出库总数量，如图10-50所示。

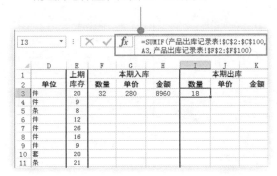

I3　fx =SUMIF(产品出库记录表!$C$2:$C$100,A3,产品出库记录表!$F$2:$F$100)

	D	E	F	G	H	I	J	K
1		上期	本期入库			本期出库		
2	单位	库存	数量	单价	金额	数量	单价	金额
3	件	20	32	280	8960	18		
4	件	9						
5	条	8						
6	件	12						
7	件	26						
8	件	16						
9	件	9						
10	套	20						
11	条	21						

图10-50

⑨ 在J3单元格中输入公式："=期初库存!G2"，按〈Enter〉键即可从"期初库存"中统计出第一种产品的出库单价，如图10-51所示。

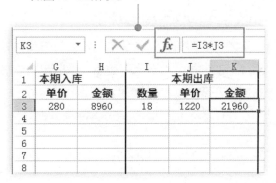

J3　fx =期初库存!G2

	F	G	H	I	J
1	本期入库				本期出库
2	数量	单价	金额	数量	单价
3	32	280	8960	18	1220
4					
5					
6					
7					
8					

图10-51

⑩ 在K3单元格中输入公式："=I3*J3"，按〈Enter〉键计算出第一种产品的出库总金额，如图10-52所示。

K3　fx =I3*J3

	G	H	I	J	K
1	本期入库		本期出库		
2	单价	金额	数量	单价	金额
3	280	8960	18	1220	21960
4					
5					
6					
7					
8					

图10-52

⓫ 在L3单元格中输入公式："=E3+F3-I3"，按〈Enter〉键即可计算出本期库存数量，如图10-53所示。

L3	: × ✓ fx	=E3+F3-I3			
	H	I	J	K	L
1	F		本期出库		
2	金额	数量	单价	金额	数量
3	8960	18	1220	21960	34
4					
5					
6					
7					
8					

图10-53

⓬ 在M3单元格中输入公式："=期初库存!F2"，按〈Enter〉键即可从"期初库存"中统计出第一种库存产品的单价，如图10-54所示。

M3	: × ✓ fx	=期初库存!F2			
	I	J	K	L	M
1		本期出库			本期库存
2	数量	单价	金额	数量	单价
3	18	1220	21960	34	280
4					
5					
6					
7					
8					

图10-54

⓭ 在N3单元格中输入公式："=L3*M3"，按〈Enter〉键计算出第一种产品的库存金额，如图10-55所示。

N3	: × ✓ fx	=L3*M3			
	J	K	L	M	N
1	本期出库		本期库存		
2	单价	金额	数量	单价	金额
3	1220	21960	34	280	9520
4					
5					
6					
7					
8					

图10-55

⓮ 选中F3：N3单元格区域，将光标定位到该单元格区域右下角，出现黑色十字形时按住鼠标左键向下拖动。释放鼠标即可完成公式复制，效果如图10-56所示。

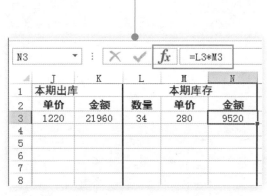

图10-56

公式解析

=SUMIF(产品出库记录表!$C$2:$C$100,A3,产品出库记录表!$F$2:$F$100) 公式解析：
该公式表示在"产品出库记录表!$C$2:$C$100"单元格区域中寻找与A3单元格相同的编号，找到后把对应在"产品出库记录表!$F$2:$F$100)"单元格区域上的值相加。

10.3.5 库存产品盘点表

为了掌握货物的流动情况，企业需要及时对库存产品进行盘点。库存盘点，是指定期或临时对库存产品的实际数量进行清查、清点的作业。下面在Excel 2013中创建库存产品盘点表。

❶ 新建工作表，将其重命名为"库存产品盘点表"。输入表格标题、列标识，对表格字体、对齐方式、底纹和边框设置，如图10-57所示。

图10-57

② 在A2单元格中输入公式："=IF(期初库存!A2="","",期初库存!A2)"，按〈Enter〉键即可从"期初库存"中返回产品编号，如图10-58所示。

A2　　　fx　=IF(期初库存!A2="","",期初库存!A2)

	A	B	C	D	E
1	产品编码	品牌	产品名称	账面库存量	实际库
2	A-001				
3					
4					
5					
6					
7					
8					
9					
10					

图10-58

③ 选中A2单元格，将光标定位到该单元格区域右下角，向右复制公式至C2单元格，可一次性从"期初库存"中返回编号、品牌、产品名称，如图10-59所示。

	A	B	C	
1	产品编码	品牌	产品名称	账
2	A-001	初音	带腰带短款羽绒服	
3				
4				
5				
6				
7				
8				
9				

图10-59

④ 选中A2：C2单元格区域，将光标定位到该单元格区域右下角，出现黑色十字形时按住鼠标左键向下拖动。释放鼠标即可完成公式复制，如图10-60所示。

	A	B	C	D
1	产品编码	品牌	产品名称	账面库存量
2	A-001	初音	带腰带短款羽绒服	
3	A-002	初音	低领烫金毛衣	
4	A-003	初音	毛呢短裙	
5	A-004	初音	泡泡袖风衣	
6	A-005	初音	OL风长款毛呢外套	
7	A-006	初音	薰衣草飘袖冬装裙	
8	A-007	初音	修身荷花袖外套	
9	B-001	靓影	热卖混搭超值三件套	
10	B-002	靓影	修身低腰牛仔裤	
11	B-003	靓影	OL气质风衣	
12	B-004	靓影	原创立领短袖长款呢大衣	
13	B-005	靓影	复古双排扣毛呢加厚短外套	
14	B-006	靓影	韩版V领修身中长款毛衣	
15	B-007	靓影	绣花衬衫（加厚）	
16	C-001	不语	渐变高领打底毛衣	

图10-60

⑤ 根据实际情况在表格中输入账面库存量基本信息，效果如图10-61所示。

	A	B	C	D	E
1	产品编码	品牌	产品名称	账面库存量	实际库存量
2	A-001	初音	带腰带短款羽绒服	34	
3	A-002	初音	低领烫金毛衣	5	
4	A-003	初音	毛呢短裙	9	
5	A-004	初音	泡泡袖风衣	0	
6	A-005	初音	OL风长款毛呢外套	28	
7	A-006	初音	薰衣草飘袖冬装裙	9	
8	A-007	初音	修身荷花袖外套	6	
9	B-001	靓影	热卖混搭超值三件套	12	
10	B-002	靓影	修身低腰牛仔裤	2	
11	B-003	靓影	OL气质风衣	7	
12	B-004	靓影	原创立领短袖长款呢大衣	10	
13	B-005	靓影	复古双排扣毛呢加厚短外套	32	
14	B-006	靓影	韩版V领修身中长款毛衣	9	
15	B-007	靓影	绣花衬衫（加厚）	26	
16	C-001	不语	渐变高领打底毛衣	45	
17	C-002	不语	甜美V领针织毛呢连衣裙	12	
18	C-003	不语	加厚桃皮绒休闲裤	3	
19	C-004	不语	镶毛裙摆式羊毛大衣	16	
20	C-005	不语	韩版收腰长保暖棉服棉衣		

图10-61

E2　　　fx　=VLOOKUP($A2,产品库存汇总表!$A:$N,COLUMN(L1),FALSE)

	A	B	C	D	E	F
1	产品编码	品牌	产品名称	账面库存量	实际库存量	标志
2	A-001	初音	带腰带短款羽绒服	34	34	
3	A-002	初音	低领烫金毛衣	5	5	
4	A-003	初音	毛呢短裙	9	6	
5	A-004	初音	泡泡袖风衣	0	0	
6	A-005	初音	OL风长款毛呢外套	28	4	
7	A-006	初音	薰衣草飘袖冬装裙	9	8	
8	A-007	初音	修身荷花袖外套	6	5	
9	B-001	靓影	热卖混搭超值三件套	12	16	
10	B-002	靓影	修身低腰牛仔裤	2	2	
11	B-003	靓影	OL气质风衣	7	7	
12	B-004	靓影	原创立领短袖长款呢大衣	10	10	
13	B-005	靓影	复古双排扣毛呢加厚短外套	32	1	
14	B-006	靓影	韩版V领修身中长款毛衣	9	9	
15	B-007	靓影	绣花衬衫（加厚）	26	26	
16	C-001	不语	渐变高领打底毛衣	45	20	
17	C-002	不语	甜美V领针织毛呢连衣裙	12	22	

图10-62

⑥ 在E2单元格中输入公式："=VLOOKUP($A2,产品库存汇总表!$A:$N,COLUMN(L1),FALSE)"，按〈Enter〉键，向下复制公式，即可根据产品编号从"产品库存汇总表"中返回各产品本月实际库存量，如图10-62所示。

❼ 在F2单元格中输入公式："=IF(E2=D2，"平",IF(E2>D2,"盈","亏"))"，按〈Enter〉键，向下复制公式，即可返回各产品是否盈亏，如图10-63所示。

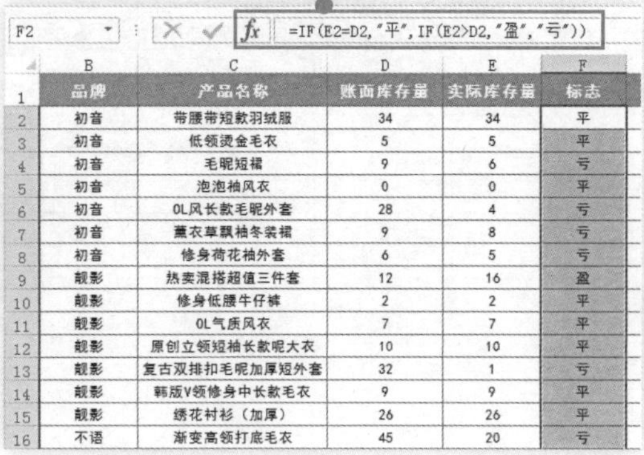

❽ 在G2单元格，在公式编辑栏中输入公式："=E2-D2"，按〈Enter〉键，向下复制公式，即可计算出各产品盈亏情况，如图10-64所示。

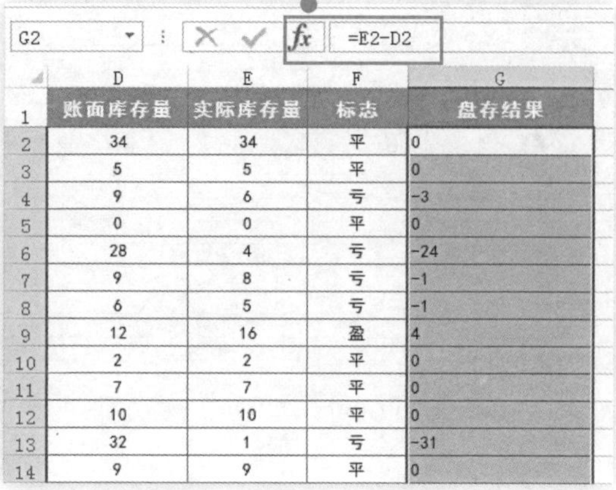

图10-63

图10-64

10.4　数据分析

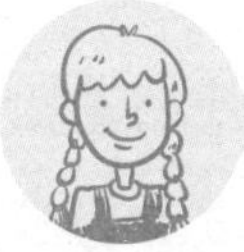

在入库记录表中如果想要统计查看每个品牌的入库情况，那么逐个合计也是件挺麻烦的事情呢！

怎么到现在还会这么笨拙的方法来对数据进行分析呢，Excel 2013 的分类汇总功能是起什么作用的啊，此时不用更待何时。

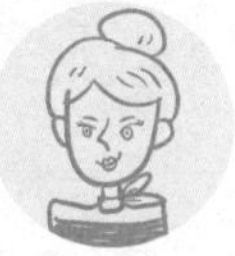

建立了产品库存管理表后，下面我们对库存数据进行分析。

10.4.1　按品牌统计入库金额

下面我们以在10.3.2节建立的产品入库记录表为基础，统计出各品牌的入库金额合计值。我们首先要按"品牌"字段进行排序，然后进行分类汇总设置。具体操作如下：

❶ 复制"产品入库记录表"工作表，将其重命名为"按品牌分类汇总"。选中"品牌"列中任意单元格。单击"数据"选项卡下"排序和筛选"组中的"升序"按钮进行排序，如图10-65所示。

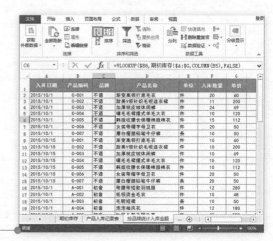

图10-65

❷ 选择表格编辑区域的任意单元格，在"数据"选项卡下的"分级显示"组中单击"分类汇总"按钮（图10-66），打开"分类汇总"对话框。

图10-66

❸ 在"分类字段"列表框中选中"品牌"单选框；在"汇总方式"下拉列表中选择"求和"；在"选定汇总项"列表框中选中"金额"复选框，如图10-67所示，设置完毕后，单击"确定"按钮。

图10-67

图10-68

❹ 完成上述操作可将表格中以"品牌"排序后的入库记录进行分类汇总，并显示分类汇总后的结果（汇总项为"金额"），如图10-68所示。

❺ 单击行号左边的"2"，只显示分类汇总的结果，效果如图10-69所示。

图10-69

10.4.2 出库产品汇总

下面我们以在10.3.3节中创建的产品出库记录表为基础创建数据透视表来对出库记录表进行分析，具体操作如下：

	出库日期	货号单	产品编号	产品名称
1				
2	2015/10/1	20151008	A-002	低领烫金毛衣
3	2015/10/1	20151010	A-003	毛昵短裙
4	2015/10/1	20151013	A-004	泡泡袖风衣
5	2015/10/1	20151016	B-001	热卖混搭超值三件套
6	2015/10/1	20151003	B-002	修身低腰牛仔裤
7	2015/10/2	20151034	C-001	渐变高领打底毛衣
8	2015/10/2	20151041	C-002	甜美V领针织毛呢连衣裙
9	2015/10/2	20151044	C-003	加厚桃皮绒休闲裤

图10-70

❶ 切换到"产品出库记录表"工作表，单击任意单元格，在"插入"选项卡下"表格"组中单击"数据透视表"按钮，如图10-70所示。

❷ 打开"创建数据透视表"对话框，在"选择一个表或区域"框中显示了当前要建立为数据透视表的数据源，如图10-71所示，单击"确定"按钮。

图10-71

❸ 完成上述操作在新建工作表中创建出空白的数据透视表，在新建的工作表标签上双击鼠标，输入名称为"出库产品汇总"，如图10-72所示。

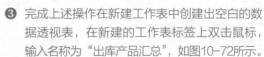

图10-72

❹ 在字段列表中设置"产品名称"字段为"行标签"，"出库数量"字段为"数值"，"出库金额"字段为"数值"，数据透视表根据字段的设置相应的显示，如图10-73所示。

图10-73

❺ 选中数据透视表任意单元格，单击"数据透视表工具"→"设计"选项卡，在"数据透视表样式"组中可以选择套用的样式，单击右侧的"其他"（）按钮可打开下拉菜单，有多种样式可供选择，单击一次鼠标即可应用到当前数据透视表，如图10-74所示。

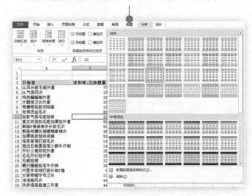

图10-74

❻ 完成样式设置后，效果如图10-75所示。

图10-75

❼ 选中"出库数量"列下的任意单元格，单击"数据"选项卡，在"排序和筛选"组中单击"升序"按钮，如图10-76所示。

图10-76

图10-77

❽ 执行上述操作，即可显示出排序结果，如图10-77所示。从数据透视表中可以很清楚地看出"低领烫金毛衣"的出库数量是最高的。

图10-78

❾ 接着选中A1单元格，输入"出库产品汇总"，接着合并A1:C1单元格区域，并对表头进行字体、字号设置，效果如图10-78所示。

10.4.3　库存预警分析

在实际工作中财务人员可以为每一种产品的库存设置一个安全库存量，当库存量低于或等于安全库存量时，系统自动进行预警提示。例如下面我们将为10.3.4节中所创建的产品库存汇总表进行库存预警设置。使系统在库存量小于10时发出库存预警，具体操作如下：

❶ 打开"库存汇总"工作表，选中L3：L32单元格区域，切换到"开始"选项卡，在"样式"组单击"条件格式"按钮，在弹出的下拉菜单中单击"突出显示单元格规则"→"小于"命令，如图10-79所示。

图10-79

❷ 弹出设置对话框，设置单元格值小于"10"显示为"红填充色深红色文本"，如图10-80所示，单击"确定"按钮。

图10-80

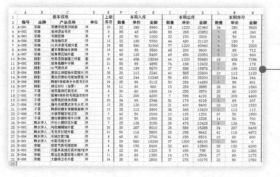

图10-81

❸ 完成上述操作回到工作表中，可以看到所有小于10的单元格都显示为红色，即表示库存不足，如图10-81所示。

10.4.4 分析产品盈亏情况

为了更直观的体现产品盈亏情况，我们可以使用数据条功能来让产品盈亏情况一目了然，下面我们介绍如何在10.3.5节所创建的库存产品盘点表中，运用数据条功能。

❶ 打开"库存产品盘点表"工作表，选中"盘存结果"列中的单元格区域，在"开始"选项卡"样式"组中单击"条件格式"按钮，弹出下拉菜单，鼠标指针指向"数据条"，在子菜单选择一种合适的数据条样式，如图10-82所示。

❷ 选择合适的数据条样式后，在单元格中就会显示出数据条，如图10-83所示。可以直观地查看各产品的盈亏情况。

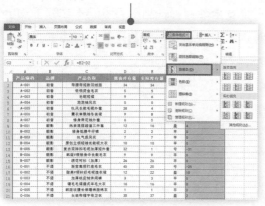

图10-82

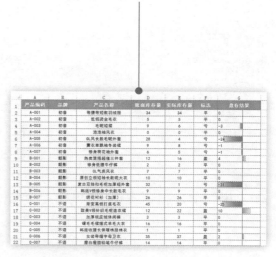

图10-83

第**11**章　公司固定资产
管理与分析

单位每年都投入大量的金钱来购置各种资产，但是随着时间的推移，很难及时、清楚地知道单位及下属机构拥有多少资产，它们分布在那些部门以及存放在何处、谁在使用、状况如何……

固定资产在企业的资产总额中占有相当大的比重，只要做好固定资产管理其实也没有那么烦琐……
我们可以在 Excel 2013 中创建固定资产清单，不仅可以将相关信息记录清楚，而且还方便存档。

11.1　制作流程

企业在日常工作中应加强固定资产的管理，让企业的固定资产得到运用，为企业尽可能的带来更多的经济效益。

本章我们将介绍如何在Excel 2013中建立表格管理企业固定资产，并采用专门的折旧计算函数来计算固定资产应计提折旧等知识与技能。这里我们要讲的固定资产的折旧法有：余额法、年限总和法、双倍余额递减法，本章内容架构（图11-1）。

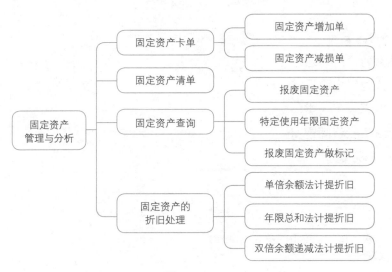

在进行固定资产管理与分析过程中，需要使用多个管理与分析表格，这里我们可以先来看一下各个表格的效果图，如图11-2所示。

图11-1

固定资产增加单

固定资产减损单

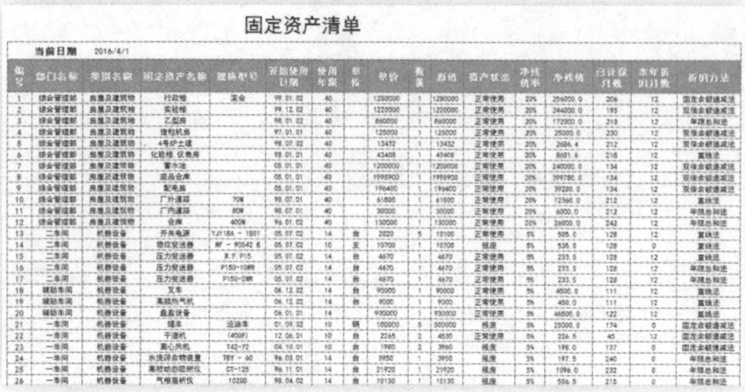

固定资产清单

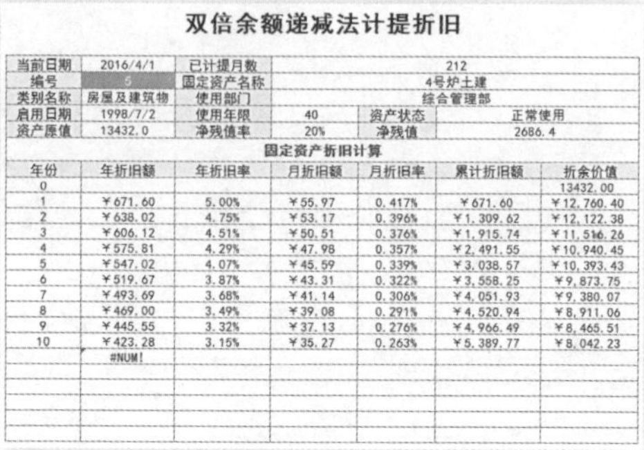

双倍余额递减法计提折旧

图11-2

11.2 新手基础

在Excel 2013中进行固定资产管理与分析需要用到的知识点除了前面章节介绍的知识点外还包括：筛选、定义名称、函数等。学会这些知识点，可以让我们工作起来更轻松！

11.2.1 筛选出包含特定文字的记录

数据筛选常用于对数据库的分析。通过设置筛选条件可以快速查看数据库中满足特定条件的记录。下例中表格中记录了各类固定资产情况，我们将利用筛选功能将固定资产名称中包含"电"的记录模糊筛选出来，具体操作如下：

❶ 在"数据"选项卡的"排序和筛选"组中，单击"筛选"按钮，添加自动筛选，如图11-3所示。

图11-3

❷ 单击"固定资产名称"右下侧的下拉按钮，在下拉菜单中单击"文本筛选"在子菜单中单击"包含"命令（图11-4），打开"自定义自动筛选方式"对话框。

❸ 在"包含"设置框中输入"电"，如图11-5所示，单击"确定"按钮。

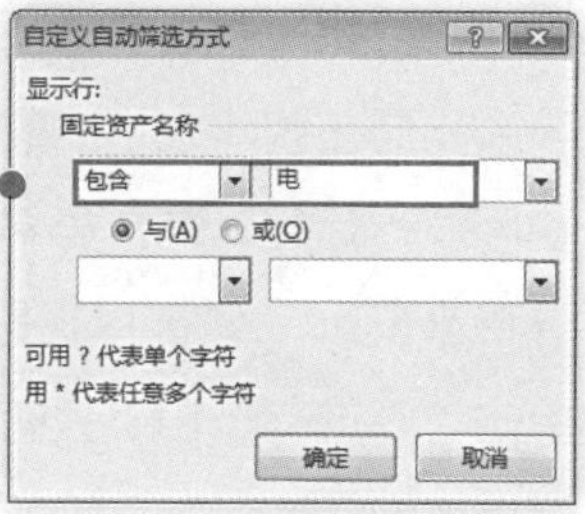

❹ 完成上述操作后效果如图11-6所示。

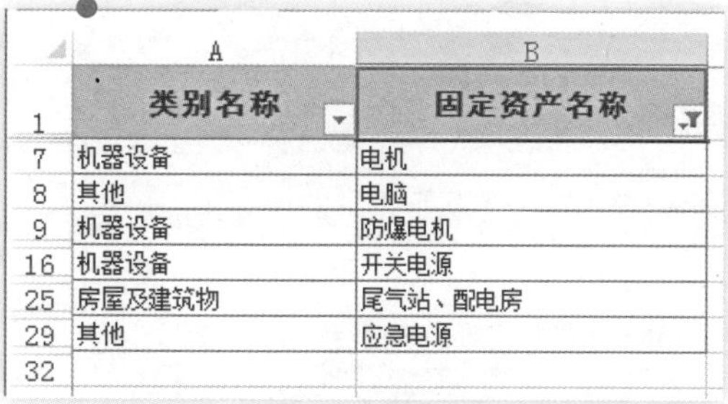

图11-4

图11-5

图11-6

11.2.2　利用筛选搜索器进行筛选

Excel 2013提供了筛选搜索器功能，可以帮助用户快速从大量的数据集中筛选出相应的目标数据。下例中表格中记录了各类固定资产名称，我们将利用筛选搜索器将固定资产名称中包含"电"的记录模糊筛选出来，具体操作如下：

❶ 在"数据"选项卡的"排序和筛选"组中，单击"筛选"按钮，添加自动筛选，如图11-7所示。

❷ 单击"固定资产名称"右侧的下拉按钮展开下拉列表，然后在"搜索"文本框中输入所要筛选的关键字，如"电"，下面的筛选列表即会显示所有包含"电"字的产品名称，如图11-8所示，单击"确定"按钮。

❸ 完成上述操作得到的筛选结果是所有资产名称中包含"电"字的记录，如图11-9所示。

图11-7

图11-8

图11-9

11.2.3 如何对双行标题列表进行筛选

我们在创建表格的时候，有的表格中会使用双行标题，这样虽然比较美观，却给筛选带来麻烦。如选择标题的任意单元格后，单击"筛选"按钮，只有第一行标题添加了筛选按钮，如图11-10所示。

如果想让筛选的按钮显示在下行的标题上，可按照下面的方法操作。

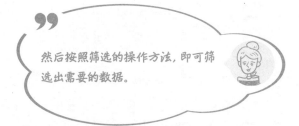

图11-10

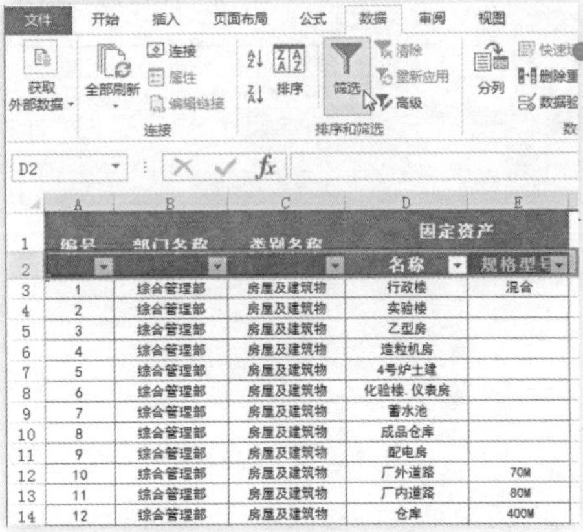

单击行标"2"，单击"筛选"按钮，即可在第2行标题上显示筛选按钮，如图11-11所示。

图11-11

然后按照筛选的操作方法，即可筛选出需要的数据。

11.2.4 将公式定义为名称

公式也可以被定义为名称，尤其是在进行一些复杂运算或实现某些动态数据源效果时，经常会将特定的公式定义为名称。

在实际工作中为公式定义名称可以极大地提高工作效率例如下例表格中想建立一个根据中奖金额计算出扣除税金后获奖金额的计算器，其中税金比率根据中奖金额的大小也有所有不同（中奖金额小于1000元时，税率为10%；中奖金额在1000元至5000元之间时，税率为15%；中奖金额大于5000元时，税率20%），这时可以建立一个名称，并设置其引用位置为公式（用IF函数进行条件判断），从而达到自动计算的目的。

❶ 在"公式"选项卡的"定义名称"组单击"定义名称"按钮（图11-12），打开"新建名称"对话框。

图11-12

❷ 输入名称为"应交金额",并设置引用位置为:"=IF(Sheet1!\$A\$3<=5000,Sheet1!\$A\$3*0.1,IF(Sheet1!\$A\$3<=10000,Sheet1!\$A\$3*0.15,Sheet1!\$A\$3*0.2))",如图11-13所示,单击"确定"按钮。

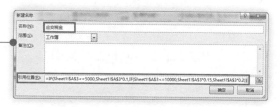

图11-13

❸ 完成名称的定义后。在工作表中选中B3单元格,设置公式为:"=A3-应交税金",计算结果如图11-14所示。

图11-14

❹ 当更改了A3单元格中的中奖金额后,税后金额自动计算,如图11-15所示。

图11-15

11.2.5 OFFSET 函数(从给定引用中返回引用偏移量)

【函数功能】OFFSET函数以指定的引用为参照系,通过给定偏移量得到新的引用。返回的引用可以为一个单元格或单元格区域。并可以指定返回的行数或列数。

【函数语法】OFFSET(reference,rows,cols,height,width)

◆ Reference: 作为偏移量参照系的引用区域。reference 必须为对单元格或相连单元格区域的引用;否则,函数 OFFSET 返回错误值 #VALUE!。

◆ Rows: 相对于偏移量参照系的左上角单元格,上(下)偏移的行数。如果使用5作为参数rows,则说明目标引用区域的左上角单元格比reference 低5行。行数可为正数(代表在起始引用的下方)或负数(代表在起始引用的上方)。

◆ Cols: 相对于偏移量参照系的左上角单元格,左(右)偏移的列数。如果使用5作为参数cols,则说明目标引用区域的左上角的单元格比reference靠右5列。列数可为正数(代表在起始引用的右边)或负数(代表在起始引用的左边)。

◆ Height: 高度,即所要返回的引用区域的行数。height 必须为正数。

◆ Width: 宽度,即所要返回的引用区域的列数。Width 必须为正数。

运用OFFSET函数可以帮助我们完成以下常见工作任务。

1)对每日销售量累计求和。如图11-16所示表格中按日统计了产品的销售量,使用OFFSET函数配合ROW函数可以实现对每日销售量累计求和。

	A	B
1	日期	销售量
2	2015/11/1	534
3	2015/11/2	155
4	2015/11/3	235
5	2015/11/4	500
6	2015/11/5	150
7	2015/11/6	135
8	2015/11/7	295
9	2015/11/8	500
10	2015/11/9	245
11	2015/11/10	150
12		

图11-16

❶ 在C2单元格中输入公式："=SUM(OFFSET ($B$2,0,0,ROW()-1))"，按〈Enter〉键，即可得到数据累计计算结果，如图11-17所示。

C2		fx	=SUM(OFFSET($B$2,0,0,ROW()-1))		
	A	B	C	D	E
1	日期	销售量	累计求和		
2	2015/11/1	534	534		
3	2015/11/2	155			
4	2015/11/3	235			
5	2015/11/4	500			
6	2015/11/5	150			
7	2015/11/6	135			
8	2015/11/7	295			
9	2015/11/8	500			
10	2015/11/9	245			
11	2015/11/10	150			
12					
13					

图11-17

❷ 向下填充C2单元格的公式，可以求出每日的累计销售量，如图11-18所示。

	A	B	C
1	日期	销售量	累计求和
2	2015/11/1	534	534
3	2015/11/2	155	689
4	2015/11/3	235	924
5	2015/11/4	500	1424
6	2015/11/5	150	1574
7	2015/11/6	135	1709
8	2015/11/7	295	2004
9	2015/11/8	500	2504
10	2015/11/9	245	2749
11	2015/11/10	150	2899
12			
13			

图11-18

公式解析

1）先使用 ROW 函数返回当前选中单元格所在行数。选中 C2 时，返回值为 2，向下复制公式到 C3 时，返回值为 3，依次类推。

2）再使用 OFFSET 函数，以 B2 单元格为参照取，向上偏移 0 行向右偏移 0 行，向下偏移 1 步结果行处的值（只有此值是变动的）。

3）使用 SUM 函数对 2 步结果求和。

2）实现数据的动态查询。如图11-19所示表格中按月份统计了产品的入库数量与出库数量，下面我们运用OFFSET函数查询任意起始月到结束月的入库或出库合计值。

	A	B	C	D
1	月份	入库数量	出库数量	
2	2015/1/1	550	514	
3	2015/2/1	355	250	
4	2015/3/1	153	135	
5	2015/4/1	155	150	
6	2015/5/1	143	125	
7	2015/6/1	400	335	
8	2015/7/1	150	95	
9	2015/8/1	500	500	
10	2015/9/1	55	45	
11	2015/10/1	500	450	
12	2015/11/1	450	450	
13	2015/12/1	550	500	
14				

图11-19

	A	B	C	D	E	F	G
1	月份	入库数量	出库数量		查询起始月	查询终止月	查询项目
2	2015/1/1	550	514		4	6	出库
3	2015/2/1	355	250				
4	2015/3/1	153	135		合计值		
5	2015/4/1	155	150				
6	2015/5/1	143	125				
7	2015/6/1	400	335				
8	2015/7/1	150	95				
9	2015/8/1	500	500				
10	2015/9/1	55	45				
11	2015/10/1	500	450				
12	2015/11/1	450	450				
13	2015/12/1	550	500				
14							
15							

图11-20

❶ 在E2:G2单元格区域中设置查询的条件，如图11-20所示。

❷ 在E5单元格中输入公式："=SUM(OFFSET (A1,E2,MATCH(G2&"数量", B1:C1,0),F2-E2+1)) ",按〈Enter〉键,即可得出4~6月份入库数量合计值,如图11-21所示。

❸ 当需要查询其他月份其他项目的合计值时,只需要更改查询条件即可,如图11-22所示查询的是7~9月份出库数量合计值。

| E5 | | × ✓ | fx | =SUM(OFFSET(A1,E2,MATCH(G2&"数量",B1:C1,0),F2-E2+1)) | |

	A	B	C	D	E	F	G
1	月份	入库数量	出库数量		查询起始月	查询终止月	查询项目
2	2015/1/1	550	514		4	6	出库
3	2015/2/1	355	250				
4	2015/3/1	153	135		合计值		
5	2015/4/1	155	150		610		
6	2015/5/1	143	125				
7	2015/6/1	400	335				
8	2015/7/1	150	95				
9	2015/8/1	500	500				
10	2015/9/1	55	45				
11	2015/10/1	500	450				
12	2015/11/1	450	450				
13	2015/12/1	550	500				
14							

图11-21

| E5 | | × ✓ | fx | =SUM(OFFSET(A1,E2,MATCH(G2&"数量",B1:C1,0),F2-E2+1)) | |

	A	B	C	D	E	F	G
1	月份	入库数量	出库数量		查询起始月	查询终止月	查询项目
2	2015/1/1	550	514		7	9	出库
3	2015/2/1	355	250				
4	2015/3/1	153	135		合计值		
5	2015/4/1	155	150		640		
6	2015/5/1	143	125				
7	2015/6/1	400	335				
8	2015/7/1	150	95				
9	2015/8/1	500	500				
10	2015/9/1	55	45				
11	2015/10/1	500	450				
12	2015/11/1	450	450				
13	2015/12/1	550	500				
14							

图11-22

公式解析

1)先使用 MATCH 函数返回 G2 单元格 B1:C1 单元格区域中的位置。如果 G2 是"入库",返回值为1;如果 G2 是"出库",返回值为2。

2)将"F2-E2+1"值作为 OFFSET 的第 4 个参数,表示所要返回的引用区域的行数。本例中是指定要返回连续的几个月。

3)使用 OFFSET 函数以 A1 为参照,向下偏移 E2 单元格中指定的值,向右偏移 1 步结果指定的值,取值的连续单元格数字为 2 步结果指定的值。

4)用 SUM 函数对前面返回的值求和。

11.2.6　COUNTA 函数(返回包含任意值的单元格数或项数)

【函数功能】COUNTA函数返回包含任何值(包括数字、文本或逻辑数字)的参数列表中的单元格数或项数。

【函数语法】COUNTA(value1,value2,...)

◆ Value1,value2,...: 包含或引用各种类型数据的参数(1~30个),其中参数可以是任何类型,它们包括空格但不包括空白单元格。

运用COUNTA函数可以帮助我们统计出异常出勤的人数。

例如下面我们将运用COUNTA函数统计如图11-23所示表格中迟到的员工人数。

	A	B	C
1	员工编号	姓名	迟到登记
2	YG1	胡莉	
3	YG2	王青	迟到
4	YG3	何以玫	
5	YG4	王飞扬	迟到
6	YG5	童瑶瑶	
7	YG6	王小利	迟到
8	YG7	吴晨	
9	YG8	周伟	迟到
10			

图11-23

在E2单元格中输入公式："=COUNTA(C2:C9)"，按〈Enter〉键，即可统计出迟到员工的人数，如图11-24所示。

	员工编号	姓名	迟到登记		迟到人数
1					
2	YG1	胡莉			4
3	YG2	王青	迟到		
4	YG3	何以玫			
5	YG4	王飞扬	迟到		
6	YG5	童瑶瑶			
7	YG6	王小利	迟到		
8	YG7	吴晨			
9	YG8	周伟	迟到		

图11-24

11.2.7 SLN 函数（返回线性折旧值）

【函数功能】SLN函数用于返回某项资产在一个期间中的线性折旧值。线性折旧法计算的折旧值各年相等。

【函数语法】SLN(cost,salvage,life)

◆ Cst：资产原值。

◆ Salvage：资产在折旧期末的价值，即称为资产残值。

◆ Life：折旧期限，即称为资产的使用寿命。

运用SLN函数可以帮助我们完成以下常见工作任务。

1）利用直线法计算出固定资产的每年折旧额。已知如图11-25所示的表格中固定资产的原值、可使用年限、残值以及预计使用年限，下面我们运用SLN函数利用直线法计算出固定资产的每年折旧额。

	资产名称	原值	可使用年限	残值
1				
2	仓库	450000	20	100000
3	油压裁断机	125000	10	12400
4	颚破机	25000	5	1500
5	汽车	45000	8	3500

图11-25

❶ 在E2单元格中输入公式："=SLN(B2,D2,C2)"，按〈Enter〉键，即可计算出第一个固定资产的年折旧额，如图11-26所示。

❷ 向下填充E2单元格的公式，可以得到其他固定资产的年折旧额，如图11-27所示。

E2   =SLN(B2, D2, C2)

	资产名称	原值	可使用年限	残值	年折旧额
1					
2	仓库	450000	20	100000	¥17,500.00
3	油压裁断机	125000	10	12400	
4	颚破机	25000	5	1500	
5	汽车	45000	8	3500	

图11-26

	资产名称	原值	可使用年限	残值	年折旧额
1					
2	仓库	450000	20	100000	¥17,500.00
3	油压裁断机	125000	10	12400	¥11,260.00
4	颚破机	25000	5	1500	¥4,700.00
5	汽车	45000	8	3500	¥5,187.50

图11-27

2）利用直线法计算出固定资产的每月折旧额。下例中已知固定资产的原值、可使用年限、残值以及预计使用年限等数据，我们运用SLN函数利用直线法计算出固定资产的每月折旧额。

❶ 在E2单元格中输入公式："=SLN(B2,D2,C2*12)"，按〈Enter〉键，即可计算出第一个固定资产的月折旧额，如图11-28所示。

❷ 向下填充E2单元格的公式，可以得到其他固定资产的月折旧额，如图11-29所示。

图11-28

图11-29

11.2.8　DB 函数（固定余额递减法计算折旧值）

【函数功能】DB函数是使用固定余额递减法，计算一笔资产在给定期间内的折旧值。

【函数语法】DB(cost,salvage,life,period,month)

◆ Cost：表示为资产原值。

◆ Salvage：表示为资产在折旧期末的价值，也称为资产残值。

◆ Life：表示为折旧期限，也称作资产的使用寿命。

◆ Period：表示为需要计算折旧值的期间。Period必须使用与life相同的单位。

◆ Month：表示为第一年的月份数，省略时假设为12。

运用DB函数可以帮助我们完成以下日常工作任务。

1）利用固定余额递减法计算出固定资产的每年折旧额。已知如图11-30所示的表格中记录了固定资产的原值、可使用年限、残值以及使用年限等数据，下面我们运用DB函数利用固定余额递减法计算出固定资产的每年折旧额。

图11-30

❶ 在B5单元格中输入公式："=DB($B$2,$D$2,$C$2,A5,$E$2)"，按〈Enter〉键，即可计算出第一年固定资产的年折旧额，如图11-31所示。

图11-31

	A	B	C	D	E
1	资产名称	原值	可使用年限	残值	每年使用月数
2	覆膜机	250000	10	12400	10
3					
4	年限	折旧额			
5	1	¥53,958.33			
6	2	¥50,774.79			
7	3	¥37,624.12			
8	4	¥27,879.47			
9	5	¥20,658.69			
10					
11					
12					

❷ 向下填充B5单元格的公式，可以得到其他年份的固定资产的年折旧额，如图11-32所示。

图11-32

2）利用固定余额递减法计算出固定资产的每月折旧额。已知固定资产的原值、可使用年限、残值以及预计使用年限等数据，下面我们运用DB函数利用固定余额递减法计算出固定资产的每月折旧额。

❶ 在B5单元格中输入公式："=DB($B$2,$D$2,$C$2,A5,$E$2)/$E$2"，按〈Enter〉键，即可计算出第一年固定资产的月折旧额，如图11-33所示。

❷ 向下填充B5单元格的公式，可以得到其他年份的固定资产的月折旧额，如图11-34所示。

B5				f_x	=DB($B$2,$D$2,$C$2,A5,$E$2)/$E$2
	A	B	C	D	E
1	资产名称	原值	可使用年限	残值	每年使用月数
2	覆膜机	250000	10	12400	10
3					
4	年限	月折旧额			
5	1	¥5,395.83			
6	2				
7	3				
8	4				
9	5				
10					
11					

图11-33

	A	B	C	D	E
1	资产名称	原值	可使用年限	残值	每年使用月数
2	覆膜机	250000	10	12400	10
3					
4	年限	月折旧额			
5	1	¥5,395.83			
6	2	¥5,077.48			
7	3	¥3,762.41			
8	4	¥2,787.95			
9	5	¥2,065.87			
10					
11					

图11-34

11.2.9　DDB 函数（双倍余额递减法计算折旧值）

【函数功能】DDB函数是采用双倍余额递减法计算一笔资产在给定期间内的折旧值。双倍余额递减法计算折旧值将在可使用年限前两年计提完成。

【函数语法】DDB(cost,salvage,life,period,factor)

◆ Cost：资产原值。

◆ Salvage：资产在折旧期末的价值，也称为资产残值。

◆ Life：折旧期限，也称作资产的使用寿命。

◆ Period：需要计算折旧值的期间。Period必须使用与life相同的单位。

◆ factor：余额递减速率。若省略，则假设为2。

运用DDB函数可以帮助我们利用双倍余额递减法计算出固定资产的每年折旧额。

已知如图11-35所示的表格中记录了固定资产的原值、可使用年限、残值以及预计使用年限等数据，下面我们运用DDB函数利用双倍余额递减法计算出固定资产的每年折旧额。

	A	B	C	D
1	资产名称	原值	可使用年限	残值
2	覆膜机	250000	5	2000
3				

图11-35

❶ 在B5单元格中输入公式："=IF(A5<=$C$2-2,DDB($B$2,$D$2,$C$2,A5),0)"，按〈Enter〉键，即可计算出第一年固定资产的年折旧额，如图11-36所示。

❷ 向下填充B5单元格的公式，可以得到其他年份的固定资产的年折旧额，如图11-37所示。

图11-36

图11-37

11.2.10　SYD 函数（年数总和法计算折旧值）

【函数功能】SYD函数是返回某项资产按年限总和折旧法计算的指定期间的折旧值。

【函数语法】SYD(cost,salvage,life,per)

◆ Cost：资产原值。

◆ Salvage：资产在折旧期末的价值，即资产残值。

◆ Life：折旧期限，即资产的使用寿命。

◆ Per：期间，单位与life要相同。

运用SYD函数可以帮助我们利用年数总和法计算出固定资产的每年折旧额。

已知如图11-38所示的表格中记录固定资产的原值、可使用年限、残值以及预计使用年限等数据，下面我们运用SYD函数利用年数总和法计算出固定资产的每年折旧额。

	A	B	C	D
1	资产名称	原值	可使用年限	残值
2	覆膜机	25000	5	1500
3				

图11-38

❶ 在B5单元格中输入公式："=SYD($B$2,
$D$2,$C$2,A5)"，按〈Enter〉键，即可
计算出第一年固定资产的年折旧额，如图
11-39所示。

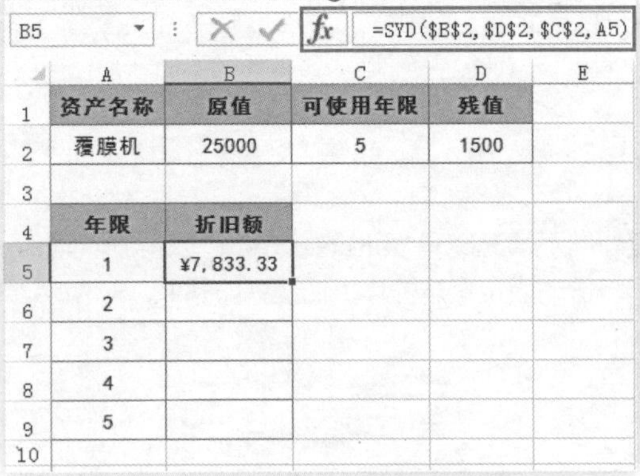

❷ 向下填充B5单元格的公式，可以得到其他年
份的固定资产的年折旧额，如图11-40所示。

B5				=SYD($B$2,$D$2,$C$2,A5)	
	A	B	C	D	E
1	资产名称	原值	可使用年限	残值	
2	覆膜机	25000	5	1500	
3					
4	年限	折旧额			
5	1	¥7,833.33			
6	2				
7	3				
8	4				
9	5				
10					

图11-39

	A	B	C	D
1	资产名称	原值	可使用年限	残值
2	覆膜机	25000	5	1500
3				
4	年限	折旧额		
5	1	¥7,833.33		
6	2	¥6,266.67		
7	3	¥4,700.00		
8	4	¥3,133.33		
9	5	¥1,566.67		
10				
11				

图11-40

11.3 表格创建

刚才工厂领导打电话过来，问我工厂用于运输材料的手推车是什么时候购入的，
当时购入价值多少……

查看下我们平时登记的固定资产清单不就知道了，上面信息很详细的啊，
所以你看平时做好固定资产登记得有多重要。

11.3.1 固定资产卡单

固定资产卡单包括固定资产增加单和固定
资产减损单，固定资产增加单是按照固定资产
项目的实际情况进行记录，这些数据需要记录
到后面介绍的固定资产清单表中，从而方便对
固定资产的统一管理及查询分析。固定资产减
损单一般是固定资产处理或正常报废时需要填
制的表单。

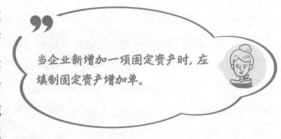

当企业新增加一项固定资产时，应
填制固定资产增加单。

1. 固定资产增加单

通常固定资产增加单中要包含固定资产名称、新增日期、数量、规格型号、资产原值、使
用年限、月折旧额、备注等信息，其具体操作如下：

❶ 新建工作簿，将其命名为"公司固定资产管理与分析"。将Sheet1工作表重命名为"固定资产增加单"，创建如图11-41所示的表格。

图11-41

❷ 在E8单元格中输入公式："=SLN(E6,E6*0.15,E7*12)"，按〈Enter〉键，即可计算出月折旧额，如图11-42所示。由于没有输入数据，所以这里返回错误值。

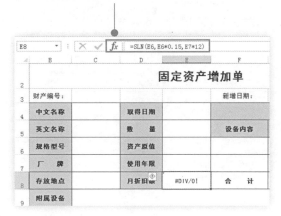

图11-42

❸ 在表格中根据实际情况填写固定资产增加单，效果如图11-43所示。

图11-43

2. 固定资产减损单

当某项固定资产超出正常使用年限，或者因为非正常原因导致固定资产提前报废时，财务需要制定固定资产减损单。固定资产减损单应包括固定资产基本资料、已折旧额和账面残值、减损原因、处理意见等信息，其制作方法如下所示。

❶ 新建工作表，将其命名为"固定资产减损单"，在工作表中创建如图11-44所示的表格。

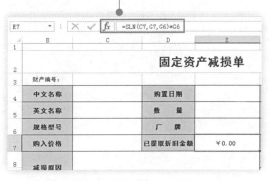

图11-44

❷ 在E7单元格中输入公式："=SLN(C7,G7,G6)*G6"，按〈Enter〉键，即可计算出已提取折旧金额，如图11-45所示。由于没有输入数据，所以这里返回0值。

图11-45

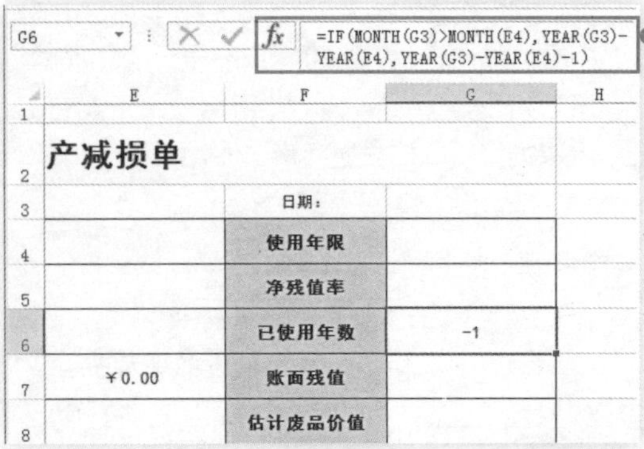

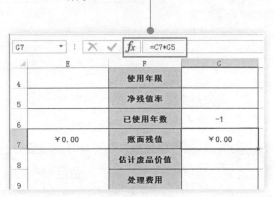

❸ 在G6单元格中输入公式："=IF(MONTH(G3)>MONTH(E4),YEAR(G3) -YEAR(E4),YEAR(G3)-YEAR(E4)-1)"，按〈Enter〉键，即可计算出固定资产已使用年数，如图11-46所示。

图11-46

❹ 在G7单元格中输入公式："=C7*G5"，按〈Enter〉键，即可计算出账面残值，如图11-47所示。

图11-47

❺ 在G10单元格中输入公式："=G7+G9-G8"，按〈Enter〉键，即可计算出实际损失额，如图11-48所示。

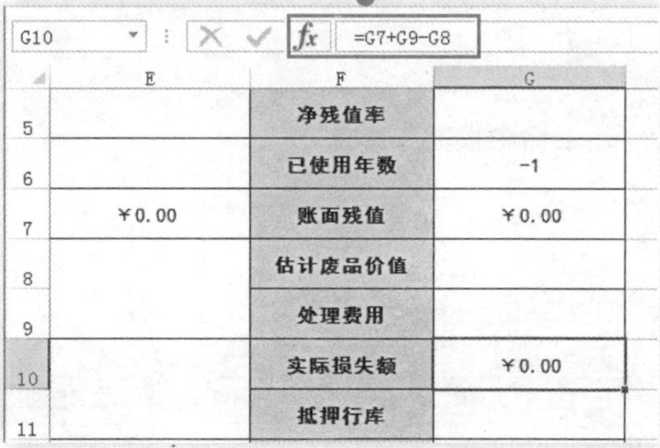

图11-48

❻ 在G13单元格中输入公式："=SLN(C7,G7,G4)"，按〈Enter〉键，即可计算出月折旧额，如图11-49所示。

图11-49

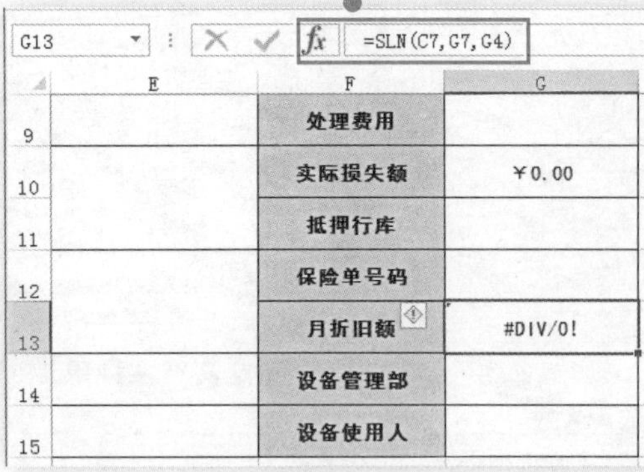

❼ 在表格中根据实际情况填写固定资产减损单固定资产基本资料以及处理意见，效果如图11-50所示。

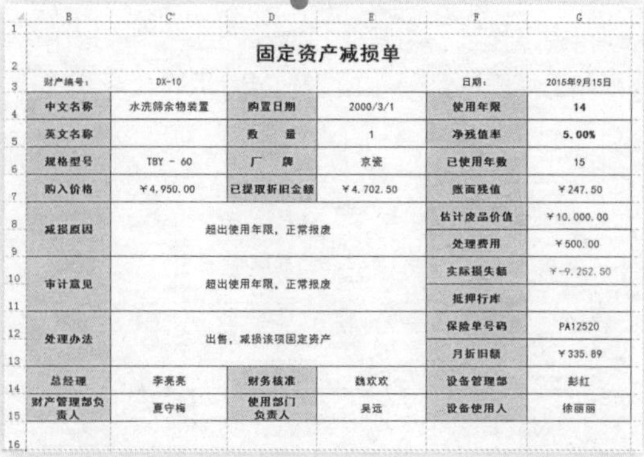

固定资产减损单

财产编号：	DX-10			日期：	2015年9月15日
中文名称	水洗筛余物装置	购置日期	2000/3/1	使用年限	14
英文名称		数　量	1	净残值率	5.00%
规格型号	TBY - 60	厂　牌	京瓷	已使用年数	15
购入价格	¥4,950.00	已提取折旧金额	¥4,702.50	账面残值	¥247.50
减损原因	超出使用年限，正常报废			估计废品价值	¥10,000.00
				处理费用	¥500.00
审计意见	超出使用年限，正常报废			实际损失额	¥-9,252.50
				抵押行库	
处理办法	出售，减损该项固定资产			保险单号码	PA12520
				月折旧额	¥335.89
总经理	李亮亮	财务核准	魏欢欢	设备管理部	彭红
财产管理部负责人	夏守梅	使用部门负责人	吴远	设备使用人	徐丽丽

图11-50

11.3.2 固定资产清单

固定资产是指使用期限超过一年的房屋、建筑物、机器、机械、运输工具以及其他与生产经营有关的设备、器具、工具等资产。企业的固定资产是其进行生产经营活动的重要条件，在企业总资产中占有相当大比重。

固定资产清单相当于一个固定资产的数据库，用来记录固定资产的所有数据。下面我们向你介绍在Excel 2013中创建固定资产清单的具体操作如下。

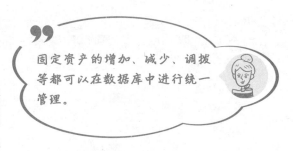

固定资产的增加、减少、调拨等都可以在数据库中进行统一管理。

❶ 新建工作表，将其命名为"固定资产清单"，在工作表中输入表头、标识项，以及相关固定资产信息。接着对表头、表格进行美化设置，如图11-51所示。

图11-51

❷ 在C2单元格中输入公式："=TODAY()"，按〈Enter〉键，即可得到当前年月，如图11-52所示。

图11-52

❸ 在 K4单元格中输入公式："=I4*J4"，按〈Enter〉键后向下复制公式，即可得到固定资产原值，如图11-53所示。

	F	G	H	I	J	K	L
3	开始使用日期	使用年限	单位	单价	数量	原值	资产状态
4	99.01.02	40		1280000	1	1280000	
5	99.12.02	40		1220000	1	1220000	
6	98.01.02	40		860000	1	860000	
7	97.01.01	40		125000	1	125000	
8	98.07.02	40		13432	1	13432	
9	98.01.01	40		43408	1	43408	
10	05.01.01	40		1200000	1	1200000	
11	98.07.01	40		1998900	1	1998900	
12	05.01.01	40		196400	1	196400	
13	98.07.01	40		61800	1	61800	
14	98.07.01	40		30000	1	30000	
15	96.01.02	40		130000	1	130000	

图11-53

❹ 在 L4单元格中输入公式："=IF(AND(YEAR($C$2)=YEAR(F4),MONTH($C$2)=MONTH(F4)),"当月新增",IF((DAYS360(F4,$C$2))/365<=G4,"正常使用","报废"))"，按〈Enter〉键后向下复制公式，即可得到固定资产目前状态，如图11-54所示。

图11-54

❺ 在N4单元格中输入公式："=K4*M4"，按〈Enter〉键，即可计算出第一项资产残净值，如图11-55所示。

N4 =K4*M4

	J	K	L	M	N	O
3	数量	原值	资产状态	净残值率	净残值	已计提月数
4	1	1280000	正常使用	20%	256000.0	
5	1	1220000	正常使用	20%		
6	1	860000	正常使用	20%		
7	1	125000	正常使用	20%		

图11-55

❻ 在O4单元格中输入公式："=IF(A4="","",IF(L4="当月新增",0,(YEAR($C$2)-YEAR(F4))* 12+MONTH($C$2)-MONTH(F4)-1))"，按〈Enter〉键，即可计算出第一项已计提的月数，如图11-56所示。

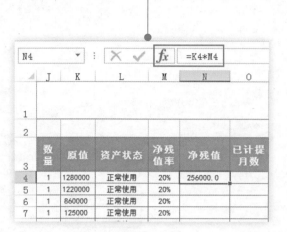

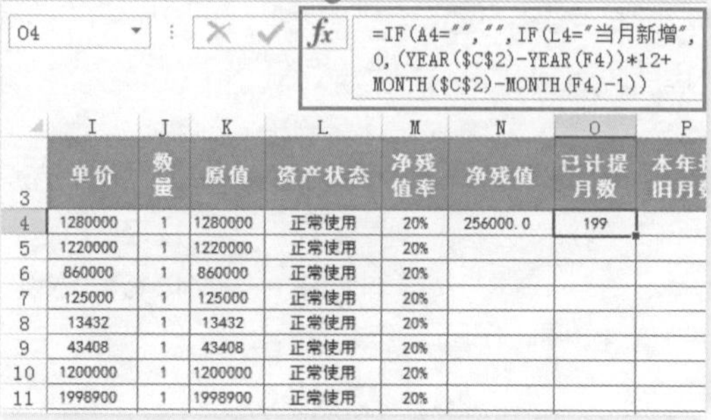

O4 =IF(A4="","",IF(L4="当月新增",0,(YEAR($C$2)-YEAR(F4))*12+MONTH($C$2)-MONTH(F4)-1))

	I	J	K	L	M	N	O	P
3	单价	数量	原值	资产状态	净残值率	净残值	已计提月数	本年折旧月数
4	1280000	1	1280000	正常使用	20%	256000.0	199	
5	1220000	1	1220000	正常使用	20%			
6	860000	1	860000	正常使用	20%			
7	125000	1	125000	正常使用	20%			
8	13432	1	13432	正常使用	20%			
9	43408	1	43408	正常使用	20%			
10	1200000	1	1200000	正常使用	20%			
11	1998900	1	1998900	正常使用	20%			

图11-56

❼ 在P4单元格中输入公式："=IF(L4="报废",0,IF(AND(YEAR(F4)<YEAR($C$2),YEAR($C$2)<(YEAR(F4)+G4)),12,12-MONTH(F4)))，按〈Enter〉键，即可计算出第一项本年度应该计提的折旧月数，如图11-57所示。

P4 =IF(L4="报废",0,IF(AND(YEAR(F4)<YEAR($C$2),YEAR($C$2)<(YEAR(F4)+G4)),12,12-MONTH(F4)))

	I	J	K	L	M	N	O	P
3	单价	数量	原值	资产状态	净残值率	净残值	已计提月数	本年折旧月数
4	1280000	1	1280000	正常使用	20%	256000.0	199	12
5	1220000	1	1220000	正常使用	20%			
6	860000	1	860000	正常使用	20%			
7	125000	1	125000	正常使用	20%			
8	13432	1	13432	正常使用	20%			
9	43408	1	43408	正常使用	20%			
10	1200000	1	1200000	正常使用	20%			
11	1998900	1	1998900	正常使用	20%			
12	196400	1	196400	正常使用	20%			

图11-57

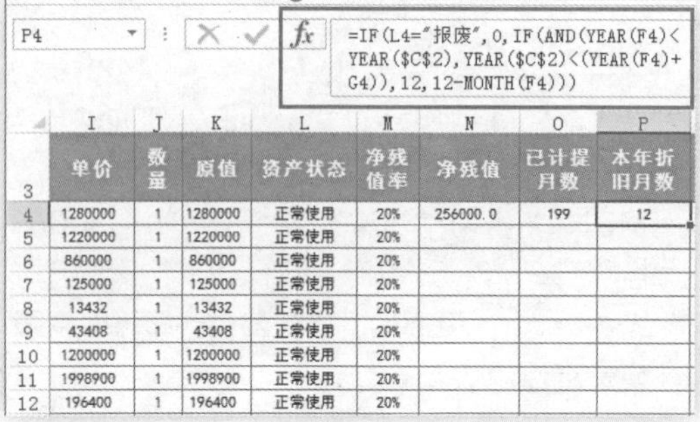

❽ 选中N4：P4单元格区域，向下复制公式，即可计算出其他项固定资产残净值、已计提的折旧月数、本年度应该计提的折旧月数，如图11-58所示。

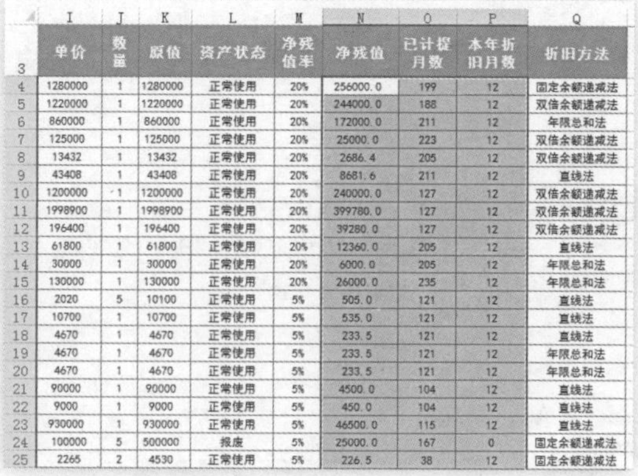

	I	J	K	L	M	N	O	P	Q
3	单价	数量	原值	资产状态	净残值率	净残值	已计提月数	本年折旧月数	折旧方法
4	1280000	1	1280000	正常使用	20%	256000.0	199	12	固定余额递减法
5	1220000	1	1220000	正常使用	20%	244000.0	188	12	双倍余额递减法
6	860000	1	860000	正常使用	20%	172000.0	211	12	年限总和法
7	125000	1	125000	正常使用	20%	25000.0	223	12	双倍余额递减法
8	13432	1	13432	正常使用	20%	2686.4	205	12	双倍余额递减法
9	43408	1	43408	正常使用	20%	8681.6	211	12	直线法
10	1200000	1	1200000	正常使用	20%	240000.0	127	12	双倍余额递减法
11	1998900	1	1998900	正常使用	20%	399780.0	127	12	双倍余额递减法
12	196400	1	196400	正常使用	20%	39280.0	127	12	双倍余额递减法
13	61800	1	61800	正常使用	20%	12360.0	205	12	直线法
14	30000	1	30000	正常使用	20%	6000.0	205	12	年限总和法
15	130000	1	130000	正常使用	20%	26000.0	235	12	年限总和法
16	2020	5	10100	正常使用	5%	505.0	121	12	直线法
17	10700	1	10700	正常使用	5%	535.0	121	12	直线法
18	4670	1	4670	正常使用	5%	233.5	121	12	直线法
19	4670	1	4670	正常使用	5%	233.5	121	12	年限总和法
20	4670	1	4670	正常使用	5%	233.5	121	12	年限总和法
21	90000	1	90000	正常使用	5%	4500.0	104	12	直线法
22	9000	1	9000	正常使用	5%	450.0	104	12	直线法
23	930000	1	930000	正常使用	5%	46500.0	115	12	直线法
24	100000	5	500000	报废	5%	25000.0	167	0	固定余额递减法
25	2265	2	4530	正常使用	5%	226.5	38	12	固定余额递减法

图11-58

11.4 数据分析

虽然在Excel 2013中建立了固定资产清单，但是想要查找某一种固定资产的信息和折旧情况，还是挺费事啊。

还记得排序和筛选功能吗，利用它们就可以查看不同固定资产的使用情况啊。

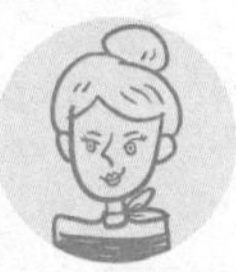

11.4.1 固定资产查询

在11.3.2节中我们创建了固定资产清单，当企业固定资产较多时，如果我们想在固定资产清单中查看某项固定资产则可以使用Excel 2013中的筛选功能来完成操作，具体方法如下所示。

1．查询报废的固定资产

下面我们通过筛选功能查询出所有报废的固定资产。

图11-59

❸ 完成上述操作即可查询出所有报废的固定资产，如图11-61所示。

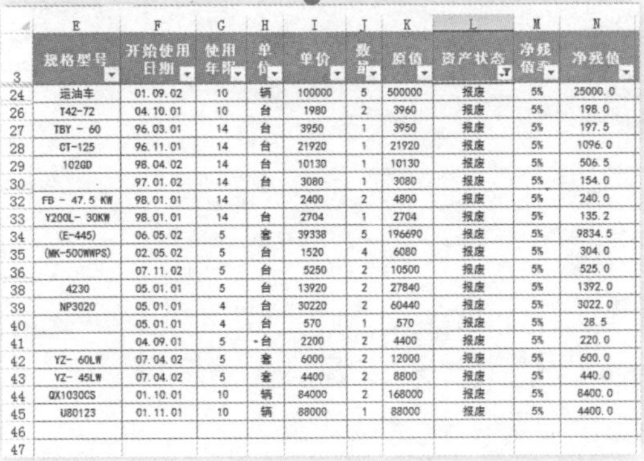

图11-61

❶ 复制"固定资产清单"工作表，将其重命名为"固定资产查询"。接着选中A3：Q3单元格区域，在"数据"选项卡的"排序和筛选"组单击"筛选"按钮，即可为列标识添加筛选按钮，如图11-59所示。

❷ 单击"资产状态"列标识右侧的下拉按钮，在下拉菜单中选中"报废"复选框，如图11-60所示，单击"确定"按钮。

图11-60

2．查询出特定使用年限的固定资产

要查询特定使用年限或在某一年限区域内的固定资产信息，可以使用筛选功能来实现，具体操作如下。

❶ 添加自动筛选后，单击"使用年限"列标识右侧的下拉按钮，在下拉菜单中选中"40"复选框，如图11-62所示，单击"确定"按钮。

图11-62

图11-63

❷ 完成上述操作即可查询出所有使用年限是40年的固定资产，如图11-63所示。

3. 为报废固定资产做标记

如果资产报废了，我们可以用条件格式功能将其标记出来，具体操作方法如下：

❶ 选中"资产状态"列的单元格区域，单击"开始"选项卡，在"样式"组中单击"条件格式"按钮，打开下拉菜单，鼠标指针指向"突出显示单元格规则"，在子菜单中单击"等于"，如图11-64所示。

❷ 打开"等于"对话框，设置条件为"报废"，单击"设置为"下拉按钮，在下拉菜单中选择一种合适的格式，如图11-65所示，单击"确定"按钮。

图11-64

图11-65

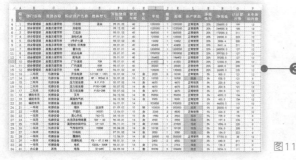

图11-66

❸ 完成上述操作即可将所有报废的固定资产以指定样式标记出来，如图11-66所示。

11.4.2 固定资产的折旧处理

企业的固定资产都需要计提折旧，折旧的金额大小直接影响到产品的价格和企业的利润，同时也会影响国家的税收和经济状况。本节向你介绍各种在Excel2013中计提、折旧的方法。

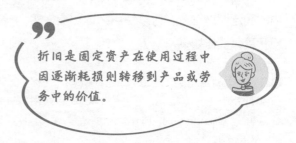

折旧是固定资产在使用过程中因逐渐耗损则转移到产品或劳务中的价值。

1. 单倍余额法计提折旧

单倍余额递减法是固定资产折旧法中的一种，它是指用一个固定的折旧率乘以各个年初固定资产账面净值来计算各年折旧额的一种方法。下面向你介绍使用单倍余额法、计提、折旧的方法：

1）利用函数提取选定固定资产数据项。为了方便计算时公式的引用，可以先在"固定资产清单"工作表中定义名称后，然后再使用VLOOKUP函数获取选定固定资产其他项。具体操作步骤如下：

❶ 打开"固定资产清单"工作表，在"公式"选项卡的"定义名称"组单击"定义名称"按钮（图11-67），打开"新建名称"对话框。

图11-67

❷ 在"名称"设置框中输入"编号"，接着设置引用位置公式为："=OFFSET(固定资产清单!$A$4,,,COUNTA(固定资产清单!$A:$A)-3,)"，如图11-68所示。

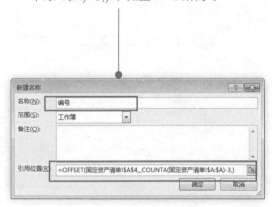

图11-68

❸ 新建工作表，将其重命名为"单倍余额法计提折旧"，在工作表中输入表头、标识项，以及相关固定资产信息。接着对表头、表格进行美化设置，如图11-69所示。

图11-69

❹ 选中B4单元格，单击"数据"选项卡，在"数据工具"组中单击"数据验证"按钮（图11-70），打开"数据验证"对话框。

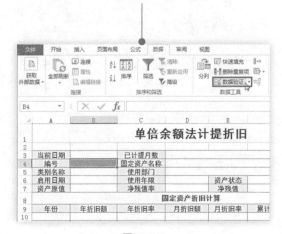

图11-70

❺ 在"允许"列表中选择"序列",在"来源"框中设置来源来为"=固定资产清单!$A$4:$A$45",如图11-71所示。

图11-71

❻ 返回工作表中,单击B4单元格右侧的下拉按钮,可以直接从下拉列表中选择需要计算折旧的固定资产编号,如图11-72所示。

图11-72

❼ 在B3单元格中输入公式:"=TODAY()",按〈Enter〉键,即可计算出当前日期,如图11-73所示。

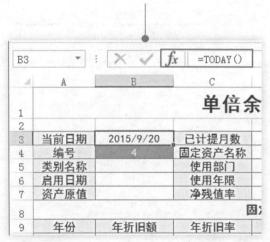

图11-73

❽ 在B5单元格中输入公式:"=VLOOKUP($B$4,固定资产清单!$A:$O,3,FALSE)",按〈Enter〉键,即可得到固定资产类别名称,如图11-74所示。

图11-74

图11-75

❾ 使用类似的公式:=VLOOKUP($B$4,固定资产清单!$A:$O,14,FALSE),完成其他数据的提取,如图11-75所示。

根据公式"=VLOOKUP($B$4, 固定资产清单!$A:$O,3,FALSE)", 在"固定资产清单"工作表中找到所需提取项所在单元格为第几列, 更改公式中的列所在数值"3"即可。

2）利用公式计算折旧数据。在Excel 2013中使用单倍余额递减法来计算折旧额时, 程序中提供了专用的函数, 即DB函数。使用此函数计算折旧金额具有方便快捷的特点。具体使用方法如下例所示：

❶ 在表格中输入年份序列, 以及第0年折余价值（资产原值）。在G10单元格中输入公式："=B7", 按〈Enter〉键, 即可计算出第0年折余价值, 如图11-76所示。

❷ 在B11单元格中输入公式：=DB($B$7, $F$7,$D$6,A11,12-MONTH($B$6)), 按〈Enter〉键, 即可按固定余额法计算第一年折旧额, 如图11-77所示。

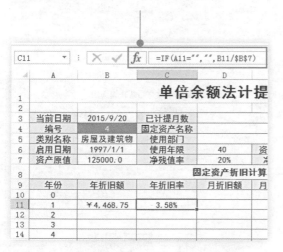

图11-76

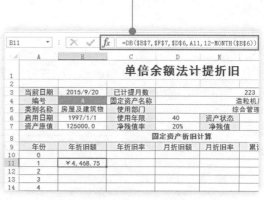

图11-77

❸ 在C11单元格中输入公式："=IF(A11="","", B11/$B$7)", 按〈Enter〉键, 即可计算出第一年折旧率, 如图11-78所示。

❹ 在D11单元格中输入公式："=IF($A11="","", ROUND(B11/12,2))", 按〈Enter〉键, 即可计算出第一年月折旧额, 如图11-79所示。

图11-78

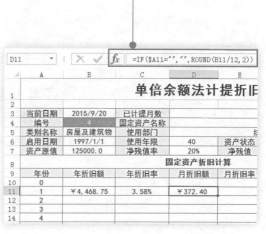

图11-79

❺ 在E11单元格中输入公式："=IF(A11="","", ROUND(C11/12,5))"，按〈Enter〉键，即可计算出第一年月折率，如图11-80所示。

图11-80

❻ 在F11单元格中输入公式："=IF(A11="","", B11+F10)"，按〈Enter〉键，即可计算出第一年累积折旧额，如图11-81所示。

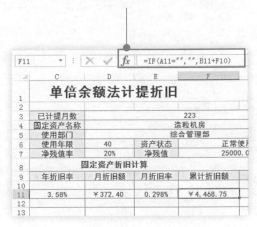

图11-81

❼ 在G11单元格中输入公式："=IF(A11="","", $G$10-F11)"，按〈Enter〉键，即可计算出第一年折余价值，如图11-82所示。

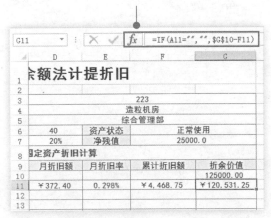

图11-82

❽ 选中B11：G11单元格，向下复制公式，即可计算出各年年折旧额、年折旧率、月折旧额、月折旧率、累计折旧额、折余价值，如图11-83所示。

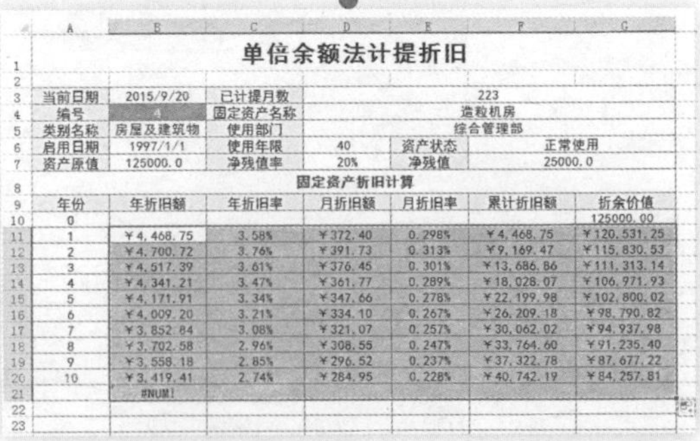

图11-83

2. 年限总和法计提折旧

年限总和法是将固定资产的原值减去残值后的净额乘以一个逐年递减的分数以计算资产折旧额的一种方法。具体操作方法如下所示：

❶ 复制"单倍余额法计提折旧"工作表，将其重命名为"年限总和法计提折旧"，更改表格标题为"年限总和法计提折旧"，如图11-84所示。

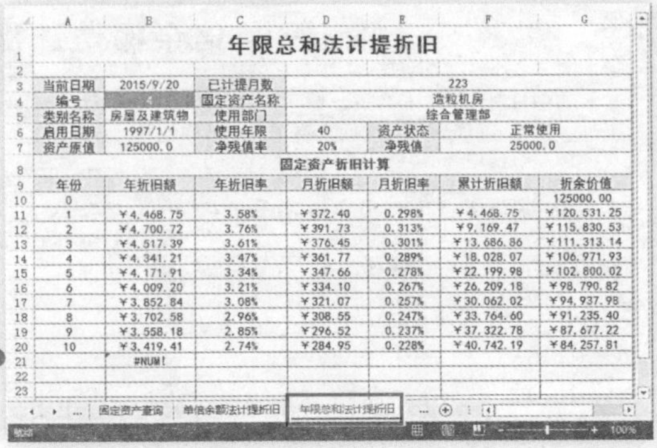

图11-84

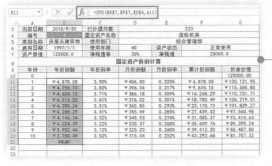

B11　=SYD($B$7, $F$7, $D$6, A11)

3	当前日期	2015/9/20	已计提月数	223			
4	编号	4	固定资产名称	造粒机房			
5	类别名称	房屋及建筑物	使用部门	综合管理部			
6	启用日期	1997/1/1	使用年限	40	资产状态	正常使用	
7	资产原值	125000.0	净残值率	20%	净残值	25000.0	
8	固定资产折旧计算						
9	年份	年折旧额	年折旧率	月折旧额	月折旧率	累计折旧额	折余价值
10	0						125000.00
11	1	￥4,878.05	3.90%	￥406.50	0.325%	￥4,878.05	￥120,121.95
12	2	￥4,756.10	3.80%	￥396.34	0.317%	￥9,634.15	￥115,365.85
13	3	￥4,634.15	3.71%	￥386.18	0.309%	￥14,268.29	￥110,731.71
14	4	￥4,512.20	3.61%	￥376.02	0.301%	￥18,780.49	￥106,219.51
15	5	￥4,390.24	3.51%	￥365.85	0.293%	￥23,170.73	￥101,829.27
16	6	￥4,268.29	3.41%	￥355.69	0.285%	￥27,439.02	￥97,560.98
17	7	￥4,146.34	3.32%	￥345.53	0.276%	￥31,585.37	￥93,414.63
18	8	￥4,024.39	3.22%	￥335.37	0.268%	￥35,609.76	￥89,390.24
19	9	￥3,902.44	3.12%	￥325.20	0.260%	￥39,512.20	￥85,487.80
20	10	￥3,780.49	3.02%	￥315.04	0.252%	￥43,292.68	￥81,707.32
21		#NUM!					
22							
23							

图11-85

❷ 在B11单元格中更改公式：“=SYD($B$7,$F$7,$D$6,A11)”，按〈Enter〉键后向下复制公式，其余列中的数据会自动更改，如图11-85所示。

3. 双倍余额递减法计提折旧

双倍余额递减法是加速折旧方法的一种，是在不考虑固定自残净残值的情况下，根据每年年初固定资产账面余额和双倍直线折旧率计算固定资产折旧的方法。具体操作如下：

❶ 复制“年限总和法计提折旧”工作表，将其重命名为“双倍余额递减法计提折旧”，更改表格标题为“双倍余额递减法计提折旧”，如图11-86所示。

❷ 在B11单元格中输入公式：“=DDB($B$7,$F$7,$D$6,A11)”，按〈Enter〉键，即可使用双倍余额递减法计算出第一年的年折旧额，如图11-87所示。

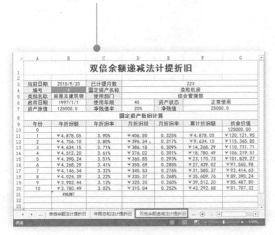

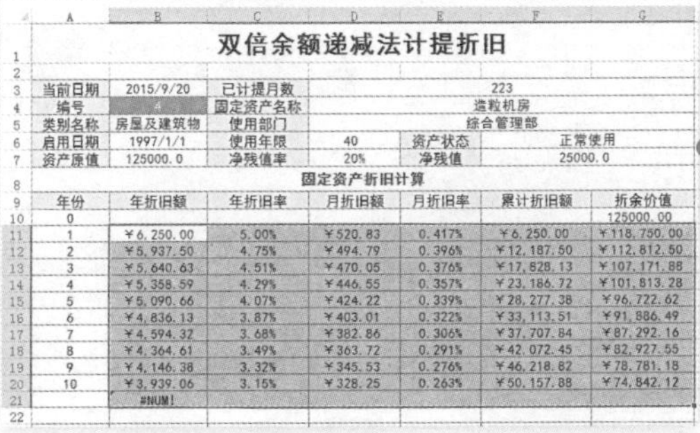

1	双倍余额递减法计提折旧						
2							
3	当前日期	2015/9/20	已计提月数	223			
4	编号	4	固定资产名称	造粒机房			
5	类别名称	房屋及建筑物	使用部门	综合管理部			
6	启用日期	1997/1/1	使用年限	40	资产状态	正常使用	
7	资产原值	125000.0	净残值率	20%	净残值	25000.0	
8	固定资产折旧计算						
9	年份	年折旧额	年折旧率	月折旧额	月折旧率	累计折旧额	折余价值
10	0						125000.00
11	1	￥4,878.05	3.90%	￥406.50	0.325%	￥4,878.05	￥120,121.95
12	2	￥4,756.10	3.80%	￥396.34	0.317%	￥9,634.15	￥115,365.85
13	3	￥4,634.15	3.71%	￥386.18	0.309%	￥14,268.29	￥110,731.71
14	4	￥4,512.20	3.61%	￥376.02	0.301%	￥18,780.49	￥106,219.51
15	5	￥4,390.24	3.51%	￥365.85	0.293%	￥23,170.73	￥101,829.27
16	6	￥4,268.29	3.41%	￥355.69	0.285%	￥27,439.02	￥97,560.98
17	7	￥4,146.34	3.32%	￥345.53	0.276%	￥31,585.37	￥93,414.63
18	8	￥4,024.39	3.22%	￥335.37	0.268%	￥35,609.76	￥89,390.24
19	9	￥3,902.44	3.12%	￥325.20	0.260%	￥39,512.20	￥85,487.80
20	10	￥3,780.49	3.02%	￥315.04	0.252%	￥43,292.68	￥81,707.32
21		#NUM!					
22							
23							

单倍余额法计提折旧　年限总和法计提折旧　双倍余额递减法计提折旧

图11-86

B11　=DDB($B$7, $F$7, $D$6, A11)

1	双倍余额递减法计			
2				
3	当前日期	2015/9/20	已计提月数	
4	编号	4	固定资产名称	
5	类别名称	房屋及建筑物	使用部门	
6	启用日期	1997/1/1	使用年限	40
7	资产原值	125000.0	净残值率	20%
8	固定资产折旧计算			
9	年份	年折旧额	年折旧率	月折旧额
10	0			
11	1	￥6,250.00	5.00%	￥520.83
12	2	￥4,756.10	3.80%	￥396.34
13	3	￥4,634.15	3.71%	￥386.18
14	4	￥4,512.20	3.61%	￥376.02

图11-87

1	双倍余额递减法计提折旧						
2							
3	当前日期	2015/9/20	已计提月数	223			
4	编号	4	固定资产名称	造粒机房			
5	类别名称	房屋及建筑物	使用部门	综合管理部			
6	启用日期	1997/1/1	使用年限	40	资产状态	正常使用	
7	资产原值	125000.0	净残值率	20%	净残值	25000.0	
8	固定资产折旧计算						
9	年份	年折旧额	年折旧率	月折旧额	月折旧率	累计折旧额	折余价值
10	0						125000.00
11	1	￥6,250.00	5.00%	￥520.83	0.417%	￥6,250.00	￥118,750.00
12	2	￥5,937.50	4.75%	￥494.79	0.396%	￥12,187.50	￥112,812.50
13	3	￥5,640.63	4.51%	￥470.05	0.376%	￥17,828.13	￥107,171.88
14	4	￥5,358.59	4.29%	￥446.55	0.357%	￥23,186.72	￥101,813.28
15	5	￥5,090.66	4.07%	￥424.22	0.339%	￥28,277.38	￥96,722.62
16	6	￥4,836.13	3.87%	￥403.01	0.322%	￥33,113.51	￥91,886.49
17	7	￥4,594.32	3.68%	￥382.86	0.306%	￥37,707.84	￥87,292.16
18	8	￥4,364.61	3.49%	￥363.72	0.291%	￥42,072.45	￥82,927.55
19	9	￥4,146.38	3.32%	￥345.53	0.276%	￥46,218.82	￥78,781.18
20	10	￥3,939.06	3.15%	￥328.25	0.263%	￥50,157.88	￥74,842.12
21		#NUM!					
22							

图11-88

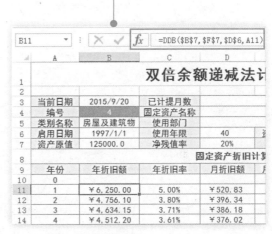

❸ 选中B11:G11单元格区域，向下填充到B21：G21单元格区域，即可得到双倍余额递减法进行折旧计算后的所有数据，如图11-88所示。

❹ 在B4单元格中选中不同固定资产的编号（图
11-89），可以得到不同固定资产使用双倍余
额递减法计算出的折旧数据。

❺ 例如在B4单元格中选择"5"，得到编号
为"5"的"房屋及建筑物"的固定资产使
用双倍余额递减法计算出的折旧数据，如图
11-90所示。

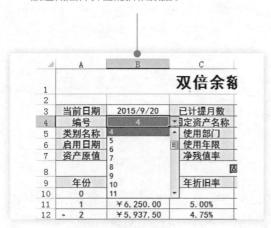

图11-89

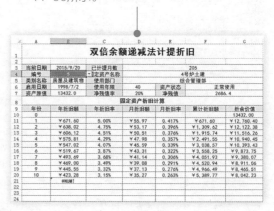

图11-90

第12章 公司资产负债管理与分析

随着经济社会的发展越来越快，现代财务工作也越来越繁杂。要做好资产负债管理与分析真不是一件容易的事情……

财务工作电算化已成为现代企业的必然选择。我们可以利用Excel 2013创建资产负债表，来了解分析公司当时的财务结构、经营能力、盈利水平和偿债能力。

12.1 制作流程

创建财务报表是财务部门的一项重要工作，因为通过财务报表可以反映出某一时期公司的财务状况和公司的经营状况。

资产负债表是财务分析中的三大主表之一，是财务报告中重要的组成部分。本章将向你介绍如何在Excel 2013中创建资产负债表，并进行资产负债分析，企业偿还能力分析及货币资金分析，本章节构如图12-1所示。

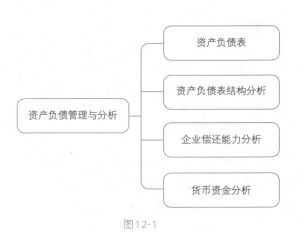

图12-1

在进行资产负债管理与分析过程中，我们会用到多个表格，除了资产负债表，还有对资产负债进行分析的表格。这里我们先来看下相关表格的效果图，如图12-2。

资产负债表

资产负债表

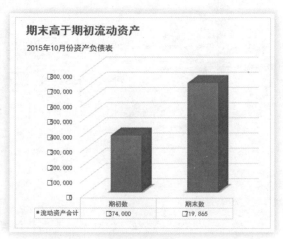

分析资产负债表

资产负债表结构分析

货币资金分析

图12-2

12.2 新手基础

在Excel 2013中进行公司资产负债管理与分析过程中需要用到的知识点除了前面章节介绍的内容还包括：移动工作表、插入列、美化图表、公式计算等。

> 在本工作簿中移动复制工作表很简单，如果想将工作表移到其他工作簿中该怎么操作呢？

12.2.1 复制其他工作簿中的工作表

当用户在编辑工作簿时，如果需要引用其他工作簿中的数据，可以通过"移动或复制"功能将其他工作簿中的工作表复制过来。例如下面要将"公司会计凭证管理"工作簿中的"科目汇总表"工作表复制到"公司资产负债管理与分析"工作簿中，我们可依以下步骤进行操作。

❶ 在"科目汇总表"工作表标签上单击鼠标右键，在弹出的右键菜单中单击"移动或复制"命令（图 12-3），打开"移动或复制工作表"对话框。

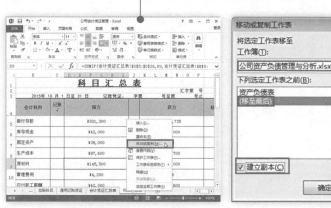

图12-3　　　　　　　　　　　　　　　图12-4

❷ 在"工作簿"下拉列表中选择该工作表要复制到的工作簿（公司资产负债管理与分析），在"下列选定工作表之前"列表中选择复制的工作表要放置的位置（移到最后），选中"建立副本"复选框，如图12-4所示，单击"确定"按钮。

❸ 完成上述操作即可将工作表复制到"公司资产负债管理与分析"工作簿中，如图12-5所示。

图12-5

提示

1. 如果要移动工作表到其他位置，其操作方法与本例中操作方法基本一致，差异仅仅在于在"移动或复制工作表"对话框中取消"建立副本复选项"。

2. 需要注意在移动或复制工作表到其他工作簿时，我们必须保障目标工作簿打开。

12.2.2　隐藏单元格中的零值

在Excel 2013中，当单元格计算结果为"0"时，默认结果会显示"0"。有时为了醒目和美观，需要将单元格中的零值隐藏起来，此时我们可以按以下步骤通过设置单元格格式来实现。

图12-6

❶ 选中目标单元格区域，在"开始"选项卡的"数字"组中单击"对话框启动器"按钮，打开"设置单元格格式"对话框。

❷ 在"分类"列表框中选择"自定义"选项，然后在"类型"编辑框中输入"G/通用格式;G/通用格式;;"，如图12-6所示。单击"确定"按钮回到工作表中，完成上述操作后选定单元格的"0"值将不显示。

12.2.3 一次性插入多列

在实际的工作中，我们经常需要编辑Excel 2013表格，有时会需要在表格中一次性插入很多行或者很多列，如果一行行或者一列列的加，实在麻烦。此时我们可以参照下例中使用的方法进行操作。

❶ 选中要在其前面插入列的列标签，单击鼠标右键，在弹出的右击菜单中单击"插入"命令，如图12-7所示。

❷ 执行上述操作，即可在选中的列单元格前插入多列，如图12-8所示。

图12-7

图12-8

12.2.4 显示工作表中的所有公式

想要对工作表中的所有的计算公式进行检查，但是每个单元格中的公式必须要在公式编辑栏中才能查看，有没有什么办法可以将其显示出来呢？

在默认设置下Excel 2013单元格内只会显示公式的计算结果，但在实际工作中，我们有时为了对公式进行检查和修正，需要让单元格直接显示其中的公式而非计算结果。此时我们可以利用Excel 2013中的"公式审核"工具达成该效果，具体操作如下。

❶ 选中图表，"图表工具"→"设计"选项卡，在"图表样式"组中单击"其他"▼按钮（图12-9），打开下拉菜单，并在下拉菜单中选取中意的图表样式。

❷ 完成样式套用后图表效果，如图12-10所示。

图12-9

图12-10

12.2.5 套用图表样式快速美化图表

在实际工作中为了使图表更好的传达信息，我们需要对图表的视觉效果进行优化。Excel 2013中内置了大量精美的图表样式，通过套用图表样式我们可以快捷的完成图表美化，具体操作方法如下所示：

❶ 选中图表，"图表工具"→"设计"选项卡，在"图表样式"组中单击"其他"按钮（图12-11），
打开下拉菜单，并在下拉菜单中选取中意的图表样式。

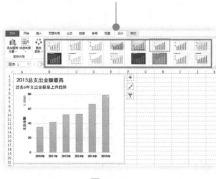

图12-11

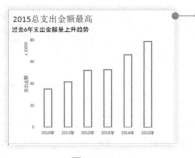

图12-12

❷ 完成样式套用后
的图表效果，如
图12-12所示。

提示

在套用图表样式之后，之前所设置的填充颜色、文字格式等效果将自动
取消。因此如果想通过图表样式来美化图表，我们需要在建立图表后先
套用图表样式，然后在套用样式基础上再进行局部修改。

12.3 表格创建

资产负债表每一项数据都是需要从日常账务中得到的，如果只是人工填写计
算，是很容易出错的吧。

要想快速地完成资产负债表的编制，当然是在 Excel 2013 中进行日常账
务处理，然后利用各种函数和工具让系统返回所需要的数据了。

　　资产负债表又称财务状况表，是用来呈现企业在运营期间某一个期间内的财务状况
的工具，是提供财务信息的一种重要手段。资产负债表中很多项目对应的数据都是来源
于科目汇总表，所以首先需要将科目汇总表移动并复制到资产负债表中，然后利用函数
公式将对应科目的数据导入到资产负债表中。本节向你介绍在Excel中制作资产负债表的
方法。

12.3.1 计算"流动资产"类项目期末数

　　"流动资产"类项目包括"货币资金"、"应收票据"、"应收账款"、"应收股利"、"存
货"、"其他应收款"等科目，这些数据可以从科目汇总表中计算得到，下面向你介绍具
体操作如下。

❶ 新建工作簿，将其命名为"公司资产负债管理与分析"。将Sheet1工作表重命名为"资产负债表"，输入资产负债表包含的所有项目以及期初数，对建立的资产负债表进行格式设置，如图12-13所示。

图12-13

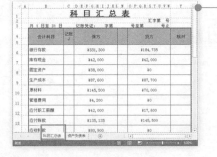
图12-14

❷ 资产负债表中的数据来自于该时期的科目汇总表。在第2章中我们介绍了在Excel 2013中建立科目汇总表的操作方法，将其移动到"公司资产负债管理与分析"工作簿中，如图12-14所示。

❸ 在D7单元格中输入公式："=C7+(科目汇总表!D6-科目汇总表!O6)+(科目汇总表!D7-科目汇总表!O7)"，按〈Enter〉键，返回货币资金计算结果，如图12-15所示。

图12-15

图12-16

❹ 在D10单元格中输入公式："=C10+VLOOKUP(B10,科目汇总表!$B$6:$X$27,3,0)-VLOOKUP(资产负债表!B10,科目汇总表!$B$6:$X$27,14,0)"，按〈Enter〉键，返回应收账款计算结果，如图12-16所示。

❺ 拖动D10单元格向下复制公式至D14单元格，得到预付账款和其他应收款两个科目对应的期末值，如图12-17所示。最后将其中两个错误值删除。

图12-17

❻ 在D15单元格中输入公式："=C15+(科目汇总表!D10-科目汇总表!O10)+(科目汇总表!D18-科目汇总表!O18)"，按〈Enter〉键，返回存货计算结果，如图12-18所示。

图12-19

❼ 在C19单元格中输入公式："=SUM(C7:C18)"，按〈Enter〉键后向右复制到D19单元格，得到期初和期末的流动资产合计值，如图12-19所示。

存货包括库存商品和原材料；流动资产合计等于所有流动资产项目的和。

12.3.2　计算"非流动资产"类项期末数

非流动资产包括"长期股权投资""长期应收款""投资性房地产""固定资产""在建工程"等，根据企业的经营范畴，如果不存在某些科目可以保持空白，对于存在的科目也是使用公式从"科目汇总表"中返回得到。下面具体向你介绍如何计算得到"非流动资产"类项期末数的方法：

❶ 在D26单元格中输入公式："=C26+VLOOKUP(B26,科目汇总表!$B$6:$X$27,3,0)-VLOOKUP(资产负债表!B26,科目汇总表!$B$6:$X$27,14,0)"，按〈Enter〉键，返回固定资产值，如图12-20所示。

❷ 在C38单元格中输入公式："=SUM(C21:C37)"，按〈Enter〉键后向右复制到D38单元格，得到期初和期末的非流动资产合计值，如图12-21所示。

❸ 在C39单元格中输入公式："=C19+C38"，按〈Enter〉键后向右复制公式到D39单元格，返回资产合计结果，如图12-22所示。

图12-20　　　　　　　　图12-21　　　　　　　　图12-22

12.3.3　计算"负债"类项目期期末数

"负债"类科目包括流动负债与非流动负债，流动负债包括"短期借款""应付票据""应付账款""预收账款""应付职工薪酬""应交税费""应付利息"等，非流动负债包括"长期借款""应付债券""长期应付款""专项应付款"等，期末数都是使用公式从"科目汇总表"中返回得到。下面具体向你介绍如何计算得到"负债"类项目期期末数的方法：

❶ 在G7单元格中输入公式："=F7+科目汇总表!O22-科目汇总表!D22"，按〈Enter〉键，返回短期借款计算结果，如图12-23所示。

❷ 在G10单元格中输入公式："=F10+科目汇总表!O13-科目汇总表!D13"，按〈Enter〉键，返回应付账款计算结果，如图12-24所示。

图12-23　　　　　　　　　　　　　　图12-24

❸ 在G12单元格中输入公式："=F12+科目汇总表!O12-科目汇总表!D12"，按〈Enter〉键，返回应付职工薪酬计算结果，如图12-25所示。

G12 =F12+科目汇总表!O12-科目汇总表!D12

	D	E	F	G	H
4		2015/10/1	单位：元		
5	期末数	负债及所有者权益	期初数	期末数	
6		流动负债：			
7	¥234,565	短期借款	¥28,000	¥319,000	
8		交易型金融负债			
9		应付票据			
10	¥86,900	应付账款	¥280,000	¥290,365	
11	¥0	预收账款			
12		应付职工薪酬	¥48,000	¥23,600	
13		应交税费			
14	¥0	应付利息	¥30,000		
15	¥398,400	应付股利			
16		其他应付款			

图12-25

❹ 在G14单元格中输入公式：=F14+科目汇总表!O24-科目汇总表!D24"，按〈Enter〉键，返回应付利息计算结果，如图12-26所示。

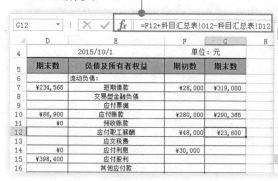

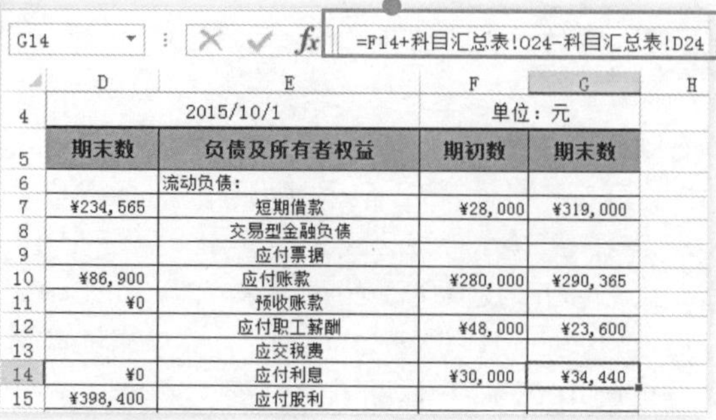

G14 =F14+科目汇总表!O24-科目汇总表!D24

	D	E	F	G	H
4		2015/10/1	单位：元		
5	期末数	负债及所有者权益	期初数	期末数	
6		流动负债：			
7	¥234,565	短期借款	¥28,000	¥319,000	
8		交易型金融负债			
9		应付票据			
10	¥86,900	应付账款	¥280,000	¥290,365	
11	¥0	预收账款			
12		应付职工薪酬	¥48,000	¥23,600	
13		应交税费			
14	¥0	应付利息	¥30,000	¥34,440	
15	¥398,400	应付股利			

图12-26

❺ 在F19单元格中输入公式："=SUM(F7:F18)"，按〈Enter〉键后向右复制到G19单元格，得到期初和期末的流动负债合计值，如图12-27所示。

F19 =SUM(F7:F18)

	D	E	F	G
7	¥234,565	短期借款	¥28,000	¥319,000
8		交易型金融负债		
9		应付票据		
10	¥86,900	应付账款	¥280,000	¥290,365
11	¥0	预收账款		
12		应付职工薪酬	¥48,000	¥23,600
13		应交税费		
14	¥0	应付利息	¥30,000	¥34,440
15	¥398,400	应付股利		
16		其他应付款		
17		一年内到期的非流动负债		
18		其他流动负债		
19	¥719,865	流动负债合计	¥386,000	¥667,405
20		非流动负债：		

图12-27

❻ 在F28单元格中输入公式："=SUM(F21:F27)"，按〈Enter〉键后向右复制到G28单元格，得到期初和期末的非流动负债合计值，如图12-28所示。由于上面没有数据，所有返回值为0。

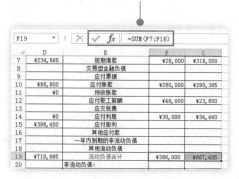

F28 =SUM(F21:F27)

	D	E	F	G
16		其他应付款		
17		一年内到期的非流动负债		
18		其他流动负债		
19	¥719,865	流动负债合计	¥386,000	¥667,405
20		非流动负债：		
21		长期借款		
22		应付债券		
23		长期应付款		
24		专项应付款		
25		预计负债		
26	¥96,000	递延所得税负债		
27		其他非流动负债		
28		非流动负债合计	¥0	¥0
29		负债合计		

图12-28

F29 =F19+F28

	D	E	F	G
19	¥719,865	流动负债合计	¥386,000	¥667,405
20		非流动负债：		
21		长期借款		
22		应付债券		
23		长期应付款		
24		专项应付款		
25		预计负债		
26	¥96,000	递延所得税负债		
27		其他非流动负债		
28		非流动负债合计	¥0	¥0
29		负债合计	¥386,000	¥667,405
30		所有者权益（或股东权益）：		

图12-29

❼ 在F29单元格中输入公式："=F19+F28"，按〈Enter〉键后向右复制公式到D29单元格，返回负债合计结果，如图12-29所示。

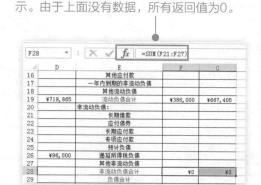

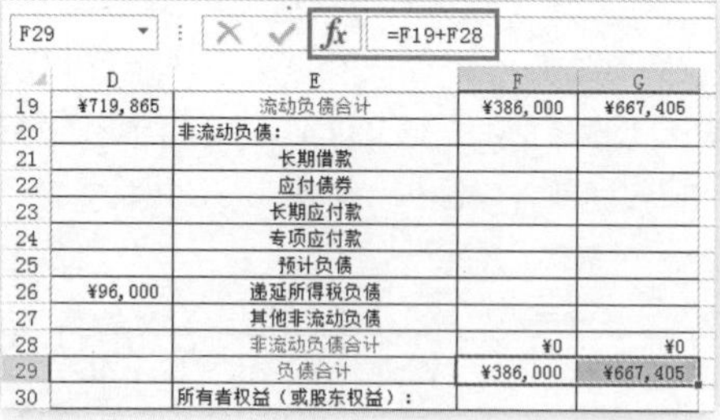

12.3.4 计算"所有者权益"类项目期期末数

"所有者权益"类科目包括"实收资本""资本公积""盈余公积""未分配利润"等，期末数需要使用公式从"科目汇总表"中返回得到。下面具体向你介绍如何计算得到"所有者权益"类项目期期末数的方法：

❶ 在G31单元格中输入公式："=F31+科目汇总表!O20-科目汇总表!D20"，按〈Enter〉键，返回实收资本（或股本）计算结果，如图12-30所示。

❷ 在F36单元格中输入公式："=SUM(F31:F35)"，按〈Enter〉键后向右复制到G36单元格，得到期初和期末的所有者权益（或股东权益）合计值，如图12-31所示。

❸ 在F39单元格中输入公式："=F29+F36"，按〈Enter〉键后向右复制到G39单元格，得到期初和期末的负债及所有者权益合计值，如图12-32所示。

图12-30

图12-31

图12-32

12.4 数据分析

虽然从资产负债表中领导可以很清晰地看到各科目期初数和期末数的金额，但如果能将这些数据更直观的呈现给领导就更好了……

这还不简单，如果需要向上级汇报财务状况，可以将资产负债表中的数据转换为图表的形式啊！

12.4.1 分析资产负债表

本节我们将在12.3节创建的资产负债表基础上使用柱形图来比较流动资产的期初数和期末数，通过该比较分析，我们可以很清晰地看出企业流动资产是否在增加，从而确保企业生产经营活动的顺利进行。具体操作如下：

❶ 打开"资产负债表"工作表。选中B19：D19单元格区域，单击"插入"选项卡，在"图表"组中单击"插入柱形图"按钮，在下拉菜单中单击"三维簇状柱形图"类型，如图12-33所示。

❷ 执行上述命令，在工作表中创建了一个名为"流动资产合计"的柱形图，效果如图12-34所示。

❸ 选中图表，单击"图表工具"→"设计"选项卡，在"数据"组中单击"选择数据"按钮（图12-35），打开"选择数据源"对话框。

图12-33

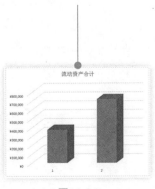

图12-34

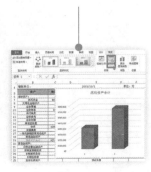

图12-35

❹ 单击"水平（分类）轴标签"栏下的"编辑"按钮（图12-36），弹出"轴标签"对话框。

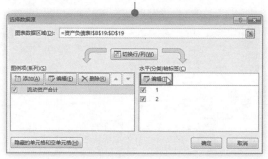

图12-36

❻ 连续单击两次"确定"按钮，返回工作表，单击"图表工具"→"设计"选项卡，在"图表样式"组中单击"其他"按钮，在展开的库中选择"样式5"，如图12-38所示。

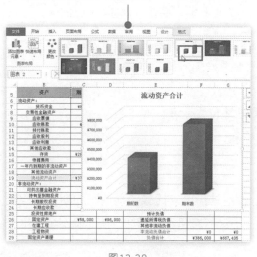

图12-38

❽ 编辑图表的标题，进一步完善最终效果如图12-40所示。

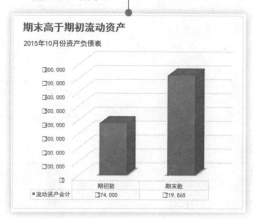

图12-40

❺ 在工作表中拖动鼠标选择C5：D5单元格区域，如图12-37所示。

图12-37

❼ 选中图表，单击"图表元素"按钮，打开下拉菜单，选中"数据表"复选框，效果如图12-39所示。

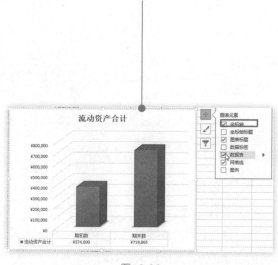

图12-39

12.4.2 资产负债表结构分析

资产负债表结构分析是指分析各个项目占总资产（或负债及所有者权益）的比例；而资产负债表结构比较分析则是将本期结构与上期结构进行比较。下面介绍进行资产负债表结构分析的具体操作：

❶ 复制"资产负债表"工作表，并将复制得到的工作表重命名为"资产负债表结构分析"，并更改表格标题"资产负债表结构分析"。然后"资产"类项目与"负债及所有者权益"类项目都建立分析标识，如图12-41所示。

图12-41

❷ 选中"上期结构""本期结构""比例增减"列单元格区域，打开"设置单元格格式"对话框，单击"数字"标签，在"分类"列表中单击"百分比"，在"小数"设置框中设置小数位数为"2"，如图12-42所示，单击"确定"按钮完成设置。

图12-42

❸ 在E7单元格输入公式："=IF($C$39=0,0,C7/$C$39)"，按〈Enter〉键，即可计算出上期"货币资金"项目金额占资产总计金额的百分比，如图12-43所示。

图12-43

❹ 在F7单元格输入公式："=IF($D$39=0,0,D7/$D$39)"，按〈Enter〉键，即可计算出本期"货币资金"项目金额占资产总计金额的百分比，如图12-44所示。

图12-44

❺ 在G7单元格输入公式："=F7-E7"，按〈Enter〉键，即可计算出"货币资金"本期与上期的比例增减，如图12-45所示。

图12-45

❻ 选中E7:G7单元格区域，向下复制公式至G39单元格，释放鼠标即可得出资产类项目中其他各项目的上期结构、本期结构、比例增减，将空白单元格的值删除，显示的计算结果，如图12-46所示。

图12-46

❼ 在K7单元格输入公式："=IF($I$39 =0,0,I7/$I$39)"，按〈Enter〉键，即可计算出上期"短期借款"项目金额占负债及所有者权益合计的百分比，如图12-47所示。

❽ 在L7单元格输入公式："=IF($J$39=0,0, J7/$J$39)"，按〈Enter〉键，即可计算出本期"短期借款"项目金额占负债及所有者权益合计的百分比，如图12-48所示。

图12-47

图12-48

❾ 在M7单元格输入公式："=L7-K7"，按〈Enter〉键，即可计算出"短期借款"本期与上期的比例增减，如图12-49所示。

❿ 选中K7:M7单元格区域，向下复制公式至M39单元格，释放鼠标即可得出负债及所有者权益类项目中其他各项目的上期结构、本期结构、比例增减，将空白单元格的值删除，显示的计算结果，如图12-50所示。

图12-49

图12-50

12.4.3 企业偿还能力分析

　　企业偿还能力分析的重点在于短期偿还能力。短期偿还能力分析的主要指标包括流动比率、速动比率和利息保障倍数。下面只分析前两个指标的计算方法。

❶ 新建工作表，将其重命名为"企业偿还能力分析"，然后创建如图12-51所示的"偿还能力分析"表格。

❷ 在C2单元格中输入公式："=资产负债表!D19/资产负债表!G19"，按〈Enter〉键，得到的结果，如图12-52所示。

图12-51

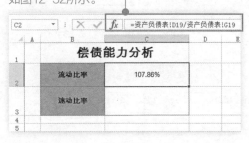

图12-52

企业能否偿还短期债务，是不是要看持有债务的多少，以及可变现偿还债的扣动资产比例？

是的，企业可变现的流动资产越多，短期债务越少，偿还能力越强，反之，偿还能力较弱。

❸ 在C3单元格中输入公式："=(资产负债表!D19-资产负债表!D15)/资产负债表!G19"，按〈Enter〉键，得到的结果，如图12-53所示。

这里计算得到的流动比率为107.86%，说明流动资产大于短期负债，也说明企业流动资产的变现能力还是不错的。速动比率48.17%小于100%，说明企业的偿还能力不是很好。

图12-53

12.4.4　货币资金分析

货币资金的分析是从货币资金结存量和货币资金转率两个方面进行分析，借以评价企业货币资金的支付能力和使用效率。货币资金分析具体方法如下所示：

❶ 新建工作表，将其重命名为"货币资金分析"，在工作表中创建如图12-54所示的"货币资金支付能力分析"表格。

❷ 在C9单元格中输入公式："=SUM(C4:C7)"，按〈Enter〉键，计算出用于支出资金的合计值，如图12-55所示。

图12-54

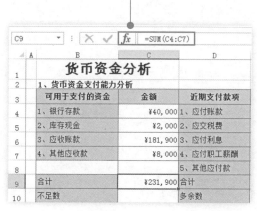

图12-55

❸ 在E9单元格中输入公式："=SUM(E4:E8)"，按〈Enter〉键，计算出近期支付款项的合计值，如图12-56所示。

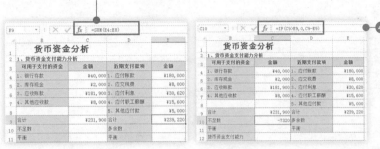

	B	C	D	E
1	货币资金分析			
2	1、货币资金支付能力分析			
3	可用于支付的资金	金额	近期支付款项	金额
4	1、银行存款	¥40,000	1、应付账款	¥180,000
5	2、库存现金	¥2,000	2、应交税费	¥8,000
6	3、应收账款	¥181,900	3、应付利息	¥30,620
7	4、其他应收款	¥8,000	4、应付职工薪酬	¥15,600
8			5、其他应付款	¥5,000
9	合计	¥231,900	合计	¥239,220
10	不足数		多余数	
11	平衡		平衡	

图12-56

	B	C	D	E
1	货币资金分析			
2	1、货币资金支付能力分析			
3	可用于支付的资金	金额	近期支付款项	金额
4	1、银行存款	¥40,000	1、应付账款	¥180,000
5	2、库存现金	¥2,000	2、应交税费	¥8,000
6	3、应收账款	¥181,900	3、应付利息	¥30,620
7	4、其他应收款	¥8,000	4、应付职工薪酬	¥15,600
8			5、其他应付款	¥5,000
9	合计	¥231,900	合计	¥239,220
10	不足数	-7320	多余数	
11	平衡		平衡	
12	货币资金支付能力			

图12-57

❹ 在C10单元格输入公式："=IF(C9>E9,0,C9-E9)"，按〈Enter〉键计算结果如图12-57所示。说明可用支付的资金小于近期需支付的款项。

❺ 在E10单元格中输入公式："=IF(C9<E9,0,C9-E9)"，按〈Enter〉键得出结果，如图12-58所示。

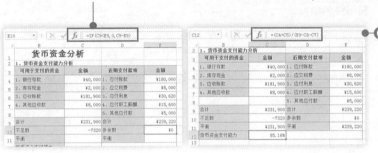

	B	C	D	E
1	货币资金分析			
2	1、货币资金支付能力分析			
3	可用于支付的资金	金额	近期支付款项	金额
4	1、银行存款	¥40,000	1、应付账款	¥180,000
5	2、库存现金	¥2,000	2、应交税费	¥8,000
6	3、应收账款	¥181,900	3、应付利息	¥30,620
7	4、其他应收款	¥8,000	4、应付职工薪酬	¥15,600
8			5、其他应付款	¥5,000
9	合计	¥231,900	合计	¥239,220
10	不足数	-7320	多余数	¥0
11	平衡		平衡	

图12-58

	B	C	D	E
2	1、货币资金支付能力分析			
3	可用于支付的资金	金额	近期支付款项	金额
4	1、银行存款	¥40,000	1、应付账款	¥180,000
5	2、库存现金	¥2,000	2、应交税费	¥8,000
6	3、应收账款	¥181,900	3、应付利息	¥30,620
7	4、其他应收款	¥8,000	4、应付职工薪酬	¥15,600
8			5、其他应付款	¥5,000
9	合计	¥231,900	合计	¥239,220
10	不足数	-7320	多余数	¥0
11	平衡	¥231,900	平衡	¥239,220
12	货币资金支付能力	85.16%		
13				

图12-59

❻ 在C12单元格中输入公式："=(C4+C5)/(E9-C6-C7)"，按〈Enter〉键得出计算结果如图12-59所示。当该值大于100%，说明支付能力强；小于100%说明支付能力不足。

❼ 在D12单元格中输入公式："=IF(C12>1,"支付能力较强","支付能力不足")"，按回车键，显示"支付能力较强"，如图12-60所示。

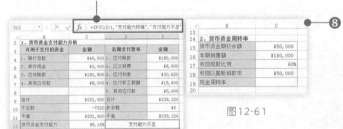

	B	C	D	E
2	1、货币资金支付能力分析			
3	可用于支付的资金	金额	近期支付款项	金额
4	1、银行存款	¥40,000	1、应付账款	¥180,000
5	2、库存现金	¥2,000	2、应交税费	¥8,000
6	3、应收账款	¥181,900	3、应付利息	¥30,620
7	4、其他应收款	¥8,000	4、应付职工薪酬	¥15,600
8			5、其他应付款	¥5,000
9	合计	¥231,900	合计	¥239,220
10	不足数	-7320	多余数	¥0
11	平衡	¥231,900	平衡	¥239,220
12	货币资金支付能力	85.16%	支付能力不足	
13				

图12-60

	B	C
13		
14	2、货币资金周转率	
15	货币资金期初余额	¥50,000
16	本期销售额	¥160,000
17	收回现款比例	60%
18	收回以前赊销款项	¥50,000
19	现金周转率	
20		

图12-61

❽ 在工作表中创建如图12-61所示的"货币资金周转率"表格，已知企业某期的货币资金金额为5万元，本月销售收入16万元，其中收回现款的比例为60%，另外本月收回以前赊销货款5万元。

	B	C	D
13			
14	2、货币资金周转率		
15	货币资金期初余额	¥50,000	
16	本期销售额	¥160,000	
17	收回现款比例	60%	
18	收回以前赊销款项	¥50,000	
19	现金周转率	¥2.92	
20			
21			

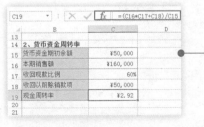

图12-62

❾ 在C19单元格，在公式编辑栏中输入公式："=(C16*C17+C18)/C15"，按〈Enter〉键得出结果如图12-62所示。表示周转率为2.92次。

第 **13** 章　公司利润管理与分析

一个公司在一定的时期内（通常指一个会计区间，如季度、半年度、年度）收入有多少，开支有多少，都是帮助计算利润的重要财务信息。收入减去开支，就是利润。那么利润管理和分析对公司运营能起到多大作用呢？

对公司利润进行管理和分析，可以便于对企业利润形成的渠道进行分析，明了盈利的主要因素，或亏损的主要原因，使管理更具有针对性，同时也有利于不同企业之间进行比较，还可以预测企业未来的盈利能力。

13.1　制作流程

利润表主要提供有关企业经营成果方面的信息。利润表可以反映企业一定会计期间的收入实现情况，即实现的主营业务收入有多少、实现的其他业务收入有多少、实现的投资收益有多少、实现的营业外收入有多少等，可以反映一定会计期间的费用耗费情况。

本章我们将介绍如何在Excel 2013中制作利润表，并对相关利润数据进行分析。本章内容结构如图13-1所示。

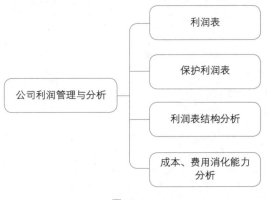

图13-1

在进行利润管理与分析的时候，我们会需要用到多个原始表格以及分析表格，下面我们来看一下相关表格的效果图，如图13-2所示。

利润表

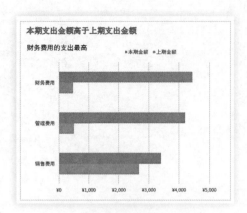

利润表结构分析

图13-2

成本、费用消化能力分析

指标	百分比
主营业务成本率	37.06%
管理费用率	3.47%
财务费用率	3.67%
成本、费用利润率	113.23%

成本、费用消化能力分析

13.2　新手基础

在Excel 2013中进行公司利润管理与分析需要用到的知识点包括：图表设置、保护工作表或工作簿等。不要小看这些简单的知识点，扎实掌握这些知识点会让你的工作大有不同哦！

13.2.1　设置图表文字格式

图表中文字一般包括图表标题、图例文字、水平轴菜单与垂直轴菜单等几项。要重新更改默认的文字格式，在选中要设置的对象后，可以在"开始"选项卡下的"字体"选项组中设置字体字号等，另外还可以设置艺术字效果（一般用于标题文字）。下面以设置标题文字格式为例介绍设置文字格式的方法。

❶ 在图表中选中标题。在"开始"选项卡下的"字体"组中可以设置标题字体、字号、字形、文字颜色等。设置时，鼠标指向时图表标题即时预览设置效果，如图13-3所示。

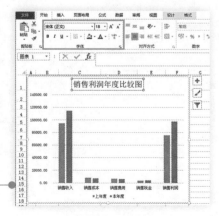

图13-3

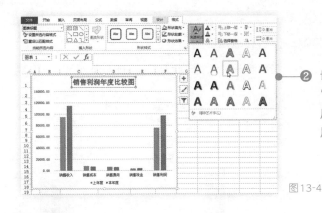

❷ 切换到"图表工具"→"格式"选项卡下，在
"艺术字样式"组中单击"快速样式"按钮，然
后从打开的下拉菜单中单击样式，即可快速应
用于标题文字，如图13-4所示。

图13-4

提示　｛若要设置图表中其他对象的文字格式，我们可以首先将其选中，然后按
相同的方法进行设置即可。｝

13.2.2　移动图例到任意位置上

多数图表都需要使用图例来帮助读者理解图表的数据。在系统默认设置下每当Excel
2013中创建图表时，系统都会同时自动生成图表图例。如果"图例"在图表版面中的位置不
满足实际需要，则我们可以按下例中所示方法将图例移到任意位置上或更改图例的大小。

❶ 将光标定位图例上，当光标变成双向十字形
箭头时，按住鼠标左键进行拖动即可移动图
例（图13-5），拖到目标位置上释放鼠标。

❷ 将光标定位到上、下、左、右、拐角控点
上，当鼠标变成双向箭头时，按住鼠标左键
进行拖动即可调整图表宽度或高度，如图
13-6所示。

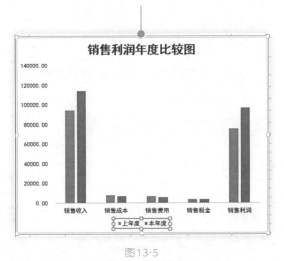

图13-5

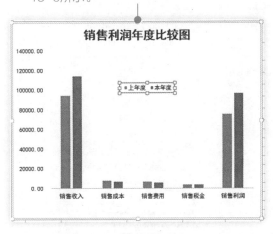

图13-6

13.2.3　快速更改图表颜色

很多时候普通图表与专业图表的差别，很大程度就体现在颜色运用上，所以图表的颜色应
用非常重要。Excel 2013还预设了很多图表的颜色，如果对图表的颜色不满意，则我们可以
依下列中所示步骤对图表颜色进行更改。

❶ 选中图表，"图表工具"→"设计"选项卡，在"图表样式"组中单击"更改颜色"按钮，打开下拉菜单，在下拉菜单中通过单击鼠标选定应用颜色，如图13-7所示。

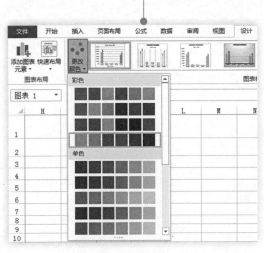

图13-7

13.2.4 设置只允许对工作表进行部分操作

在Excel 2013工作表中，经常会遇到需要把Excel 2013工作表设置为只有部分区域可以编辑的情况，因为这样不但有助于保护表格的完整性，而且可以防止内容和格式被更改一致。但是如何设置呢？具体操作如下：

❷ 选中"保护工作表及锁定的单元格内容"复选框，接着在"允许此工作表的所有用户进行"列表框中选中允许用户操作选项的复选框，在"取消工作表保护时使用的密码"文本框中输入一个密码，如图13-10所示，然后单击"确定"按钮。

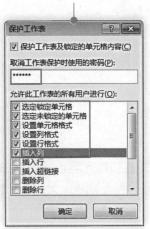

图13-10

❷ 完成颜色设定后效果如图13-8所示。

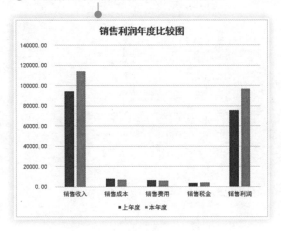

图13-8

❶ 打开需要保护的工作表，在"审阅"选项卡"更改"组中，单击"保护工作表"按钮（图13-9），打开"保护工作表"对话框。

图13-9

> 在"保护工作表"对话框中的"允许此工作表的所有用户进行"列表框中，可以根据需要选择允许用户进行的操作。如果不想运行用户进行任何操作，则取消选中所有复选框。

❸ 完成上述操作后系统弹出"确认密码"对话框，再次输入密码，如图13-11所示，然后单击"确定"
按钮。

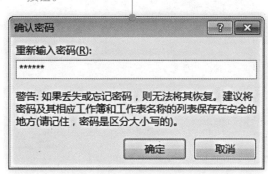

图13-11

❹ 完成上述操作，接着保存工作簿，即可完成
设置。此时用户就只能进行工作表保护允许
的操作，如果进行了不允许的操作，就会弹
出如图13-12所示的警告对话框。

图13-12

13.2.5　隐藏含有重要数据的工作表

有时候我们的工作表暂时不使用或者有隐
私不想被别人看到，但是以后我们还是会用的，
为了保护它的安全性，那么最好的方法是将工
作表隐藏起来，具体操作如下。

打开需要隐藏的工作表所在的工作簿，右键单击
需要隐藏工作表的工作表标签，然后单击"隐藏"
命令（图13-13），即可将工作表隐藏。

图13-13

知识
扩展

如果需要显示出隐藏的工作表，只需要右键单击隐藏工作表所在工作簿
中的任意一个工作表标签，在弹出的菜单中单击"取消隐藏"命令（图
13-14），在打开的"取消隐藏"对话框中选择需要取消隐藏的工作表，
如图13-15所示，单击"确定"按钮即可。

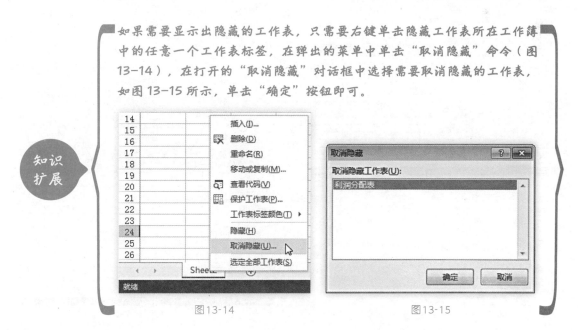

图13-14　　　　　　　　　　　　　图13-15

13.3 表格创建

利润表是财务报表中很重要的一种报表，利润表能反映企业在一定会计期间的经营成果，也就是说能看到企业到底赚了多少钱。可是具体该怎么编制利润表呢？

前面不是给你讲过使用 Excel 2013 编制科目汇总表嘛，有了科目汇总表，我们就可以通过公式和函数，在 Excel 2013 中自动生成利润表。这样是不是省时省力啊！

13.3.1 编制利润表

利润表是反映企业一定时期的经营成果及其分配情况的会计报表。利润表一般按月编制和报送，它是企业经营管理的重要工具。通过利润表的编制和分析，我们可以了解企业一定时间的盈亏状况，以及盈亏的原因和构成。

利润表中很多项目对应的数据都来源于科目汇总表，所以首先需要将科目汇总表移动并复制到利润表中，然后利用函数公式引用科目汇总表中的相关数据即可快速计算出利润表中的本期金额。利润表的具体编制方法如下所示：

图13-16

❶ 新建工作簿，将其命名为"公司利润管理与分析"。将Sheet1工作表重命名为"利润表"，输入利润表包含的所有项目以及期初数，对建立的资产负债表进行格式设置，如图13-16所示。

❷ 利润中的数据来自于该时期的科目汇总表。在第2章中我们介绍了在Excel 2013中建立科目汇总表的操作方法，将其移动到"公司利润管理与分析"工作簿中，如图13-17所示。

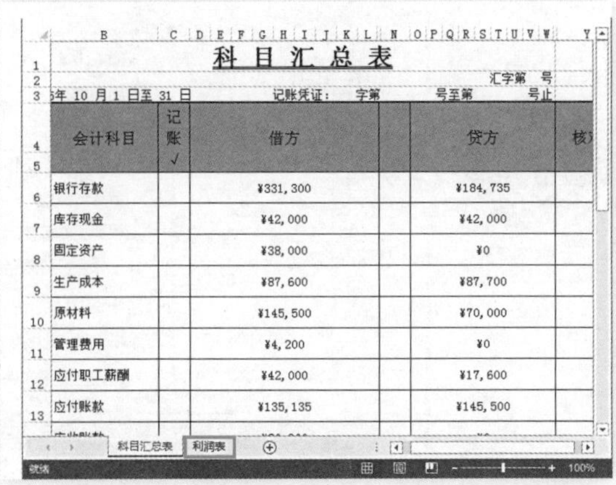

图13-17

❸ 在D5单元格中输入公式："=SUMIF(科目汇总表!$B$6:$B$27,"主营业务收入",科目汇总表!$O$6:$X$27)",按〈Enter〉键,返回本期主营业务收入的金额,如图13-18所示。

❹ 在D6单元格中输入公式："=SUMIF(科目汇总表!$B$6:$B$27,"主营业务成本",科目汇总表!$D$6:$M$27)",按〈Enter〉键,返回本期主营业务成本的金额,如图13-19所示。

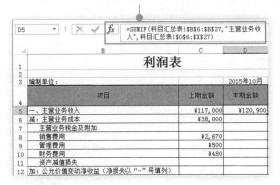

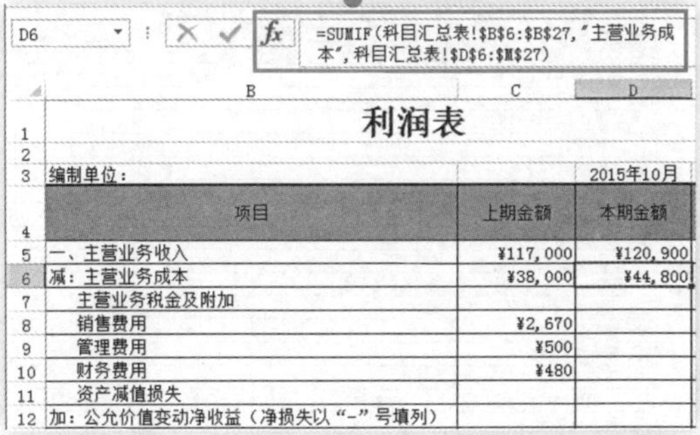

图13-18

图13-19

❺ 在D8单元格中输入公式："=SUMIF(科目汇总表!$B$6:$B$27,"销售费用",科目汇总表!$D$6:$M$27)",按〈Enter〉键,返回本期销售费用的金额,如图13-20所示。

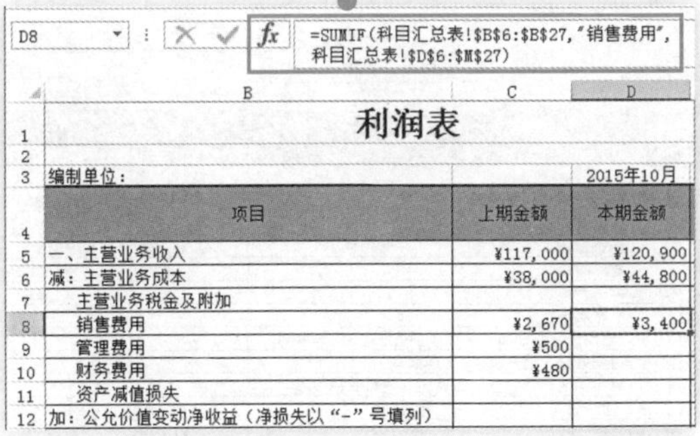

❻ 在D9单元格中输入公式："=SUMIF(科目汇总表!$B$6:$B$27,"管理费用",科目汇总表!$D$6:$M$27)",按〈Enter〉键,返回本期管理费用的金额,如图13-21所示。

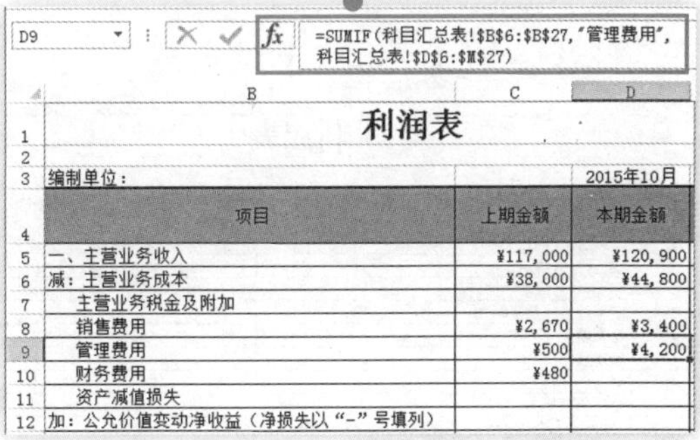

图13-20

图13-21

❼ 在D10单元格中输入公式："=SUMIF(科目汇总表!$B$6:$B$27,"财务费用",科目汇总表!$D$6:$M$27)",按〈Enter〉键,返回本期财务费用的金额,如图13-22所示。

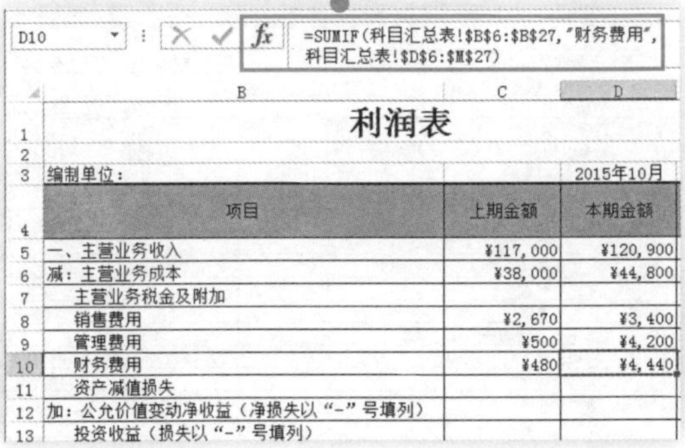

❽ 在D16单元格中输入公式："=SUMIF(科目汇总表!$B$6:$B$27,"营业外收入",科目汇总表!$O$6:$X$27)",按〈Enter〉键,返回营业外收入的金额,如图13-23所示。

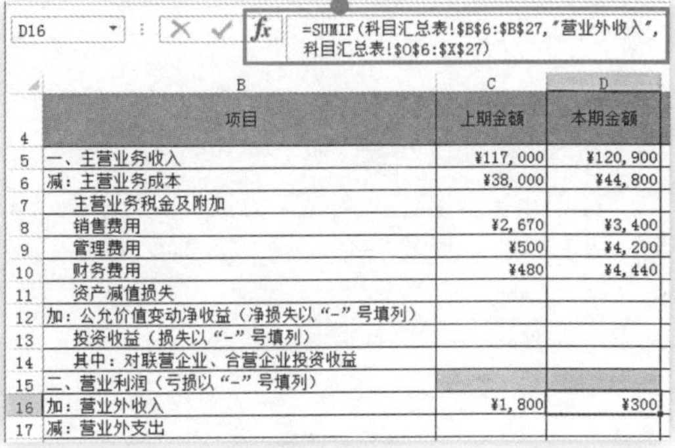

图13-22

图13-23

❾ 在D20单元格中输入公式："=D19*25%"，按〈Enter〉键，计算所得税费用，如图13-24所示。

D20	=D19*25%
	B	C	D
		项目	上期金额	本期金额
4				
5	一、主营业务收入	¥117,000	¥120,900
6	减：主营业务成本	¥38,000	¥44,800
7	主营业务税金及附加		
8	销售费用	¥2,670	¥3,400
9	管理费用	¥500	¥4,200
10	财务费用	¥480	¥4,440
11	资产减值损失		
12	加：公允价值变动净收益（净损失以"-"号填列）		
13	投资收益（损失以"-"号填列）		
14	其中：对联营企业、合营企业投资收益		
15	二、营业利润（亏损以"-"号填列）		
16	加：营业外收入	¥1,800	¥300
17	减：营业外支出		
18	其中：非流动资产处置净损失		
19	三、利润总额（亏损总额以"-"号填列）		
20	减：所得税费用	¥0	¥0
21	四、净利润（净亏损以"-"号填列）		

图13-24

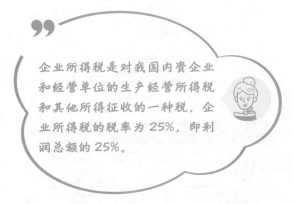

企业所得税是对我国内资企业和经营单位的生产经营所得税和其他所得征收的一种税，企业所得税的税率为25%，即利润总额的25%。

❿ 在C15单元格中输入公式："=C5-C6-C8-C9-C10"，按〈Enter〉键，向右复制到D15单元格，得到上期与本期的营业利润，如图13-25所示。

C15	=C5-C6-C8-C9-C10
	B	C	D
1		利润表	
2			
3	编制单位：		2015年10月 单
	项目	上期金额	本期金额
4			
5	一、主营业务收入	¥117,000	¥120,900
6	减：主营业务成本	¥38,000	¥44,800
7	主营业务税金及附加		
8	销售费用	¥2,670	¥3,400
9	管理费用	¥500	¥4,200
10	财务费用	¥480	¥4,440
11	资产减值损失		
12	加：公允价值变动净收益（净损失以"-"号填列）		
13	投资收益（损失以"-"号填列）		
14	其中：对联营企业、合营企业投资收益		
15	二、营业利润（亏损以"-"号填列）	¥75,350	¥64,060
16	加：营业外收入	¥1,800	¥300
17	减：营业外支出		

图13-25

⓫ 在C19单元格中输入公式："=C15+C16-C17"，按〈Enter〉键，向右复制到D19单元格，得到上期与本期的利润总额，如图13-26所示。

C19	=C15+C16-C17
	B	C	D
	项目	上期金额	本期金额
4			
5	一、主营业务收入	¥117,000	¥120,900
6	减：主营业务成本	¥38,000	¥44,800
7	主营业务税金及附加		
8	销售费用	¥2,670	¥3,400
9	管理费用	¥500	¥4,200
10	财务费用	¥480	¥4,440
11	资产减值损失		
12	加：公允价值变动净收益（净损失以"-"号填列）		
13	投资收益（损失以"-"号填列）		
14	其中：对联营企业、合营企业投资收益		
15	二、营业利润（亏损以"-"号填列）	¥75,350	¥64,060
16	加：营业外收入	¥1,800	¥300
17	减：营业外支出		
18	其中：非流动资产处置净损失		
19	三、利润总额（亏损总额以"-"号填列）	¥77,150	¥64,360
20	减：所得税费用	¥19,288	¥16,090

图13-26

⓬ 在C21单元格中输入公式："=C19-C20"，按〈Enter〉键，向右复制到D21单元格，得到上期与本期的净利润，如图13-27所示。

C21	=C19-C20
	B	C	D
	项目	上期金额	本期金额
4			
5	一、主营业务收入	¥117,000	¥120,900
6	减：主营业务成本	¥38,000	¥44,800
7	主营业务税金及附加		
8	销售费用	¥2,670	¥3,400
9	管理费用	¥500	¥4,200
10	财务费用	¥480	¥4,440
11	资产减值损失		
12	加：公允价值变动净收益（净损失以"-"号填列）		
13	投资收益（损失以"-"号填列）		
14	其中：对联营企业、合营企业投资收益		
15	二、营业利润（亏损以"-"号填列）	¥75,350	¥64,060
16	加：营业外收入	¥1,800	¥300
17	减：营业外支出		
18	其中：非流动资产处置净损失		
19	三、利润总额（亏损总额以"-"号填列）	¥77,150	¥64,360
20	减：所得税费用	¥19,288	¥16,090
21	四、净利润（净亏损以"-"号填列）	¥57,863	¥48,270
22	五、每股利益：		

图13-27

13.3.2　保护利润表

利润表中的数据属于企业的核心商业机密，因此我们在编制利润表的时候必须要做好利润表的安全设置，确保企业商业机密的安全。本节我们将重点介绍如何在Excel 2013中进行数据安全设置。

1．保护部分单元格区域

如果只需要对利润表中的部分单元格进行保护，则我们可以将这部分单元格区域设置为保护对象，具体操作如下：

❶ 切换到"利润表"，选中C5：D24单元格区域，在"审阅"选项卡的"更改"组中，单击"允许用户编辑区域"按钮（图13-28），打开"允许用户编辑区域"对话框。

图13-28

❸ 系统已经自动引用了用户选定的单元格区域，并设置区域标题名称为"利润表保护区域1"，在"区域密码"文本框中输入保护该区域的密码"123456"（图13-30），然后单击"确定"按钮，弹出"确认密码"对话框。

图13-30

❷ 单击对话框中的"新建"按钮（图13-29），打开"新区域"对话框。

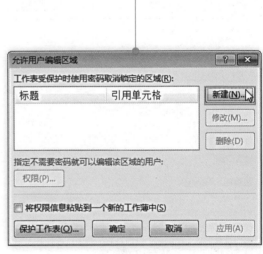

图13-29

❹ 在"确认密码"文本框中再次输入保护区域的密码"123456"（图13-31），然后单击"确定"按钮，返回到"允许用户编辑区域"对话框。

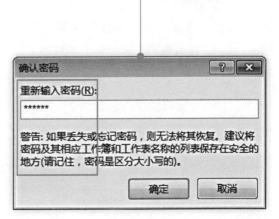

图13-31

❺ 此时可以看到新建的保护区域以及名称。单击"保护工作表"按钮（图13-32），弹出"保护工作表"对话框。

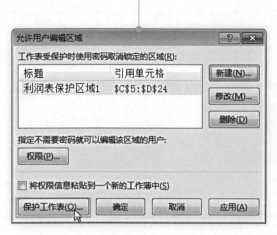

图13-32

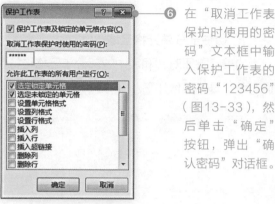

图13-33

❻ 在"取消工作表保护时使用的密码"文本框中输入保护工作表的密码"123456"（图13-33），然后单击"确定"按钮，弹出"确认密码"对话框。

❼ 在"重新输入密码"设置框中输入设置的密码"123456"（图13-34），然后单击"确定"按钮，返回到工作表中。

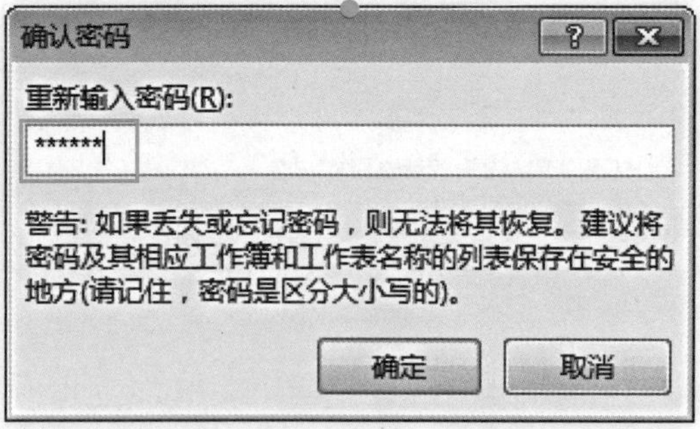

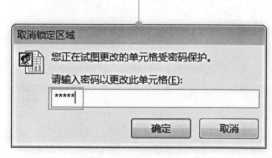

图13-34

❽ 如果用户对新建区域进行编辑，就会弹出"取消锁定区域"对话框，输入正确的密码并单击"确定"按钮（图13-35），即可进行编辑操作。

图13-35

2. 保护单个工作表

一个工作簿中通常都会包含多张工作表，例如，在编辑利润表时会引用其他工作表中的数据，若现在只想对编制完成的利润表进行保护，则可以通过下面的步骤实现。

❶ 切换到"利润表"，单击"审阅"选项卡，在"更改"组中单击"保护工作表"按钮（图13-36），弹出"保护工作表"对话框。

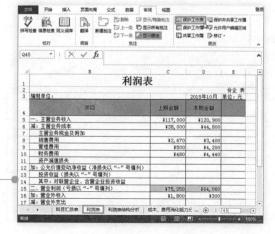

图13-36

❷ 在"取消工作表保护时使用的密码"设置框中输入保护工作表的密码，这里输入"123456"，如图
　　13-37所示，然后单击"确定"按钮。

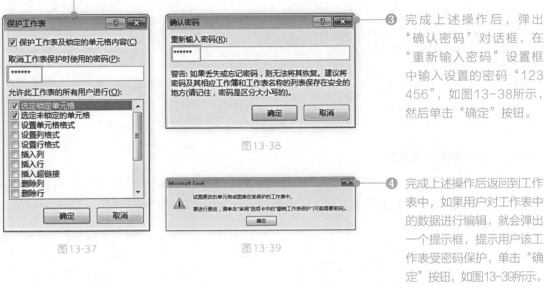

❸ 完成上述操作后，弹出
"确认密码"对话框，在
"重新输入密码"设置框
中输入设置的密码"123
456"，如图13-38所示，
然后单击"确定"按钮。

图13-38

❹ 完成上述操作后返回到工作
表中，如果用户对工作表中
的数据进行编辑，就会弹出
一个提示框，提示用户该工
作表受密码保护，单击"确
定"按钮，如图13-39所示。

图13-37　　　　　图13-39

3. 保护工作簿

如果用户需要对利润表及其相关的表格都进行保护，则我们可以为利润表所在工作簿设置
密码，对整个工作簿进行保护。具体操作如下：

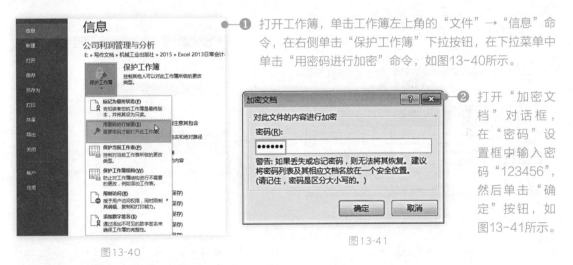

❶ 打开工作簿，单击工作簿左上角的"文件"→"信息"命
令，在右侧单击"保护工作簿"下拉按钮，在下拉菜单中
单击"用密码进行加密"命令，如图13-40所示。

❷ 打开"加密文
档"对话框，
在"密码"设
置框中输入密
码"123456"，
然后单击"确
定"按钮，如
图13-41所示。

图13-40　　　　　　　　　　图13-41

❸ 在打开的"确认密码"对话框中重新输入一遍密码
"123456"，然后单击"确定"按钮，如图13-42所示。

图13-42

13.4 数据分析

在 Excel 2013 里创建利润表后，除了可以反映企业一定会计期间的收入实现情况，还能有什么作用呢？

通过利润表的编制和分析，还可以反映企业一定时间的盈亏状况，以及盈亏的原因和构成。

13.4.1 分析各类费用情况

下面我们在13.3.1节创建的利润表的基础上使用图表对一些重要的项目进行分析。Excel 2013中为我们提供了丰富的图表工具，这里我们可以利用条形图对销售费用、管理费用和财务费用进行比较分析。

❶ 打开"利润表"工作表，选中B8：D10单元格区域。单击"插入"选项卡，在"图表"组中单击"插入柱形图"按钮，在下拉菜单中单击"簇状条形图"类型，如图13-43所示。

❷ 执行上述命令，在工作表中创建了一个名为"流动资产合计"的条形图，效果如图13-44所示。

图13-43

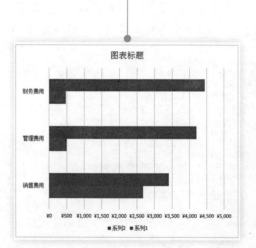

图13-44

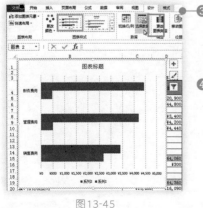

图13-45

❸ 选中图表，单击"图表工具"→"设计"选项卡，在"数据"组中单击"选择数据"按钮（图13-45），打开"选择数据源"对话框。

❹ 单击"图例项（系列）"列表框，选中"系列1"，然后单击"编辑1"按钮（图13-46），弹出"编辑数据系列"对话框。

图13-46

❺ 单击"系列名称"文本框右侧的拾取器按钮，如图13-47所示。

图13-47

❼ 完成上述操作后返回到"选择数据源"对话框，用同样的方法选择系列2，设置系列2的名称为D4单元格，即"本期金额"，如图13-49所示。

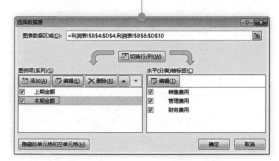

图13-49

❾ 完成颜色设定后的效果，如图13-51所示。

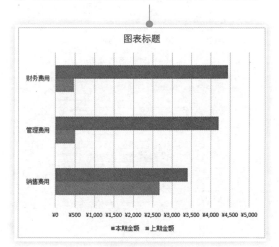

图13-51

❿ 编辑标题，设置文字格式，进一步完善，效果如图13-52所示。

❻ 在工作表中拖动鼠标选择C4单元格，如图13-48所示，然后单击拾取器按钮，返回"编辑数据系列"对话框，最后单击"确定"按钮完成设置。

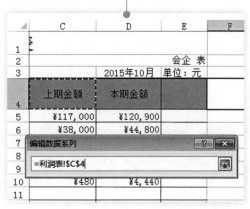

图13-48

❽ 完成上述操作后返回工作表，选中图表，"图表工具"→"设计"选项卡，在"图表样式"组中单击"更改颜色"按钮，打开下拉菜单，如图13-50所示）。通过单击在下拉菜单中选定应用的颜色。

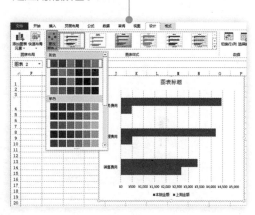

图13-50

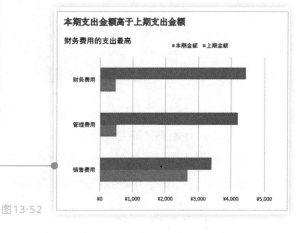

图13-52

13.4.2 利润表结构分析

利润表结构分析是指分析各个项目占主营业务收入的比例。下面将本期的利润表复制到当前工作簿中，并建立"结构分析"标识，然后来设置结构分析的公式。

❶ 复制"利润表"工作表，并将复制得到的工作表标签重命名为"利润表结构分析"，建立"结构分析"标识，如图13-53所示。

图13-53

从图表可以很直观地看出财务费用的支出是最大的，并且本月的财务费用与上月的相比还是在不断地增加，所以企业要对财务费用进行相应的调整。

❷ 在E5单元格中输入公式："=IF($D$5=0, 0,D5/$D$5)"，按〈Enter〉键，完成第一个公式的设置。选中E5单元格，向下复制公式，得到各个项目结构，如图13-54所示。

图13-54

❸ 选中"结构分析"列单元格区域，在"开始"选项卡下的"数字"组中选择数字格式为"百分比"，效果如图13-55所示。

图13-55

13.4.3 成本、费用消化能力分析

成本、费用消化能力分析主要有以下指标：主营业务成本率、管理费用率、财务费用率，以及成本和费用利润率。下面我们通过设置公式来进行成本、费用消化能力分析。

❶ 新建工作表，将其重命名为"成本、费用消化能力分析"，在工作表中创建如图13-56所示的"成本、费用消化能力分析"表格。

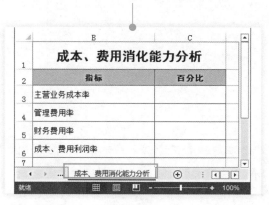

图13-56

❷ 在C3单元格中输入公式："=利润表!D6/利润表!D5"，按〈Enter〉键，得到的结果如图13-57所示。

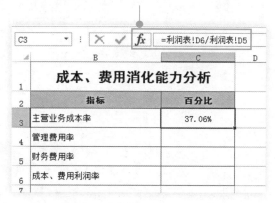

图13-57

❸ 在C4单元格中输入公式："=利润表!D9/利润表!D5"，按〈Enter〉键，得到的结果如图13-58所示。

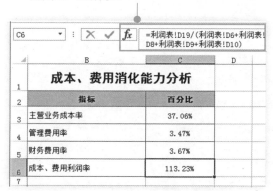

图13-58

❹ 在C5单元格中输入公式："=利润表!D10/利润表!D5"，按〈Enter〉键，得到的结果如图13-59所示。

图13-59

❺ 在C6单元格中输入公式："=利润表!D19/(利润表!D6+利润表!D8+利润表!D9+利润表!D10)"，按〈Enter〉键，得到的结果，如图13-60所示。

图13-60

成本、费用利用率是指利润总额与成本、费用的百分比，它反映企业每百元成本、费用支出能获得的利润。其具体计算公式为：成本、费用利用率＝利润总额／（主营业务成本＋期间费用）*100%。

第**14**章 公司现金流量管理
与分析

现金流量表的传统编制方法主要有工作底稿法和 T 型账户法，但是因为编制现金流量表时没有平时的数据积累，故年末编表得工作量也较大，加之报表数据繁杂，调整分录的准确性值得怀疑。
既然我们工作中都使用 Excel 2013，那么该如何在 Excel 2013 中实现现金流量管理与分析呢？

要对现金流量表进行管理与分析，我们不仅需要编制出现金流量表，还需要对其中的趋势以及结构等进行分析。Excel 2013 不仅是建表高手，而且能计算分析数据，在 Excel 2013 中进行现金流量的管理与分析自然是没有问题的了……

14.1 制作流程

现金流量表是财务分析中的三大主表之一，是财务报告中最重要的组成部分。通过现金流量表反映企业一定会计期间的经营活动，筹资活动和筹资挥动产生的现金流入、流出量等情况的会计报表。

本章中我们介绍如何在Excel 2013中制作现金流量表，并进行现金流量的管理与分析。本章内容结构如图14-1所示。

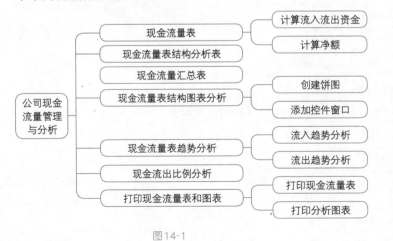

图14-1

在现金流量管理与分析过程中需要使用多个表格及分析图表，我们先看一下它们的效果图，在脑海中留下大致框架，后续再来讲具体的操作过程解惑，如图14-2所示。

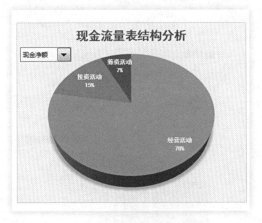

现金流量表

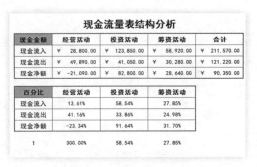

现金流量表结构分析表

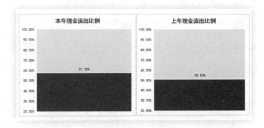

现金流量表结构图表分析

现金流出比例分析

图14-2

14.2 新手基础

在Excel 2013中进行现金流量表管理与分析过程中需要用到的知识点除了前面章节介绍的内容外，还包括图表设置、公式计算、打印工作表等。

14.2.1 添加开发工具标签到工具栏

如果默认的工具栏选项卡不能满足用户的需求，用户还可以自定义工具栏。例如在Excel 2013默认设置下"开发工具"选项卡是不显示在工具栏的。如果想将"开发工具"选项卡添加到工具栏中，就可以通过下面方法来实现。

❶ 打开Excel 2013，单击"文件"→"选项"命令（图14-3），弹出"Excel选项"对话框。

图14-3

图14-4

② 选择"自定义功能区"标签，在"自定义功能区"列表中，勾选"开发工具"复选框，如图14-4所示，然后单击"确定"按钮。

③ 完成上述操作后返回到工作簿，即可在工具栏中查看添加了"开发工具"选项卡，如图14-5所示。

图14-5

14.2.2　调整图表中数据条间间距

在实际工作中有时我们在建立柱形图或条形图后，发现数据条之间的间距不仅影响美观，而且影响图表表达效果。如果想重新更改数据条间距，可以通过下面的方法来实现。

① 选中图表中的任意系列，单击鼠标右键，单击"设置数据系列格式"命令（图14-6），打开"设置数据系列格式"窗格。

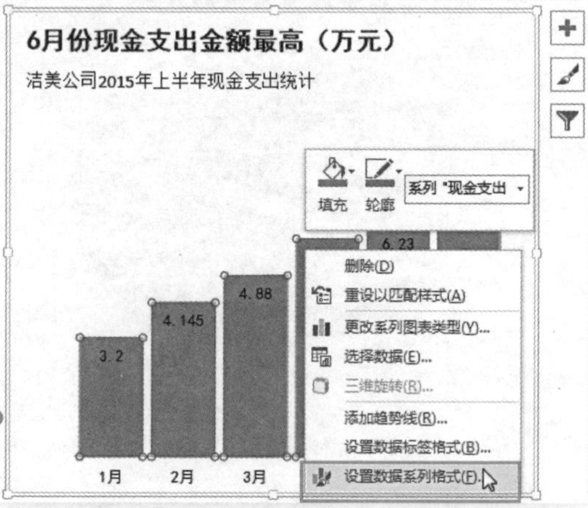

图14-6

② 拖动"分类间距"栏中的滑块，向右拖动可增大间距，如图14-7所示。

③ 设置完成后，单击"关闭"按钮，效果如图14-8所示。

图14-7

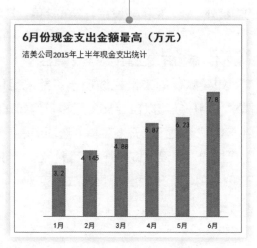

图14-8

14.2.3 反转条形图的分类次序

在Excel 2013中制作条形图时,默认情况下的分类排列次序是与数据源显示顺序相反的。如本例中图表的数据标签默认从6月到1月,这显然不符合日期从小到大的顺序。此时可以通过下面的方法来实现数据标签从1月到6月的顺序。

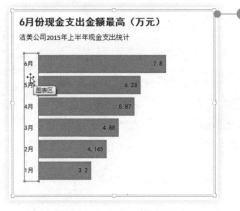

图14-9

❶ 在分类轴上双击鼠标(图14-9),打开"设置坐标轴格式"对话框。

这里说明一下,条形图的垂直轴就是分类轴。

❷ 在"坐标轴选项"下选中"逆序类别"复选框,如图14-10所示。

图14-10

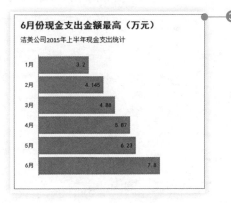

图14-11

❸ 设置完成后,单击"关闭"按钮,即可让图表从1月到6月绘制,如图14-11所示。

14.2.4 将图表复制为图片

在现实工作中我们经常需要将图表粘贴到其他地方使用,但是在复制并粘贴的过程中常发生图表发生变化的情况。为保证将Excel 2013中的图表复制到其他应用程序时不发生变化,我们需要使用"选择性粘贴"功能,将图表复制粘贴为图片的形式,具体操作如下:

❶ 选中目标图表,按〈Ctrl+C〉组合键进行复制。切换到目标位置上,在"开始"选项卡下"剪贴板"组中单击"粘贴"按钮,打开下拉菜单,如图14-12所示。

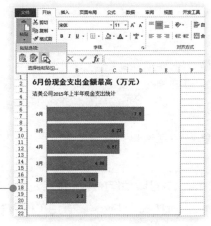

图14-12

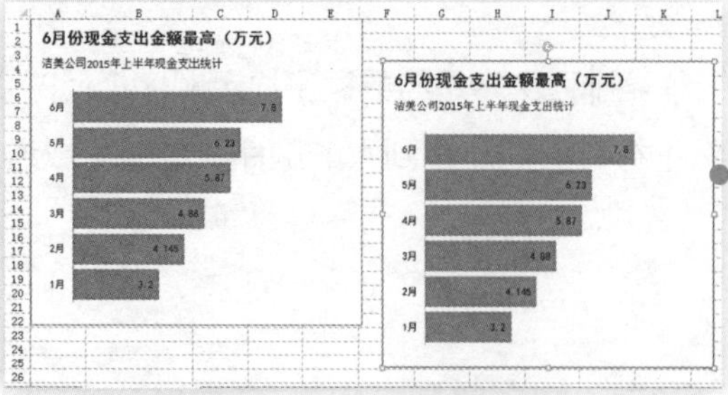

图14-13

❷ 在下拉菜单中单击"图片"命令，即可在目标位置上显示出粘贴的图片，如图14-13所示。

> **知识扩展**
>
> 如何复制图表到 Word 文档中？
> 选中目标图表，按〈Ctrl+C〉组合键进行复制，切换到要使用该目标图表的 Word 文档，然后定位光标位置，按〈Ctrl+V〉组合键进行粘贴即可。以此方式粘贴的图表与源数据源是相链接的，即当图表的数据源发生改变时，任何一个复制的图表也做相应的更改。

14.2.5　设置打印份数

在默认情况下，在打印文档时，Excel 2013只打印一份文档，但是用户可以自由设置打印的份数，以及多份打印时的打印方式。如果要一次打印多份文档，可用下面的方法来实现。

打开要打印的工作表，单击工作簿左上角的"文件"→"打印"命令，在右侧"份数"文本框中输入要打印的份数（图14-14），单击"打印"按钮。

图14-14

14.2.6　打印指定的页

如果我们要打印特定的页码范围内的表格，必须提供明确的打印起始页码和终止页码。打印Excel 2013工作表中指定页面的方法如下所示：

❶ 打开要打印的工作表，单击"文件"→"打印"菜单命令，在右侧的"设置"选项区域的"页数"文本框中输入要打印的页码或页码范围，如图14-15所示。

❷ 设置好打印份数，单击"打印"按钮即可开始打印表格。

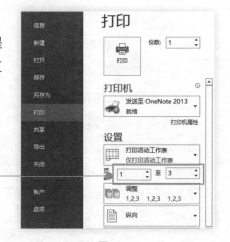

图14-15

14.2.7　打印工作中某一特定区域

我们在使用Excel 2013工作表制作工作表的时候，如果整张工作表数据较多，而我们只需要其中某一部分数据作为参考资料，则我们可以设置想打印内容的区域，具体操作如下：

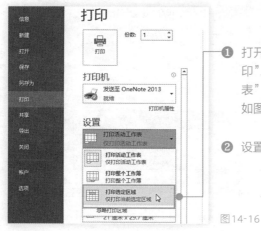

❶ 打开要打印的工作表，单击工作簿左上角的"文件"→"打印"命令，在右侧的"设置"栏下，单击"打印活动工作表"右侧下拉按钮，在下拉菜单中单击"打印选定区域"，如图14-16所示。

❷ 设置完成后，单击"打印"按钮，即可开始打印。

图14-16

{ 知识扩展 }

如何打印不连续的区域？

如果想一次性打印不连续的区域，可以按如下方法设置。

按住〈Ctrl〉键的同时，单击不需要打印的行（列）标，选中不需要打印出来的多个不连续的行（列）并单击鼠标右键，在弹出菜单中选择"隐藏"命令将其隐藏起来。执行打印操作系统将打印出未被隐藏的单元格区域。

14.2.8　TEXT 函数（将数值转换为按指定数字格式表示的文本）

【函数功能】TEXT函数可将数值转换为按指定数字格式表示的文本。

【函数语法】TEXT(value,format_text)

◆ Value：数值、计算结果为数字值的公式，或对包含数字值的单元格的引用。

◆ Format_text："单元格格式"对话框中"数字"选项卡上"分类"框中的文本形式的数字格式。

运用TEXT函数可以帮我们完成以下日常工作任务。

1）快速返回指定的日期格式。下例中日期以不规范的格式记录在表格中，下面我们要运用TEXT函数将"20111001"格式转换为"2011-10-01"格式，具体操作如下。

❶ 在B2单元格中输入公式："=TEXT(A2,"0-00-00")"，按〈Enter〉键，转换后效果，如图14-17所示。

❷ 向下填充B2单元格的公式至B5单元格，如图14-18所示。

	A	B	C	D	
		=TEXT(A2,"0-00-00")			
	A	**B**	C	D	
1	**日期**	**转换后日期**			
2	20120101	2012-01-01			
3	20130102				
4	20140103				
5	20150104				
6					
7					

图14-17

	A	B
1	**日期**	**转换后日期**
2	20120101	2012-01-01
3	20130102	2013-01-02
4	20140103	2014-01-03
5	20150104	2015-01-04
6		
7		

图14-18

2）将金额显示为特定的形式。本例表格中显示余额的格式如图14-19所示，下面我们将运用TEXT函数将余额显示的格式改为"余款：26.4800万元"，效果如图14-20所示，使其显得更加完整、正规。具体操作如下。

	A	B	C	D
1	采购单位	采购金额	已付款	余额
2	公司A	284800	20000	264800
3	公司B	2500000	5000	2495000
4	公司C	2896400	5000	2891400
5	公司D	258000	20000	238000
6	公司E	5735800	20000	5715800
7	公司F	2256300	25000	2231300
8	公司G	755300	5000	750300
9				
10				

图14-19

	A	B	C	D
1	采购单位	采购金额	已付款	余额
2	公司A	284800	20000	余款：26.4800万元
3	公司B	2500000	5000	余款：249.5000万元
4	公司C	2896400	5000	余款：289.1400万元
5	公司D	258000	20000	余款：23.8000万元
6	公司E	5735800	20000	余款：571.5800万元
7	公司F	2256300	25000	余款：223.1300万元
8	公司G	755300	5000	余款：75.0300万元
9				
10				

图14-20

❶ 在E2单元格中输入公式："=CONCATENATE ("余款：",TEXT(D2,"#!.0000万元"))"，按〈Enter〉键即可合并"余款："和所需的格式，如图14-21所示。

❷ 向下填充E2单元格的公式至B5单元格，如图14-22所示。将E列中公式得到的数据转换为数值，删除原D列，将公式得到的数据移至D列中即可。

E2		✕ ✓	fx	=CONCATENATE("余款：",TEXT(D2,"#!.0000万元"))	
	A	B	C	D	E	F
1	采购单位	采购金额	已付款	余额		
2	公司A	284800	20000	264800	余款：26.4800万元	
3	公司B	2500000	5000	2495000		
4	公司C	2896400	5000	2891400		
5	公司D	258000	20000	238000		
6	公司E	5735800	20000	5715800		
7	公司F	2256300	25000	2231300		
8	公司G	755300	5000	750300		
9						
10						

图14-21

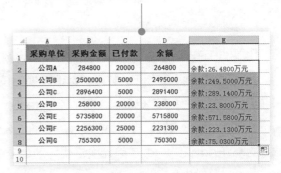

	A	B	C	D	E
1	采购单位	采购金额	已付款	余额	
2	公司A	284800	20000	264800	余款：26.4800万元
3	公司B	2500000	5000	2495000	余款：249.5000万元
4	公司C	2896400	5000	2891400	余款：289.1400万元
5	公司D	258000	20000	238000	余款：23.8000万元
6	公司E	5735800	20000	5715800	余款：571.5800万元
7	公司F	2256300	25000	2231300	余款：223.1300万元
8	公司G	755300	5000	750300	余款：75.0300万元
9					
10					

图14-22

公式解析

1）先使用 TEXT 函数将 D2 单元格结果转换为 "#!.0000 万元" 的货币格式。

2）再使用 CONCATENATE 函数将 "余款：" 和 1 结果结合起来。

14.2.9　INDEX 函数（返回指定行列位置处的值）

【函数功能】INDEX函数返回表格或区域中的值或值的引用。函数INDEX 有两种形式：数组形式和引用形式。INDEX函数引用形式通常返回引用。INDEX函数的数组形式通常返回数值或数值数组。当函数INDEX的第一个参数为数组常数时，使用数组形式。

【函数语法】

语法1（引用型）：INDEX(reference, row_num, [column_num], [area_num])

◆ Reference：对一个或多个单元格区域的引用。

◆ Row_num：引用中某行的行号，函数从该行返回一个引用。

◆ Column_num：可选。引用中某列的列标，函数从该列返回一个引用。

◆ Area_num：可选。选择引用中的一个区域，以从中返回 Row_num 和 Column_num 的交叉区域。选中或输入的第一个区域序号为 1，第二个为 2，依此类推。如果省略 area_num，函数 INDEX 使用区域 1。

语法2（数组型）：INDEX(array, row_num, [column_num])

◆ Array：单元格区域或数组常量。

◆ Row_num：选择数组中的某行，函数从该行返回数值。

◆ Column_num：可选。选择数组中的某列，函数从该列返回数值。

运用INDEX函数可以帮助我们完成以下工作任务。

1）查看某产品的调价情况。图14-23所示的表格中统计了各产品的价格，只有一种产品的价格需要随时调整，可以使用INDEX函数建立公式随时查看调价情况。

在E2单元格中输入公式："=INDEX(A2:C14,10,3)"，按〈Enter〉键，即可得到产品调价后的价格，如图14-24所示。

	A	B	C
1	商品名称	价格	是否调价
2	带腰带短款羽绒服	220	--
3	低领烫金毛衣	245	--
4	毛呢短裙	120	--
5	泡泡袖风衣	315	--
6	OL风长款毛呢外套	450	--
7	薰衣草飘袖冬装裙	356	--
8	修身荷花袖外套	300	--
9	热卖混搭超值三件套	325	--
10	修身低腰牛仔裤	415	--
11	OL气质风衣	460	450
12	原创立领短袖长款呢大衣	225	--
13	复古双排扣毛呢外套	278	--
14	韩版V领修身中长款毛衣	250	--
15			
16			

图14-23

E2 　=INDEX(A2:C14, 10, 3)

	A	B	C	D	E
1	商品名称	价格	是否调价		OL气质风衣调价金额
2	带腰带短款羽绒服	220	--		450
3	低领烫金毛衣	245	--		
4	毛呢短裙	120	--		
5	泡泡袖风衣	315	--		
6	OL风长款毛呢外套	450	--		
7	薰衣草飘袖冬装裙	356	--		
8	修身荷花袖外套	300	--		
9	热卖混搭超值三件套	325	--		
10	修身低腰牛仔裤	415	--		
11	OL气质风衣	460	450		
12	原创立领短袖长款呢大衣	225	--		
13	复古双排扣毛呢外套	278	--		
14	韩版V领修身中长款毛衣	250	--		
15					
16					

图14-24

2）查找预支工资次数最多的员工。图14-25所示的表格中统计了员工预支工资的数据，下面我们将运用INDEX函数查询出预支次数最多的员工。

在D2单元格中输入公式："=INDEX(B2:B12,MODE(MATCH(B2:B12,B2:B12,0)))"，按〈Enter〉键，即可查询出预支次数最多的员工，如图14-26所示。

	A	B	C
1	预支日期	预支人员	
2	2015/10/1	胡莉	
3	2015/10/2	王青	
4	2015/10/3	何以玫	
5	2015/10/4	王飞扬	
6	2015/10/7	童瑶瑶	
7	2015/10/8	王小利	
8	2015/10/9	吴晨	
9	2015/10/10	吴昕	
10	2015/10/11	钱毅力	
11	2015/10/14	王青	
12	2015/10/15	管一非	
13			

图14-25

D2 　=INDEX(B2:B12, MODE(MATCH(B2:B12, B2:B12, 0)))

	A	B	C	D	E	F
1	预支日期	预支人员		预支次数最多的员工		
2	2015/10/1	胡莉		王青		
3	2015/10/2	王青				
4	2015/10/3	何以玫				
5	2015/10/4	王飞扬				
6	2015/10/7	童瑶瑶				
7	2015/10/8	王小利				
8	2015/10/9	吴晨				
9	2015/10/10	吴昕				
10	2015/10/11	钱毅力				
11	2015/10/14	王青				
12	2015/10/15	管一非				
13						

图14-26

公式解析

1）使用 MATCH 函数在 B2:B12 单元格区域中依次寻找 B2:B12 单元格的值，并返回其位置（位于第几行中）。即返回 B2:B12 单元格区域中各个值的位置，返回的是一个数组。

2）使用 MODE 函数返回 1 步出现频率最多的数值。

3）使用 INDEX 函数从 B2:B12 单元格区域中提取 2 步返回结果指定行处的值。

3）查找指定月份指定部门的报销费用。图14-27所示的表格中统计了几个部门1月、2月、3月的报销费用，下面我们运用INDEX函数查询指定月份指定部门的报销费用。

❶ 首先设置好查询条件，本例在A7、B7单元格中输入要查询的月份与报销部门，如图14-28所示。

	A	B	C	D
1	报销部门	1月	2月	3月
2	采购部	5456	8208	3283
3	信息部	9410	7380	6952
4	企划部	7320	5760	5304
5				

图14-27

	A	B	C	D
1	报销部门	1月	2月	3月
2	采购部	5456	8208	3283
3	信息部	9410	7380	6952
4	企划部	7320	5760	5304
5				
6	月份	报销部门	金额	
7	2月	信息部		
8				
9				

图14-28

❷ 在C7单元格中输入公式："=INDEX(B2:D4,MATCH(B7,A2:A4,0),MATCH(A7,B1:D1,0))"，按〈Enter〉键，即可查询出指定月份报销部门的报销金额，如图14-29所示。

C7　=INDEX(B2:D4, MATCH(B7, A2:A4, 0),MATCH(A7, B1:D1, 0))

	A	B	C	D	E	F	G
1	报销部门	1月	2月	3月			
2	采购部	5456	8208	3283			
3	信息部	9410	7380	6952			
4	企划部	7320	5760	5304			
5							
6	月份	报销部门	金额				
7	2月	信息部	7380				
8							

图14-29

❸ 如果要在A7单元格中重新更改月份，则结果如图14-30所示。

	A	B	C	D
1	报销部门	1月	2月	3月
2	采购部	5456	8208	3283
3	信息部	9410	7380	6952
4	企划部	7320	5760	5304
5				
6	月份	报销部门	金额	
7	3月	信息部	6952	
8				

图14-30

❹ 如果要在B单元格中重新更改报销部门，则结果如图14-31所示。

	A	B	C	D
1	报销部门	1月	2月	3月
2	采购部	5456	8208	3283
3	信息部	9410	7380	6952
4	企划部	7320	5760	5304
5				
6	月份	报销部门	金额	
7	2月	企划部	5760	
8				(Ctrl)▾
9				

图14-31

公式解析

1）使用 MATCH 函数分别查找 B7 在 A2:A4 单元格区域上的行号，A7 在 B1:D1 单元格区域上的行号。

2）再用 INDEX 函数从 B2:D4 单元格区域中提取 1 步返回两个结果行列交叉位置上的值。

14.3　表格创建

刚刚拿到交接人的电子版现金流量表，点开每项后找公式，看每一项数据来源，然后对着书本教材上的公式去理解是怎么调整的，非常痛苦……

其实一些原理性的东西你们上学的时候教材上都是讲过的，只是一笔带过，而且现在很少有手工编表，大部分都直接在电子表上点公式，其实我们自己就可以在 Excel 2013 中进行现金流量表的创建。

现金流量表，是指反映企业在一定会计期间现金和现金等价物流入和流出的报表。本节中我们将向你介绍如何在Excel 2013中创建现金流量表，并使用公式计算出现金流量表中各项目的发生额。

14.3.1　计算各项目的流入、流出资金

建立表格输入现金流量表包含的所有项目，在填入明细数据后，需要计算出各项目的流入、流出资金，具体操作步骤如下：

❶ 新建工作簿，将其命名为"公司现金流量管理与分析"。将Sheet1工作表重命名为"现金流量表"，输入现金流量表包含的所有项目，并对建立的现金流量表进行格式设置，如图14-32所示。

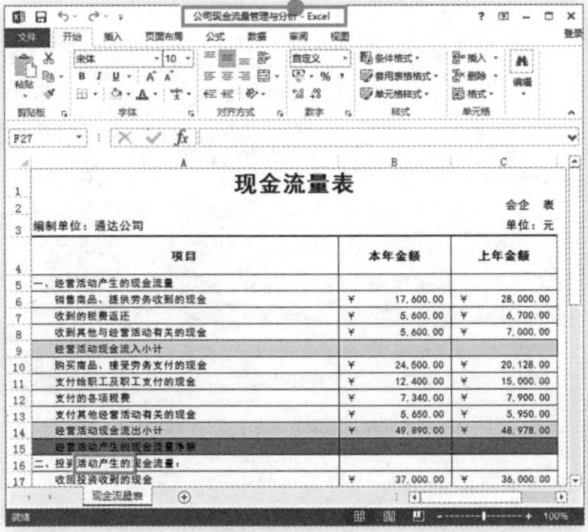

图14-32

❷ 在B3单元格中输入公式："=TEXT(NOW(),"e年")"，按〈Enter〉键，即可返回当前的年份，如图14-33所示。

图14-33

图14-34

❸ 在B9单元格中输入公式："=SUM(B6:B8)"，按〈Enter〉键，返回本年经营活动现金流入合计，向右复制公式，计算出上年经营活动现金流入的合计值，如图14-34所示。

❹ 在B14单元格中输入公式："=SUM(B10:B13)"，按〈Enter〉键，返回本年经营活动现金流出合计，向右复制公式，计算出上年经营活动现金流出的合计值，如图14-35所示。

❺ 在B22单元格中输入公式："=SUM(B17:B21)"，按〈Enter〉键，返回本年投资活动现金流入合计，向右复制公式，计算出上年投资活动现金流入的合计值，如图14-36所示。

| B14 | ▼ | : | × | ✓ | fx | =SUM(B10:B13) |

	A	B	C
		本年金额	上年金额
4	项目		
5	流量		
6	收到的现金	¥ 17,600.00	¥ 28,000.00
7		¥ 5,600.00	¥ 6,700.00
8	有关的现金	¥ 5,600.00	¥ 7,000.00
9	计	¥ 28,800.00	¥ 41,700.00
10	支付的现金	¥ 24,500.00	¥ 20,128.00
11	付的现金	¥ 12,400.00	¥ 15,000.00
12		¥ 7,340.00	¥ 7,900.00
13	关的现金	¥ 5,650.00	¥ 5,950.00
14	计	¥ 49,890.00	¥ 48,978.00
15	流量净额		

图14-35

| B22 | ▼ | : | × | ✓ | fx | =SUM(B17:B21) |

	A	B	C
10	付的现金	¥ 24,500.00	¥ 20,128.00
11	的现金	¥ 12,400.00	¥ 15,000.00
12		¥ 7,340.00	¥ 7,900.00
13	的现金	¥ 5,650.00	¥ 5,950.00
14		¥ 49,890.00	¥ 48,978.00
15	量净额		
16	量:		
17		¥ 37,000.00	¥ 36,000.00
18	金	¥ 16,700.00	¥ 20,000.00
19	产和其他长期资产收回的现金净额	¥ 27,000.00	¥ 27,600.00
20	收到的现金净额	¥ 39,000.00	¥ 42,150.00
21	关的现金	¥ 4,150.00	¥ 6,350.00
22		¥ 123,850.00	¥ 132,100.00
23	产和其他长期资产支付的现金	¥ 22,250.00	¥ 25,150.00

图14-36

❻ 在B27单元格中输入公式："=SUM(B23:B26)"，按〈Enter〉键，返回本年投资活动现金流出合计，向右复制公式，计算出上年投资活动现金流出的合计值，如图14-37所示。

❼ 在B33单元格中输入公式："=SUM(B30:B32)"，按〈Enter〉键，返回本年筹资活动现金流入合计，向右复制公式，计算出上年筹资活动现金流入的合计值，如图14-38所示。

| B27 | ▼ | : | × | ✓ | fx | =SUM(B23:B26) |

	A	B	C
16			
17		¥ 37,000.00	¥ 36,000.00
18		¥ 16,700.00	¥ 20,000.00
19	长期资产收回的现金净额	¥ 27,000.00	¥ 27,600.00
20	现金净额	¥ 39,000.00	¥ 42,150.00
21	金	¥ 4,150.00	¥ 6,350.00
22		¥ 123,850.00	¥ 132,100.00
23	长期资产支付的现金	¥ 22,250.00	¥ 25,150.00
24		¥ 8,830.00	¥ 9,450.00
25	的现金净额	¥ 5,300.00	¥ 5,550.00
26	金	¥ 4,670.00	¥ 4,850.00
27		¥ 41,050.00	¥ 45,000.00
28			

图14-37

| B33 | ▼ | : | × | ✓ | fx | =SUM(B30:B32) |

	A	B	C
22		¥ 123,850.00	¥ 132,100.00
23	其他长期资产支付的现金	¥ 22,250.00	¥ 25,150.00
24		¥ 8,830.00	¥ 9,450.00
25	支付的现金净额	¥ 5,300.00	¥ 5,550.00
26	现金	¥ 4,670.00	¥ 4,850.00
27		¥ 41,050.00	¥ 45,000.00
28	额		
29			
30		¥ 28,140.00	¥ 36,140.00
31		¥ 24,140.00	¥ 20,140.00
32	现金	¥ 6,640.00	¥ 7,040.00
33		¥ 58,920.00	¥ 63,320.00
34		¥ 21,140.00	¥ 16,140.00

图14-38

| B37 | ▼ | : | × | ✓ | fx | =SUM(B34:B36) |

	A	B	C
25	位支付的现金净额	¥ 5,300.00	¥ 5,550.00
26	的现金	¥ 4,670.00	¥ 4,850.00
27		¥ 41,050.00	¥ 45,000.00
28	净额		
29	:		
30		¥ 28,140.00	¥ 36,140.00
31		¥ 24,140.00	¥ 20,140.00
32	现金	¥ 6,640.00	¥ 7,040.00
33		¥ 58,920.00	¥ 63,320.00
34		¥ 21,140.00	¥ 16,140.00
35	息支付的现金	¥ 4,740.00	¥ 6,110.00
36	的现金	¥ 4,400.00	¥ 4,300.00
37		¥ 30,280.00	¥ 26,550.00
38	净额		

❽ 在B37单元格中输入公式："=SUM(B34:B36)"，按〈Enter〉键，返回本年筹资活动现金流出合计，向右复制公式，计算出上年筹资活动现金流出的合计值，如图14-39所示。

图14-39

14.3.2 计算各项目的现金流量净额

现在我们可以在之前计算出的各项目流入、流出资金的基础上计算出各项目的现金流量净额。所谓现金流量净额是指现金流入小计值减去现金流出小计的差值，其具体计算方法如下：

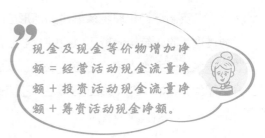

> 现金及现金等价物增加净额＝经营活动现金流量净额＋投资活动现金流量净额＋筹资活动现金净额。

❶ 在B15单元格中输入公式："=B9-B14"，按〈Enter〉键，返回本年经营活动现金流量净额，向右复制公式，计算出上年经营活动现金流量净额，如图14-40所示。

❷ 在B28单元格中输入公式："=B22-B27"，按〈Enter〉键，返回本年经营活动现金流量净额，向右复制公式，计算出上年经营活动现金流量净额，如图14-41所示。

B15	fx	=B9-B14	
		B	C
		本年金额	上年金额
4			
5			
6	金	¥ 17,600.00	¥ 28,000.00
7		¥ 5,600.00	¥ 6,700.00
8	金	¥ 5,600.00	¥ 7,000.00
9		¥ 28,800.00	¥ 41,700.00
10	金	¥ 24,500.00	¥ 20,128.00
11		¥ 12,400.00	¥ 15,000.00
12		¥ 7,340.00	¥ 7,900.00
13		¥ 5,650.00	¥ 5,950.00
14		¥ 49,890.00	¥ 48,978.00
15		¥ -21,090.00	¥ -7,278.00
16			

图14-40

B28	fx	=B22-B27	
	A	B	C
13	动有关的现金	¥ 5,650.00	¥ 5,950.00
14	出小计	¥ 49,890.00	¥ 48,978.00
15	金流量净额	¥ -21,090.00	¥ -7,278.00
16	现金流量：		
17	现金	¥ 37,000.00	¥ 36,000.00
18	到的现金	¥ 16,700.00	¥ 20,000.00
19	无形资产和其他长期资产收回的现金净额	¥ 27,000.00	¥ 27,600.00
20	营业单位收到的现金净额	¥ 39,000.00	¥ 42,150.00
21	活动有关的现金	¥ 4,150.00	¥ 6,350.00
22	入小计	¥ 123,850.00	¥ 132,100.00
23	无形资产和其他长期资产支付的现金	¥ 22,250.00	¥ 25,150.00
24		¥ 8,830.00	¥ 9,450.00
25	他业务单位支付的现金净额	¥ 5,300.00	¥ 5,550.00
26	活动有关的现金	¥ 4,670.00	¥ 4,850.00
27	出小计	¥ 41,050.00	¥ 45,000.00
28	金流量净额	¥ 82,800.00	¥ 87,100.00
29	现金流量：		

图14-41

❸ 在B38单元格中输入公式："=B33-B37"，按〈Enter〉键，返回本年投资活动现金流量净额，向右复制公式，计算出上年投资活动现金流量净额，如图14-42所示。

❹ 在B40单元格中输入公式："=B15+B28+B38"，按〈Enter〉键，返回本年现金及现金等价物增加净额，向右复制公式，计算出上年现金及现金等价物增加净额，如图14-43所示。

B38	fx	=B33-B37	
	A	B	C
25	付的现金净额	¥ 5,300.00	¥ 5,550.00
26	金	¥ 4,670.00	¥ 4,850.00
27		¥ 41,050.00	¥ 45,000.00
28		¥ 82,800.00	¥ 87,100.00
29			
30		¥ 28,140.00	¥ 36,140.00
31		¥ 24,140.00	¥ 20,140.00
32	金	¥ 6,640.00	¥ 7,040.00
33		¥ 58,920.00	¥ 63,320.00
34		¥ 21,140.00	¥ 16,140.00
35	付的现金	¥ 4,740.00	¥ 6,110.00
36	金	¥ 4,400.00	¥ 4,300.00
37		¥ 30,280.00	¥ 26,550.00
38		¥ 28,640.00	¥ 36,770.00

图14-42

B40	fx	=B15+B28+B38	
	A	B	C
25	业单位支付的现金净额	¥ 5,300.00	¥ 5,550.00
26	有关的现金	¥ 4,670.00	¥ 4,850.00
27	计	¥ 41,050.00	¥ 45,000.00
28	量净额	¥ 82,800.00	¥ 87,100.00
29	流量：		
30		¥ 28,140.00	¥ 36,140.00
31		¥ 24,140.00	¥ 20,140.00
32	有关的现金	¥ 6,640.00	¥ 7,040.00
33	计	¥ 58,920.00	¥ 63,320.00
34		¥ 21,140.00	¥ 16,140.00
35	付利息支付的现金	¥ 4,740.00	¥ 6,110.00
36	有关的现金	¥ 4,400.00	¥ 4,300.00
37		¥ 30,280.00	¥ 26,550.00
38	量净额	¥ 28,640.00	¥ 36,770.00
39	向		
40	加净额	¥ 90,350.00	¥ 116,592.00
41			

图14-43

14.3.3 现金流量表结构分析表

现金流量表的结构分析可以分为现金收入结构分析、现金支出结构分析和现金净额结构分析三个方面。现金流量的结果分析是指在现金流量表有关数据的基础上进一步明确现金的收入结构、现金支出结构和现金余额是如何形成的。

通过现金收入结构分析可以反映企业经营活动现金收入、投资活动现金收入及筹资活动现金收入在全部现金收入中的比重，以及各项业务活动现金收入中具体项目的构成情况。下面向你介绍如何在Excel 2013中创建现金流量表结构分析表。

❶ 新建工作表，并将其命名为"现金流量表结构分析"，在工作表中输入表格内容并输入原始数据，效果如图14-44所示。

图14-44

❷ 根据"现金流量表"表格引用"现金流入"和"现金流出"的相关数据，如图14-45所示。

图14-45

❸ 在B5单元格中输入公式："=B3-B4"，按〈Enter〉键，计算出经营活动的现金净额，向右复制公式，计算出其他项的现金净额，如图14-46所示。

图14-46

❹ 在E3单元格中输入公式："=SUM(B3:D3)"，按〈Enter〉键，计算出现金流入的合计值，向下复制公式，计算出各项数据的合计数据，如图14-47所示。

图14-47

❺ 在B8单元格中输入公式："=B3/$E3"，按〈Enter〉键后向右复制公式至D8单元格，再向下复制公式至D10单元格，计算出各项数据的百分比，如图14-48所示。

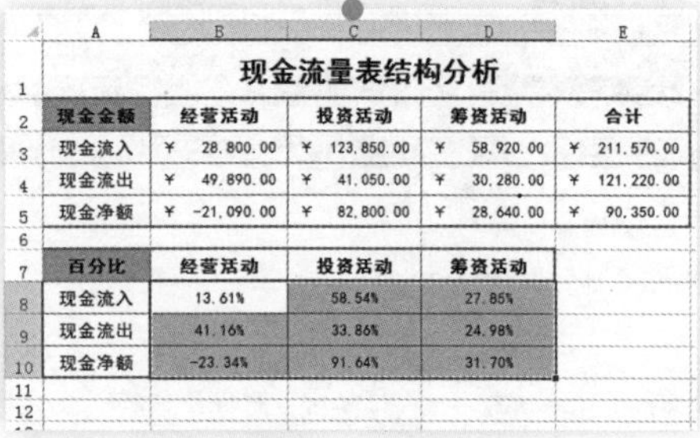

图14-48

❻ 在A12单元格中输入"1"，在B12单元格中输入公式："=INDEX(B8:B10,$A$12)"，按〈Enter〉键后复制向右复制公式到D12单元格，如图14-49所示。

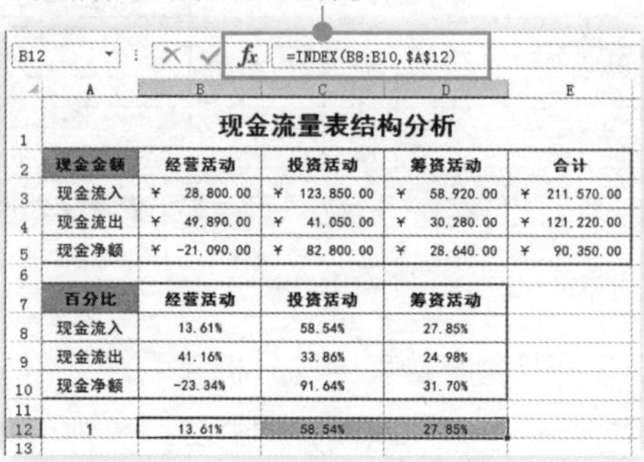

图14-49

14.3.4　现金流量汇总表

为了查看本年和上年度的现金流入、流出的趋势，下面我们在Excel 2013中编制现金流量汇总表。

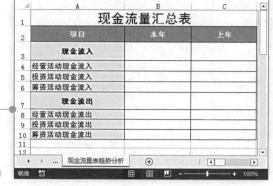

图14-50

❶ 新建工作表，并将其命名为"现金流量表趋势分析"，在工作表中输入表格内容并输入原始数据，效果如图14-50所示。

❷ 在B4单元格中输入公式："=现金流量表!B9"，按〈Enter〉键，向右复制公式到C4单元格，向下复制公式至C6单元格，得到的结果如图14-51所示。

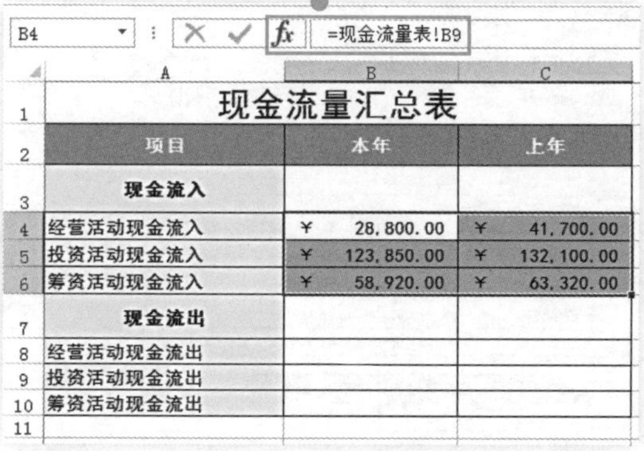

❸ 在B8单元格中输入公式："=现金流量表!B14"，按〈Enter〉键，向右复制公式至C8单元格，向下复制公式至C10单元格，得到的结果如图14-52所示。

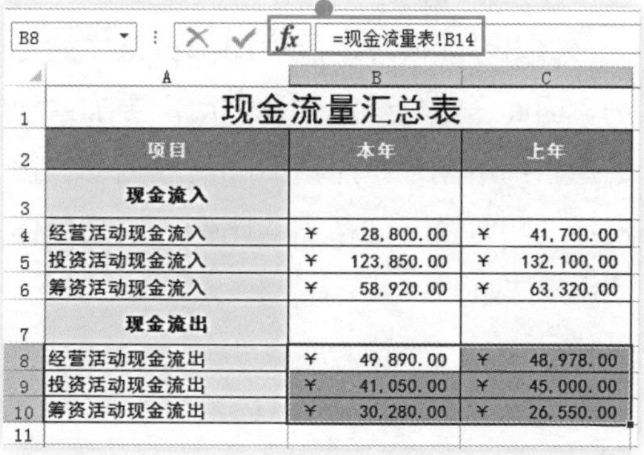

图14-51

图14-52

❹ 在B3单元格中输入公式："=SUM(B4:B6)"，按〈Enter〉键，向右复制公式至C3单元格，得出本年和上年的现金流入合计值，如图14-53所示。

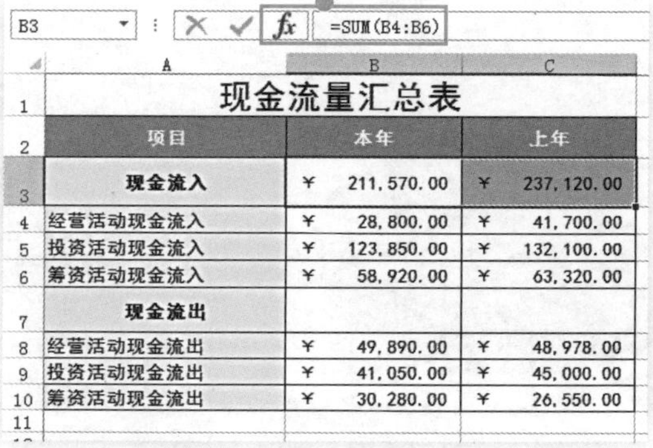

❺ 在B7单元格中输入公式："=SUM(B8:B10)"，按〈Enter〉键，向右复制公式至C7单元格，得出本年和上年的现金流出合计值，如图14-54所示。

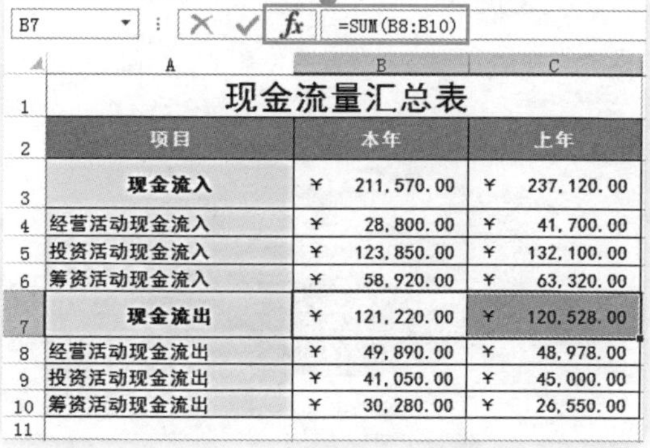

图14-53

图14-54

14.4 数据分析

原来所谓现金流量管理就是要创建一个现金流量表，然后计算出现金流量表中流入和流出的资金。

对现金流量进行管理，我们不仅需要编制出现金流量表，还需要对其中的趋势以及结构等进行分析。这些在 Excel 2013 中都能很快地被实现，下面一起来看看吧……

14.4.1 现金流量表结构图表分析

下面我们在14.3.3节创建的现金流量表结构分析表的基础上创建图表来分析营业活动、投资活动和筹资活动中的现金流量结构。

1. 创建饼图

饼图可以很好地展现局部占整体的比例，因此通过创建饼图我们可以更加直观地查看到本期现金流量中的营业活动、投资活动和筹资活动各占的比例。饼图具体应用方法如下：

❶ 打开"现金流量表结构分析"工作表，按〈Ctrl〉键，依次选中B7:D7单元格区域和B12:D12单元格区域，切换到"插入"选项卡，在"图表"选项组中单击"插入饼图"按钮，在其下拉列表中单击"三维饼图"图表类型，如图14-55所示。

图14-55

❷ 执行上述操作，即可创建图表，如图14-56所示。

❸ 选中图表，单击"图表元素"按钮，打开下拉菜单，单击"数据标签"右侧按钮，在子菜单中单击"更多选项"（图14-57），打开"设置数据标签格式"窗格。

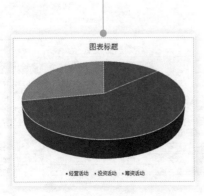

图14-56

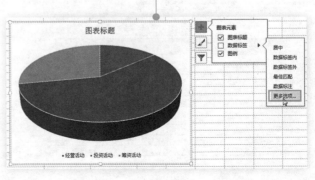

图14-57

❹ 在"标签包括"栏下选中要显示标签前的复
选框，这里选中"类别名称"和"百分比"，
如图14-58所示，然后单击"关闭"按钮。

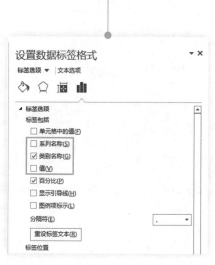

图14-58

❺ 完成上述操作后返回工作表，效果如图
14-59所示。

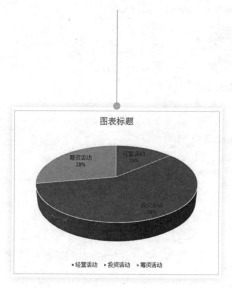

图14-59

❻ 选中图表，单击"图表样式"按钮，打开下
拉列表，在"样式"栏下选择一种图表样式
（单击即可应用），效果如图14-60所示。

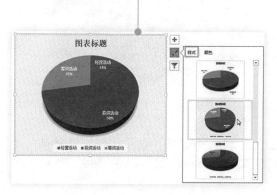

图14-60

❼ 选中图表，单击"图表样式"按钮，打开下
拉列表，在"颜色"栏下选择一种图表颜色
（单击即可应用），效果如图14-61所示。

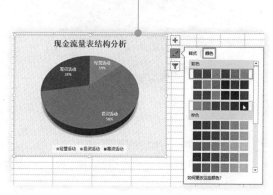

图14-61

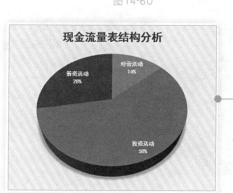

图14-62

❽ 删除图例，并设置图表中文字格式。进一步
完善，设置完成后的图表，如图14-62所示。

2. 添加控件窗口

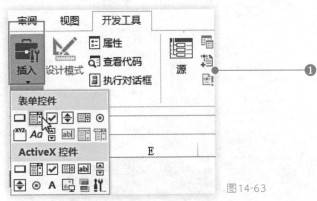

图14-63

❶ 切换到"开发工具"选项卡，在"控件"组单击"插入"按钮，在其下拉列表中选择"组合框"窗体控件，如图14-63所示。

❷ 返回工作表中，拖动鼠标在图表左上角绘制一个组合框，将鼠标移至于控点上，当指针变为箭头形状时，即可以调节、控件窗体大小，如图14-64所示。

❸ 选中控件窗体，单击鼠标右键，在右键菜单中单击"设置控件格式"命令（图14-65），打开"设置对象格式"对话框。

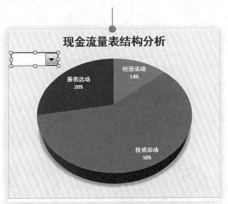

图14-64

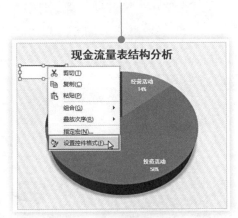

图14-65

❹ 在对话框中设置数据源区域为"＄A＄8:＄A＄10"单元格区域，设置"单元格链接"为"$B$12:$D$12"单元格区域，在"下拉显示项数"文本框中输入"3",单击"确定"按钮，如图14-66所示。

图14-66

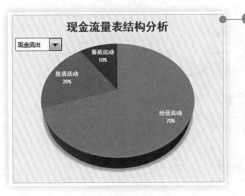

图14-67

❺ 返回图表中，单击图表中的下拉按钮，从下拉列表中选择"现金流出"，随后图表中会显示出现金流出结构图，如图14-67所示。

图14- 68

⑥ 在下拉列表中选择"现金净额"，则图表会发生相应的更改，如图14-68所示。

> 通过现金流量表的趋势分析可以了解各项目变动的基本趋势，判断趋势的利弊，并对企业的未来发展做出预测。

14.4.2　现金流量表趋势分析

现金流量趋势分析是指对企业的现金收入、支出及结余发生了怎样的变动，其变动趋势如何，这种趋势对企业是有利还是不利进行的分析。下面我们在14.3.4节创建的现金流量汇总表的基础上制作折线图以更加直观地了解现金流量趋势，分析现金流入和流出的趋势。

1．现金流入趋势分析

折线统计图不但可以表示出数量的多少，而且还能够清楚地表示出数量增减变化的情况。因此可以使用折线图对营业活动、投资活动和筹资活动现金流入金额的上年金额与本年金额进行变化趋势查看。具体操作如下：

① 选中A4:C6单元格区域，切换到"插入"选项卡，在"图表"组中单击"插入折线图"按钮，在其下拉列表中单击"带数据标记的折线图"图表类型，如图14-69所示。

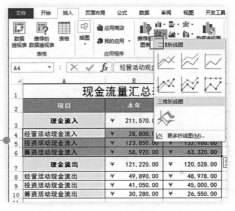

图14-69

② 执行上述操作，即可创建图表，效果如图14-70所示。

③ 在"图表工具"→"设计"选项卡下，单击"数据"组中的"选择数据"按钮（图14-71），打开"选择数据源"对话框。

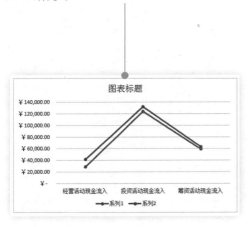

图14-70

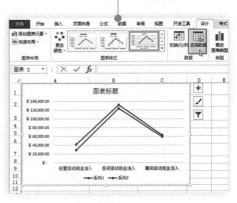

图14-71

❹ 单击"切换行/列"按钮，如图14-72所示。

图14-72

❺ 单击"水平（分类）轴标签"列表框中的"编辑"按钮（图14-73），弹出"轴标签"对话框。

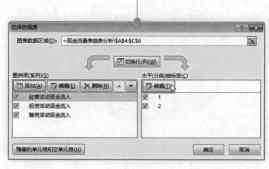

图14-73

❻ 在工作表中利用鼠标选取B2：C2单元格区域，如图14-74所示。

图14-74

❼ 连续两次单击"确定"按钮，返回工作表。选中横坐标轴，单击鼠标右键，在右键菜单中单击"设置坐标轴格式"命令（图14-75），打开"设置坐标轴格式"窗格。

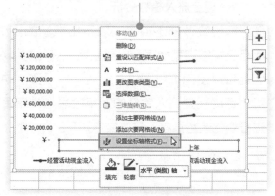

图14-75

❽ 在"坐标轴位置"栏下选中"逆序类别"复选框，如图14-76所示。

图14-76

❾ 完成上述操作后可以看到图表中选中了横坐标的标签为"上年"和"本年"，并且横坐标变成了从右向左显示的情况，如图14-77所示。

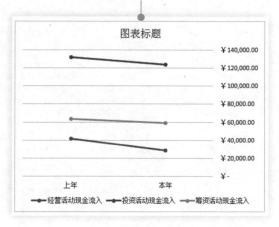

图14-77

⑩ 选中绘图区，在"图表工具"→"格式"选
项卡下，在"形状样式"组中单击"形状填
充"按钮，在打开的下拉菜单中选择填充颜
色，图表的即时预览效果如图14-78所示。

⑪ 编辑图表标题，进一步完善，效果如图
14-79所示。

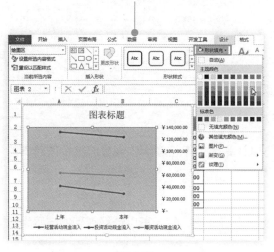

图14-78

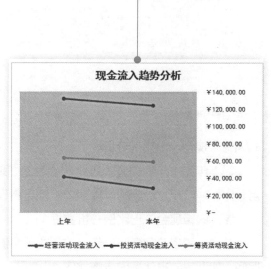

图14-79

2. 现金流出趋势分析

与对营业活动、投资活动和筹资活动现金流入趋势分
析一样，我们也可以使用折线图对现金流出趋势进行分析
查看。具体操作如下：

从图表中可以看
到三个项目的现
金流入都在减少。

❶ 复制图表，在"图表工具"→"设计"选
项卡下，单击"数据"组中的"选择数据"
按钮（图14-80），打开"选择数据源"对
话框。

❷ 重新选择其数据源为A8：C10区域，并编辑
水平轴标签为A2：C2区域，如图14-81所
示，然后单击"确定"按钮。

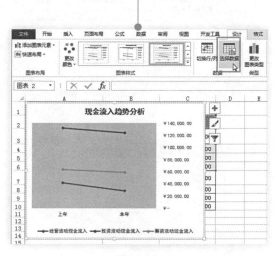

图14-80

图14-81

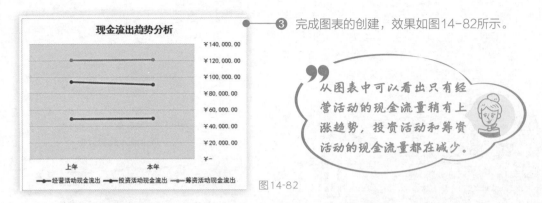

❸ 完成图表的创建，效果如图14-82所示。

> 从图表中可以看出只有经营活动的现金流量稍有上涨趋势，投资活动和筹资活动的现金流量都在减少。

图14-82

14.4.3 现金流出比例分析

将上年和本年的现金收入比例看为1，我们可以计算出上年与本年中现金流出金额各占的百分比，通过建立图表则可以很直观地查看现金流出的比例情况。

1．编辑现金流出比例分析数据

在建立图表前需要对上年与本年的现金流出比例进行计算，然后再以计算得到的结果为数据源创建图表。具体操作步骤如下：

❶ 复制"现金流量表趋势分析"工作表，将其重命名为"现金流出比例分析"，然后设计一个如图14-83所示的现金流出比例表格。

❷ 在B14单元格中输入公式："=B7/B3"，按〈Enter〉键，向右复制公式，计算出上年和本年的现金流出比例，如图14-84所示。

图14-83

图14-84

2．创建柱形图，分析现金流出比例

下面使用柱形图绘制出现金流出占流入金额的百分比图表。

❶ 按住〈Ctrl〉键，选择A12：B12单元格区域和A14:A14单元格区域，单击"插入"选项卡，在"图表"组中单击"插入柱形图"按钮，在下拉菜单中单击"簇状柱形图"，如图14-85所示。

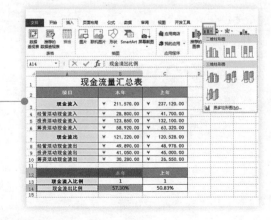

图14-85

❷ 执行上述操作，即可创建图表，效果如图
14-86所示。

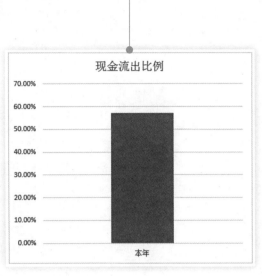

图14-86

❸ 双击数据系列，打开"设置数据点格式"窗
格，向左拖动"分类间距"右侧的滑块，将
其比例调整为"0%"，如图14-87所示，然
后单击"关闭"按钮。

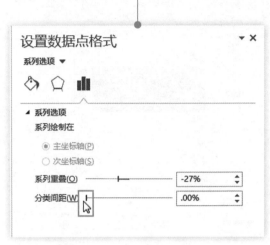

图14-87

❹ 返回工作表。选中图表，单击"图表元素"
按钮，打开下拉菜单，单击"坐标轴"右侧
按钮，在子菜单中取消"主要横坐标"复选
框勾选，如图14-88所示。

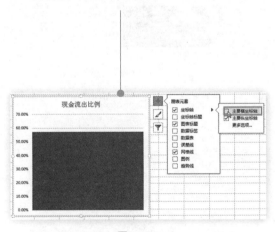

图14-88

❺ 双击纵坐标，打开"设置坐标轴格式"窗格。
在"坐标轴选项"栏下将"最大值"和"主
要刻度单位"设置为"1.0"和"0.2"，如图
14-89所示，然后单击"关闭"按钮。

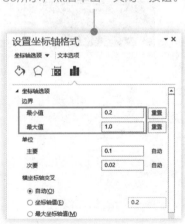

图14-89

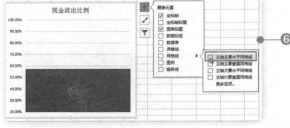

图14-90

❻ 返回工作表。选中图表，单击"图表元素"
按钮，打开下拉菜单，单击"网络线"右侧
按钮，在子菜单中取消"主轴主要水平网络
线"复选框勾选，如图14-90所示。

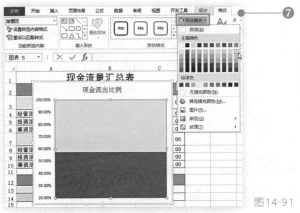

❼ 选中绘图区，在"图表工具"→"格式"选项卡下，在"形状样式"组中单击"形状填充"按钮，在下拉菜单中可以选择填充颜色。鼠标指向设置选项时，图表即时预览效果如图14-91所示。

图14-91

可以看出上年现金流出的比例较本年更低一些。

❽ 用同样的方法设置数据系列颜色，如图14-92所示。

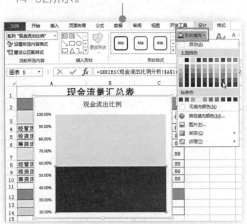

图14-92

❾ 选中图表，单击"图表元素"按钮，打开下拉菜单，单击"数据标签"右侧按钮，在子菜单中选择数据标签显示的位置（单击鼠标即可应用）。如这里单击"数据标签外"，结果如图14-93所示。

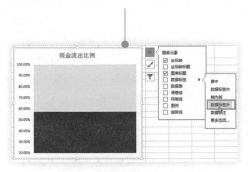

图14-93

❿ 将图表标题更改为"本年现金流出比例"，进一步完善，效果如图14-94所示。

⓫ 将图表复制一份，更改标题为"上年现金流出比例"，然后将数据源更改为A12、C12、A14、C14单元格，得到最终的上年现金流出比例图，如图14-95所示。

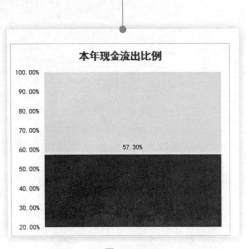

图14-94

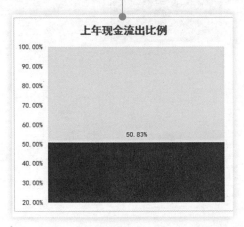

图14-95

14.4.4 打印现金流量表和图表

完成现金流量表及图表的创建后，我们需要将该表打印出来投入使用。为了获取较为完美的打印效果，打印之前需要进行相关设置。

1．打印现金流量表

在打印现金流量表之前，为了使打印出来的报表达到满意的效果，首先要对现金流量表进行预览。

❶ 切换到"现金流量表"工作表，单击工作簿左上角的"文件"→"打印"命令，在打印面板中即可预览现金流量表的打印效果。单击"页面设置"按钮（图14-96），打开"页面设置"对话框。

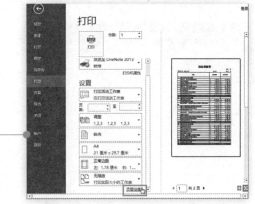

图14-96

❷ 切换到"页边距"选项卡，选中"居中方式"栏中的"水平"复选框，如图14-97所示，然后单击"确定"按钮。

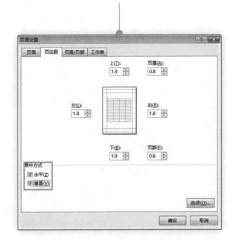

图14-97

❸ 返回"打印"面板中，在"份数"设置框中输入需要打印的份数"5"，然后单击"打印"按钮即可，如图14-98所示。

图14-98

2．打印现金流量表分析图表

用户不仅可以打印工作表，还可以单独对图表进行打印，并选择图表的打印质量。下面来打印现金流量表结构分析图表。

❶ 切换到"现金流量表结构分析"工作表，选中图表，单击工作簿左上角的"文件"→"打印"命令，在打印面板中即可预览图表的打印效果。单击"页面设置"按钮（图14-99），打开"页面设置"对话框。

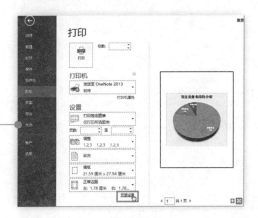

图14-99

❷ 切换到"图表"选项卡，选中"草稿品质"复选框，如图14-100所示，然后单击"确定"按钮。

图14-100

❸ 返回"打印"面板中，在"份数"设置框中输入需要打印的份数"5"，然后单击"打印"按钮即可，如图14-101所示。

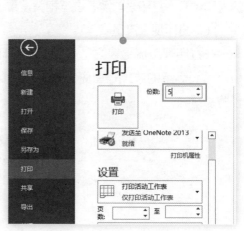

图14-101

第15章 公司财务预算

刚刚接到领导指示，要求我根据各部门制定的年度计划，制作公司的年度预算！预算这么重要的工作以前从来没有做过啊！

预算可是事关公司下一年度运营成败的重要工作，领导能够交给你这么重要的工作说明你之前的努力已经获得了领导的认可啊！
让我们再接再厉。下面就和我一起学习如何制作公司财务预算吧！

15.1 制作流程

公司财务预算：是在预测和决策的基础上，围绕企业战略目标，对一定时期内企业资金的取得和投放、各项收入和支出、企业经营成果及其分配等资金运作所做出的具体安排。编制企业财务预算是企业运营管理中非常重要的一项工作。

本章我们将从制作日常费用支出预算表、销售收入预算表、材料预算表等七项任务入手向你介绍与公司财务预算相关的知识与技巧，如图15-1所示。

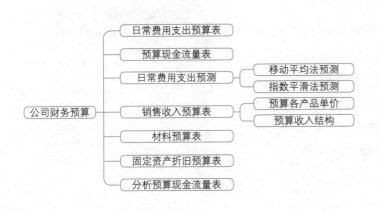

图15-1

在进行财务预算表时，我们会由于用途不同，而需要用到多个不同的预算表。下面我们可以先来看一下相关表格的效果图，如图15-2所示。

销售收入预算表

材料预算表

固定资产折旧预算

现金流量预算表

图15-2

15.2 新手基础

在Excel 2013中进行财务预算的时候需要用到的知识点除了前面章节介绍的内容外，还包括图表、数据分析工具、公式计算等。不要小看这些简单的知识点，扎实掌握这些知识点会让你的工作大有不同哦！

15.2.1 按条件填充数据

在实际工作中，我们往往会遇到需要按照指定规则对数据进行填充的情况，例如，我们在对时间类数据进行填充时，在默认情况下系统会以天为基础单位来进行填充，但是有时我们需要按年数填充、月数填充或工作日填充，此时我们就需要通过"自动填充选项"来对填充规则进行设置，具体操作如下：

❶ 在A2单元格中输入"2015-1-1"。选中A2单元格，将光标移至该单元格区域的右下角，至光标变成十字形状 ✚，如图15-3所示。

图15-3

❷ 按住鼠标左键不放，向下拖动至填充结束的位置，如图15-4所示。

❸ 释放鼠标，可以看到默认按日进行填充，并显示出"自动填充选项"按钮。单击"自动填充选项"按钮，在打开的菜单中选中"以月填充"单选项，如图15-5所示。

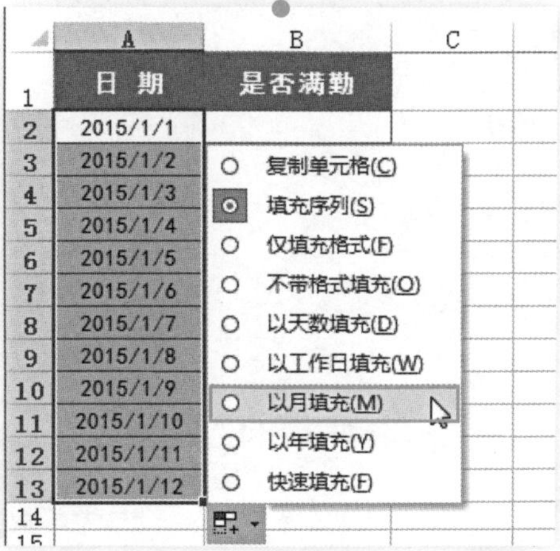

图15-4

图15-5

图15- 6

❹ 执行上述操作，即可实现以月数进行填充，如图15-6所示。

> 单击"自动填充选项"按钮，在此选项菜单中，用户可以为填充选择不同的方法，例如"仅填充格式"、"不带格式填充"等，还可以将填充方式改为"复制"，从而实现快速填充相同的数据。

15.2.2 更改数据标记的类型与大小

在Excel 2013中创建带数据标记的折线图后，默认的数据标记是随机生成的，如果对其不满意，可以重新更改数据标记的类型与大小，使其更加直观，更美观。要想重新更改数据标记的类型与大小，可以通过下面的方法来实现。

❶ 选中要更改数据标记的系列，单击鼠标右键，选中"设置数据系列格式"命令（图15-7），打开"设置数据系列格式"窗格。

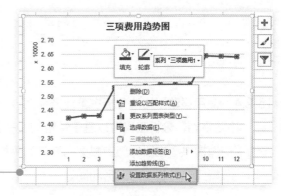

图15-7

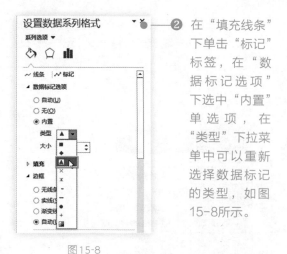

图15-8

② 在"填充线条"下单击"标记"标签，在"数据标记选项"下选中"内置"单选项，在"类型"下拉菜单中可以重新选择数据标记的类型，如图15-8所示。

图15-9

③ 在"大小"栏中可以设置数据标记的大小，如图15-9所示。

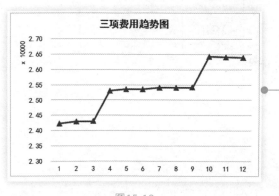

图15-10

④ 单击"关闭"按钮，设置完成后，效果如图15-10所示。

15.2.3 固定图表大小和位置

在使用Excel 2013制做好图表时，通常会遇到这样一种情况，就是改变另外单元格的大小，制作好的图表也会随之发生变化。如果需要固定图表大小和位置，则可以通过下面的方法来实现。

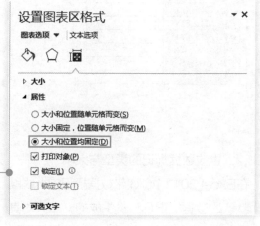

图15-11

选中图表，双击图表区，打开"设置图表区格式"窗格。在"属性"栏下选中"大小和位置均固定"单选框，如图15-11所示。

15.2.4 使用移动平均法分析主营业务利润

"移动平均"分析工具可以基于特定的过去某段时期中变量的平均值，对未来值进行预测。移动平均值提供了由所有历史数据的简单的平均值所代表的趋势信息。下例中我们使用"移动平均"分析工具分析主营业务利润。

❶ 在当前工作表中单击"数据"选项卡，在"分析"组中单击"数据分析"按钮（图15-12），打开"数据分析"对话框。

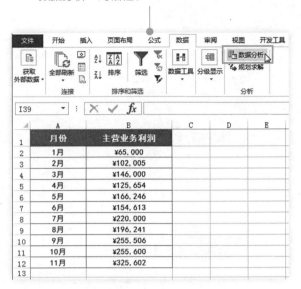

图15-12

❷ 在"分析工具"列表中单击"移动平均"，单击"确定"按钮（图15-13），弹出"移动平均"对话框。

图15-13

❸ 设置"输入区域"为B2：B12单元格区域，勾选"标志位于第一行"复选框，在"间隔"设置框中输入"3"，设置"输出区域"为D2单元格，最后勾选"图表输出"和"标准误差"复选框，如图15-14所示，然后单击"确定"按钮。

❹ 返回工作表，此时系统已输出如图15-15所示的移动平均和标准误差值，并输出了一个移动平均图表，该图表中显示了实际值与预测值之间的趋势以及它们之间的差异。

图15-14

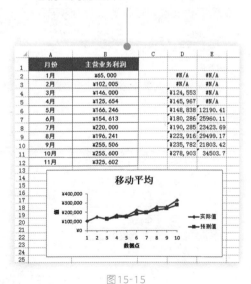

图15-15

15.2.5　使用指数平滑法分析预测产品销量

指数平滑法是一种在对移动平均法进行了改进的基础上发展出来的一套应用较为广泛的预测分析工具。我们需要注意的是此工具涉及平滑常数a这一参数，该参数的大小决定了本次预测对前期预测误差的修正程度。下面介绍该工具在Excel中的具体使用方法。

❶ 首先我们通过前三项数据的平均值得到指数平滑的初始值，具体方法为在B3单元格中输入公式："=SUM(B4:B6)/COUNT(B4:B6)"，按〈Enter〉键，结果如图15-16所示。

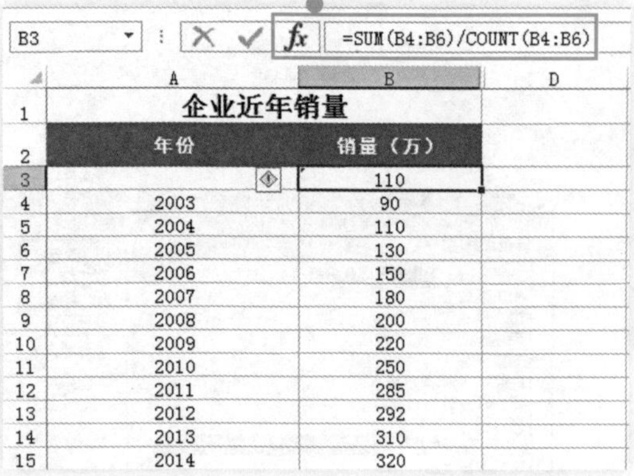

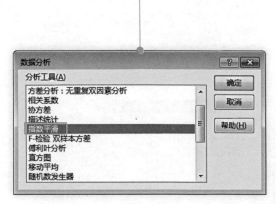

图15-16

❸ 在"分析工具"列表中单击"指数平滑"，单击"确定"按钮（图15-18），弹出"指数平滑"对话框。

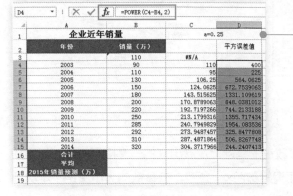

图15-18

❷ 在当前工作表中单击"数据"选项卡，在"分析"组中单击"数据分析"按钮（图15-17），打开"数据分析"对话框。

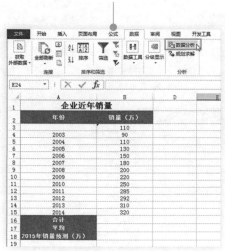

图15-17

❹ 设置"输入区域"为$B$3:$B$15单元格区域，勾选"标志位于第一行"复选框，在"间隔"设置框中输入"0.25"，设置"输出区域"为$C$3单元格，如图15-19所示，然后单击"确定"按钮。

图15-19

❺ 完成上述操作即可以得到a=0.25时的指数平滑预测数据。为了判断结果的准确性，在D4单元格输入公式："=POWER(C4-B4,2)"，按〈Enter〉键，复制公式至D15单元格，得到平均误差值，如图15-20所示。

图15-20

❻ 再次打开"指数平滑"对话框，设置"输入区域"为$B$3:$B$15单元格区域，勾选"标志位于第一行"复选框，在"间隔"设置框中输入"0.75"，设置"输出区域"为$E$3单元格，如图15-21所示，然后单击"确定"按钮。

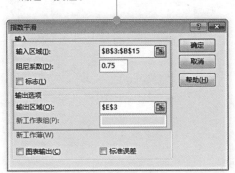

图15-21

❼ 单击"确定"按钮后可以得到a= 0.75时的指数平滑预测数据，如图15-22所示。

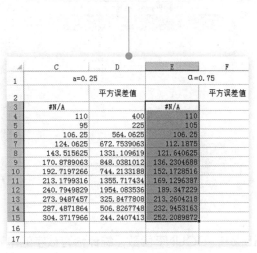

图15-22

❽ 在F4单元格输入公式："=POWER(E4-B4,2)"，按〈Enter〉键，复制公式至F15单元格，得到平均误差值，如图15-23所示。

	C	D	E	F
1		a=0.25		α=0.75
2			平方误差值	平方误差值
3	#N/A		#N/A	
4	110	400	110	400
5	95	225	105	25
6	106.25	564.0625	106.25	564.0625
7	124.0625	672.7539063	112.1875	1429.785156
8	143.515625	1331.109619	121.640625	3405.81665
9	170.8789063	848.0381012	136.2304688	4066.553116
10	192.7197266	744.2133188	152.1728516	4600.522065
11	213.1799316	1355.717434	169.1296387	6540.015341
12	240.7949829	1954.083536	189.347229	9149.452599
13	273.9487457	325.8477808	213.2604218	6199.921183
14	287.4871864	506.8267748	232.9453163	5937.424278
15	304.3717966	244.2407413	252.2089872	4595.621412
16				

F4 =POWER(E4-B4,2)

图15-23

❾ 在D16单元格输入公式："=SUM(D4:D15)"，按〈Enter〉键，复制公式至F16单元格，得到平均误差值，如图15-24所示。

	C	D	E	F
1		a=0.25		α=0.75
2			平方误差值	平方误差值
3	#N/A		#N/A	
4	110	400	110	400
5	95	225	105	25
6	106.25	564.0625	106.25	564.0625
7	124.0625	672.7539063	112.1875	1429.785156
8	143.515625	1331.109619	121.640625	3405.81665
9	170.8789063	848.0381012	136.2304688	4066.553116
10	192.7197266	744.2133188	152.1728516	4600.522065
11	213.1799316	1355.717434	169.1296387	6540.015341
12	240.7949829	1954.083536	189.347229	9149.452599
13	273.9487457	325.8477808	213.2604218	6199.921183
14	287.4871864	506.8267748	232.9453163	5937.424278
15	304.3717966	244.2407413	252.2089872	4595.621412
16		9171.893712		46914.1743
17				
18				

D16 =SUM(D4:D15)

图15-24

	C	D	E	F
1		a=0.25		α=0.75
2			平方误差值	平方误差值
3	#N/A		#N/A	
4	110	400	110	400
5	95	225	105	25
6	106.25	564.0625	106.25	564.0625
7	124.0625	672.7539063	112.1875	1429.785156
8	143.515625	1331.109619	121.640625	3405.81665
9	170.8789063	848.0381012	136.2304688	4066.553116
10	192.7197266	744.2133188	152.1728516	4600.522065
11	213.1799316	1355.717434	169.1296387	6540.015341
12	240.7949829	1954.083536	189.347229	9149.452599
13	273.9487457	325.8477808	213.2604218	6199.921183
14	287.4871864	506.8267748	232.9453163	5937.424278
15	304.3717966	244.2407413	252.2089872	4595.621412
16		9171.893712		46914.1743
17		764.324476		3909.514525
18				

D17 =AVERAGE(D4:D15)

图15-25

❿ 在D17单元格输入公式："=AVERAGE(D4:D15)"，按〈Enter〉键，复制公式至F17单元格，得到平均误差值，如图15-25所示。

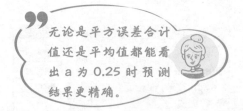

⑪ 在B18单元格输入公式："=0.25*B15+0.75*C15",按〈Enter〉键,得到预测结果值,如图15-26所示。

无论是平方误差合计值还是平均值都能看出 a 为 0.25 时预测结果更精确。

图15-26

15.2.6　COUNT 函数（统计含有数字的单元格个数）

【函数功能】COUNT函数用于返回数字参数的个数,即统计数组或单元格区域中含有数字的单元格个数。

【函数语法】COUNT(value1,value2,...)

◆ value1,value2,...: 包含或引用各种类型数据的参数（1~30个）,其中只有数字类型的数据才能被统计。

灵活运用COUNT函数可以帮助我们统计出勤总人数。

图15-27所示表格统计了某日的员工出勤情况（只选取了部分数据）。"1"表示确认出勤,"--"表示未出勤,现在我们将运用COUNT函数统计出勤人数。

在E2单元格中输入公式："=COUNT(C2:C9)",按〈Enter〉键,即可根据C2:C9单元格中显示数字的个数来统计出勤人数,如图15-28所示。

图15-27　　　　　　　　　　　　　　　　图15-28

15.2.7　AVERAGE 函数（计算算术平均值）

【函数功能】AVERAGE函数用于计算所有参数的算术平均值。

【函数语法】AVERAGE(number1,number2,...)

◆ Number1,number2,...：要计算平均值的1～30个参数。

运用AVERAGE函数我们可以解决以下常见工作任务。

1）忽略0值计算平均分数。求平均值时，引用的所有单元格都参与计算，如果参与计算的数值中存在0值，而我们因为实际需要想忽略0值求平均值，则需要按如下方法设计公式。

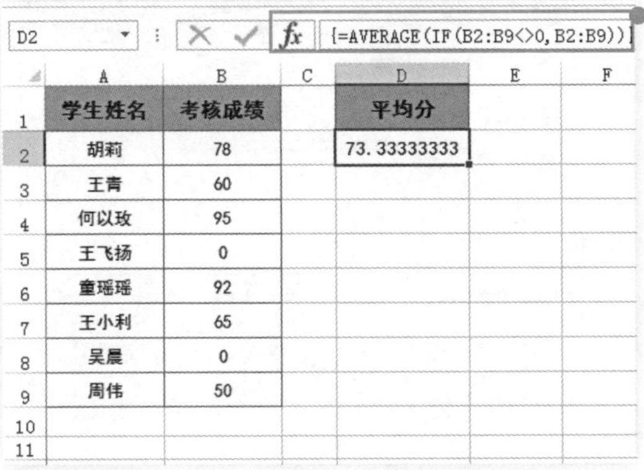

D2　{=AVERAGE(IF(B2:B9<>0,B2:B9))}

	A	B	C	D
1	学生姓名	考核成绩		平均分
2	胡莉	78		73.33333333
3	王青	60		
4	何以玫	95		
5	王飞扬	0		
6	童瑶瑶	92		
7	王小利	65		
8	吴晨	0		
9	周伟	50		

在D2单元格输入公式：“=AVERAGE(IF(B2:B9<>0,B2:B9))”，按〈Ctrl+Shift+Enter〉组合键，即可忽略0值计算出平均分数，如图15-29所示。

图15-29

公式解析

1）使用IF函数依次判断B2:B9单元格区域是否为不等于0，如果是则提取B2:B9单元格区域与之对应的分数。

2）使用AVERAGE函数对第1步返回的数组求平均分数。

2）按指定条件求平均值。运用AVERAGE函数我们可以在企业各部门产品销售量统计报表中计算出各部门的产品平均销售量。

❶ 在F4单元格中输入公式：“=AVERAGE(IF($B$2:$B$13=E4,$C$2:$C$13))”，按〈Ctrl+Shift+Enter〉组合键，即可计算出“销售1部”的平均销售量，如图15-30所示。

❷ 向下填充F4单元格的公式至F6单元格，即可计算出其他部门的平均销售量，如图15-31所示。

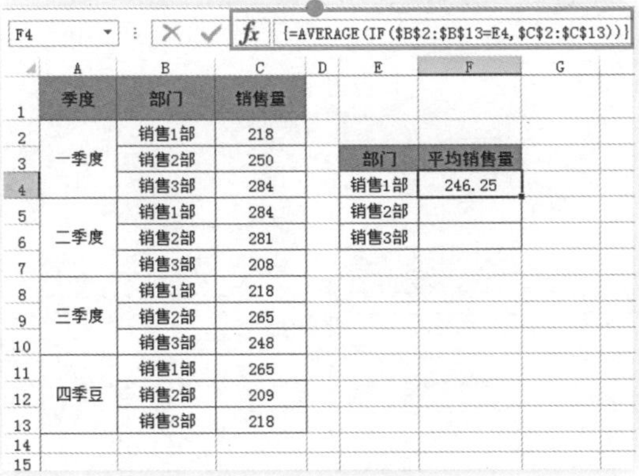

F4　{=AVERAGE(IF($B$2:$B$13=E4,$C$2:$C$13))}

	A	B	C	D	E	F
1	季度	部门	销售量			
2	一季度	销售1部	218			
3		销售2部	250		部门	平均销售量
4		销售3部	284		销售1部	246.25
5	二季度	销售1部	284		销售2部	
6		销售2部	281		销售3部	
7		销售3部	208			
8	三季度	销售1部	218			
9		销售2部	265			
10		销售3部	248			
11	四季豆	销售1部	265			
12		销售2部	209			
13		销售3部	218			

图15-30

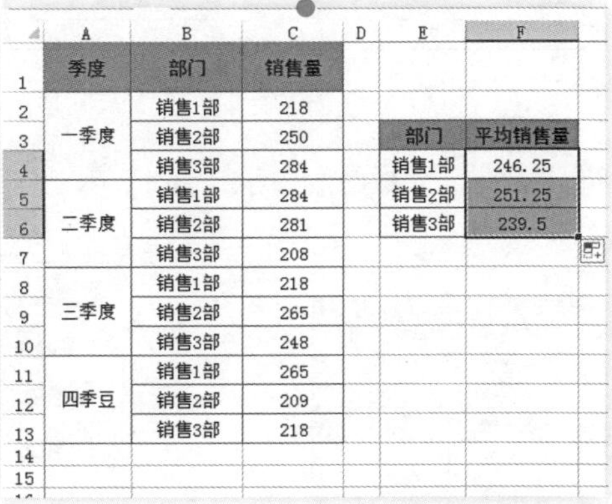

	A	B	C	D	E	F
1	季度	部门	销售量			
2	一季度	销售1部	218			
3		销售2部	250		部门	平均销售量
4		销售3部	284		销售1部	246.25
5	二季度	销售1部	284		销售2部	251.25
6		销售2部	281		销售3部	239.5
7		销售3部	208			
8	三季度	销售1部	218			
9		销售2部	265			
10		销售3部	248			
11	四季豆	销售1部	265			
12		销售2部	209			
13		销售3部	218			

图15-31

3）数据动态变化时自动计算平均分。在对员工的考核平均分数进行计算的时候，如果后期需要添加员工考核成绩记录，使用手动更改公式比较麻烦。可以通过下面的方法首先定义名称并将数据区域转换为动态区域，从而实现当表格数据变动时，平均值能自动更新。具体方法如下所示：

❶ 打开工作簿，在"公式"选项卡"定义的名称"组中单击"定义名称"按钮（图15-32），打开"新建名称"对话框。

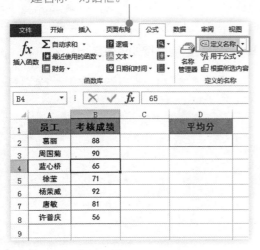

图15-32

❷ 在"名称"设置框内设置名称为"成绩"，设置引用位置为"=Sheet1!\$B\$2:\$B\$8"，如图15-33所示。

图15-33

❸ 选中A1:B8单元格区域，按下〈Ctrl+L〉组合键打开"创建表"对话框，勾选"表包含标题"复选框，如图15-34所示单击"确定"按钮。

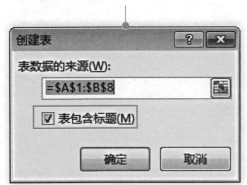

图15-34

❹ 单击"确定"按钮后，即可创建列表区域。在D2单元格中输入公式："=AVERAGE(成绩)"，按〈Enter〉键计算出员工的平均分数，如图15-35所示。

图15-35

❺ 添加三行新数据，如图15-36所示。

图15-36

图15-37

❻ 打开"编辑名称"对话框，可以看到名称的引用位置会相应发生改变，"成绩"的引用位置自动更改为了"=Sheet1!\$B\$2:\$B\$11"，如图15-37所示。

❼ 在D2单元格中仍然是使用相同的公式，但平均分则可以自动重算，如图15-38所示。

图15-38

15.3　表格创建

对于大多数企业来说，日常费用都是企业比较大的开支，同时也是比较难控制的开支。要做好日常费用支出预算真不是一件简单的事情啊……

我们可以在 Excel 2013 里创建日常费用支出预算表啊，然后根据日常费用支出数据，计算出相应时间段内日常费用支出的金额。

15.3.1　日常费用支出预算表

费用支出预算是财务预算中的重要组成部分，合理的费用预算是企业取得最大化利润的前提。下面在Excel 2013中创建日常费用支出预算表。

❶ 新建工作簿，并命名为"财务预算表"，将"Sheet1"工作表重命名为"日常费用支出预算表"，在表格中建立相应列标识，并设置表格的文字格式、边框底纹格式等，如图15-39所示。

❷ 在B12单元格中输入"2015年9月"，向下填充到B17单元格，单击"自动填充选项"按钮，在打开的菜单中选中"以月填充"单选框，如图15-40所示。

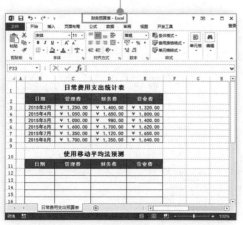

图15-39

图15-40

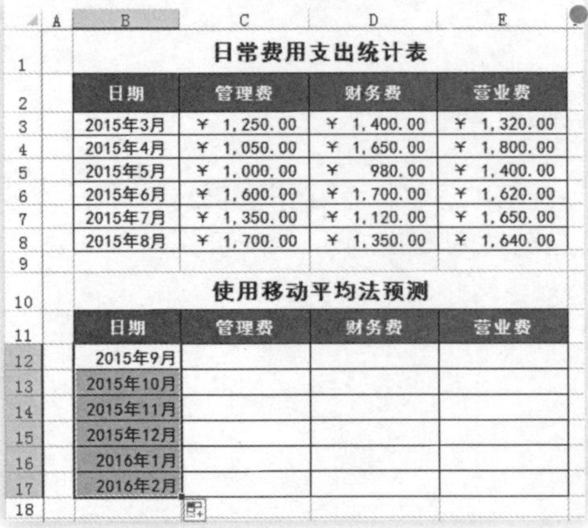

日常费用支出统计表			
日期	管理费	财务费	营业费
2015年3月	￥ 1,250.00	￥ 1,400.00	￥ 1,320.00
2015年4月	￥ 1,050.00	￥ 1,650.00	￥ 1,800.00
2015年5月	￥ 1,000.00	￥ 980.00	￥ 1,400.00
2015年6月	￥ 1,600.00	￥ 1,700.00	￥ 1,620.00
2015年7月	￥ 1,350.00	￥ 1,120.00	￥ 1,650.00
2015年8月	￥ 1,700.00	￥ 1,350.00	￥ 1,640.00

使用移动平均法预测			
日期	管理费	财务费	营业费
2015年9月			
2015年10月			
2015年11月			
2015年12月			
2016年1月			
2016年2月			

图15-41

❸ 执行上述操作，即可实现以月数进行填充，如图15-41所示。

15.3.2 预算现金流量表

现金流量表示因经营、投资、筹资活动产生的现金流入量及流入量、反映企业预算期间现金流量的方向、规模和结构。下面以企业期初现金的结存额为基点，充分考虑预算期间的现金收入，预计期末的现金结存，确定预算期间的现金支出。

❶ 新建工作表，将其重命名为“预算现金流量表”，在表格中设置表格格式，并输入2016年的各项标识的基本数据，如图15-42所示。

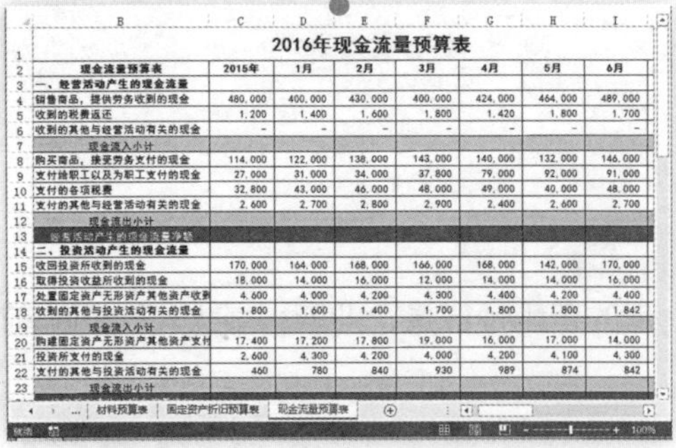

2016年现金流量预算表

现金流量预算表	2015年	1月	2月	3月	4月	5月	6月
一、经营活动产生的现金流量							
销售商品，提供劳务收到的现金	480,000	400,000	430,000	400,000	424,000	464,000	489,000
收到的税费返还	1,200	1,400	1,600	1,800	1,420	1,800	1,700
收到的其他与经营活动有关的现金	-	-	-	-	-	-	-
现金流入小计							
购买商品，接受劳务支付的现金	114,000	122,000	138,000	143,000	140,000	132,000	146,000
支付给职工以及为职工支付的现金	27,000	31,000	34,000	37,800	79,000	92,000	91,000
支付的各项税费	32,800	43,000	46,000	48,000	49,000	40,000	48,000
支付的其他与经营活动有关的现金	2,600	2,700	2,800	2,900	2,400	2,600	2,700
现金流出小计							
经营活动产生的现金流量净额							
二、投资活动产生的现金流量							
收回投资所收到的现金	170,000	164,000	168,000	166,000	168,000	142,000	170,000
取得投资收益所收到的现金	18,000	14,000	16,000	12,000	14,000	14,000	16,000
处置固定资产无形资产其他资产收到	4,600	4,000	4,200	4,300	4,400	4,200	4,400
收到的其他与投资活动有关的现金	1,800	1,600	1,400	1,700	1,800	1,800	1,842
现金流入小计							
购建固定资产无形资产其他资产支付	17,400	17,200	17,800	19,000	16,000	17,000	14,000
投资所支付的现金	2,600	4,300	4,200	4,000	4,200	4,100	4,300
支付的其他与投资活动有关的现金	460	780	840	930	989	874	842
现金流出小计							

图15-42

❷ 在C7单元格中输入公式：“=SUM(C4:C6)”，按〈Enter〉键后，向右复制公式到O7单元格，计算经营活动产生的现金流量流入合计，如图15-43所示。

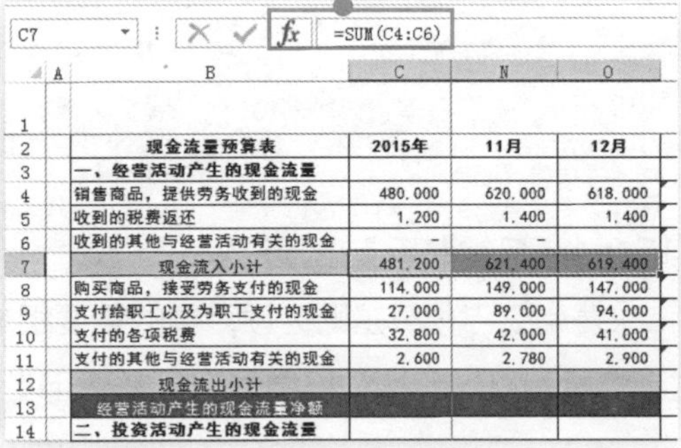

现金流量预算表	2015年	11月	12月
一、经营活动产生的现金流量			
销售商品，提供劳务收到的现金	480,000	620,000	618,000
收到的税费返还	1,200	1,400	1,400
收到的其他与经营活动有关的现金	-	-	
现金流入小计	481,200	621,400	619,400
购买商品，接受劳务支付的现金	114,000	149,000	147,000
支付给职工以及为职工支付的现金	27,000	89,000	94,000
支付的各项税费	32,800	42,000	41,000
支付的其他与经营活动有关的现金	2,600	2,780	2,900
现金流出小计			
经营活动产生的现金流量净额			
二、投资活动产生的现金流量			

图15-43

❸ 在C12单元格中输入公式：“=SUM(C8:C11)”，按〈Enter〉键后，向右复制公式到O12单元格，计算经营活动产生的现金流量流出合计，如图15-44所示。

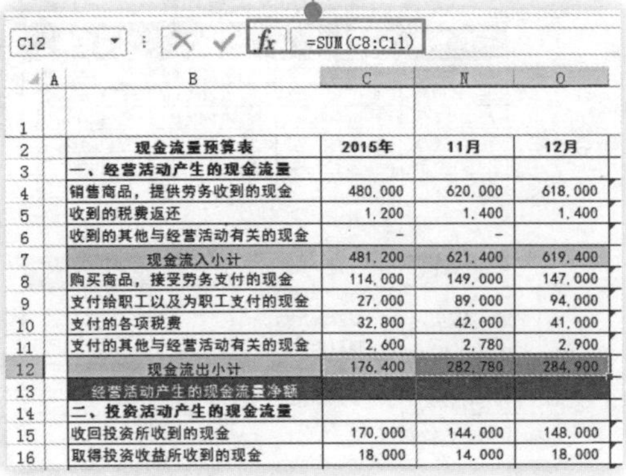

现金流量预算表	2015年	11月	12月
一、经营活动产生的现金流量			
销售商品，提供劳务收到的现金	480,000	620,000	618,000
收到的税费返还	1,200	1,400	1,400
收到的其他与经营活动有关的现金	-	-	
现金流入小计	481,200	621,400	619,400
购买商品，接受劳务支付的现金	114,000	149,000	147,000
支付给职工以及为职工支付的现金	27,000	89,000	94,000
支付的各项税费	32,800	42,000	41,000
支付的其他与经营活动有关的现金	2,600	2,780	2,900
现金流出小计	176,400	282,780	284,900
经营活动产生的现金流量净额			
二、投资活动产生的现金流量			
收回投资所收到的现金	170,000	144,000	148,000
取得投资收益所收到的现金	18,000	14,000	18,000

图15-44

❹ 在C13单元格中输入公式：“=C7-C12”，按〈Enter〉键后，向右复制公式到O13单元格，计算经营活动产生的现金流量净额，如图15-45所示。

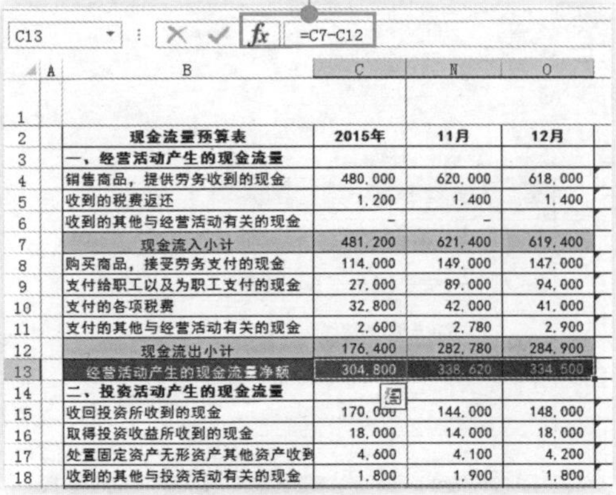

现金流量预算表	2015年	11月	12月
一、经营活动产生的现金流量			
销售商品，提供劳务收到的现金	480,000	620,000	618,000
收到的税费返还	1,200	1,400	1,400
收到的其他与经营活动有关的现金	-	-	
现金流入小计	481,200	621,400	619,400
购买商品，接受劳务支付的现金	114,000	149,000	147,000
支付给职工以及为职工支付的现金	27,000	89,000	94,000
支付的各项税费	32,800	42,000	41,000
支付的其他与经营活动有关的现金	2,600	2,780	2,900
现金流出小计	176,400	282,780	284,900
经营活动产生的现金流量净额	304,800	338,620	334,500
二、投资活动产生的现金流量			
收回投资所收到的现金	170,000	144,000	148,000
取得投资收益所收到的现金	18,000	14,000	18,000
处置固定资产无形资产其他资产收到	4,600	4,100	4,200
收到的其他与投资活动有关的现金	1,800	1,900	1,800

图15-45

❺ 在C19单元格中输入公式："=SUM (C15:C18)"，按〈Enter〉键后，向右复制公式到O19单元格，计算投资活动产生的现金流量流入合计，如图15-46所示。

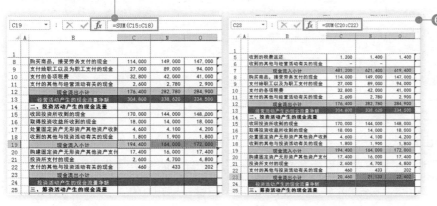

图15-46 图15-47

❻ 在C23单元格中输入公式："=SUM (C20:C22)"，按〈Enter〉键后，向右复制公式到O23单元格，计算投资活动产生的现金流量流出合计，如图15-47所示。

❼ C24单元格中输入公式："=C19-C23"，按〈Enter〉键后，向右复制公式到O24单元格，计算投资活动产生的现金流量净额，如图15-48所示。

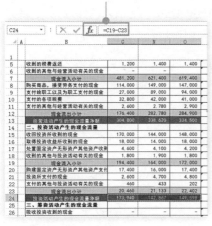

图15-48

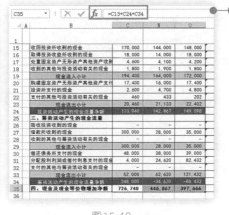

图15-49

❽ 用相同的方法计算出筹资活动所产生的现金流量净额，在单元格B35中输入公式："=C13+C24+C34"，按〈Enter〉键后，向右复制公式到O35单元格，计算现金增加净额，如图15-49所示。

❾ 在P4单元格中输入公式："=SUM(D4:O4)"，按〈Enter〉键后，向下复制公式到P35单元格，计算预算年度合计数，如图15-50所示。

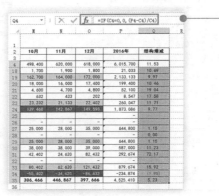

图15-50 图15-51

❿ 在Q4单元格中输入公式："=IF(C4= 0,0,(P4-C4)/ C4)"，按〈Enter〉键后，向下复制公式到Q35单元格，计算预算年度与上年度的差异数，如图15-51所示。

15.4 数据分析

公司在实际经营过程中，会发生各种各样的意外情况。我们做各种预算表有什么作用呢！

所以为了能够有效地进行财务管理，我们需要对预算执行实际状况进行监控，并分析造成超收或超支的原因。

15.4.1 日常费用支出预测

在15.3.1节我们创建了日常费用支出预算表，下面为了有效地控制日常费用的支出，更合理地安排和利用企业资源，财务部门可以对日常企业费用进行预测分析，尽量避免企业存在闲散资金，造成资源浪费。

1．移动平均法预测

移动平均法是通过对时间序列逐期递移求得的平均数作为预测值的一种预测方法，移动平均数可以有效地消除实际数据值的随机波动，从而得到较为平滑的数据变动趋势图表，通过对历史趋势变动的分析，可以预测未来一期或几期内数据的变动方向。移动平均法具体操作步骤如下：

图15-52

❶ 打开"日常费用支出预算表"工作表，切换至"数据"选项卡下，在"分析"组中单击"数据分析"按钮，弹出"数据分析"对话框，选中"移动平均"，接着单击"确定"按钮（图15-52），打开"移动平均"对话框。

❷ 根据需要设置输入区域、间隔、输出区域等参数值，如图15-53所示，然后单击"确定"按钮，完成设置。

❸ 完成上述操作后，在输入区域中显示了利用平均法计算出的结果和移动平均图表。需要注意的是该方法只能算出5个月的数据，如图15-54所示。

图15-53

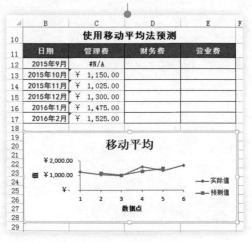

图15-54

❹ 删除C12单元格中的错误值，并将计算出的结果向上移一个单元格，如图15-55所示。

图15-55

❺ 选中C12：C16单元格区域，拖动填充柄向右复制公式，计算出预测值，如图15-56所示。

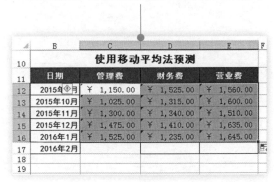

图15-56

❻ 假设2015年9月的预测值为实际值，则可以在单元格C17输入公式："=AVERAGE（C8，C12）"，按〈Enter〉键，向右复制公式，得到2016年2月的预测费用，如图15-57所示。

C17	=AVERAGE(C8,C12)

	B	C	D	E	F
10		使用移动平均法预测			
11	日期	管理费	财务费	营业费	
12	2015年9月	¥ 1,150.00	¥ 1,525.00	¥ 1,560.00	
13	2015年10月	¥ 1,025.00	¥ 1,315.00	¥ 1,600.00	
14	2015年11月	¥ 1,300.00	¥ 1,340.00	¥ 1,510.00	
15	2015年12月	¥ 1,475.00	¥ 1,410.00	¥ 1,635.00	
16	2016年1月	¥ 1,525.00	¥ 1,235.00	¥ 1,645.00	
17	2016年2月	¥ 1,425.00	¥ 1,437.50	¥ 1,600.00	
18					
19					

图15-57

2. 指数平滑法预测

指数平滑法是使用以前全部数据来决定一个特别时间序列的平滑值，将本期的实际值与前期对本期预测值的加权平均作为本期的预测值的一种方法。

指数平滑预测的作用是给近期的观察值以较大的权数，给远期的实际值以较小的权数，使预测值既能较多地反映最新的信息，又能反映大量历史资料的信息，从而使预测结果更符合实际情况。指数平滑法具体操作如下：

❶ 复制"使用移动平均法预测"表格，清除计算结果，并将表格标题更改为"使用平滑指数法预测"，设置后效果如图15-58所示。

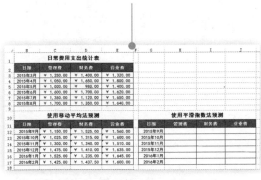

图15-58

❷ 切换至"数据"选项卡下，在"分析"组中单击"数据分析"按钮，弹出"数据分析"对话框，选中"指数平滑"，接着单击"确定"按钮（图15-59），打开"指数平滑"对话框。

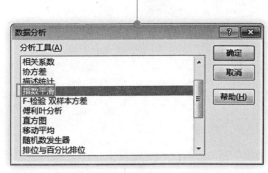

图15-59

❸ 设置输入区域、阻尼系数、输出区域参数，并勾选"图表输出"复选框，如图15-60所示，然后单击"确定"按钮。

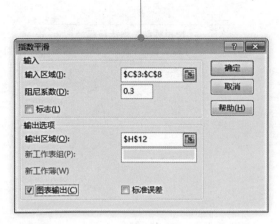

图15-60

❹ 此时在目标单元格中显示了指数平滑法计算结果和图表，它与移动平均法相同，且只能预测出5个月的管理费用数据，如图15-61所示。

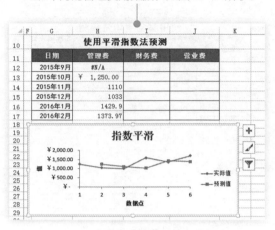

图15-61

❺ 删除H12单元格，并向上移动单元格，然后利用自动填充功能，向右复制公式，计算出各费用项目的费用金额，如图15-62所示。

图15-62

❻ 设置表格数字格式，在G17单元格输入公式："=C7*0.7+H16*0.3"，按下〈Enter〉键，向右复制公式计算出6月的预测费用，如图15-63所示。

图15-63

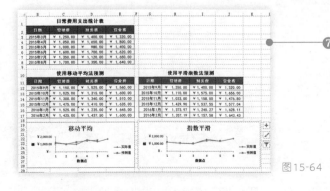

❼ 此时在目标单元格中显示了指数平滑法计算结果和图表，它与移动平均法相同，只能预测出5个月的管理费用数据，如图15-64所示。

图15-64

15.4.2 销售收入预算表

销售预算是编制一切财务预算的起点，而销售收入预算是销售预算中最基本的预算。

1. 预算各产品单价

在知晓企业产品在一年中各个月份可能的销量，以及基本价格和各月价格可能的变动率的情况下，我们可以先根据价格变动比率计算出各月可能的单价，然后再根据收入等于单价乘以销量，预算出各个月及整年度的销售收入。具体操作如下：

❶ 新建工作表，将其重命名为"销售收入预算"，在工作表中设置销售收入预算模型，并输入产品"月销售数量"和"预期价格变动"等基本信息，如图15-65所示。

图15-65

❷ 在E14单元格中输入公式："=D14*（1+E11）"，按〈Enter〉键后，向右填充公式到P14单元格，即可计算出A产品各月预计单价，如图15-66所示。

图15-66

❸ 在E15单元格中输入公式："=D15*（1+E12）"，按〈Enter〉键后，向右填充公式到P15单元格，即可计算出B产品各月预计单价，如图15-67所示。

图15-67

❹ 在E17单元格中输入公式："=E7*E14"，按〈Enter〉键后，向右复制公式至P17单元格，向下复制公式到P18单元格，计算出两种产品各月销售收入，如图15-68所示。

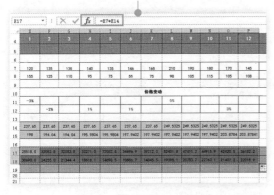

图15-68

❺ 在E19单元格中输入公式："=SUM（E17:E18）"，按〈Enter〉键后，向右填充公式到P19单元格，即可计算出两种产品的各月的总销售收入，如图15-69所示。

图15-69

⑥ 在Q17单元格中输入公式："=SUM（E17:P17）"，按〈Enter〉键后，向下复公式到Q19单元格，计算各产品年销售总额和年总销售额，如图15-70所示。

图15-70

2. 预算收入结构

计算出产品的销售单价、销售收入和合计数后，下面我们通过设置公式预算各个月的收入结构。

❶ 在E22单元格中输入公式："=IF（E19=0,0,+E19/$Q$19）"，按〈Enter〉键后，向右复公式到Q22单元格，即可预算出各个月的销售收入占整年销售收入的百分比，如图15-71所示。

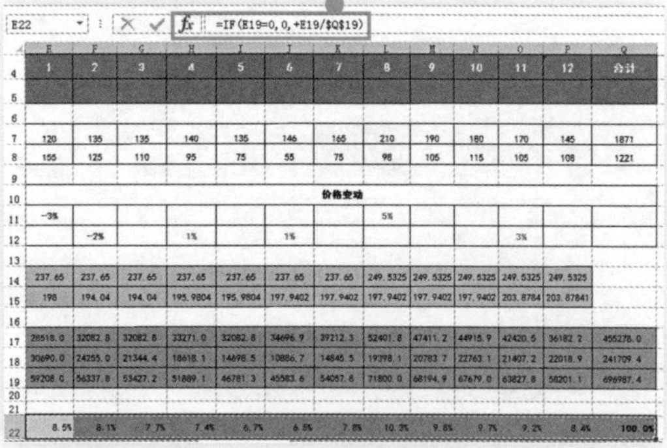

❷ 在E5单元格中输入公式："=E19"，按〈Enter〉键后，向右复公式到Q5单元格，即可引用两种产品各月总销售收入，如图15-72所示。

图15-71

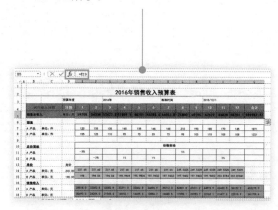

图15-72

公式解析：表示如果E19单元格数值等于0，则返回0值，否则返回E19单元格数值除以Q19单元格数值商的绝对值。

15.4.3 材料预算表

如果知晓产品的单位物料成本和产量，可以预算出产品各月所需的物料成本，从而预算出年度物料成本的总数。通过计算各月总材料占成本预算销售收入的比例，我们可以初步判断企业的收入是否能够维持企业的日常生产经营活动。材料预算表具体制作方法如下所示：

❶ 新建工作表，将其重命名为"材料预算表"，在工作表中设置材料预算表模型并输入基本数据以及各月成本差异值，如图15-73所示。

图15-73

❷ 在C17单元格中输入公式："=B17*（1+C14）"，按〈Enter〉键后，向右填充公式到N17单元格，即可计算出A产品各月单位物料成本，如图15-74所示。

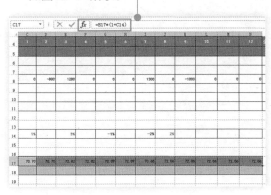

图15-74

❸ 在C18单元格中输入公式："=B18*（1+C14）"，按〈Enter〉键后，向右填充公式到N18单元格，即可计算出B产品各月单位物料成本，如图15-75所示。

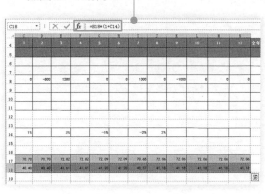

图15-75

❹ 在C21单元格中输入公式："=销售收入预算表!E7*B17"，按〈Enter〉键，向右向下填充公式到N22单元格，即可计算两种产品各月共计物料成本，如图15-76所示。

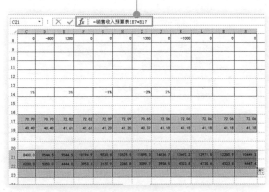

图15-76

❺ 在C23单元格中输入公式："=SUM（C21:C22）"，按〈Enter〉键，向右填充公式到N23单元格，即可计算出两种产品各个月共计物料成本总额，如图15-77所示。

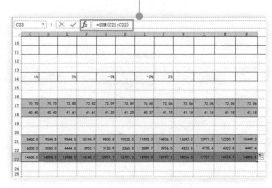

图15-77

❻ 在C5单元格中输入公式："=C6"，按〈Enter〉键，向右填充公式到O5单元格，按回车键，即可计算出物料标准成本合计，如图15-78所示。

图15-78

❼ 在C6单元格中输入公式："=C23"，按〈Enter〉键，向右填充公式到N6单元格，返回两种产品各月合计物料成本总额，并计算出全年合计，如图15-79所示。

图15-79

⑧ 在C7单元格中输入公式："=C6/销售收入预算表!E5"，按〈Enter〉键后，向右填充公式到O7单元格，计算销售收入比例，如图15-80所示。

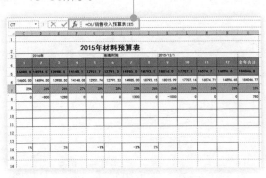

图15-80

⑨ 在C9单元格中输入公式："=C8/C6"，按〈Enter〉键后，向右填充公式到O9单元格，计算出占合计物料标准成本比例，如图15-81所示。

图15-81

⑩ 在C10单元格中输入公式："=C6+C8"，按〈Enter〉键，向右填充公式到N10单元格，计算各月共计物料成本，并计算出全年合计，如图15-82所示。

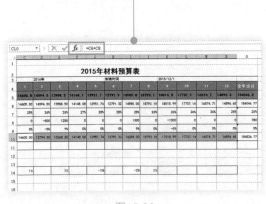

图15-82

⑪ 在C11单元格中输入公式："=C10/销售收入预算表!E5"，按〈Enter〉键后，向右填充公式到O11单元格，计算出占销售收入比例，在第5列中引用标准物料成本数据，完成表格数据的计算，如图15-83所示。

图15-83

15.4.4 固定资产折旧预算表

通过固定资产折旧预算我们可以提前预知企业在下一个年度里各月的固定资产折旧数额。需要注意的是编制固定资产折旧预算表时，我们需要依据资产类型对资产进行分类。固定资产折旧预算表具体编制方法如下所示：

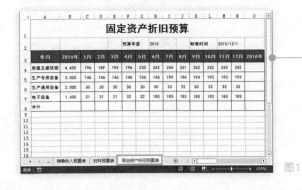

图15-84

① 新建工作表，将其重命名为"固定资产折旧预算表"，在工作表中设置固定资产折旧预算表模型并输入基本数据，如图15-84所示。

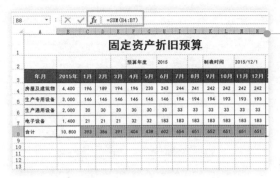

❷ 在B8单元格中输入公式："=SUM(B4:B7)"，按〈Enter〉键后，向右复制公式至N8单元格，计算2015年合计值以及2016年各月固定资产的预算合计值，如图15-85所示。

图15-85

❸ 在O4单元格中输入公式："=SUM（C4:N4）"，按〈Enter〉键后，向下复制公式至O8单元格，计算各固定资产2016年预算总计，如图15-86所示。

❹ 按〈Ctrl〉键依次选中A4:A7单元格区域和C4:N7单元格区域，切换到"插入"选项卡，在"图表"选项组单击"插入折线图"按钮，在其下拉列表中选择"带数据标记的折线图"图表类型，如图15-87所示。

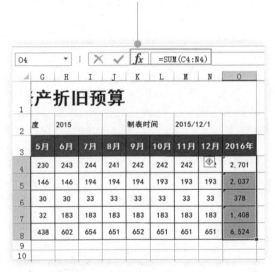

图15-86

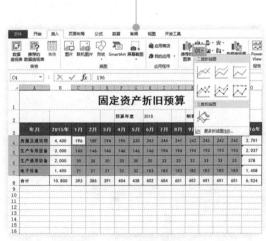

图15-87

❺ 执行上述操作，系统根据选择的数据源创建带数据标记的折线图，显示各固定资产每月折旧预算趋势，如图15-88所示。

❻ 选中图表，单击"图表样式"按钮，打开下拉列表，在"样式"栏下选择一种图表样式（单击即可应用），效果如图15-89所示。

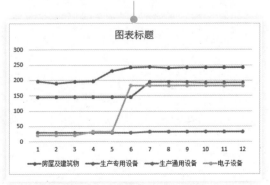

图15-88

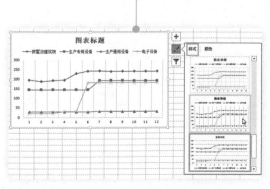

图15-89

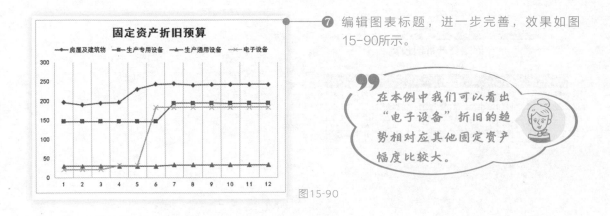

图15-90

❼ 编辑图表标题，进一步完善，效果如图15-90所示。

> 在本例中我们可以看出"电子设备"折旧的趋势相对应其他固定资产幅度比较大。

15.4.5　分析预算净现金流量趋势

下面我们在15.3.2节中所编制的预算现金流量表的基础上，创建折线图来分析预算净现金流量趋势。

❶ 打开"预算现金流量表"工作表，选中D35:O35单元格区域，切换到"插入"选项卡，在"图表"选项组单击"插入折线图"按钮，在其下拉列表中选择"带数据标记的折线图"图表类型，如图15-91所示。

❷ 执行上述操作，即可根据选择的数据源创建带数据标记的折线图，显示预算净现金流量趋势，如图15-92所示。

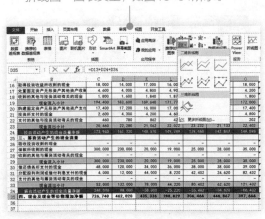

图15-91

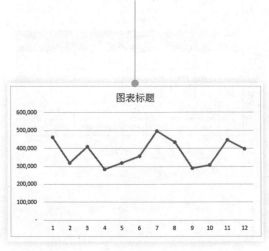

图15-92

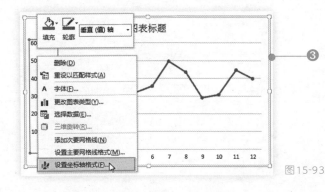

图15-93

❸ 选中垂直坐标轴，单击鼠标右键，在右键菜单中单击"设置坐标轴格式"命令（图15-93），打开"设置坐标轴格式"窗格。

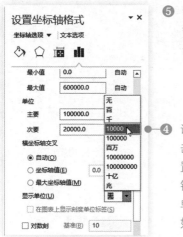

图15-94

❺ 设置完成后，图表中刻度改变了显示单位。选中折线图，单击鼠标右键，在弹出的右键菜单中单击"设置数据系列格式"（图15-95），打开"设置数据系列格式"窗格。

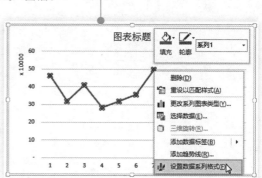

❹ 设置主要刻度，单击"显示单位"设置框右侧下拉按钮，在下拉菜单中单击"10000"，如图15-94所示。

图15-95

❻ 在"填充线条"下单击"标记"标签，在"数据标记选项"下选中"内置"单选项，在"类型"下拉菜单中可以重新选择数据标记的类型，在"大小"栏中可以设置数据标记的大小，如图15-96所示。

图15-96

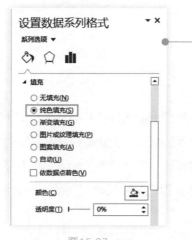

图15-97

❼ 单击"填充"按钮，选中"纯色填充"单选项，从"颜色"下拉列表中选择一种合适的颜色，如图15-97所示，单击"关闭"按钮。

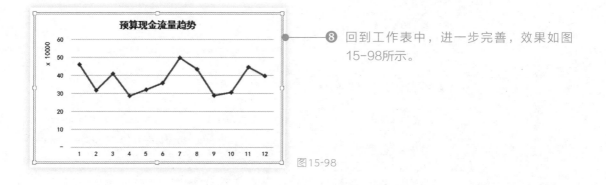

图15-98

❽ 回到工作表中，进一步完善，效果如图15-98所示。

第16章 企业筹资决策管理与分析

财务决策中企业经常面临筹资困境，负债筹资的成本较低，但是筹资风险很高，所有者权益筹资财务风险低，但是筹资成本很高，如何权衡这两种筹资方式的利弊，实现企业利润最大化？对于我这个菜鸟来说，真是一头雾水啊……

这就是我们财务人员需要精心规划的事情了！我们可以综合运用 Excel 2013 的强大功能帮助企业做好筹资决策管理。
下面一起来看看吧！

16.1 制作流程

筹资对于一个企业来说，既是资金运作的起点，又是扩大再生产的前提条件。因此，企业筹资是企业运营中一个非常重要的环节。企业筹资就是运用各种筹资方式，经济有效地筹措和集中资金，筹资决策对企业的创建和生产经营活动具有重要意义。在市场经济条件下，筹资渠道和筹资方式已经由过去的依靠银行贷款和财政拨款，发展到股票、债券、银行借款、租赁、商业信用等多元化的途径。

本章将从长期借款筹资分析、租赁筹款分析、筹资风险分析等六个任务入手向你介绍与企业筹资决策管理与分析相关的知识和技巧，如图16-1所示。

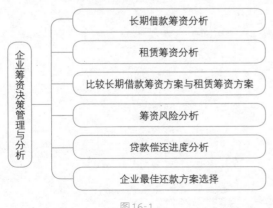

图16-1

在企业筹资决策管理与分析过程中需要用到多个筹资方案模型，下面我们先一起来看看分析模型的效果图，对筹资决策有初步的了解，后面再来具体讲解方案分析的过程，如图16-2所示。

不同利率不同期数的还款金额

	¥13,877.56	60	120	180	240	300	360
	4.00%	¥23,020.65	¥12,655.64	¥9,246.10	¥7,574.75	¥6,597.96	¥5,967.69
	4.50%	¥23,303.77	¥12,954.80	¥9,562.42	¥7,908.12	¥6,947.91	¥6,333.57
	5.00%	¥23,589.04	¥13,258.19	¥9,884.92	¥8,249.45	¥7,307.38	¥6,710.27
年利率	5.50%	¥23,876.45	¥13,565.78	¥10,213.54	¥8,598.59	¥7,676.09	¥7,097.36
	6.00%	¥24,166.00	¥13,877.56	¥10,548.21	¥8,955.39	¥8,053.77	¥7,494.38
	6.50%	¥24,457.69	¥14,193.50	¥10,888.84	¥9,319.66	¥8,440.09	¥7,900.85
	7.00%	¥24,751.50	¥14,513.56	¥11,235.35	¥9,691.24	¥8,834.74	¥8,316.28
	7.50%	¥25,047.44	¥14,837.72	¥11,587.65	¥10,069.91	¥9,237.39	¥8,740.18
	8.00%	¥25,345.49	¥15,165.95	¥11,945.65	¥10,455.50	¥9,647.70	¥9,172.06

长期借款筹资决策分析表

所得税率: 0.28　　贴现率: 0.08　　单位: 元

期限	等额还款额	偿还本金	期初尚欠本金	借款利息	避税额	净现金流量	现值
1	¥13,877.56	¥7,142.73	¥1,250,000.00	¥7,500.00	¥2,100.00	¥11,777.56	¥10,905.15
2	¥13,877.56	¥7,185.59	¥1,242,857.27	¥7,457.14	¥2,088.00	¥11,789.56	¥10,107.65
3	¥13,877.56	¥7,228.70	¥1,235,671.67	¥7,414.03	¥2,075.93	¥11,801.63	¥9,368.52
4	¥13,877.56	¥7,272.08	¥1,228,442.97	¥7,370.66	¥2,063.78	¥11,813.78	¥8,683.48
5	¥13,877.56	¥7,315.71	¥1,221,170.89	¥7,327.03	¥2,051.57	¥11,826.00	¥8,048.57
6	¥13,877.56	¥7,359.60	¥1,213,855.19	¥7,283.12	¥2,039.28	¥11,838.29	¥7,460.13
7	¥13,877.56	¥7,403.76	¥1,206,495.58	¥7,238.97	¥2,026.91	¥11,850.65	¥6,914.74
8	¥13,877.56	¥7,448.18	¥1,199,091.82	¥7,194.55	¥2,014.47	¥11,863.09	¥6,409.26
9	¥13,877.56	¥7,492.87	¥1,191,643.64	¥7,149.86	¥2,001.96	¥11,875.60	¥5,940.76
10	¥13,877.56	¥7,537.83	¥1,184,150.77	¥7,104.90	¥1,989.37	¥11,888.19	¥5,506.53
合计	¥138,775.63	¥73,387.06		¥73,040.28	¥20,451.28	¥118,324.35	¥79,344.79

长期借款筹资分析

租赁筹资分析模型

租赁设备名称	A设备
租金	¥820,000.00
租金支付方式	先付
租赁年利率	5.80%
租赁年限	5
年付款期数	2
总付款期数	10
每期应付租金	¥92,943.71
实际总付租金	¥929,437.06

双变量模拟运算模型

¥92,943.71	2	5	8	12	15
0.00%	¥145,239.98	¥91,407.01	¥61,279.19	¥51,317.70	¥38,222.11
5.00%	¥146,100.32	¥92,366.49	¥62,325.66	¥52,409.56	¥39,411.41
6.00%	¥146,961.12	¥93,329.14	¥63,379.51	¥53,511.53	¥40,617.27
7.00%	¥147,822.35	¥94,294.90	¥64,440.59	¥54,623.40	¥41,839.23
7.00%	¥148,683.99	¥95,263.69	¥65,508.75	¥55,745.01	¥43,076.80
7.00%	¥149,546.02	¥96,235.47	¥66,583.86	¥56,876.07	¥44,329.50
8.50%	¥150,408.42	¥97,210.17	¥67,665.77	¥58,016.38	¥45,596.81
8.50%	¥151,271.17	¥98,187.72	¥68,754.32	¥59,165.72	¥46,878.24
9.00%	¥152,134.24	¥99,168.07	¥69,849.36	¥60,323.86	¥48,173.18
9.50%	¥152,997.61	¥100,151.15	¥70,950.79	¥61,490.58	¥49,481.39
10.00%	¥153,861.26	¥101,136.91	¥72,058.40	¥62,665.64	¥50,802.07

租赁筹资分析

贷款偿还进度分析

贷款基本资料

贷款金额	¥280,000.00
贷款期数	8
贷款利率	7.00%
每期还款	¥46,890.97
月偿还额	¥3,817.44

计划还款额实际归还贷款

年份	月份	计划还款额	实际还款额
2014		¥46,890.97	¥42,000.00
2015	1	¥3,817.44	¥5,800.00
	2	¥3,817.44	¥3,000.00
	3	¥3,817.44	¥1,500.00
	4	¥3,817.44	¥800.00
合计		¥62,160.74	¥53,100.00

贷款偿还比例

已还本金	¥53,100.00
已还贷款比例	18.96%
计划完成比例	85.42%

data1	9.48%		data4	42.71%
data2	40.52%		data5	7.29%
data3	50.00%		data6	50.00%

贷款偿还进度分析

企业最佳还款方案选择

贷款时间	2015/11/1
贷款金额	¥1,500,000.00
贷款期限	
企业可承受月还款额	¥48,000.00

方案1: 等额本息

年利率: 6.20%

月份数	每月还款
1	¥66,616.18
2	¥66,616.18
3	¥66,616.18
4	¥66,616.18
5	¥66,616.18
6	¥66,616.18
14	¥66,616.18
15	¥66,616.18
16	¥66,616.18
17	¥66,616.18
18	¥66,616.18
19	¥66,616.18
20	¥66,616.18
21	¥66,616.18
22	¥66,616.18
23	¥66,616.18
24	¥66,616.18

还款本息总额	¥1,598,788.24
最高月还款额	¥66,616.18
是否可以考虑该方案	否

方案2: 等额本金

年利率: 6.50%

月份数	月利率	累计还完本息	每月偿还
1	0.542%		¥70,625.00
2	0.542%	¥70,625.00	¥69,812.50
3	0.542%	¥140,867.45	¥69,861.97
4	0.542%	¥210,729.42	¥69,483.55
5	0.542%	¥280,212.96	¥69,107.18
6	0.542%	¥349,320.14	¥68,732.85
14	0.542%	¥888,870.63	¥65,731.25
15	0.542%	¥954,680.91	¥65,356.88
16	0.542%	¥1,020,134.72	¥65,099.27
17	0.542%	¥1,085,233.99	¥64,746.65
18	0.542%	¥1,149,980.64	¥64,395.94
19	0.542%	¥1,214,376.58	¥64,047.13
20	0.542%	¥1,278,423.71	¥63,011.99
21	0.542%	¥1,342,123.91	¥63,355.16
22	0.542%	¥1,405,479.07	¥63,011.99
23	0.542%	¥1,468,491.06	¥62,670.67
24	0.542%	¥1,531,161.74	¥62,331.21

还款本息总额	¥1,593,492.94
最高月还款额	¥70,625.00
是否可以考虑该方案	否

方案评价

月还款金额	方案2比方案1每月多付4008元
还款本息总额	方案1比方案2总共多付5295元
最佳结论	方案2更优

确定公司的最佳贷款方案

图16-2

16.2 新手基础

在 Excel 2013 中进行企业筹资决策管理与分析的过程中需要用到的知识点除了前面章节介绍的内容,这里还包括: 单双变量模拟运算、公式计算等。

要查看不同利率对贷款月还款额的影响,怎么分析啊?

通过 Excel 2013 的一个单变量模拟运算功能就能实现啊。

16.2.1 单变量模拟运算

在单变量模拟运算表中,我们可以对一个变量键入不同的值从而查看它对一个或多个公式的影响。例如下例中某企业向银行贷款的年利率为5.86%,需要贷款期限为10年,贷款金额为20万元。我们将通过单变量模拟运算的计算结果,查看不同利率对贷款月还款额的影响。具体操作如下:

❶ 在工作表中输入贷款相关数据，选中B4单元格，输入公式："=PMT(B3/12,B2*12,B1)"，按〈Enter〉键计算出月还款额，如图16-3所示。

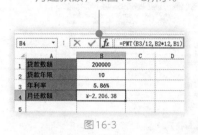

图16-3

❷ 在A7:A10单元格区域和B4单元格中分别输入相关计算数据。选中B7单元格，并输入与B4单元格相同的公式："=PMT(B3/12,B2*12,B1)"，按〈Enter〉键，计算出月还款额，如图16-4所示。

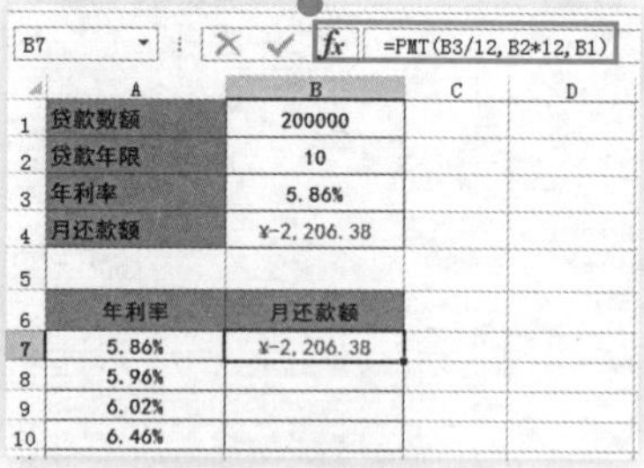

图16-4

❸ 选中A7:B10单元格区域，在"数据"选项卡"数据工具"组中，单击"模拟分析"下拉按钮，单击"模拟运算表"命令（如图16-5所示），打开"模拟运算表"对话框。

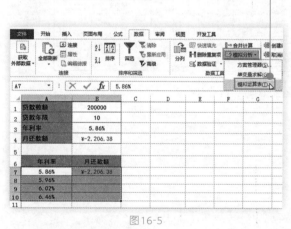

图16-5

❹ 将"输入引用列的单元格"设置为"$B$3"，如图16-6所示，单击"确定"按钮。

图16-6

❺ 完成上述操作我们可计算出不同利率每月的还款额，如图16-7所示。

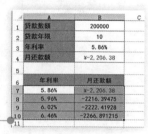

图16-7

16.2.2 双变量模拟运算

在双变量模拟运算表中，我们可以对两个变量键入不同值，从而查看它对一个公式值的影响。例如在下例中某企业向银行贷款的年利率为5.86%，需要贷款期限为10年，贷款金额为20万元。利用双变量求解的计算，我们可以查看在利率和贷款总额均发生变动的情况下所对应的不同的月还款额。具体操作如下：

❶ 在工作表中输入贷款相关数据，在表格中输入贷款的计算数据，分别在D2和A4单元格中输入公式："=PMT(C2/12,B2*12,A2)"，按〈Enter〉键计算出月还款额，如图16-8所示。

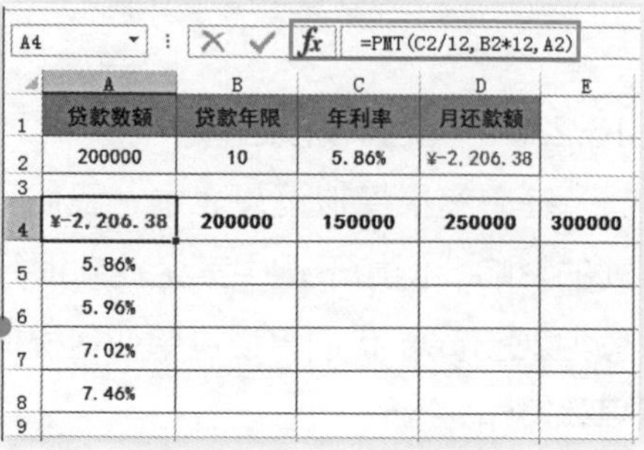

图16-8

❷ 选择A4：E8单元格区域，在"数据"选项
卡"数据工具"组中，单击"模拟分析"下
拉按钮，单击"模拟运算表"命令（图16-
9），打开"模拟运算表"对话框。

❸ 将"输入引用行的单元格"设置为"$A$2"，
将"输入引用列的单元格"设置为"$C$2"，
如图16-10所示，单击"确定"按钮。

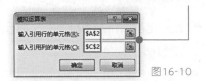

图16-10

❹ 完成上述操作即可计算出不同利率、不同贷
款额情况下的月还款额，如图16-11所示。

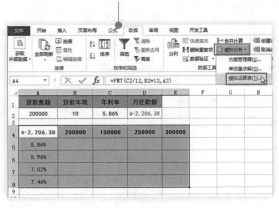

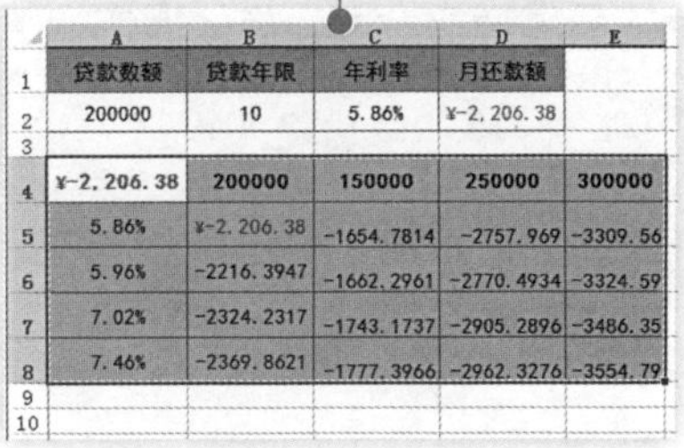

图16-9

图16-11

16.2.3　将模拟运算结果转换为常量

模拟运算得出的结果是以数组形式保存的，例如单变量模拟运算的结果保存类似
{=TABLE(,B2)}、{=TABLE(B2,)} 这样的形式，前者表示变量在列中，后者表示变量在行中；双
变量模拟运算结果保存为类似{=TABLE(B10,B11)}这样的形式。在模拟运算返回的单元格区域中，
不允许随意更改单个单元格的值，要对其进行编辑操作，则需要将其转换为常量，具体操作如下。

❶ 选择包含有模拟运算结果的单元格区域，
按〈Ctrl+C〉组合键执行复制操作，如图
16-12所示。

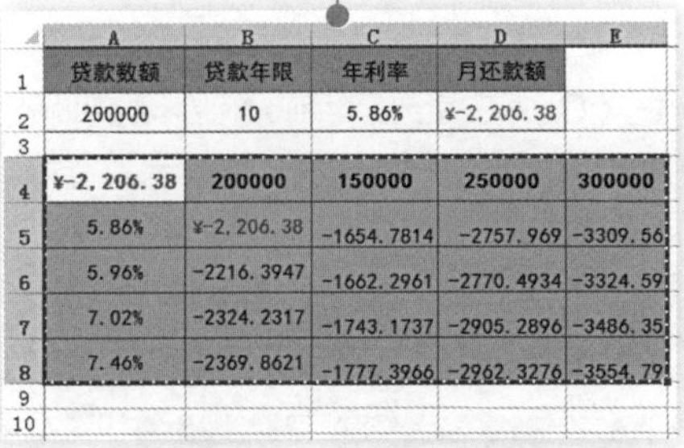

❷ 选择目标单元格，按〈Ctrl+V〉组合键进
行粘贴，此时在粘贴单元格区域右下角出现
"粘贴选项"按钮，单击此按钮，在下拉菜单
中单击"值"选项（图16-13），即可将模拟
运算结果的数组形式更改为数值形式。

图16-12

图16-13

图16-14

**知识
扩展**

由于模拟运算得出的结果是以数组形式保存，所
以无法删除运算结果中单个单元格的值，如果只
选择模拟运算单个单元格或部分单元格区域，进
行删除，会弹出如图16-14所示的提示框。要删
除模拟运算结果，选中显示模拟运算结果的单元格区域（注意要全部选
中），按〈Delete〉键即可删除。

16.2.4 MAX 函数（求最大数值）

【函数功能】MAX函数用于返回数据集中的最大数值。

【函数语法】MAX(number1,number2,...)

- number1,number2,...：表示要找出最大数值的1～30个数值。

	A	B	C	D
1	日期	类别	销售额（万元）	
2	2015/9/1	电视	18	
3	2015/9/2	空调	25	
4	2015/9/4	空调	17	
5	2015/9/8	洗衣机	14	
6	2010/9/12	空调	16	
7	2015/9/14	电视	12	
8	2015/9/16	电视	15	
9	2015/9/18	洗衣机	17	
10	2015/9/19	空调	20	
11	2015/9/20	电视	12	
12	2015/9/28	空调	28	
13				

图16-15

运用MAX函数可以帮助我们完成以下工作任务。

1）返回上半个月的最高销售金额。如图16-15所示表格中按日期统计了销售金额记录，现在我们要运用MAX函数统计前半个月的最高销售金额。具体操作如下：

❶ 在工作表中E1单元格内输入一个日期分界点，这里为月中日期（2015-9-15），如图16-16所示。

	A	B	C	D	E
1	日期	类别	销售额（万元）		2015/9/15
2	2015/9/1	电视	18		
3	2015/9/2	空调	25		上半月最高金额
4	2015/9/4	空调	17		
5	2015/9/8	洗衣机	14		
6	2010/9/12	空调	16		
7	2015/9/14	电视	12		
8	2015/9/16	电视	15		
9	2015/9/18	洗衣机	17		
10	2015/9/19	空调	20		
11	2015/9/20	电视	12		
12	2015/9/28	空调	28		
13					
14					

图16-16

❷ 在E4单元格中输入公式："=MAX(IF(A2: A12>=E1,0,C2:C12))"，按〈Ctrl+Shift+ Enter〉组合键，即可得出销售记录表中上半月的最高销售金额，如图16-17所示。

E4 {=MAX(IF(A2:A12>=E1,0,C2:C12))}

	A	B	C	D	E
1	日期	类别	销售额（万元）		2015/9/15
2	2015/9/1	电视	18		
3	2015/9/2	空调	25		上半月最高金额
4	2015/9/4	空调	17		25
5	2015/9/8	洗衣机	14		
6	2010/9/12	空调	16		
7	2015/9/14	电视	12		
8	2015/9/16	电视	15		
9	2015/9/18	洗衣机	17		
10	2015/9/19	空调	20		
11	2015/9/20	电视	12		
12	2015/9/28	空调	28		
13					
14					

图16-17

2）返回指定性别员工最高年龄。如图16-18所示为员工档案管理表，现在我们要运用MAX函数查询女性职工的最大年龄。具体操作如下：

	A	B	C	D	E
1	姓名	性别	年龄	所在部门	
2	胡莉	女	31	销售部	
3	王青	男	44	财务部	
4	何以玫	女	31	企划部	
5	王飞扬	男	30	企划部	
6	童瑶瑶	女	39	网络安全部	
7	王小利	男	30	销售部	
8	吴晨	女	33	网络安全部	
9	吴昕	女	35	客服部	
10	钱毅力	男	31	销售部	
11	张飞	男	39	财务部	
12	管一非	男	46	人事部	
13	王蓉	女	29	企划部	
14	石兴红	女	28	销售部	
15					

图16-18

在F2单元格中输入公式："=MAX((B2:B14="女")*C2:C14)"按〈Ctrl+Shift+Enter〉组合键，即可显示出女性职工中的最大年龄，如图16-19所示。

F2 {=MAX((B2:B14="女")*C2:C14)}

	A	B	C	D	E	F
1	姓名	性别	年龄	所在部门		女职工最大年龄
2	胡莉	女	31	销售部		39
3	王青	男	44	财务部		
4	何以玫	女	31	企划部		
5	王飞扬	男	30	企划部		
6	童瑶瑶	女	39	网络安全部		
7	王小利	男	30	销售部		
8	吴晨	女	33	网络安全部		
9	吴昕	女	35	客服部		
10	钱毅力	男	31	销售部		
11	张飞	男	39	财务部		
12	管一非	男	46	人事部		
13	王蓉	女	29	企划部		
14	石兴红	女	28	销售部		
15						
16						

图16-19

16.2.5　PMT 函数（返回贷款的每期付款额）

【函数功能】PMT函数基于固定利率及等额分期付款方式，返回贷款的每期付款额。

【函数语法】PMT(rate,nper,pv,fv,type)

◆ Rate：贷款利率。

◆ Nper：该项贷款的付款总数。

◆ Pv：现值，即本金。

◆ Fv：未来值，即最后一次付款后希望得到的现金余额。

◆ Type：指定各期的付款时间是在期初，还是期末。若0为期末；若1为期初。

运用PMT函数可以帮助我们解决以下常见工作任务。

1）计算贷款的每年偿还额。如图16-20所示表格中统计了某项贷款的贷款利率、贷款年限以及贷款总额，付款方式为期末付款，现在我们要使用PMT函数计算出贷款的每年偿还额。具体操作如下：

	A	B	C
1	贷款年利率	贷款年限	贷款总金额
2	5.68%	5	200000
3			

图16-20

在B4单元格，在编辑栏中输入公式："=PMT (A2,B2,C2)"，按〈Enter〉键，即可计算出该项贷款的每年偿还金额，如图16-21所示。

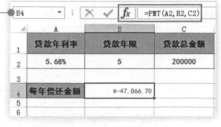

图16-21

2）当支付次数为按季度(月)支付时计算每期应偿还额。当前得知如图16-22所示表格中某项贷款利率、贷款年限、贷款总额，支付次数为按季度或按月支付，我们下面运用PMT函数计算出每期应偿还额。具体操作方法如下所示：

	A	B	C
1	贷款年利率	贷款年限	贷款总金额
2	5.68%	5	200000
3			

图16-22

❶ 在B4单元格，在编辑栏中输入公式："=PMT (A2/4,B2*4,C2)"，按〈Enter〉键，即可计算出该项贷款的每年偿还金额，如图16-23所示。

图16-23

❷ 在B5单元格，在编辑栏中输入公式："=PMT (A2/12,B2*12,C2)"，按〈Enter〉键，即可计算出该项贷款的每年偿还金额，如图16-24所示。

B5		▼	:	×	✓	fx	=PMT(A2/12,B2*12,C2)

	A	B	C
1	贷款年利率	贷款年限	贷款总金额
2	5.68%	5	200000
3			
4	每季度偿还金额	¥-11,557.49	
5	每月偿还金额	¥-3,836.87	
6			
7			

图16-24

16.2.6 PPMT 函数（返回给定期间内的本金额）

【函数功能】PPMT函数是基于固定利率及等额分期付款方式，返回投资在某一给定期间内的本金偿还额。

【函数语法】PPMT(rate,per,nper,pv,fv,type)

◆ Rate：各期利率。

◆ Per：用于计算其利息数额的期数，在1~nper之间。

◆ Nper：总投资期。

◆ Pv：现值，即本金。

◆ Fv：未来值，即最后一次付款后的现金余额。如果省略fv，则假设其值为零。

◆ Type：指定各期的付款时间是在期初，还是期末。若0为期末；若1为期初。

运用PPMT函数可以帮助我们计算贷款本金额。

下例中我们已得知某项贷款的金额、贷款年利率、贷款年限，付款方式为期末付款，现在我们要运用PPMT函数计算出每一期的本金偿还金额。具体操作如下：

❶ 在B5单元格中输入公式："=PPMT($A$2,A5, $B$2,$C$2)"，按〈Enter〉键，即可计算出该项贷款第一年还款额中的本金额，如图16-25所示。

❷ 向下填充B5单元格的公式，可以得到其他各年份中的偿还本金额，如图16-26所示。

图16-25　　　　　　　　　　　　　图16-26

16.2.7 IPMT 函数（返回给定期限内的利息额）

【函数功能】IPMT函数基于固定利率及等额分期付款方式，返回投资或贷款在某一给定期限内的利息偿还额。

【函数语法】IPMT(rate,per,nper,pv,fv,type)

◆ Rate：各期利率。

◆ Per：用于计算其利息数额的期数，在1~nper之间。

◆ Nper：总投资期。

◆ Pv：现值，即本金。

◆ Fv：未来值，即最后一次付款后的现金余额。如果省略fv，则假设其值为零。

◆ Type：指定各期的付款时间是在期初，还是期末。若0为期末；若1为期初。

运用IPMT函数可以帮助我们完成以下常见工作任务。

1）计算贷款每期偿还额中包含的利息额。下例中我们已得知某项贷款的金额、贷款年利率、贷款年限，付款方式为期末付款，下面我们将运用IPMT函数计算每期偿还的利息金额。具体操作如下：

❶ 在B5单元格中输入公式：“=IPMT($A$2,A5,$B$2,$C$2)”，按〈Enter〉键，即可计算出该项贷款第一年还款额中的利息金额，如图16-27所示。

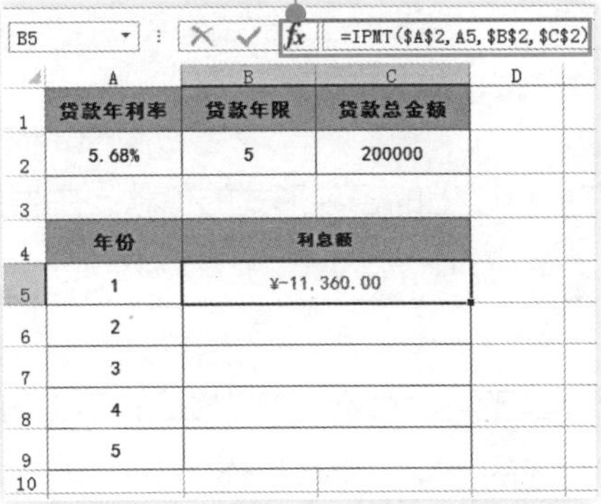

B5 =IPMT($A$2,A5,$B$2,$C$2)

贷款年利率	贷款年限	贷款总金额
5.68%	5	200000
年份	利息额	
1	¥-11,360.00	
2		
3		
4		
5		

图16-27

❷ 向下填充B5单元格的公式，可以得到其他各年份中的利息金额，如图16-28所示。

贷款年利率	贷款年限	贷款总金额
5.68%	5	200000
年份	利息额	
1	¥-11,360.00	
2	¥-9,331.86	
3	¥-7,188.52	
4	¥-4,923.44	
5	¥-2,529.70	

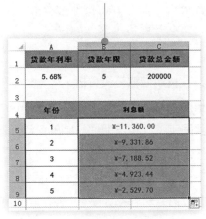

图16-28

2）计算出住房贷款中每月还款利息额。如图16-29所示表格中统计了某项住房贷款的利率、贷款年限、贷款总额。下面我们将运用IPMT函数计算该业主每月还款额中包含的利息额。具体操作如下：

贷款年利率	贷款年限	贷款总金额
6.68%	10	150000
年份	利息额	
1		
2		
3		
4		
5		
6		

图16-29

❶ 在B5单元格中输入公式：“=IPMT($A$2/12,A5,$B$2*12,$C$2)”，按〈Enter〉键，即可计算出该项贷款第一年还款额中的利息金额，如图16-30所示。

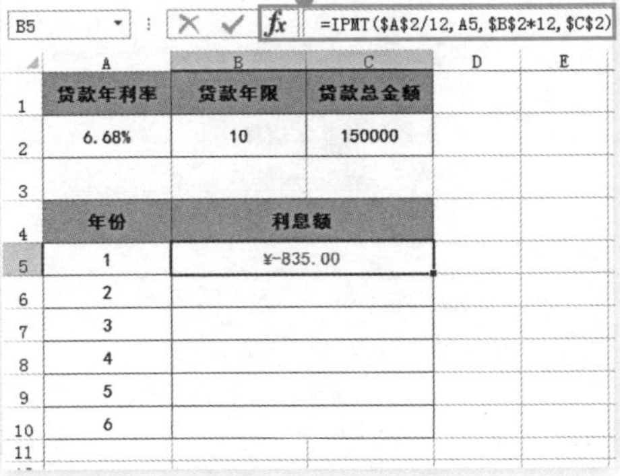

B5 =IPMT($A$2/12,A5,$B$2*12,$C$2)

贷款年利率	贷款年限	贷款总金额
6.68%	10	150000
年份	利息额	
1	¥-835.00	
2		
3		
4		
5		
6		

图16-30

❷ 向下填充B5单元格的公式，可以得到其他各年份中的利息金额，如图16-31所示。

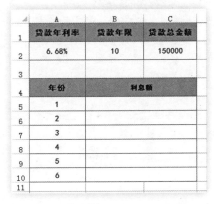

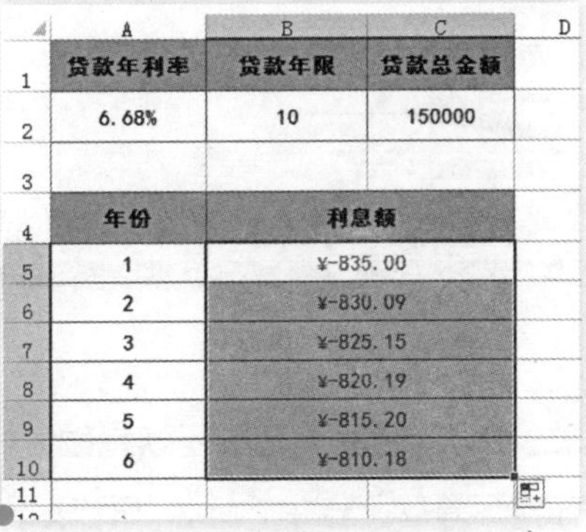

贷款年利率	贷款年限	贷款总金额
6.68%	10	150000
年份	利息额	
1	¥-835.00	
2	¥-830.09	
3	¥-825.15	
4	¥-820.19	
5	¥-815.20	
6	¥-810.18	

图16-31

16.3 数据分析

对于我们财务人员来说，除了考虑筹资成本，尽量以最低成本筹资企业经营和发生所需要的资金外，在筹资决策中我们还需要考虑哪些因素呢？

除筹资成本外，我们还要对筹资方式进行分析，这样才能帮助企业管理层做出正确筹资的决策。

16.3.1 长期借款筹资分析

长期借款是企业向银行或金融单位等借入的期限在一年以上的各种形式的借款，主要是用于购买固定资产和长期性占用的流动资产。

1．计算每期还款额

下例中我们假设一家企业向银行借款125万，分10年还清，每年还款次数为12次，即每月还款，借款年利率为6%，现在要计算出公司每月应偿还的金额。具体操作如下：

❶ 新建工作簿，并命名为"企业筹资决策管理与分析"，将"Sheet1"工作表重命名为"长期借款筹资分析"，在工作表中设计长期借款基本信息表模型，根据实际情况填写相关数据，如图16-32所示。

❷ 在B6单元格中输入公式："=B4*B5"，按〈Enter〉键，计算出总的还款期数，如图16-33所示。

图16-33

❸ 在B7单元格中输入公式："=PMT(B3/B4，B6,−B2)"，按〈Enter〉键，计算出每期还款的金额值，如图16-34所示。

图16-32

图16-34

2．不同年利率下每期还款金额分析

在实际筹款工作中，计算和比较不同年利率下企业筹资成本是一项非常重要的工作。下例中我们运用模拟运算功能计算出不同借款年利率下每期偿还金额，具体操作如下：

❶ 在工作表中设计不同年利率下每期还款金额表格模型，根据实际情况填写相关数据，如图16-35所示。

❷ 在D11单元格中输入公式："=PMT(C11/12,B11*12,-A11)"，按〈Enter〉键，计算出年利率为4%的情况下，每月的还款金额，如图16-36所示。

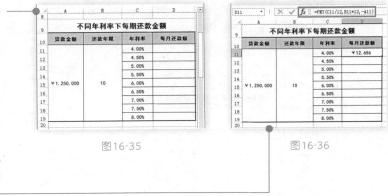

图16-35

图16-36

❸ 选中C11：D19单元格区域，单击"数据"选项卡，在"数据工具"组中单击"模拟分析"按钮，在下拉菜单中单击"模拟运算表"（图16-37），打开"模拟运算表"对话框。

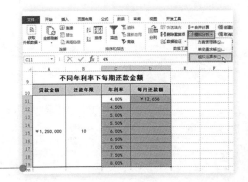

❹ 设置"输入引用列的单元格"为$C$11单元格，如图16-38所示，单击"确定"按钮。

图16-37

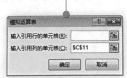

图16-38

❺ 设置完成后。返回到工作表中，系统已计算出了不同利率下的每月还款金额值，如图16-39所示。企业可以根据需要选择不用的借款年利率。

贷款金额	还款年限	年利率	每月还款额
¥1, 250, 000	10	4. 00%	¥12, 656
		4. 50%	¥12, 955
		5. 00%	¥13, 258
		5. 50%	¥13, 566
		6. 00%	¥13, 878
		6. 50%	¥14, 193
		7. 00%	¥14, 514
		7. 50%	¥14, 838
		8. 00%	¥15, 166

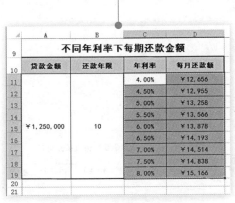

图16-39

提示

在单变量模拟运算中，设置列变量时，设置公式的单元格应该位于变量值所在列的右侧，并高于"第1个变量单元格"一行；在设置行变量时，设置公式的单元格应该位于变量值所在行的下一行，并位于"第1个变量单元格"的右侧。

3. 不同利率不同期数的还款金额分析

除了贷款利率外，贷款期限也是一项重要的额筹款变量，企业需要比较在不同的利率和贷款期限下的筹款成本，以做出筹款决策，具体操作如下：

❶ 在工作表中设计不同利率不同期数的还款金额表格模型，根据实际情况填写相关数据，如图16-40所示。

图16-40

❷ 在B23单元格中输入公式："=B7"，按〈Enter〉键，引用贷款年限为10年，利率为6%情况下的每期还款金额，如图16-41所示。

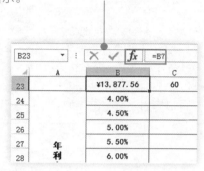

图16-41

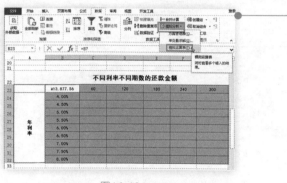

图16-42

❸ 选中B23：H32单元格区域，单击"数据"选项卡，在"数据工具"组中单击"模拟分析"按钮，在下拉菜单中单击"模拟运算表"（图16-42），打开"模拟运算表"对话框。

❹ 设置"输入引用行的单元格"为$B$6单元格，"输入引用列的单元格"为$B$3单元格，如图16-43所示，单击"确定"按钮。

图16-43

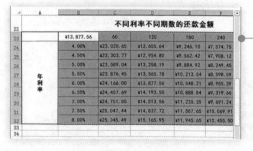

图16-44

❺ 设置完成后返回到工作表中，即可计算出了不同年利率和不同借款年限下应支出的分期等额还款金额，如图16-44所示。

4. 长期借款筹资决策分析表

假设某公司长期借款125万，借款年利率为6%，借款年限为10年，一年偿还一次，每年等额偿还本息，下面我们依据上述假设条件在Excel 2013中建立长期借款筹资决策分析表。

❶ 在工作表中创建长期借款筹资决策分析表模型，根据实际情况填写相关数据，如图16-45所示。

图16-45

❷ 在A38单元格中输入公式："=IF(ROW()-ROW($A$37)<=$B$6,ROW()-ROW($A$37),"")"，按〈Enter〉键，向下复制公式到A47单元格，如图16-46所示。

| A38 | ▼ | : | × | ✓ | fx | =IF(ROW()-ROW($A$37)<=$B$6,ROW()-ROW($A$37),"") |

37	期限	等额还款金额	偿还本金	期初尚欠本金
38	1			
39	2			
40	3			
41	4			
42	5			
43	6			
44	7			
45	8			
46	9			
47	10			
48	合计			

图16-46

❸ 在B38单元格中输入公式："=IF(A38="","",$B$7)"，按〈Enter〉键，向下复制公式到B47单元格，即可计算出各年还款金额，如图16-47所示。

| B38 | ▼ | : | × | ✓ | fx | =IF(A38="","",$B$7) |

37	期限	等额还款金额	偿还本金	期初尚欠本金
38	1	¥13,877.56		
39	2	¥13,877.56		
40	3	¥13,877.56		
41	4	¥13,877.56		
42	5	¥13,877.56		
43	6	¥13,877.56		
44	7	¥13,877.56		
45	8	¥13,877.56		
46	9	¥13,877.56		
47	10	¥13,877.56		

图16-47

❹ 在C38单元格中输入公式："=PPMT($B$3/$B$5,A38,$B$6,-$B$2)"，按〈Enter〉键，向下复制公式到C47单元格，即可计算出各年还款的本金金额，如图16-48所示。

| C38 | ▼ | : | × | ✓ | fx | =PPMT($B$3/$B$5,A38,$B$6,-$B$2) |

37	期限	等额还款金额	偿还本金	期初尚欠本金	偿
38	1	¥13,877.56	¥7,142.73		
39	2	¥13,877.56	¥7,185.59		
40	3	¥13,877.56	¥7,228.70		
41	4	¥13,877.56	¥7,272.08		
42	5	¥13,877.56	¥7,315.71		
43	6	¥13,877.56	¥7,359.60		
44	7	¥13,877.56	¥7,403.76		
45	8	¥13,877.56	¥7,448.18		
46	9	¥13,877.56	¥7,492.87		
47	10	¥13,877.56	¥7,537.83		

图16-48

❺ 在D38单元格中输入公式："=B2"，按〈Enter〉键，计算出第一年期初尚欠金额，如图16-49所示。

| D38 | ▼ | : | × | ✓ | fx | =B2 |

37	期限	等额还款金额	偿还本金	期初尚欠本金
38	1	¥13,877.56	¥7,142.73	¥1,250,000.00
39	2	¥13,877.56	¥7,185.59	
40	3	¥13,877.56	¥7,228.70	
41	4	¥13,877.56	¥7,272.08	
42	5	¥13,877.56	¥7,315.71	
43	6	¥13,877.56	¥7,359.60	
44	7	¥13,877.56	¥7,403.76	
45	8	¥13,877.56	¥7,448.18	
46	9	¥13,877.56	¥7,492.87	
47	10	¥13,877.56	¥7,537.83	

图16-49

❻ 在D39单元格中输入公式："=D38-C38"，按〈Enter〉键，向下复制公式到D47单元格，即可计算出各年期初尚欠金额，如图16-50所示。

| D39 | ▼ | : | × | ✓ | fx | =D38-C38 |

37	等额还款金额	偿还本金	期初尚欠本金	偿
38	¥13,877.56	¥7,142.73	¥1,250,000.00	
39	¥13,877.56	¥7,185.59	¥1,242,857.27	
40	¥13,877.56	¥7,228.70	¥1,235,671.67	
41	¥13,877.56	¥7,272.08	¥1,228,442.97	
42	¥13,877.56	¥7,315.71	¥1,221,170.89	
43	¥13,877.56	¥7,359.60	¥1,213,855.19	
44	¥13,877.56	¥7,403.76	¥1,206,495.58	
45	¥13,877.56	¥7,448.18	¥1,199,091.82	
46	¥13,877.56	¥7,492.87	¥1,191,643.64	
47	¥13,877.56	¥7,537.83	¥1,184,150.77	

图16-50

第二年的期初偿欠本金为第一年的期初尚欠本金减去第一年尚欠本金。

❼ 在E38单元格中输入公式："=IPMT($B$3/$B$5,A38,$B$6,-$B$2)"，按〈Enter〉键，向下复制公式到E47单元格，即可计算出各年应偿还的利息，如图16-51所示。

E38		fx	=IPMT($B$3/$B$5,A38,$B$6,-$B$2)	
	B	C	D	E	F
37	等额还款金额	偿还本金	期初尚欠本金	偿还利息	避税
38	¥13,877.56	¥7,142.73	¥1,250,000.00	¥7,500.00	
39	¥13,877.56	¥7,185.59	¥1,242,857.27	¥7,457.14	
40	¥13,877.56	¥7,228.70	¥1,235,671.67	¥7,414.03	
41	¥13,877.56	¥7,272.08	¥1,228,442.97	¥7,370.66	
42	¥13,877.56	¥7,315.71	¥1,221,170.89	¥7,327.03	
43	¥13,877.56	¥7,359.60	¥1,213,855.19	¥7,283.13	
44	¥13,877.56	¥7,403.76	¥1,206,495.58	¥7,238.97	
45	¥13,877.56	¥7,448.18	¥1,199,091.82	¥7,194.55	
46	¥13,877.56	¥7,492.87	¥1,191,643.64	¥7,149.86	
47	¥13,877.56	¥7,537.83	¥1,184,150.77	¥7,104.90	

图16-51

❽ 在F38单元格中输入公式："=E38*$B$36"，按〈Enter〉键，向下复制公式到F47单元格，即可计算出各年避税额，如图16-52所示。

F38		fx	=E38*$B$36	
	C	D	E	F
37	偿还本金	期初尚欠本金	偿还利息	避税额
38	¥7,142.73	¥1,250,000.00	¥7,500.00	¥2,100.00
39	¥7,185.59	¥1,242,857.27	¥7,457.14	¥2,088.00
40	¥7,228.70	¥1,235,671.67	¥7,414.03	¥2,075.93
41	¥7,272.08	¥1,228,442.97	¥7,370.66	¥2,063.78
42	¥7,315.71	¥1,221,170.89	¥7,327.03	¥2,051.57
43	¥7,359.60	¥1,213,855.19	¥7,283.13	¥2,039.28
44	¥7,403.76	¥1,206,495.58	¥7,238.97	¥2,026.91
45	¥7,448.18	¥1,199,091.82	¥7,194.55	¥2,014.47
46	¥7,492.87	¥1,191,643.64	¥7,149.86	¥2,001.96
47	¥7,537.83	¥1,184,150.77	¥7,104.90	¥1,989.37

图16-52

❾ 在G38单元格中输入公式："=B38-F38"，按〈Enter〉键，向下复制公式到G47单元格，即可计算出各年净现金流量，如图16-53所示。

G38		fx	=B38-F38	
	E	F	G
37	偿还利息	避税额	净现金流量
38	¥7,500.00	¥2,100.00	¥11,777.56
39	¥7,457.14	¥2,088.00	¥11,789.56
40	¥7,414.03	¥2,075.93	¥11,801.63
41	¥7,370.66	¥2,063.78	¥11,813.78
42	¥7,327.03	¥2,051.57	¥11,826.00
43	¥7,283.13	¥2,039.28	¥11,838.29
44	¥7,238.97	¥2,026.91	¥11,850.65
45	¥7,194.55	¥2,014.47	¥11,863.09
46	¥7,149.86	¥2,001.96	¥11,875.60
47	¥7,104.90	¥1,989.37	¥11,888.19

图16-53

❿ 在H38单元格中输入公式："=G38/(1+$D$36)^A38"，按〈Enter〉键，向下复制公式到H47单元格，即可计算出各年的现值，如图16-54所示。

H38		fx	=G38/(1+$D$36)^A38	
	E	F	G	H
37	偿还利息	避税额	净现金流量	现值
38	¥7,500.00	¥2,100.00	¥11,777.56	¥10,905.15
39	¥7,457.14	¥2,088.00	¥11,789.56	¥10,107.65
40	¥7,414.03	¥2,075.93	¥11,801.63	¥9,368.52
41	¥7,370.66	¥2,063.78	¥11,813.78	¥8,683.48
42	¥7,327.03	¥2,051.57	¥11,826.00	¥8,048.57
43	¥7,283.13	¥2,039.28	¥11,838.29	¥7,460.13
44	¥7,238.97	¥2,026.91	¥11,850.65	¥6,914.74
45	¥7,194.55	¥2,014.47	¥11,863.09	¥6,409.26
46	¥7,149.86	¥2,001.96	¥11,875.60	¥5,940.76
47	¥7,104.90	¥1,989.37	¥11,888.19	¥5,506.53

图16-54

⓫ 在B48单元格中输入公式："=SUM(B38:B47)"，按〈Enter〉键，如图16-55所示。

B48		fx	=SUM(B38:B47)	
	A	B	C	D
37	期限	等额还款金额	偿还本金	期初尚欠本金
38	1	¥13,877.56	¥7,142.73	¥1,250,000.00
39	2	¥13,877.56	¥7,185.59	¥1,242,857.27
40	3	¥13,877.56	¥7,228.70	¥1,235,671.67
41	4	¥13,877.56	¥7,272.08	¥1,228,442.97
42	5	¥13,877.56	¥7,315.71	¥1,221,170.89
43	6	¥13,877.56	¥7,359.60	¥1,213,855.19
44	7	¥13,877.56	¥7,403.76	¥1,206,495.58
45	8	¥13,877.56	¥7,448.18	¥1,199,091.82
46	9	¥13,877.56	¥7,492.87	¥1,191,643.64
47	10	¥13,877.56	¥7,537.83	¥1,184,150.77
48	合计	¥138,775.63		

图16-55

> 操作完成后，无论是更改借款金额、借款利率，还是借款期限，在长期借款筹资决策分析表中都可以根据指定条件自动计算出各期借款信息。

⑫ 选中B48单元格,向右复制公式到H48单元格,将D48单元格中填充的公式删除,结果如图16-56所示。

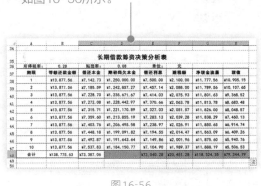

图16-56

应用扩展

贴现率是指将未来支付金额折算为现值所使用的利率,或指持票人以每月到期的票据向银行要求兑现时,银行将利息先行扣除所使用的利率。

现值是指资金折算至基准年的数值,也称折现值,是指对未来现金流量以恰当的折现率进行折现后的价值。

16.3.2 租赁筹资分析

租赁是出租人以收取租金为条件,在契约或合同所约定的固定期限内,将资产租给承租人使用的一种经济行为。企业在考虑租赁筹资方案时,主要考虑的问题是:租金、利息、偿还方式等因素。

1.不同付款方式下的租赁筹资分析

在租赁筹资时,每期应付租金的计算受到租金支付方式的影响,所以在建立租赁筹资模型时,要先考虑每期应付租金公式的建立,根据不同的租金方式建立不同的公式。下面向你介绍如何对不同付款方式下的租赁筹资进行分析:

❶ 新建工作表,将其重命名为"租赁筹资分析",在工作表中输入租赁设备、租金、租金年利率、租赁期限、年付款期数等信息,如图16-57所示。

❷ 选中C4单元格,切换到"数据"选项卡,在"数据工具"组单击"数据验证"按钮(图16-58),打开"数据验证"对话框。

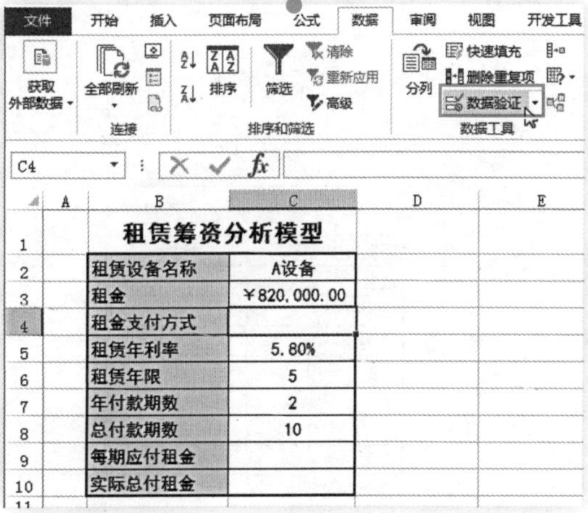

图16-57

图16-58

❸ 选取设置"选项卡"在"允许"下拉列表中选中"序列"，接着在"来源"文本框中输入"先付,后付"，如图16-59所示，单击"确定"按钮。

图16-59

❹ 完成上述操作返回工作表中，单击C4单元格右侧下拉按钮，可以在其下拉列表中看到可供选择的选项，单击"先付"选项，如图16-60所示。

图16-60

❺ 在C9单元格中输入公式：IF(C4="先付",ABS(PMT(C5/C7,C8,C3,0,1)),ABS(PMT(C5/C7,C8,C3,0,0)))"，按〈Enter〉键，即可计算每期应付租金数，如图16-61所示。

公式解析

> 上述公式表示如果C4单元格为"先付"，则返回"(PMT(C5/C7,C8, C3,0,1))"每期应还款的绝对值，否则执行PMT(C5/C7,C8,C3,0,0)每期应还款的绝对值。

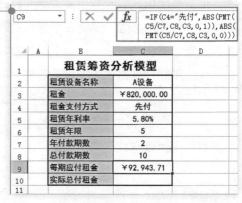

图16-61

❻ 在C10单元格中输入公式："=C9*C8"，按〈Enter〉键，即可计算实际应付租金总额，如图16-62所示。

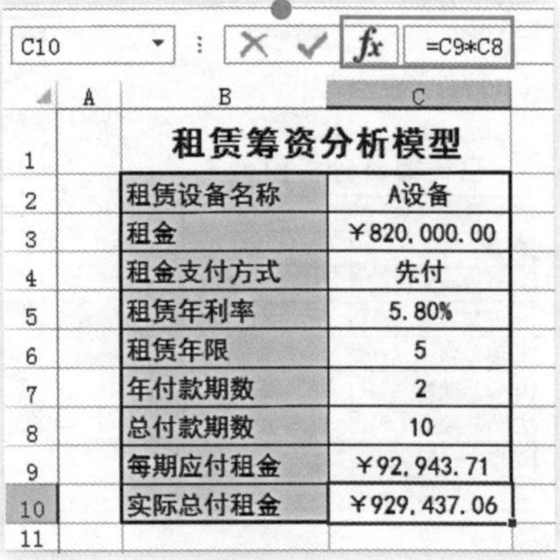

图16-62

❼ 从C4单元格的下拉列表中选择支付方式为"后付"，此时可以看到每期应付租金以及实际总付租金数额的变化，如图16-63所示。可以看出后付方式所付的租金更多。

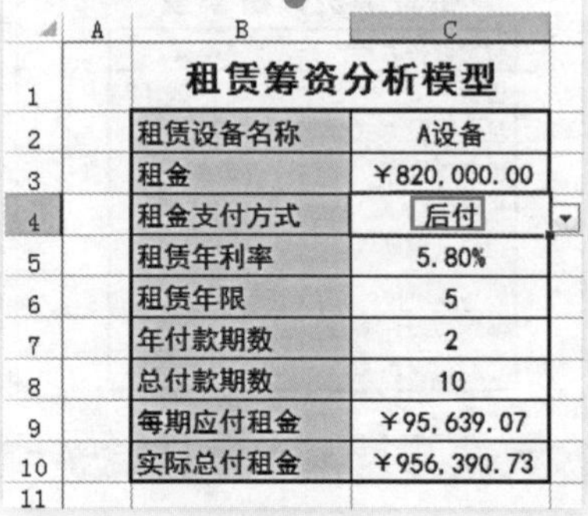

图16-63

2. 根据付款租期、年利率的不同进行筹资分析

租赁的期限和年利率是租赁筹资分析中十分重要的两个变量，下面我们学习在Excel 2013中如何使用双变量模拟运算表来对不同的付款租期、年利率条件下的筹资行为进行分析。

❶ 在工作表中创建"双变量模拟分析运算模型"，并输入不同租赁年利率和不同的还款年限，如图16-64所示。

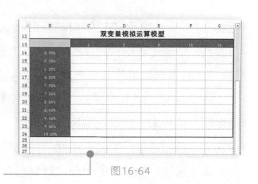

图16-64

❷ 在B13单元格中输入公式："=IF(C4="先付",ABS(PMT(C5/C7,C8,C3,0,1)),ABS(PMT(C5/C7,C8,C3,0,0)))"，按〈Enter〉键，即可得出计算出总付款期为"10"时每期应付租金数，如图16-65所示。

图16-65

❸ 选中B13：G24单元格区域，单击"数据"选项卡，在"数据工具"组中单击"模拟分析"按钮，在下拉菜单中单击"模拟运算表"（图16-66），打开"模拟运算表"对话框。

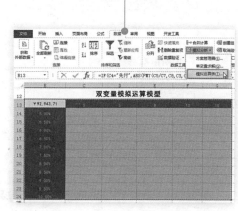

图16-66

❹ 设置"输入引用行的单元格"为$C$6单元格，设置"输入引用列的单元格"为$C$5单元格，如图16-66所示，单击"确定"按钮。

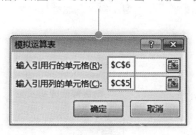

图16-67

❺ 设置完成后按钮返回工作表中，即可看到双变量模拟运算表输出结果，如图16-68所示。

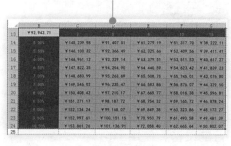

图16-68

16.3.3　比较长期借款筹资方案与租赁筹资方案

长期借款筹与租赁筹资是企业常用的两种筹资方式，当企业需要筹资时，我们必须客观的分析哪一种筹资方案对企业发展更为有利，从而做出正确的决定。

在下例中假设企业需要一台价值150万的设备，使用5年，无残值。如果要租赁该设备，租赁公司要以8%的租费率，每年支付一次；如果要购买该设备，需要向银行贷款150万，银行利率为6%，偿还方式为年末等额偿还。该企业的所得税率为20%，现金利率的贴现为7%。下面我们依据上述条件对两种筹资方式进行比较分析。

1. 计算长期借款筹资方案现值

我们在16.3.1节中建立了长期借款筹资决策分析模型，在该表格中我们利用公式根据借款金额、年利率、借款期限等基本信息，求出了分期等额还款金额，同时计算出了各期现值和总现值。所以这里只需要把上面创建的模型复制下来，然后再对借款金额、年利率、借款期限等基本信息进行修改，即可自动计算出总现值，具体操作如下：

❶ 新建工作表，将其重命名为“长期借款筹资方案现值计算”，复制“长期借款筹资分析”工作表中“长期借款筹资分析”表格，根据情况更改表格中的数据，此时系统会自动计算出每期还款金额，如图16-69所示。

	A	B	C
1	长期借款基本信息		
2	借款金额	¥1,500,000.00	
3	借款年利率	6%	
4	每年还款期数	1	
5	借款期限	5	
6	还款总期数	5	
7	每期还款金额	¥356,094.60	
8			

图16-69

❷ 在“长期借款筹资决策分析表”表格中，根据情况更改所得税率、贴现率，此时计算得到各期还款金额、偿还本金、期初尚欠本金、偿还利息、避税额、净现金流量以及现值等值，并计算出了现在的合计值，如图16-70所示。

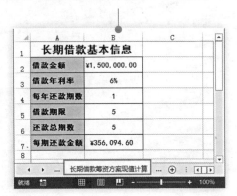

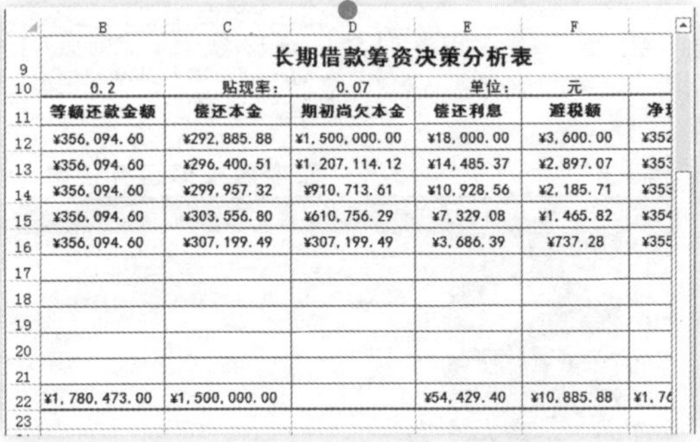

长期借款筹资决策分析表

	B	C	D	E	F	
10	0.2	贴现率:	0.07	单位:	元	
11	等额还款金额	偿还本金	期初尚欠本金	偿还利息	避税额	净现
12	¥356,094.60	¥292,885.88	¥1,500,000.00	¥18,000.00	¥3,600.00	¥352
13	¥356,094.60	¥296,400.51	¥1,207,114.12	¥14,485.37	¥2,897.07	¥353
14	¥356,094.60	¥299,957.32	¥910,713.61	¥10,928.56	¥2,185.71	¥353
15	¥356,094.60	¥303,556.80	¥610,756.29	¥7,329.08	¥1,465.82	¥354
16	¥356,094.60	¥307,199.49	¥307,199.49	¥3,686.39	¥737.28	¥355
17						
18						
19						
20						
21						
22	¥1,780,473.00	¥1,500,000.00		¥54,429.40	¥10,885.88	¥1,76
23						

图16-70

提示

将借款期限更改为5年后，由于原始状态下建立的是10年期限长期借款筹资决策分析表，所有6到20年的各项数据将会自动显示为错误值状态，用户只需要将这些返回的错误值清除，只保留1到5年的数值即可。

2. 计算租赁筹资方案现值

假设企业需要一台价值180万的设备，使用5年，无残值。如果要租赁该设备，租赁公司要以7%的租费率，每年支付一次。租赁筹资方案现值计算和长期借款筹资方案现值计算，也是在同样的还款期限下，计算方法如下。

❶ 新建工作表，将其重命名为“租赁筹资方案现值计算”，将“租赁筹资分析”工作表中的“租赁筹资分析模型”表格复制过来，表格中根据情况更改表格中的数据，此时系统会自动计算出每期应付的租金额，如图16-71所示。

	A	B	C	D
1		租赁筹资分析模型		
2		租赁设备名称	A设备	
3		租金	¥1,800,000.00	
4		租金支付方式	先付	
5		租赁年利率	7.00%	
6		租赁年限	5	
7		年付款期数	1	
8		总付款期数	5	
9		每期应付租金	¥410,283.41	
10		实际总付租金	¥2,051,417.06	

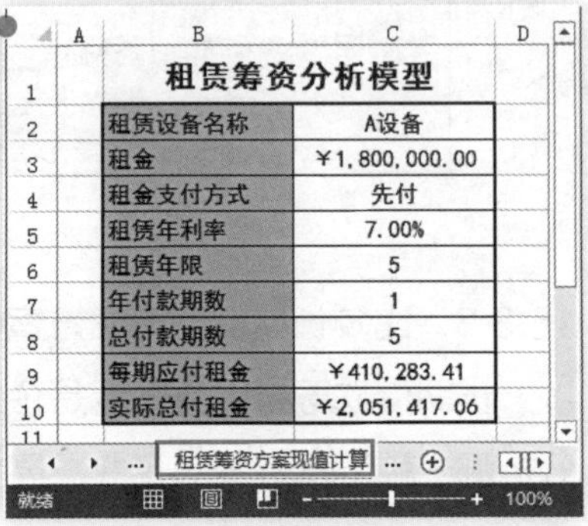

图16-71

❷ 在E2:I9单元格区域中创建如图16-72所示的现金计算表。

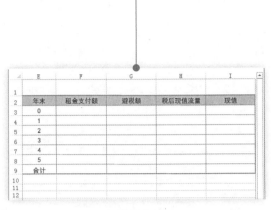

	E	F	G	H	I
1					
2	年末	租金支付额	避税额	税后现值流量	现值
3	0				
4	1				
5	2				
6	3				
7	4				
8	5				
9	合计				
10					
11					
12					

图16-72

❸ 在F3单元格中输入公式："=$C$9"，按〈Enter〉键，向下复制公式到F7单元格，即可计算出各期应付租金，如图16-73所示。

F3　fx　=$C$9

	E	F	G
1			
2	年末	租金支付额	避税额
3	0	¥410,283.41	
4	1	¥410,283.41	
5	2	¥410,283.41	
6	3	¥410,283.41	
7	4	¥410,283.41	
8	5		
9	合计		

图16-73

❹ 在G4单元格中输入公式："=F4*0.25"，按〈Enter〉键，向下复制公式到G8单元格，即可计算出各期避税额，如图16-74所示。

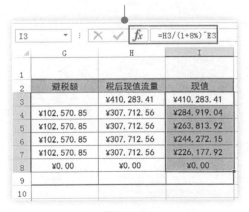

G4　fx　=F4*0.25

	E	F	G
1			
2	年末	租金支付额	避税额
3	0	¥410,283.41	
4	1	¥410,283.41	¥102,570.85
5	2	¥410,283.41	¥102,570.85
6	3	¥410,283.41	¥102,570.85
7	4	¥410,283.41	¥102,570.85
8	5		¥0.00
9	合计		

图16-74

❺ 在H3单元格中输入公式："=F3-G3"，按〈Enter〉键，向下复制公式到H8单元格，即可计算出各期税后现金流量，如图16-75所示。

H3　fx　=F3-G3

	G	H	I
1			
2	避税额	税后现值流量	现值
3		¥410,283.41	
4	¥102,570.85	¥307,712.56	
5	¥102,570.85	¥307,712.56	
6	¥102,570.85	¥307,712.56	
7	¥102,570.85	¥307,712.56	
8	¥0.00	¥0.00	
9			
10			
11			

图16-75

❻ 在I3单元格中输入公式："=H3/(1+8%)^E3"，按〈Enter〉键，向下复制公式到I8单元格，即可计算出各期现值，如图16-76所示。

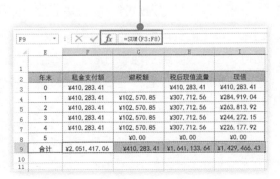

I3　fx　=H3/(1+8%)^E3

	G	H	I
1			
2	避税额	税后现值流量	现值
3		¥410,283.41	¥410,283.41
4	¥102,570.85	¥307,712.56	¥284,919.04
5	¥102,570.85	¥307,712.56	¥263,813.92
6	¥102,570.85	¥307,712.56	¥244,272.15
7	¥102,570.85	¥307,712.56	¥226,177.92
8	¥0.00	¥0.00	¥0.00
9			
10			

图16-76

❼ 在F9单元格中输入公式："=SUM(F3:F8)"，按〈Enter〉键，向右复制公式到I9单元格，即可计算出各项金额的合计值，如图16-77所示。

F9　fx　=SUM(F3:F8)

	E	F	G	H	I
1					
2	年末	租金支付额	避税额	税后现值流量	现值
3	0	¥410,283.41		¥410,283.41	¥410,283.41
4	1	¥410,283.41	¥102,570.85	¥307,712.56	¥284,919.04
5	2	¥410,283.41	¥102,570.85	¥307,712.56	¥263,813.92
6	3	¥410,283.41	¥102,570.85	¥307,712.56	¥244,272.15
7	4	¥410,283.41	¥102,570.85	¥307,712.56	¥226,177.92
8	5		¥0.00	¥0.00	¥0.00
9	合计	¥2,051,417.06	¥410,283.41	¥1,641,133.64	¥1,429,466.43
10					
11					

图16-77

3. 比较两种筹资方式

计算出了长期借款筹资和租赁筹资两种方案的现值后，可通过比较两种现值的大小来判断哪种筹资方式更为划算。

❶ 新建工作表，将其重命名为"比较两种筹资方案"，在工作表中设计如图16-78所示的长期借款筹资和租赁筹资两种方案比较表格模型。

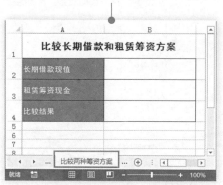

图16-78

❷ 在B2单元格中输入公式："=长期借款筹资方案现值计算!H22"，按〈Enter〉键，即可得出长期借款现值的总额，如图16-79所示。

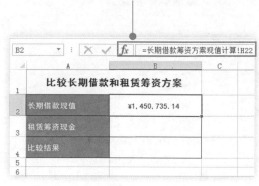

图16-79

❸ 在B3单元格中输入公式："=租赁筹资方案现值计算!I9"，按〈Enter〉键，即可得出租赁筹资现金的总额，如图16-80所示。

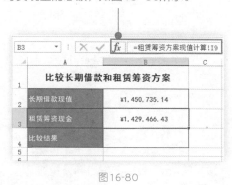

图16-80

❹ 在B4单元格中输入公式："=IF(B2>B3,"租赁筹资更优","长期借款筹资更优")"，按〈Enter〉键，得出方案比较结果，即"租赁筹资更优"，如图16-81所示。

图16-81

16.3.4 筹资风险分析

筹资风险又称为财务风险，是指企业因借入资金而产生的丧失偿债能力的可能性和企业利润的可变性，主要包括两个方面：资本结构风险和财务结构风险。下面介绍资本结构风险分析表的制作和使用方法。

❶ 新建工作表，将其重命名为"筹资风险分析"，在工作表中设计如图16-82所示的资本结构风险分析表格模型，并输入固定数据。

图16-82

❷ 在B6单元格中输入公式：=B5/B4，按〈Enter〉键，向下复制公式到D6单元格，即可计算出各年份的资产负债率百分比，如图16-83所示。

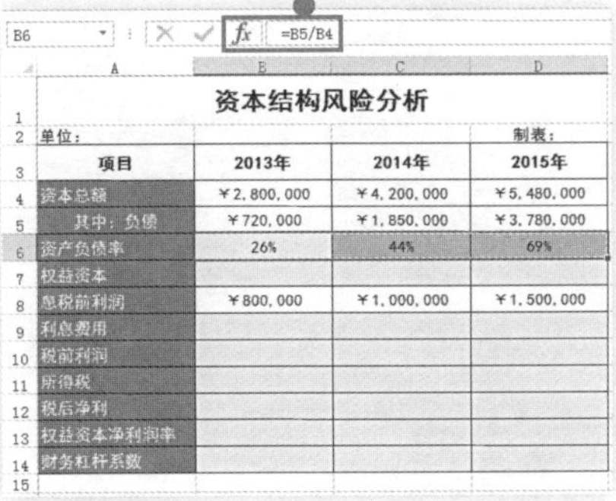
B6 =B5/B4

资本结构风险分析

项目	2013年	2014年	2015年
资本总额	¥2,800,000	¥4,200,000	¥5,480,000
其中：负债	¥720,000	¥1,850,000	¥3,780,000
资产负债率	26%	44%	69%
权益资本			
息税前利润	¥800,000	¥1,000,000	¥1,500,000
利息费用			
税前利润			
所得税			
税后净利			
权益资本净利润率			
财务杠杆系数			

图16-83

❸ 在B7单元格中编辑栏中输入公式："=B4-B5"，按〈Enter〉键，向右复制公式到D7单元格，即可计算出各年份的权益资本额，如图16-84所示。

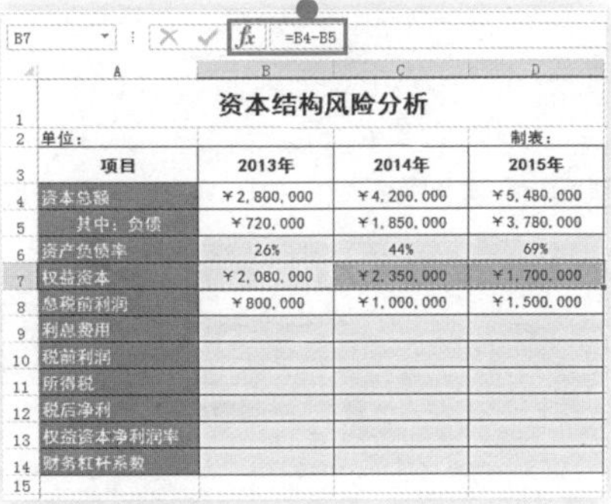
B7 =B4-B5

资本结构风险分析

项目	2013年	2014年	2015年
资本总额	¥2,800,000	¥4,200,000	¥5,480,000
其中：负债	¥720,000	¥1,850,000	¥3,780,000
资产负债率	26%	44%	69%
权益资本	¥2,080,000	¥2,350,000	¥1,700,000
息税前利润	¥800,000	¥1,000,000	¥1,500,000
利息费用			
税前利润			
所得税			
税后净利			
权益资本净利润率			
财务杠杆系数			

图16-84

❹ 在B9单元格中输入公式："=B5*0.1"，按〈Enter〉键，向右复制公式到D9单元格，即可计算出各年份贷款应偿还的利息，如图16-85所示。

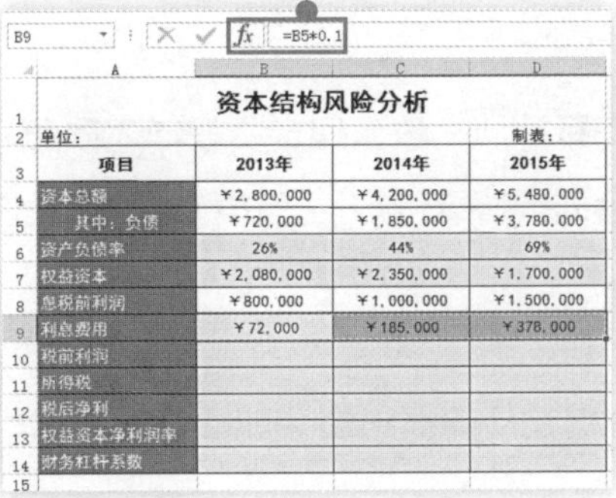
B9 =B5*0.1

资本结构风险分析

项目	2013年	2014年	2015年
资本总额	¥2,800,000	¥4,200,000	¥5,480,000
其中：负债	¥720,000	¥1,850,000	¥3,780,000
资产负债率	26%	44%	69%
权益资本	¥2,080,000	¥2,350,000	¥1,700,000
息税前利润	¥800,000	¥1,000,000	¥1,500,000
利息费用	¥72,000	¥185,000	¥378,000
税前利润			
所得税			
税后净利			
权益资本净利润率			
财务杠杆系数			

图16-85

❺ 在B10单元格中输入公式："=B8-B9"，按〈Enter〉键，向右复制公式到D10单元格，即可计算出各年份的税前利润金额，如图16-86所示。

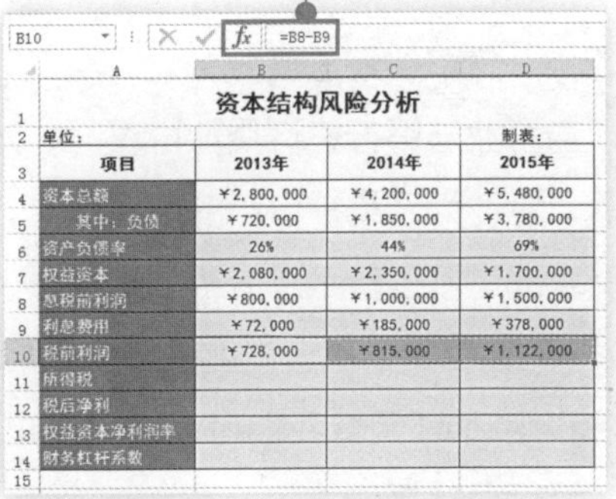
B10 =B8-B9

资本结构风险分析

项目	2013年	2014年	2015年
资本总额	¥2,800,000	¥4,200,000	¥5,480,000
其中：负债	¥720,000	¥1,850,000	¥3,780,000
资产负债率	26%	44%	69%
权益资本	¥2,080,000	¥2,350,000	¥1,700,000
息税前利润	¥800,000	¥1,000,000	¥1,500,000
利息费用	¥72,000	¥185,000	¥378,000
税前利润	¥728,000	¥815,000	¥1,122,000
所得税			
税后净利			
权益资本净利润率			
财务杠杆系数			

图16-86

❻ 在B11单元格中输入公式："=B10*0.33"，按〈Enter〉键，向右复制公式到D11单元格，即可计算出各年份应缴纳的所得税，如图16-87所示。

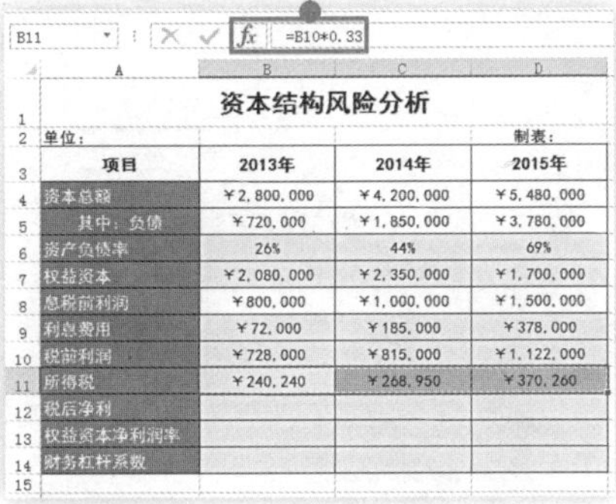
B11 =B10*0.33

资本结构风险分析

项目	2013年	2014年	2015年
资本总额	¥2,800,000	¥4,200,000	¥5,480,000
其中：负债	¥720,000	¥1,850,000	¥3,780,000
资产负债率	26%	44%	69%
权益资本	¥2,080,000	¥2,350,000	¥1,700,000
息税前利润	¥800,000	¥1,000,000	¥1,500,000
利息费用	¥72,000	¥185,000	¥378,000
税前利润	¥728,000	¥815,000	¥1,122,000
所得税	¥240,240	¥268,950	¥370,260
税后净利			
权益资本净利润率			
财务杠杆系数			

图16-87

❼ 在B12单元格中输入公式："=B10-B11"，按〈Enter〉键，向右复制公式到D12单元格，即可计算出各年份的税后净利，如图16-88所示。

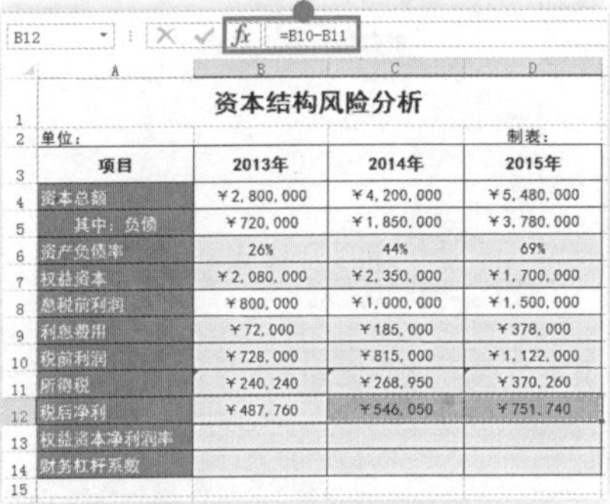
B12 =B10-B11

资本结构风险分析

项目	2013年	2014年	2015年
资本总额	¥2,800,000	¥4,200,000	¥5,480,000
其中：负债	¥720,000	¥1,850,000	¥3,780,000
资产负债率	26%	44%	69%
权益资本	¥2,080,000	¥2,350,000	¥1,700,000
息税前利润	¥800,000	¥1,000,000	¥1,500,000
利息费用	¥72,000	¥185,000	¥378,000
税前利润	¥728,000	¥815,000	¥1,122,000
所得税	¥240,240	¥268,950	¥370,260
税后净利	¥487,760	¥546,050	¥751,740
权益资本净利润率			
财务杠杆系数			

图16-88

❽ 在B13单元格中输入公式："=B12/B7"，按〈Enter〉键，向右复制公式到D13单元格，即可计算出各年份的权益资本净利润率，如图16-89所示。

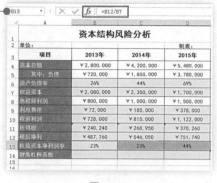

图16-89

❾ 在B14单元格中输入公式："=B8/B10"，按〈Enter〉键，向右复制公式到D14单元格，即可计算出各年份的财务杠杆系数，如图16-90所示。

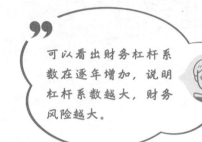

图16-90

可以看出财务杠杆系数在逐年增加，说明杠杆系数越大，财务风险越大。

16.3.5 贷款偿还进度分析

当企业与银行签订贷款协议时，双方就贷款偿还问题达成一致，规定贷款年还款额及还款日期。企业为了维护自己的商业信誉，需要严格按照合同或协议约定偿还贷款，为此我们需要对贷款的进度进行跟踪分析。

1. 编辑贷款偿还进度分析表信息

利用PMT函数我们可以对偿还进度进行细致的分析，从而得出每一期的计划还款额与实际还款额具体操作如下：

❶ 新建工作表，将其重命名为"贷款偿还进度分析"，在工作表中输入贷款基本资料、计划还款额、实际归还贷款、贷款偿还比例等基本信息，如图16-91所示。

图16-91

❷ 在C7单元格中输入公式："=PMT($C$6, $C$5,-$C$4)"，按〈Enter〉键，计算出贷款年偿还金额，如图16-92所示。

图16-92

❸ 在C8单元格中输入公式："=PMT(C6/12, C5*12,-C4))"，按〈Enter〉键，计算出贷款月偿还金额，如图16-93所示。

C8 =PMT(C6/12,C5*12,-C4)

贷款偿还进度分析

贷款基本资料	
贷款金额	￥280,000.00
贷款期限	8
贷款利率	7.00%
年偿还额	￥46,890.97
月偿还额	￥3,817.44

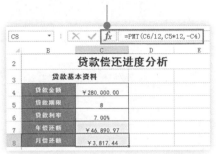

图16-93

公式解析

该公式表示根据C6单元格的每期的贷款利率、C5还款期限、C4本金计算出贷款每期应偿还额。在公式中，因为要显示正数，在计算时将C4单元格引用为负数。

❹ 在D11单元格中输入公式："=PMT($C$6, $C$5,-$C$4)"，按〈Enter〉键，计算出2015年贷款年偿还金额，如图16-94所示。

D11 =PMT($C$6,$C$5,-$C$4)

贷款偿还进度分析

贷款基本资料	
贷款金额	￥280,000.00
贷款期限	8
贷款利率	7.00%
年偿还额	￥46,890.97
月偿还额	￥3,817.44

计划还款额实际归还贷款

年份	月份	计划还款额	实际还款额
2014		￥46,890.97	￥42,000.00
2015	1		￥5,800.00
	2		￥3,000.00

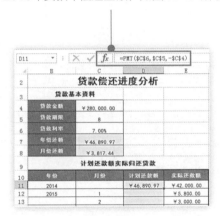

图16-94

❺ 在D12单元格中输入公式："=PMT($C$6/12,$C$5*12,-$C$4)"，按〈Enter〉键后，向下复制工作到D15单元格中，计算指定期间的还款数额，如图16-95所示。

D12 =PMT($C$6/12,$C$5*12,-$C$4)

贷款偿还进度分析

贷款基本资料	
贷款金额	￥280,000.00
贷款期限	8
贷款利率	7.00%
年偿还额	￥46,890.97
月偿还额	￥3,817.44

计划还款额实际归还贷款

年份	月份	计划还款额	实际还款额
2014		￥46,890.97	￥42,000.00
2015	1	￥3,817.44	￥5,800.00
	2	￥3,817.44	￥3,000.00
	3	￥3,817.44	￥1,500.00
	4	￥3,817.44	￥800.00
合计			

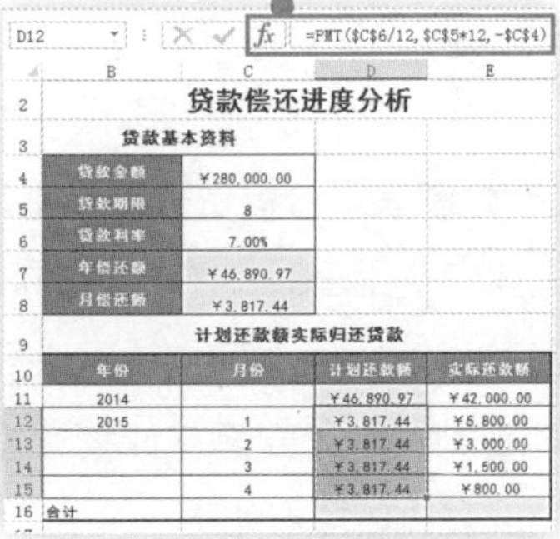

图16-95

❻ 在D16单元格中输入公式："=SUM(D11:D15)"，按〈Enter〉键后，向下复制工作到E16单元格中，计划还款额和实际还款额的合计数，如图16-96所示。

D16 =SUM(D11:D15)

贷款偿还进度分析

贷款基本资料	
贷款金额	￥280,000.00
贷款期限	8
贷款利率	7.00%
年偿还额	￥46,890.97
月偿还额	￥3,817.44

计划还款额实际归还贷款

年份	月份	计划还款额	实际还款额
2014		￥46,890.97	￥42,000.00
2015	1	￥3,817.44	￥5,800.00
	2	￥3,817.44	￥3,000.00
	3	￥3,817.44	￥1,500.00
	4	￥3,817.44	￥800.00
合计		￥62,160.74	￥53,100.00

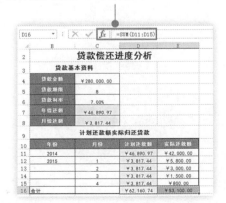

图16-96

❼ 分别在C19单元格中输入公式："=E16"，在C20单元格中输入公式："=C19/C4"，在C21单元格中输入公式："=E16/D16"查看贷款还款比例情况，如图16-97所示。

C21 =E16/D16

月偿还额	￥3,817.44

计划还款额实际归还贷款

年份	月份	计划还款额	实际还款额
2014		￥46,890.97	￥42,000.00
2015	1	￥3,817.44	￥5,800.00
	2	￥3,817.44	￥3,000.00
	3	￥3,817.44	￥1,500.00
	4	￥3,817.44	￥800.00
合计		￥62,160.74	￥53,100.00

贷款偿还比例

已还本金	￥53,100.00
已还贷款比例	18.96%
计划完成比例	85.42%

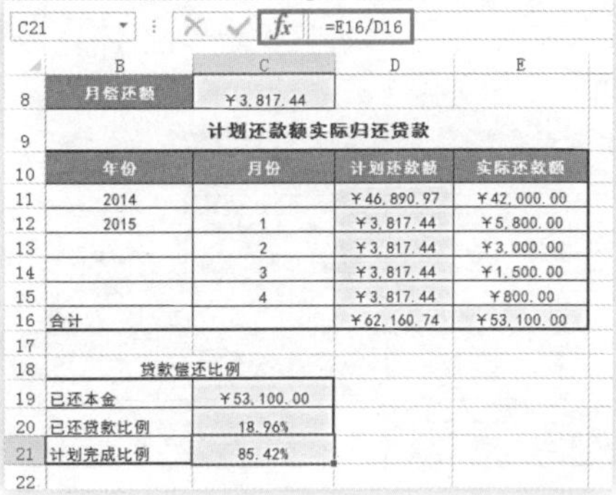

图16-97

❽ 在工作中"贷款还款比例"列表下，创建
两个数据表，在表格中输入data1、data2、
data3…行标识，并在data3、和data6行标
识后输入50%，如图16-98所示。

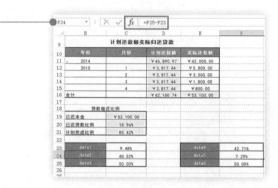

图16-98

❾ 分别在C23单元格中输入公式："=C20/2"，
在C24单元格中输入公式"=C25-C23"，
如图16-99所示。

图16-99

❿ 分别在F23单元格中输：："=C21/2"，在F24
单元格中输入公式"=F25-F23"，如图16-
100所示。

2. 创建图表来分析贷款偿还进度

下面我们使用Excel 2013中的图表功能
来表现还款进度，通过建立的图表我们可以
更直观地看到实际还款额与计划还款额各占
的比例情况。具体操作如下：

图16-100

❶ 选中C23:C25单元格区域，切换到"插入"
选项卡，在"图表"选项组单击"插入饼图"
按钮，在其下拉列表中选择"二维饼图"图
表类型，如图16-101所示。

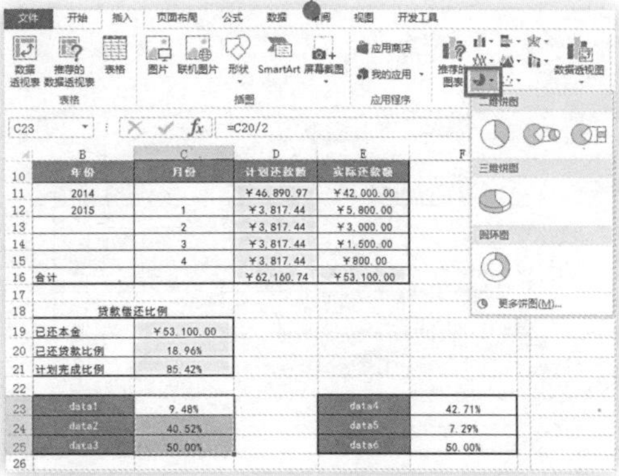

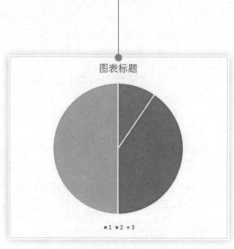

图16-101

❷ 返回工作表中，即可根据选择的数据源创建
二维饼图，如图16-102所示。

图16-102

❸ 选中图表，单击鼠标右键，在右键菜单中选中"设置数据系列格式"命令（图16-103），打开"设置数据系列格式"窗格。

图16-103

❺ 返回图表中，可以看到饼图中数据系列从270度开始排列。选中"3"数据系点，在右键菜单中选择"设置数据点格式"命令（图16-105），打开"设置数据点格式"窗格。

图16-105

❼ 返回图表中，可以看到"3"数据点被隐藏，如图16-107所示。

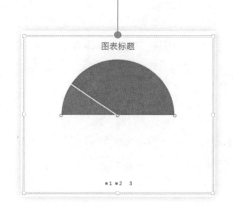

图16-107

❹ 设置在"第一扇区起始角度"为"270"，单击"关闭"按钮，如图16-104所示。

图16-104

❻ 在左侧窗格单击"填充线条"标签，在"填充"栏下选中"无填充"单选项，单击"关闭"按钮，如图16-106所示。

图16-106

❽ 选中"2"数据点，单击"图表工具"→"格式"选项卡，在"形状样式"组中单击"形状填充"按钮，在下拉菜单中可以选择颜色，如图16-108所示。

图16-108

❾ 删除图例，为图表添加标题为"还款进度图"，完成对图表的操作，如图16-109所示。

图16-109

❿ 复制图表并选中，切换到"图表工具"→"设计"选项卡下，在"数据"组中单击"选择数据"按钮，打开"选择数据源"对话框，设置图表数据区域为F22:F25单元格区域，单击"确定"按钮，如图16-110所示。

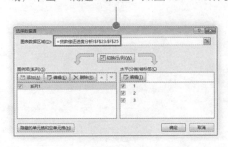

图16-110

⓫ 返回图表中，可以看到图表按F22:F25单元格区域中的数据源绘制的图表，将图表标题更改为"计划完成进度图"完成对图表的操作，如图16-111所示。

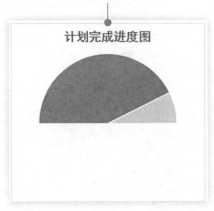

图16-111

完了，领导说近期要向银行贷款150万让我做个还贷方式分析表给他，可是我从来没做过啊？

没事，在 Excel 2013 里做个最佳还贷方案求解表，答案就出来了。

16.3.6 企业最佳还款方案选择

银行贷款一般分为等额本息还贷法和等额本金还贷法。等额本息还贷法的特点是每月偿还金额相等，在偿还初期利息支出最大，本金最少，以后利息支付逐步减少，本金逐渐增加；等额本金还贷法的特点是还款期内安装等额归还贷款本金，并同时还清当期末归还的本金所产生的利息。

1. 编辑最佳还贷方案求解表信息

下面我们在Excel 2013中设计最佳还贷方案求解表模型，使用该模型我们可以计算出等额本息和等额本金两种还贷方案的还贷本息总额。从而比较两种还贷方式的优劣。

❶ 新建工作表，将其重命名为"确定公司的最佳贷款方案"，在工作表中设计如图16-112所示的表格模型。

图16-112

❷ 在C10单元格中输入公式："=PMT($C$8/12,$C$4*12,-$C$3)"，按〈Enter〉键，向下复制公式至C33单元格，计算每月还款金额，如图16-113所示。

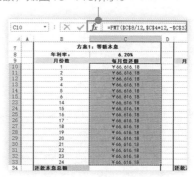

图16-113

❸ 在C34单元格中输入公式："=SUM(C10:C33)"，按〈Enter〉键，计算在方案1（等额本息）方式下还款的本金和利息总额，如图16-114所示。

图16-114

❹ 在C35单元格中输入公式："=MAX(C10:C33)"，按〈Enter〉键，得到等额本息方式下的最高月还款额，如图16-115所示。

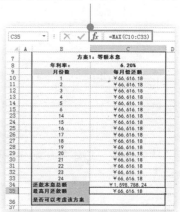

图16-115

❺ 在F10单元格中输入公式："=$G$8/12"，按〈Enter〉键，向下复制公式至F33单元格，计算等额本金下的月利率，如图16-116所示。

图16-116

❻ 在H10单元格中输入公式："=$C$3/($C$4*12)+($C$3-G10)*F10"，按〈Enter〉键，向下复制公式至H33单元格，计算每月还款金额，如图16-117所示。

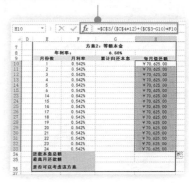

图16-117

❼ 在G10单元跟输入0，然后在G11单元格中输入公式："=G10+H10"，按〈Enter〉键，向下复制公式至G33单元格，计算各月的累计归还本息数，如图16-118所示。

图16-118

❽ 在H34单元格中输入公式："=SUM(H10: H33)"，按〈Enter〉键，计算在方案2（等额本金）方式下还款的本金和利息总额，如图16-119所示。

图16-119

❾ 在H35单元格中输入公式："=MAX(E10: H33)"，按〈Enter〉键，得到等额本金方式下的最高月还款额，如图16-120所示。

图16-120

2. 判断最佳方案

在计算出等额本息和等额本金两种还贷方案的还贷本息总额后，需要对计算结果进行比较，从中选取还贷本息总额更小的一种方案。

❶ 在C36单元格中输入公式："=IF(C35>C5, "否","是")"，按〈Enter〉键，判断方案1是否可行，如图16-121所示。

图16-121

❷ 在G36单元格中输入公式："=IF(H35>C5, "否","是")"，按〈Enter〉键，判断方案2是否可行，如图16-122所示。

图16-122

❸ 在C39单元格中输入公式："=IF(C35>H35,"方案1比方案2每月多付"&INT(ABS(C35-H35))&"元","方案2比方案1每月多付"&INT(ABS(C35-H35))&"元")"，如图16-123所示。

❹ 在C40单元格中输入公式："=IF(C34>H34,"方案1比方案2总共多付"&INT(ABS(C34-H34))&"元","方案2比方案1总共多付"&INT(ABS(C34-H34))&"元")"，如图16-124所示。

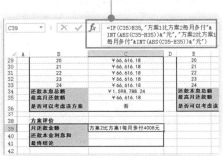

图16-123

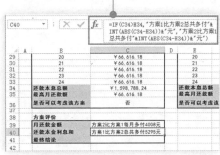

图16-124

❺ 在C41单元格中输入公式："=IF(C34<H34,"方案1更优","方案2更优")"，得出结论，如图16-125所示。

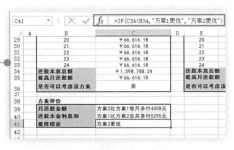

图16-125

现在有多套投资方案可供公司选择。领导让我们财务部测算一下到底哪个投资
方案更为优质。我们该怎么做才能为领导的投资决策提供有效的参考意见呢？

不要急！Excel 2013 为投资决策分析提供了功能齐全、使用方便的财务
函数计算方法。下面就跟我一起来一步步地体验如何使用 Excel 2013 帮
助企业做好投资决策吧！

17.1 制作流程

　　企业为了在竞争中求得生存，获得发展，扩大生产经营规模和经营范围，或者为了获取更
多的利润，都需要进行投资。企业在进行每一项投资前，都应该合理地预计投资方案的收益与
风险，做好可行性分析，通过对各种可能的投资方案进行比较，选择最佳方案。

　　本章我们将通过项目投资可行性分析、生产利润最大化规划求解等五项任务来介绍与企业
投资决策相关的知识与技能，主要内容如图17-1所示。

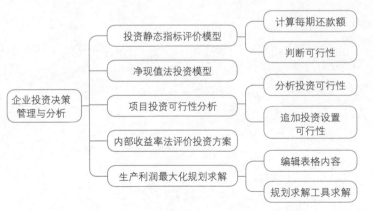

图17-1

在进行企业投资决策管
理与分析时，需要用到
多个不同的分析模型，
如图 17-2 所示。

投资静态指标评价模型

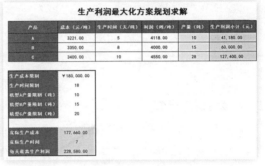

投资静态指标评价模型

内部收益率法评价投资方案

生产利润最大化方案规划求解

图17-2

17.2　新手基础

在Excel 2013中进行企业投资决策管理与分析需要用到的知识点除了包括前面章节中介绍过的外，还包括数据分析工具、公式计算等。学会这些知识点，在进行投资决策管理与分析时会更得心应手！

17.2.1　安装分析工具库

在默认情况下，要使用分析工具库中的工具，需要安装分析工具库插件。分析工具库是一组强大的数据分析工具。分析工具库需要安装才可以使用，其安装过程如下：

❶ 在Excel 2013工作簿中，单击"文件"→"选项"命令，打开"Excel选项"对话框。在左侧列表中选中"加载项"标签，在对话框右侧下方单击"转到"按钮，如图17-3所示。

图17-3

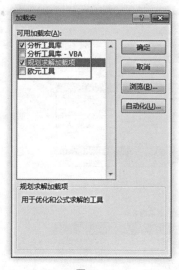

图17-4

② 完成上述操作打开"加载宏"对话框。在"加载宏"对话框中的"可用加载宏"列表中选择要加载的宏，如图17-4所示，单击"确定"按钮。

③ 完成上述操作后即可完成分析工具的加载。在工作簿的"数据"选项卡下自动生成"分析"组，并显示出所加载的分析工具，如图17-5所示。

图17-5

17.2.2 卸载分析工具库

默认情况下，Excel 2013不自动加载分析工具库。所以需要我们手工加载分析工具库，但是在安装分析工具库后，如果不再需要进行数据分析操作时，可以卸载分析工具库，具体操作如下：

① 在Excel 2013工作簿中，单击"文件"→"选项"命令，打开"Excel选项"对话框。在左侧列表中选中"加载项"标签，在对话框右侧下方单击"转到"按钮如图17-6所示。

② 完成上述操作打开"加载宏"对话框。在"可用加载宏"列表中取消勾选要卸载的分析工具前的复选框，如图17-7所示。单击"确定"按钮，即可卸载分析工具。

图17-6

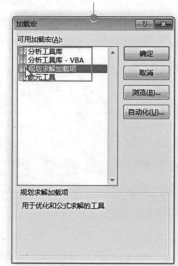

图17-7

17.2.3 规划求解最佳现金持有量

某企业预计1个月经营所需现金为1200000元，准备用有价证券变现取得，每次买卖证券的固定成本为220元，证券市场的月利率为1.2%，企业要求最低现金持有量为100000元。现利用规划求解工具求解最佳现金持有量，具体操作如下：

❶ 在工作表中，建立如图17-8所示的"最佳现金持有量规划求解模型"表格。将已知的相关资料填入对应的单元格。

图17-8

❷ 在E5单元格中输入公式："=E4/2*B6+B4/E4*B5"，按〈Enter〉键计算总成本，如图17-9所示。

图17-9

❸ 在E6单元格中输入公式："=B4/E4"，按〈Enter〉键计算最佳变现次数，如图17-10所示。

图17-10

❹ 在"数据"选项卡"分析"组中，单击"规划求解"按钮（图17-11），打开"规划求解参数"对话框。

图17-11

❺ 在设置目标栏中输入"＄E＄5"在"规划求解参数"对话框下的"遵守约束"栏中单击"添加"按钮，打开"添加约束"对话框，如图17-12所示。

图17-12

❻ 设置"单元格的引用"为"＄E＄4"单元格（可手工输入，也可单击目标栏右侧的按钮回到工作表中选择），设置条件为">="，"约束"值为"100000"，如图17-13所示，单击"确定"按钮。

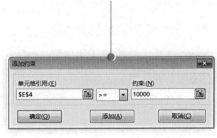

图17-13

❼ 回到"规则求解参数"对话框中，在列表中
可以看到添加的约束条件，如图17-14所示
单击"求解"按钮。

❽ 完成上述操作弹出"规划求解结果"对话框，
如图17-15所示，单击"确定"按钮。

图17-14

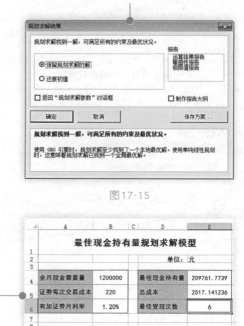

图17-15

❾ Excel 2013就按要求计算相应的结果。根
据求解的结果，可以得出最佳现金持有量为
209761，变现次数为6次，如图17-16所示。

	A	B	C	D	E
1		最佳现金持有量规划求解模型				
2					单位：元	
3						
4	全月现金需要量	1200000		最佳现金持有量	209761.7739
5	证券每次交易成本	220		总成本	2517.141236
6	有加证券月利率	1.20%		最佳变现次数	6
7						
8						

图17-16

17.2.4 PV 函数（返回投资的现值）

【函数功能】PV函数用于计算某项投资的现值。如果投资回收的当前价值大于投资的价值，则
这项投资是有收益的。

【函数语法】PV(rate,nper,pmt,fv,type)

◆ Rate：各期利率。

◆ Nper：总投资期，即该项投资的付款期总数。

◆ Pmt：各期所应支付的金额。

◆ Fv：未来值。

◆ Type：指定各期的付款时间是在期初，还是在期末（0为期末，1为期初）。

使PV函数可以帮助我们计算购买某项保险的现值。

假设购买某项保险分30年付款，每年付6350元（共付190500元），年利率是5.86%，还款方式
为期初还款。现在我们要运用PV函数计算出该项投资的现值，即支付的本金金额，具体操作如下：

在B4单元格中输入公式："=PV(A2,B2,C2,1)"，
按〈Enter〉键即可计算出购买该项保险的现值，
如图17-17所示。

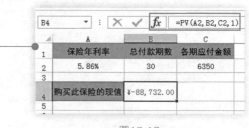

图17-17

17.2.5　NPV 函数（返回一项投资的净现值）

【函数功能】NPV函数用于通过使用贴现率以及一系列未来支出（负值）和收入（正值），返回一项投资的净现值。投资的净现值是指未来各期支出（负值）和收入（正值）的当前值的总和。

【函数语法】NPV(rate,value1,value2,...)

◆ Rate：某一期间的贴现率。

◆ Value1,value2,...：1～29个参数，代表支出及收入。

使用NPV函数可以帮助我们计算某投资的净现值。

图17-18所示表格中显示了某项投资的年贴现率、初期投资金额及各年收益额，现在我们要运用NPV函数计算出企业项目投资净现值。要注意，根据第一笔资金开支的起点的不同（期初还是期末），其计算方法稍有差异。具体操作如下：

	A	B
1	年贴现率	8.96%
2	初期投资	−12000
3	第1年收益	5000
4	第2年收益	7800
5	第3年收益	12000
6		
7	投资净现值（年末发生）	
8	投资净现值（年初发生）	
9		

图17-18

❶ 在B7单元格中输入公式："=NPV(B1,B2:B5)"，按〈Enter〉键即可计算出该项投资的净现值（年末发生），如图17-19所示。

B7	▼	⋮	✕ ✓	fx	=NPV(B1,B2:B5)

	A	B
1	年贴现率	8.96%
2	初期投资	−12000
3	第1年收益	5000
4	第2年收益	7800
5	第3年收益	12000
6		
7	投资净现值（年末发生）	¥7,741.53
8	投资净现值（年初发生）	
9		

图17-19

❷ 在B8单元格中输入公式："=NPV(B1,B3:B5)+B2"，按〈Enter〉键即可计算出该项投资的净现值（年初发生），如图17-20所示。

B8	▼	⋮	✕ ✓	fx	=NPV(B1,B3:B5)+B2

	A	B	C
1	年贴现率	8.96%	
2	初期投资	−12000	
3	第1年收益	5000	
4	第2年收益	7800	
5	第3年收益	12000	
6			
7	投资净现值（年末发生）	¥7,741.53	
8	投资净现值（年初发生）	¥8,435.18	
9			
10			

图17-20

17.2.6　XNPV 函数（用于返回一组不定期现金流的净现值）

【函数功能】XNPV函数用于返回一组不定期现金流的净现值。

【函数语法】XNPV(rate,values,dates)

◆ Rate：现金流的贴现率。

◆ Values：与dates中的支付时间相对应的一系列现金流转。

◆ Dates：与现金流支付相对应的支付日期表。

使用XNPV函数可以帮助我计算一组不定期盈利额的净现值。

图17-21所示表格中显示了某项投资年贴现率、投资额及不同日期中预计的投资回报金额，现在我们需要运用XNPV函数，计算出一组不定期盈利额的净现值，具体操作如下：

	年贴现率	12.00%
投资额	2015/1/1	−20000
	2015/4/1	5000
预计收益	2015/6/10	8000
	2015/8/20	11000
	2015/10/30	15000
投资净现值		

图17-21

C8 =XNPV(C1,C2:C6,B2:B6)

	年贴现率	12.00%
投资额	2015/1/1	−20000
	2015/4/1	5000
预计收益	2015/6/10	8000
	2015/8/20	11000
	2015/10/30	15000
投资净现值		¥16,370.58

图17-22

在C8单元格中输入公式："=XNPV(C1,C2:C6,B2:B6)"，按〈Enter〉键即可计算出该投资项目的净现值，如图17-22所示。

17.2.7　IRR 函数（返回一组现金流的内部收益率）

【函数功能】IRR函数返回由数值代表的一组现金流的内部收益率。

【函数语法】IRR(values,guess)

◆ Values：进行计算的数组，即用来计算返回的内部收益率的数字。

◆ Guess：对函数IRR计算结果的估计值。

使用IRR函数可以帮助我们计算某项投资的内部收益率。

某项投资总金额为2000000元，预计今后5年内的收益额分别是200000元、350000元、600000元、900000元和1150000元。现在我们要运用IRR函数计算出投资内部收益率，具体操作如下：

在B9单元格中输入公式："=IRR(B2:B7,$B$1)"，按〈Enter〉键即可计算出投资内部收益率，如图17-23所示。

B9 =IRR(B2:B7,$B$1)

	A	B
1	年贴现率	15.00%
2	初期投资	−2000000
3	第1年收益	200000
4	第2年收益	350000
5	第3年收益	600000
6	第4年收益	900000
7	第5年收益	1150000
8		
9	内部收益率	13.68%

图17-23

17.2.8　XIRR 函数（返回一组不定期现金流的内部收益率）

【函数功能】XIRR函数返回一组不定期现金流的内部收益率。

【函数语法】XIRR(values,dates,guess)

◆ Values：与dates中的支付时间相对应的一系列现金流。

◆ Dates：与现金流支付相对应的支付日期表。

◆ Guess：对函数XIRR计算结果的估计值。

运用XIRR函数可以帮助我们计算不定期发生现金流的内部收益率。

图17-24所示的表格中显示了某项投资的投资金额，同时也显示了不同日期中预计的投资回报金额，针对这样一组不定期的现金流，我们要运用XIRR函数计算出内部收益率，具体操作如下：

	A	B	C
1		**年贴现率**	12.00%
2	**投资额**	2013/1/10	−2000000
3		2013/5/20	100000
4	**预计收益**	2013/11/18	200000
5		2014/5/10	380000
6		2014/11/28	610000
7		2015/2/12	1000000
8			

图17-24

C9 　　 fx =XIRR(C2:C7, B2:B7, C1)

	A	B	C	D
1		**年贴现率**	12.00%	
2	**投资额**	2013/1/10	−2000000	
3		2013/5/20	100000	
4	**预计收益**	2013/11/18	200000	
5		2014/5/10	380000	
6		2014/11/28	610000	
7		2015/2/12	1000000	
8				
9		内部收益率	8.21%	
10				
11				

图17-25

在C9单元格，在编辑栏中输入公式："=XIRR(C2:C7,B2:B7,C1)"，按〈Enter〉键即可计算出该投资项目的内部收益率，如图17-25所示。

17.2.9　MIRR 函数（返回某一连续期间内现金流的修正内部收益率）

【函数功能】MIRR函数返回某一连续期间内现金流的修正内部收益率。函数 MIRR 同时考虑了投资的成本和现金再投资的收益率。

【函数语法】MIRR(values,finance_rate,reinvest_rate)

◆ Values：进行计算的数组，即用来计算返回的内部收益率的数字。

◆ Finance_rate：现金流中使用的资金支付的利率。

◆ Reinvest_rate：将现金流再投资的收益率。

使用MIRR函数可以计算某项投资的修正内部收益率。

某项投资总金额为2000000元，预计今后5年内的收益额分别是200000元、350000元、600000元、900000元和1150000元。其间又将收益的10%再次投入到公司的运作中，我们运用MIRR函数计算修正投资收益率，具体操作如下：

在B10单元格中输入公式："=MIRR(B3:B8,B1,B2)"，按〈Enter〉键即可计算出修正投资收益率，如图17-26所示。

B10 　　 fx =MIRR(B3:B8, B1, B2)

	A	B	C
1	**贷款利率**	7.68%	
2	**再投资收益率**	10.00%	
3	**期初投资额**	−2000000	
4	**第1年收益**	200000	
5	**第2年收益**	350000	
6	**第3年收益**	600000	
7	**第4年收益**	900000	
8	**第5年收益**	1150000	
9			
10	**修正内部收益率**	12.63%	
11			

图17-26

17.3 数据分析

我们在进行投资之前，决策分析工作是必不可少的，而且只有做足了前期分析工作，才能确保获取最大利润。可是该怎么分析呢？想想就着急……

着急什么，有问题慢慢解决！ Excel 2013 中不是提供了丰富的投资决策分析函数吗？我们可以利用这些工具进行投资项目决策分析和投资风险性分析。

17.3.1 投资静态指标评价模型

投资静态指标评价模型是指非贴现率指标评价，是指不考虑资金的时间价值（贴现率为0）时的评价方法，主要包括投资回收期法和平均收益率法。

1．计算每期还款额

假设企业开发一项新产品，需一次性投资150万，即计年平均净现金浏览为48.68万，预计回收期为8年，基准投资收益率为12%，下面我们设计投资静态指标评价模型来测算每期还款额，具体操作如下：

❶ 新建工作簿，并将其命名为"企业投资决策管理与分析"，将"Sheet1"工作表重命名为"投资静态指标评价模型"，在工作表中设置投资项目名称、贴现率、期初投入金额、平均年净现金流量等行列标识，并输入已知数据，如图17-27所示。

❷ 在C8单元格中输入公式："=CEILING(C5/C6,1)"，按〈Enter〉键即可计算出投资回收期数，如图17-28所示。

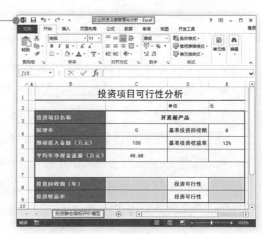

图17-27

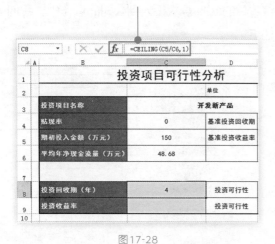

图17-28

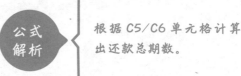

公式解析　根据C5/C6单元格计算出还款总期数。

❸ 在C9单元格中输入公式："=C6/C5"，按〈Enter〉键即可计算出投资收益率，如图17-29所示。

图17-29

2. 判断项目的可行性

投资静态指标评价模型完成后，我们即可使用静态指标法判断该项目的可行性，具体操作如下。

❶ 在E8单元格中输入公式："=IF(C8<=E4,"可行","不行")"，按〈Enter〉键即可根据投资回收期和基准投资回收期的比较来判断可行性，如图17-30所示。

❷ 在E9单元格，在公式编辑栏中输入公式："=IF(C9>E5,"可行","不行")"，按〈Enter〉键即可根据投资收益率和基准投资收益率来判断可行性，如图17-31所示。

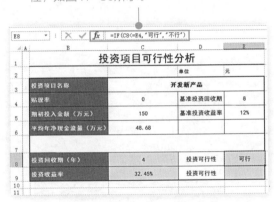

图17-30

图17-31

17.3.2　净现值法投资模型

净现值法是指按照货币时间价值的观点，将未来净现金流量与投资总额都折算为现值，再按照净现值大小选择投资方案的方法。下面将介绍在Excel 2013中建立净现值法投资模型并对投资方案进行评价的操作。

❶ 新建工作表，重命名为"净现值法投资分析模型"，在工作表中输入投资项目的基本信息、不同产地该设备的每年现金流量，以及设计方案评价模型及数据信息，如图17-32所示。

图17-32

❷ 在C8单元格中输入公式：“=PV(C3,C7,-C5,C6)-C6”，按〈Enter〉键即可计算出净现值，如图17-33所示。

C8 =PV(C3,C7,-C5,C6)-C6

	B	C
1	净现值法投资分析模型	
2	投资项目	购买A设备
3	贴现率	6.40%
4	期初投入金额	￥1,200,000.00
5	年运行费用	￥80,000.00
6	预计期末残值	￥20,000.00
7	投资回收期（年）	5
8	净现值	￥298,687.18

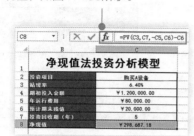

图17-33

如果净现值为正数，表示
方案可取，净现值越大越
好。如果净现值小于“0”
则说明当前方案不可取。

❸ 在C23单元格，在公式编辑栏中输入公式：“=NPV(D11,C13:C19)”，按〈Enter〉键即可计算出购置国产的设备设置所产生的净现值，如图17-34所示。

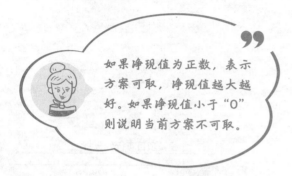

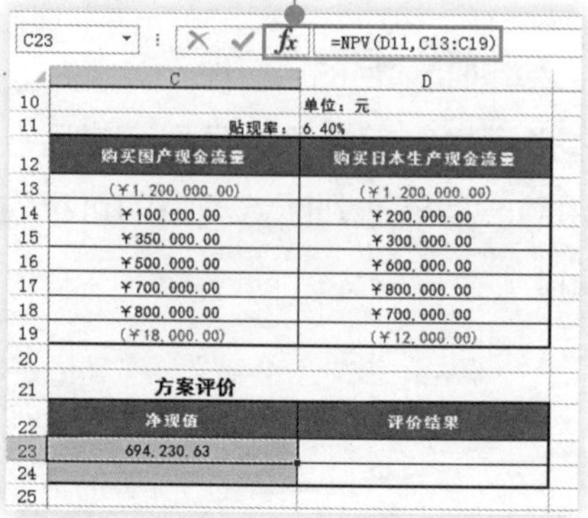

C23 =NPV(D11,C13:C19)

	C	D
10		单位：元
11	贴现率：	6.40%
12	购买国产现金流量	购买日本生产现金流量
13	(￥1,200,000.00)	(￥1,200,000.00)
14	￥100,000.00	￥200,000.00
15	￥350,000.00	￥300,000.00
16	￥500,000.00	￥600,000.00
17	￥700,000.00	￥800,000.00
18	￥800,000.00	￥700,000.00
19	(￥18,000.00)	(￥12,000.00)
20		
21	方案评价	
22	净现值	评价结果
23	694,230.63	
24		
25		

图17-34

❹ 在C24单元格，在公式编辑栏中输入公式：“=NPV(D11,D13:D19)”，按〈Enter〉键，即可计算出购置进口设备所产生的净现值，如图17-35所示。

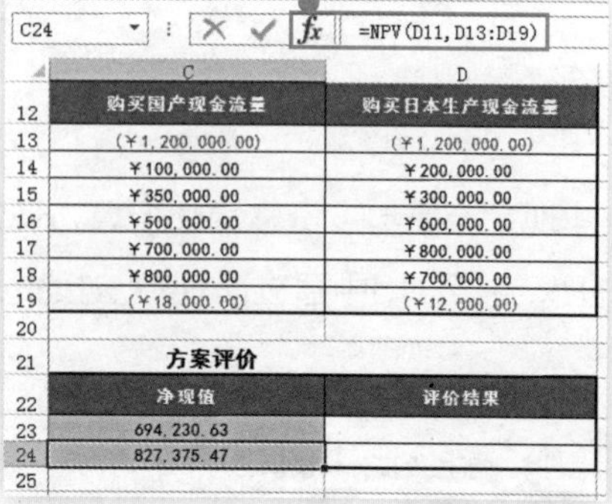

C24 =NPV(D11,D13:D19)

	C	D
12	购买国产现金流量	购买日本生产现金流量
13	(￥1,200,000.00)	(￥1,200,000.00)
14	￥100,000.00	￥200,000.00
15	￥350,000.00	￥300,000.00
16	￥500,000.00	￥600,000.00
17	￥700,000.00	￥800,000.00
18	￥800,000.00	￥700,000.00
19	(￥18,000.00)	(￥12,000.00)
20		
21	方案评价	
22	净现值	评价结果
23	694,230.63	
24	827,375.47	
25		

图17-35

❺ 在D23单元格，在公式编辑栏中输入公式：“=IF(C23>C24,"优","")”，按〈Enter〉键即可判断出方案的优劣等级，如图17-36所示。

D23 =IF(C23>C24,"优","")

	C	D
12	购买国产现金流量	购买日本生产现金流量
13	(￥1,200,000.00)	(￥1,200,000.00)
14	￥100,000.00	￥200,000.00
15	￥350,000.00	￥300,000.00
16	￥500,000.00	￥600,000.00
17	￥700,000.00	￥800,000.00
18	￥800,000.00	￥700,000.00
19	(￥18,000.00)	(￥12,000.00)
20		
21	方案评价	
22	净现值	评价结果
23	694,230.63	
24	827,375.47	
25		

图17-36

❻ 在D24单元格，在公式编辑栏中输入公式：“=IF(C24>C23,"优","")”，按〈Enter〉键即可判断出方案的优劣等级，如图17-37所示。

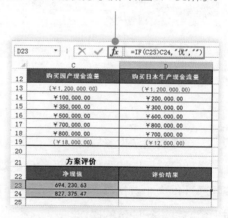

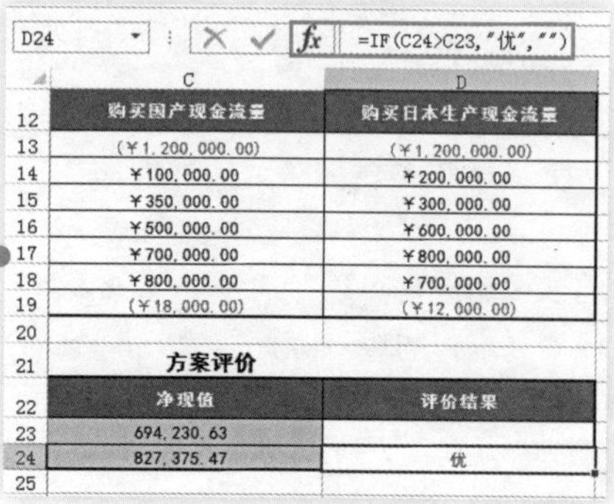

D24 =IF(C24>C23,"优","")

	C	D
12	购买国产现金流量	购买日本生产现金流量
13	(￥1,200,000.00)	(￥1,200,000.00)
14	￥100,000.00	￥200,000.00
15	￥350,000.00	￥300,000.00
16	￥500,000.00	￥600,000.00
17	￥700,000.00	￥800,000.00
18	￥800,000.00	￥700,000.00
19	(￥18,000.00)	(￥12,000.00)
20		
21	方案评价	
22	净现值	评价结果
23	694,230.63	
24	827,375.47	优
25		

图17-37

17.3.3 项目投资可行性分析

在进行一项新的投资项目之前，企业需要对项目进行可行性分析。一般情况下可以根据净现值以及内部收益率指标来判断项目的可行性。

1．对投资可行性进行分析

某企业预计投资250万元建设一个新厂房，年利率为5.25%，通过前期调研和数据统计，我们预算出来未来一段时期的现金流量，下面对该项目投资的可行性进行分析，具体操作如下：

❶ 新建工作表，重命名为"项目投资可行性分析"，在工作表中输入投资新厂房的基本信息及数据，设计可行性分析表格模型，如图17-38所示。

❷ 在C13单元格中输入公式："=XNPV(C5,E5:E10,D5:D10)"，按〈Enter〉键即可计算出净现值，如图17-39所示。

图17-38

图17-39

❸ 在C14单元格中输入公式："=XIRR(E5:E10,D5:D10)"，按〈Enter〉键即可计算出内部收益率，如图17-40所示。

公式解析　根据 C2 单元格的现金流贴现率、E5:E10 单元格区域的一系列现金流以及 D5:D10 单元格区域的现金流对应的支付日期，计算出现金流的净现值。

图17-40

❹ 在E13单元格中输入公式："=IF(C13>0,"值得投资","不值得投资")"，按〈Enter〉键即可根据计算出的净现值判断是否值得投资，如图17-41所示。

公式解析　根据 E5:E10,D5:D10 发生的现金流计算出内部收益率。

图17-41

❺ 在E14单元格中输入公式："=IF(C14＞C5,"值得投资","不值得投资")"，按〈Enter〉键即可根据计算得到的内部收益率判断是否值得投资，如图17-42所示。

图17-42

2. 追加投资设备可行性分析

在不断追加投资时，我们可以依次计算出修正内部收益率，从而对追加投资的可行性进行分析。追加投资新设备可行性分析的操作如下：

❶ 在工作表"可行性分析"表格下设计"追加投资新设备可行性、分析"表格模型，并在表格中输入基本信息，如图17-43所示。

图17-43

❷ 在E19单元格中输入公式："=MIRR($D$18:D19,$B$20,$B$22)"，按〈Enter〉键并向下复公式到E26单元格即可计算出追加新设备修正内部收益率，如图17-44所示。

图17-44

❸ 选中E18:E26单元格区域，切换到"开始"选项卡，在"数据"选项组单击"数字格式"下拉按钮，在其下拉列表中选择"百分比"，完成对单元格数据格式的设置，如图17-45所示。

图17-45

公式解析 引用 D18：D19 单元格数组、B20 单元格的资金支付的利率以及 B22 单元格的收益率，返回现金流的修正内部收益率。

17.3.4　内部收益率法评价投资方案

内部收益率（IRR）也称内部报酬率是指投资方案的净现值等于0时的贴现率。内部收益法是根据估计的收益率分别计算出现金流入和现金流出两项现值，并用现金流入减现金流出的净额所得值来分析内部收益率。如果值为正数，说明内部收益率过低；如果为负数，说明内部收益率高，应调低，直至净额为0。在Excel 2013中运用内部收益法评价投资方案的操作如下：

❶ 新建工作表，重命名为"内部收益率法评价投资方案"，在工作表中创建投资方案现金流量表并输入数据，设置方案评价和IRR函数分析模型，如图17-46所示。

❷ 在C15单元格中输入公式："=NPV($B15,C$6:C$12)"，按〈Enter〉键后向下复制公式到C23单元格，如图17-47所示。

图17-46

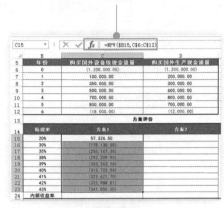

图17-47

公式解析

根据 B15 单元格的贴现率、C6:C12 单元格区域的支出及收入的参数来计算投资的净现值。

❸ 在D15单元格中输入公式："=NPV($B15,D$6:D$12)"，按〈Enter〉键后向下复制公式到D23单元格，如图17-48所示。

❹ 在C24单元格中输入公式："=$B22+C22*($B23-$B22)/(C22-C23)"，按〈Enter〉键后向右复制公式到D24单元格，即可计算出两种方案的内部收益率，如图17-49所示。

图17-48

图17-49

❺ 在E15单元格中输入公式："=IF(C24>D24,"方案1更优","方案2更优")"，按〈Enter〉键，判断那种方案更优，如图17-50所示。

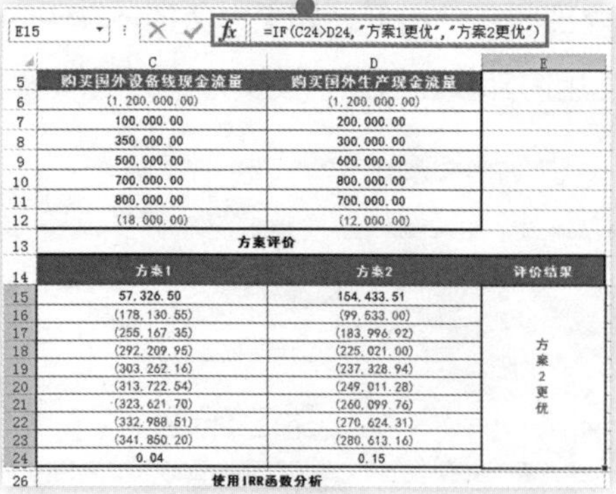

图17-50

❻ 在C28单元格中输入公式："=IRR(C$6:$C8)"，按〈Enter〉键后向右复公式到C32单元格，如图17-51所示。

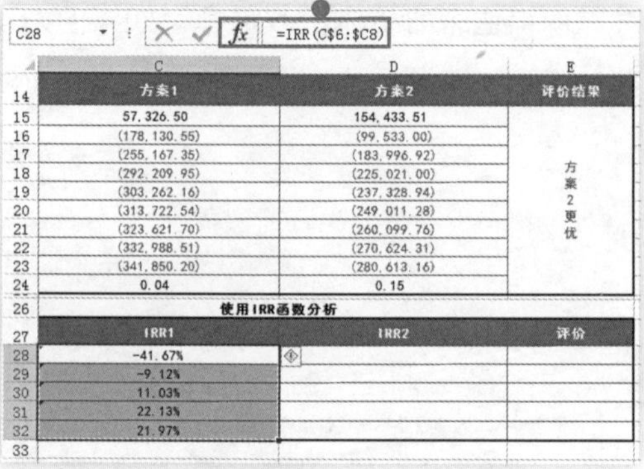

图17-51

❼ 在D28单元格中输入公式："=IRR(D$6:$D8)"，按〈Enter〉键后向右复公式到D32单元格，如图17-52所示。

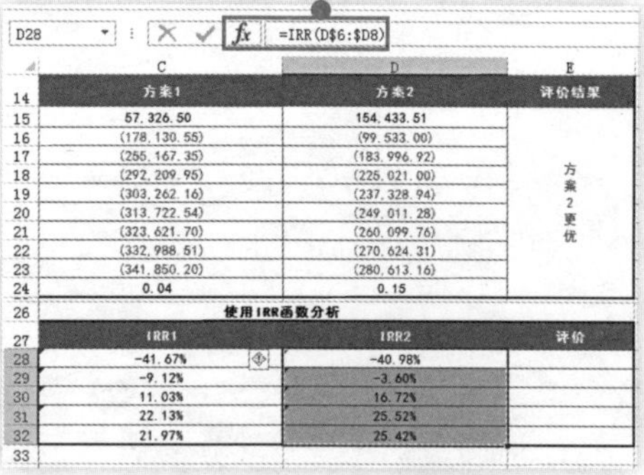

图17-52

❽ 在E28单元格中输入公式："=IF(C28>D28,"方案1更优","方案2更优")"，按〈Enter〉键后向右复公式到E32单元格，可以看出方案2更优，如图17-53所示。

图17-53

17.3.5 生产利润最大化规划求解

企业从事生产或出售产品的目的是为了赚取最大化利润，企业利润最大化原则就是产量的边际收益等于边际成本的原则。因此，当已知诸如成本限制、生产时间限制等限制条件后，我们就可以利用规划求解功能来进行生产计划的安排了。

1. 编辑生产利润最大化方案规划求解表

创建生产利润最大化方案求解表格，将一些已知的数据录入表格中，然后通过规划求解功能设置条件以及求解区域求解出对几种产品生产量的安排。具体操作如下：

❶ 新建工作表，重命名为"生产利润最大化规划求解"，在工作表中输入产品基本信息，并设计表格模型，如图17-54所示。

图17-54

❷ 在G3单元格中输入公式："=E3*F3"，按
〈Enter〉键，并向下填充到G5单元格，即可
计算出生产利润小计，如图17-55所示。

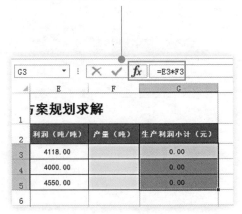

图17-55

❸ 在C13单元格中输入公式："=SUMPRODUCT
(C3:C5,F3:F5)"，按〈Enter〉键，根据表格
中的项目计算实际生产成本，如图17-56所示。

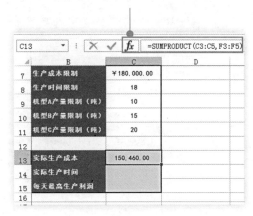

图17-56

❹ 在C14单元格中输入公式："=INT(SUMPRO
DUCT(D3:D5,F3:F5)/60)"，按〈Enter〉键
即可计算出实际生产时间，如图17-57所示。

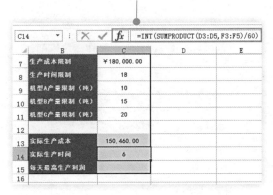

图17-57

❺ 在C15单元格中输入公式："=SUM(G3:
G5)"，按〈Enter〉键即可计算出每天最高
生产利润，如图17-58所示。

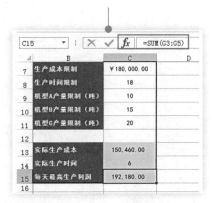

图17-58

17.3.6　使用规划求解工具求解

完成了在"生产利润最大化规划求解"中公
式的设置后，可以使用规划求解这项分析工具进
行条件的设定，进而求解出F3:F5单元格区域的
值了，具体操作如下：

❶ 选中C15单元格，切换到"数据"选项卡，在"数
据工具"选项组单击"规划求解"按钮（图17-59），
打开"规划求解参数"对话框。

图17-59

❷ 选中"最大值"单选项，接着设置"可变单元格"为 $F$3：$F$5单元格区域，单击"添加"按钮，如图17-60所示。

图17-60

❺ 按照相同的方法依次添加规划求解的其他约束条件，添加完成后单击"确定"按钮，返回"规划求解参数"对话框，可以看到添加的约束条件。单击"求解"按钮，如图17-63所示。

图17-63

❼ 返回到工作表中，可以看到规划求解设置的可变单元格区域F3:F5显示出求解结果，如图17-65所示。

图17-65

❸ 再次打开"添加约束"对话框，设置"单元格引用"为 $C$14单元格，设置约束条件为<=，设置"约束"为 $C$8单元格，单击"确定"按钮，如图17-61所示。

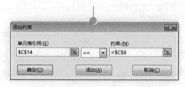

图17-61

❹ 打开"添加约束"对话框，设置"单元格引用"为 $C$13单元格，设置约束条件为<=，设置"约束"为 $C$7单元格，单击"确定"按钮，如图17-62所示。

图17-62

❻ 打开"规划求解结果"对话框，对话框中提示已找到一解，在"报告"列表框中选中"运算结果报告"，选中"制作报告大纲"复选框，单击"确定"按钮，如图17-64所示。

图17-64

❽ 切换到"运算结果报告1"工作表标签，在工作表中会显示该规划求解生成的运算结果，如图17-66所示。

图17-66